Babylonische Archive

Band 7

Spätbabylonische Texte zum lokalen und regionalen Handel sowie zum Fernhandel aus dem Eanna-Archiv

Kristin Kleber

Babylonische Archive 7

Herausgeber
Cornelia Wunsch

Spätbabylonische Texte zum lokalen und regionalen Handel sowie zum Fernhandel aus dem Eanna-Archiv

von
Kristin Kleber

ISLET-Verlag
Dresden 2017

Kristin Kleber
Vrije Universiteit Amsterdam, Faculteit der Geesteswetenschappen,
De Boelelaan 1105, 1081 HV Amsterdam, Niederlande.
Freie Universität Berlin, Fachbereich Geschichts- und Kulturwissenschaften,
Institut für Altorientalistik, Fabeckstr. 23–25, 14195 Berlin, Deutschland.

Spätbabylonische Texte zum lokalen und regionalen Handel
sowie zum Fernhandel aus dem Eanna-Archiv

Schriftsatz: Cornelia Wunsch
ISBN 13: 978-3-9814842-6-7

VORWORT

Das vorliegende Buch ist das Ergebnis meiner Forschungen im Rahmen des Exzellenzclusters 264 *Topoi – The Formation and Transformation of Space and Knowledge in Ancient Civilizations*. In der interdisziplinären Forschergruppe „*Political Governance and Governed Spaces*" unter der Leitung von Eva Cancik-Kirschbaum untersuchte ich zwischen Juli 2008 und Juni 2010 das Verhältnis von Handelskonfigurationen und Herrschaftsstrukturen. In Babylonien sind im Rahmen der Reichsbildungen des 1. Jahrtausends v.Chr. vermehrt private Handelsinitiativen zu beobachten. Die unterschiedlichen Regionen des Kernlandes sind untereinander und mit den Provinzen stark vernetzt, auch über geographisch weit entfernt liegende Räume hinweg. Das Imperium investiert bewusst in die Eingliederung von solchen entfernt liegenden, aber unter seiner Herrschaft stehenden Gebieten und bedient sich dabei auch der privaten Initiativen. Die Basis dieser Vernetzung bildet die Interaktion zwischen staatlichen und privaten Strukturen. Im Bereich des Fernhandels lässt sich ein (Wieder)aufschwung der Beziehungen zur Region des Persischen Golfes und Indien nachweisen, der sich z.B. am Handel mit Gold, Karneol und Baumwolle (sowie wahrscheinlich sogar ein Anbau derselben) ablesen lässt. Diese Form des Transfers von ausländischen Produkten in eine Kernregion des Reiches fügt sich in Muster der Kontrolle von Raum durch Imperien, die sich nach innen sehr stark vernetzen, zugleich aber bestrebt sind, weniger gut kontrollierbare Räume auszugrenzen. Insbesondere der Abschnitt „Fernhandel", aber auch die anderen Kapitel der hier vorgelegten Textedition verdeutlichen diese Form der imperialen Raumbeherrschung in neu- bzw. spätbabylonischer Zeit.

In einer Zeit, in der nicht nur die Universitäten, sondern auch die Instrumente zur Förderung wissenschaftlicher Forschung unter großem finanziellen Druck stehen, werden die Rahmenbedingungen für die zeitraubende editorische Ersterschließung von unveröffentlichten Texten zunehmend problematisch – obwohl es sich hierbei um Grundlagenforschung par excellence handelt. *TOPOI* war hier eine vorbildhafte Ausnahme, wofür ich sehr dankbar bin. Die Publikation von Texten ist gerade in der Assyriologie angesichts des reichhaltigen unveröffentlichten Materials außerordentlich wichtig. Wie zum Teil auch beim vorliegenden Material geschehen, werden Texte nicht selten auf der Basis von Umschriften historisch ausgewertet und argumentativ eingesetzt, ohne Möglichkeit der Überprüfung, da die textliche Grundlage der wissenschaftlichen Öffentlichkeit unzugänglich blieb. Mit der hier vorgelegten Edition kann in Bezug auf die Texte zum Handel aus dem Eanna-Archiv eine Publikationslücke geschlossen werden.

Die Arbeit am Druckmanuskript hat sich aufgrund meines Wechsels nach Amsterdam erheblich in die Länge gezogen. Für das Editionsprojekt war ursprünglich eine Laufzeit von vier Jahren, d.h. bis zum Sommer 2012 veranschlagt. Aufgrund meiner neuen Verpflichtungen in Amsterdam ging die Arbeit an den neubabylonischen Texten sehr viel langsamer voran als mir lieb war, so dass die Arbeit am Manuskript erst im Dezember 2014 endgültig fertig gestellt werden konnte. Die lange Verzögerung wog schwer auf meinem Gewissen. Ich möchte daher von ganzem Herzen Eva Cancik-Kirschbaum und der Forschergruppe für ihr Verständnis und ihre Geduld danken.

Mein Dank gilt auch dem Exzellenzcluster *TOPOI* für die Unterstützung meiner Aufenthalte an den Tontafelsammlungen sowie der abschließenden Formatierungsarbeiten am Manuskript. Der Fonds zur Frauenförderung der Freien Universität Berlin unterstützte die Arbeit außerdem mit einem Reisekostenzuschuss von € 500 für einen Kollationsaufenthalt in London.

Des Weiteren möchte ich meinen ehemaligen Kollegen vom START-Projekt in Wien herzlich danken, vor allem Heather Baker, Bojana Janković, Michael Jursa und Caroline Waerzeggers, die etliche der hier publizierten Texte transliteriert haben, was die Auswahl von einschlägigem Material erheblich erleichterte. Auch die Uruk-Datenbank des Projekts hat wieder gute Dienste geleistet. Michael Jursa bin ich außerdem für viele Hinweise und Verbesserungen dankbar.

Für die Erlaubnis, die Texte aus dem Princeton Theological Seminary publizieren zu dürfen, danke ich den Kuratoren der Special Collections, Kenneth Henke und Dr. C. Anderson. Von Herzen Dank auch für die freundliche Aufnahme und dem Gefühl, nach den zwei Monaten am Stück in 2009 fast zum Personal zu gehören. Die Publikationserlaubnis für Texte aus der Babylonian Collection der Yale University verdanke ich den Kuratoren Ben Foster und Ulla Kasten. Mein besonderer Dank geht an Elizabeth E. (Lee) Payne, die mit Freundlichkeit und unermüdlicher Hilfsbereitschaft nicht nur die Tafeln bereitstellte, sondern mir auch im Nachhinein mehrfach mit Fotos und Kollationen half. Ich erinnere mich mit Freude an die schöne Zeit, die ich in Yale-‚Babylon' verbracht habe!

Texte aus dem British Museum werden mit freundlicher Genehmigung der Trustees des British Museum publiziert. Hier geht mein Dank vor allem an Jonathan Taylor sowie an Christoper Walker für die freundliche Aufnahme und Unterstützung.

In der Phase der Fertigstellung des Manuskripts half mir insbesondere Cornell Thissen beim Korrekturlesen der Texte. Dass er sich freute, wenn ich ihm „Krümel" zur Verbesserung ließ, war meine Freude, denn so wurde die Anzahl von Inkonsistenzen, Tipp- und anderen Fehlern beträchtlich verkleinert. Mein Dank für genaues Lesen geht ebenso an Mark Tamerus und Pieter Alkemade. Letzterem danke ich außerdem für das Umsetzen der Sumerogramme in Großbuchstaben. Alle verbleibenden Fehler liegen natürlich in meiner Verantwortung. Last but not least möchte ich Cornelia Wunsch für die Endformatierung und die Aufnahme in die Reihe „Babylonische Archive" danken.

INHALTSVERZEICHNIS

Katalog der Texte ix

1. Einleitung 1
1.1. Die räumlichen Aspekte des Handels 3
1.1.1. Lokaler Handel (innerhalb der Stadt) 3
1.1.2 Regionaler Handel (innerhalb Babyloniens) 4
1.1.3 Überregionaler Handel (auf imperialer Ebene und darüber hinaus) .. 5
1.2. Handel und Wirtschaftsform 7

2. Der babylonische Fernhandel 9
2.1. Einleitung 9
2.1.1. Die Händler von Importwaren 9
2.1.2. Fernhandelsprodukte 12
2.1.2.1. Alaun 12
2.1.2.2. Aromata 13
2.1.2.3. Bronze 13
2.1.2.4. Eisen 14
2.1.2.5. Gold 15
Reinheit und Preise des Goldes 15
Handelsknotenpunkte und Ankaufsstrategien für Gold 18
2.1.2.6 Honig und Wachs 20
2.1.2.7. Karneol 20
2.1.2.8. Kermes 21
2.1.2.9. Lapislazuli 21
2.1.2.10. Purpurwolle 22
2.1.2.11. *ṭumānu*-Leinengarn 27
2.1.2.12. Wein 28
2.1.2.13. Zedernholz 29
2.1.2.14. Zinn 29
2.2 Editionen der Fernhandelstexte 31
2.3. Dossier: Die Lieferung von Fernhandelsgütern vom Tašrītu des Jahres 6 Nabonid 56
2.3.1. Auswertung des Dossiers 67
Die Händler 67

3. Agrarische Produkte ... 81
3.1. Einleitung ... 81
3.2. Editionen ... 84

4. Ankäufe von Bau- und Brennmaterial sowie von Werkzeugen und Waffen ... 109
4.1. Einleitung ... 109
4.2. Editionen ... 111

5. Vieh und Häute ... 129
5.1. Einleitung ... 129
5.2. Editionen ... 132

6. Gewänder und Baumwolle ... 151
6.1. Einleitung ... 151
6.2. Editionen ... 153

7. Die Wolltexte ... 159
7.1. Einleitung ... 159
Der Wollhandel des Eanna-Tempels
7.2. Editionen ... 167

8. Miscellanea ... 277
8.1. Einleitung ... 277
8.2. Editionen ... 278

9. Konkordanzen und Indizes ... 290
Konkordanzen der Museumsnummern zur Editionsnummer ... 290
Index der Personennamen ... 292
Index der Ortsnamen ... 300

10. Bibliographie ... 301

KATALOG

Die Darstellung des Datums der Texte ist Jahr.babylonischer Monat.Tag.

Fernhandel

1	PTS 2981	–	7. Jh.	Ankauf von Gold (Lieferungskauf)
2	PTS 2277	Npl	09.04.10	Eingang von Lapislazuli, Purpurwolle und Rückfluss von Silber, das zum Ankauf von Türkis bereit stand
3	PTS 2699	Npl	13.02.13	Ankauf von Eisen und Bronze gegen Wolle und Silber
4	PTS 3116	Npl	14.08.06	Ankauf von *ḫatḫurētu* Färbemittel
5	PTS 2947	Npl	16.12.18	Verkauf von Karneol, weitere Transaktionen
6	PTS 3092	Nbk	05.06.12	Ankauf von Alaun
7	PTS 2986	Nbk	07.05.[..]	Rückzahlung eines Guthabens in Verbindung mit einer Handelskarawane nach Teima
8	NCBT 91	Nbk	23.06.29	Ankauf von Purpurwolle
9	PTS 2144	Nbk	34.07.10	Silber als Kaufpreis von Karneol und einer Siegelfassung
10	PTS 2141	Nbk	38.10.19	Eingang von Fernhandelsgütern (Wein, Rosinen, Eisen) und Silber
11	PTS 2289	Nbn	02.08.[..]	Vorschuss von Silber zum Ankauf von Fernhandelsgütern (unspezifischer Lieferungskauf)
12	PTS 2858	Nbn	05.12.07	Einnahme von Fernhandelsgütern (Lieferungskauf)
13	PTS 2535	Nbn	02.12.10	Ankauf von Bronze
14	BM 114673	Nbn	03.09.30	Ankauf (Lieferungskauf) von Bronze
15	BM 114512	Nbn	04.01.12	Bereitstellung von Silber zum Ankauf von Fernhandelsprodukten (Lieferungskauf)
16	PTS 2400	Nbn	05.09.07	Ankauf von Eisen und Wein aus Sūhu
17	NCBT 644	–	–	Liste von Fernhandelsgütern
18	PTS 2098	–	–	Liste von Fernhandelsgütern, publiziert von A.L. Oppenheim, JCS 21 (1969), 236f.
19	PTS 3065	Nbn	08.05.06	Ankauf von Gold

20	BM 114478	Nbn	-	Liste von Einnahmen an Gold
21	BM 113479	Nbn	14.01.14	Eingang von Fernhandelsgütern
22	NCBT 480	–	16.04.29	Ankauf von gefärbter Wolle
23	NCBT 360	Kyr	0a.09.17	Verkauf von Cuscuta und Kreditierung von Silber zum Ankauf von Gold und Fernhandelsgütern
24	BM 114546	Kyr	07.06.10	Kreditierung von Silber zum Ankauf von Fernhandelsgütern
25	YBC 9077	-	-	Liste von erhaltenen Fernhandelsgütern

Agrarische Produkte

26	PTS 2267	Npl	17.03.07	Bereitstellung von Silber zum Ankauf von Gerste, Bereitstellung von Silber und Gold
27	BM 114503	Nbk	[..].08.05	Kauf von Sesam
28	NCBT 939	(Nbk)	10.07.03	Ausgabe von Silber zum Ankauf von Sesam
29	NCBT 104	Nbk	10.12.14	Ankauf von Öl
30	PTS 2500	Nbk	16.09.13	Ankauf von kasû
31	PTS 2999	-	19.04.26	Ankauf von Bdellium
32	PTS 2085	Nbk	20.11.04	Verpflichtungsschein über Gerste
33	PTS 2439	Nbk	20.09.13	Ankauf von Salz
34	NCBT 257	Nbk	21.12.30	Ausgabe von Silber zum Ankauf von Datteln
35	NCBT 253	Nbk	23.09.06	Ankauf von Öl
36	PTS 2905	Nbk	34.11.22	Ausgabe von Silber für einen Lieferungskauf von Gerste
37	PTS 2736	Nbn	05.(–.–)	Silber für Gerste
38	PTS 2100	Nbn	08.01.10	Silberausgaben zum Ankauf von Gerste und Stroh sowie andere Ausgaben
39	PTS 2112	Nbn	10.06a.28	Ausgabe von Silber zum Ankauf von Sesam und Aromata
40	PTS 2739	Nbn	11.07.04	Ausgabe von Silber zum Ankauf von Öl, Kresse und Leder
41	BM 114498	Nbn	14.01.10	Einnahme von Silber, Zahlung anstelle von Kresse
42	NBC 4892	Kam	03.07.08	Liste von Ein- und Ausgängen, auch von Silber zum Ankauf von Sesam und Gewürzen
43	PTS 2625	-	-	Ankauf von Aromata

Ankauf von Bau- und Brennmaterial sowie Werkzeugen

44	PTS 2849	Nbk [xx].04.24	Lieferungskauf von Bitumen gegen Wolle
45	NCBT 756	Nbk 38.04.01	Empfang von Bitumen (siehe PTS 2849)
46	NCBT 802	Nbk 10.05.14	Ausgabe von Silber zum Ankauf von Bitumen und für die Ration des Einkäufers
47	NCBT 159	Nbk 17.07.04	Ankauf von *iqqurū* (Werkzeug?)
48	PTS 2785	Nbk 18.03.12	Einnahme von Silber aus dem Verkauf eines *talammu*, Ausgabe zum Ankauf von Reisig.
49	PTS 3463	Nbk 20.11.04	Ankauf von Rohrbündeln
50	PTS 2966	Nbk 20.12.11	Ausgabe von Silber zum Ankauf von Bögen
51	PTS 3164	Nbk 22.05.16	Lieferung von Bitumen
52	PTS 2604	Nbk 32.08.17	Ankauf eines Lederbeutels? gegen Bronze
53	PTS 3176	Nbk 36.06.10	Werkvertrag zur Herstellung von Ziegeln gegen Bezahlung in Silber
54	NCBT 2339	Nbk 38.12.16	Ausgabe von Silber an einen Einkäufer, der Reisig besorgen soll
55	PTS 2287	Nbk (Jahr 38⁺)	Liste von Ankäufen von Bitumen, das mit Wolle oder Gerste bezahlt wurde
56	NCBT 138	Nbk 39.03.21	Ankauf von Körben, die mit Wolle bezahlt wurden
57	PTS 2387	(Nbk)42.11.22	Ankauf von Pfeilen, Lieferung eines Köchers
58	PTS 2424	Nbn 02.07.05	Ausgabe von Silber zum Ankauf von Holz
59	PTS 2984	Nbn 02.11.10	Ankauf von Reisig
60	PTS 2510	– –	Briefauftrag zur Ausgabe von Reisig

Vieh und Häute

61	PTS 2413	Nbk (14.11.--)	Verkauf von Tierkadavern und Häuten
62	PTS 2244	Nbk 23.10.18	Verkauf von Ziegenböcken an den sartennu
63	BM 114663	Nbk 25.06.03	Kreditierung des Kaufpreises von Ziegen, Duplikat von BM 114461
64	BM 114461	Nbk 25.06.03	Kreditierung des Kaufpreises von Ziegen, Duplikat von BM 114663
65	YBC 4120	Nbk 27.04.25	Kreditierung des Kaufpreises von Ziegen
66	BM 114493	Nbk 28.01.15	Schuldschein über Gerste, resultierend aus einer Zahlbürgschaft aus dem Kauf einer unfruchtbaren Kuh vom Tempel
67	PTS 2529	Nbk 36.12.10	Tausch von Eseln mit dem *rab kāri*

68	YBC 9053	(Nbk)	37.09.14	Verkauf eines Vogelkadavers
69	NCBT 1255	Nbk	37.12.28	Ankauf von Häuten
70	PTS 3010	Nbk	39.03.11	Verkauf von Ziegen
71	BM 114469	Nbk	41.01.16	Verkauf von Ziegen durch den Tempel
72	PTS 2105	Nbk	43.03.11	Verkauf von unfruchbaren Schafen
73	PTS 2384	Nbn	0a.11.21	Verkauf eines Esels gegen Silber (Privaturkunde)
74	BM 114522	–	–	Silbereinnahmen aus dem Verkauf von Vieh

Baumwolle und Gewänder

75	PTS 2679	Nbk	[..].06.23	Einnahme von Silber aus dem Verkauf von Baumwolle
76	PTS 2635	Nbk	41.06a.01	Einnahme von Silber aus dem Verkauf eines KUR.ra-Gewandes
77	PTS 2655	Nbn	12.12.09	Einnahme von Silber aus dem Verkauf von Purpurgewändern an den *rab bābi* und weitere Transaktionen

Wolltexte

78	PTS 2409	Npl	09.07.23	Verkauf von Wolle (Lieferungskauf) gegen Gerste
79	PTS 2048	Npl	16.01.04	Einnahme von Silber aus dem Verkauf von Wolle
80	NCBT 890	(Nbk)	-	Lieferung von Wolle
81	BM 114505	Nbk	42.07.13+	Kreditierung des Kaufpreises von Wolle
82	PTS 2476	(Nbk)	01.10.26	Eingang von Silber aus dem Verkauf von Wolle
83	NCBT 859	Nbk	05.06a.07	Einnahme von Silber aus dem Verkauf von Wolle
84	PTS 2797	Nbk	06.06.07	Ausgabe von Wolle (Verkauf)
85	PTS 2755	Nbk	06.04.21	Auszahlung von Wolle (aus einem Lieferungskauf?)
86	NCBT 388	[Nbk]	12.04.26	Einnahme von Silber aus dem Verkauf von Wolle, die auf dem Land geschoren wurde
87	PTS 2843	Nbk	13.08.06	Übergabe eines Esels und Silber anstelle von geschuldeter Wolle
88	PTS 2932	Nbk	14.06.24	Ausgabe von Silber an einen Händler von Wolle

89	PTS 2630	Nbk	17.02.04	Ausgabe von Wolle in Erfüllung eines Lieferungskaufes
90	NCBT 481	Nbk	18.02.18	Einnahme von Silber, unter anderem aus dem Verkauf von Wolle
91	PTS 2873	Nbk	19^{+}.12.30	Kreditierung des Kaufpreises von Wolle
92	PTS 2530	Nbk	20.07.01	Ankauf von Wolle (verarbeitete?)
93	PTS 2898	Nbk	20.12.19	Kreditierung des Kaufpreises von Wolle
94	PTS 2659	Nbk	22.11.05	Ankauf von Gerbersumach, Bezahlung mit Wolle
95	PTS 2324	Nbk	24.08.	Ausgabe von Wolle durch den Tempel
96	YBC 9316	Nbk	33.02.25	Kreditierung des Kaufpreises von Wolle
97	NCBT 191	Nbk	34.04.16	Kreditierung des Kaufpreises von Wolle und Gerste
98	YBC 9149	Nbk	34.06.16	Kreditierung des Kaufpreises von Wolle und Datteln, die mit Gerste bezahlt werden soll
99	BM 114622	Nbk	35.06.21	Kreditierung des Kaufpreises von Wolle, die mit Gerste bezahlt werden soll
100	PTS 2383	Nbk	35.05.24	Kreditierung des Kaufpreises von Wolle, die mit Gerste bezahlt werden soll
101	NCBT 172	Nbk	35.1.26	Kreditierung des Kaufpreises von Wolle
102	YBC 9176	Nbk	35.11.27	Kreditierung des Kaufpreises von Wolle
103	YBC 9171	Nbk	36.06.10	Kreditierung des Kaufpreises von Wolle und Lieferungskauf von Sesam
104	PTS 2245	Nbk	36.09.21	Kreditierung des Kaufpreises von Wolle
105	PTS 2427	Nbk	36.12.21	Kreditierung des Kaufpreises von Wolle
106	PTS 3174	Nbk	36.11.30	Kreditierung des Kaufpreises von Wolle
107	PTS 3082	Nbk	37.05.06^{+}	Kreditierung des Kaufpreises von Wolle
108	PTS 2405	Nbk	37.11.[..]	Kreditierung des Kaufpreises von Wolle
109	NCBT 626	Nbk	37.01.12	Kreditierung des Kaufpreises von Wolle
110	BM 114507	Nbk	37.10.04	Kreditierung des Kaufpreises von Wolle
111	NCBT 98	Nbk	37.05.19	Kreditierung des Kaufpreises von Wolle
112	YBC 9320	Nbk	37.12.19	Kreditierung des Kaufpreises von Wolle
113	PTS 2697	Nbk	38.08.06	Kreditierung des Kaufpreises von Wolle
114	NCBT 105	Nbk	38.[..].19	Kreditierung des Kaufpreises von Wolle
115	PTS 2969	Nbk	38.01.19	Kreditierung des Kaufpreises von kardierter Wolle, die mit Gerste bezahlt werden soll
116	YBC 9215	Nbk	38.01.19	Kreditierung des Kaufpreises von kardierter Wolle

117	PTS 2738	Nbk 38.07.14	Kreditierung des Kaufpreises von Wolle
118	YBC 9211	Nbk 38.06.21	Kreditierung des Kaufpreises von Wolle
119	YBC 9253	Nbk 38.06.26	Kreditierung des Kaufpreises von Wolle
120	PTS 3055	Nbk 39.05.11	Kreditierung des Kaufpreises von Wolle
121	YBC 9217	Nbk 39.05.11	Kreditierung des Kaufpreises von Wolle
122	PTS 2746	Nbk 39.02.17	Kreditierung des Kaufpreises von Wolle
123	PTS 2896	Nbk 39.05.15	Kreditierung des Kaufpreises von Wolle
124	YBC 9530	Nbk 39.05.19	Kreditierung des Kaufpreises von Wolle
125	YBC 9517	Nbk 39.06.19	Kreditierung des Kaufpreises von Wolle
126	PTS 2859	Nbk 39.07.21	Kreditierung des Kaufpreises von Wolle
127	PTS 2432	Nbk 39.02.28	Einnahme von Silber aus dem Verkauf von Wolle, Ausgabe von Silber für Wein
128	PTS 2213	Nbk 40.10.12	Kreditierung des Kaufpreises von Wolle
129	PTS 2143	Nbk 41.06.02	Kreditierung des Kaufpreises von Wolle
130	PTS 3439	Nbk 41.05.11	Kreditierung des Kaufpreises von Wolle
131	PTS 2456	Nbk 41.10.16	Kreditierung des Kaufpreises von Wolle
132	PTS 3015	Nbk 41.10.23	Kreditierung des Kaufpreises von Wolle
133	PTS 2627	Nbk 42.08.04	Kreditierung des Kaufpreises von Wolle, für die mit Sesam bezahlt werden soll
134	PTS 2448	Nbk 42.08.15	Kreditierung des Kaufpreises von Wolle
135	YBC 9137	Nbk 42.11.12	Kreditierung des Kaufpreises von Wolle
136	PTS 2171	Nbk 42.11.25	Kreditierung des Kaufpreises von Wolle
137	YBC 9146	Nbk 43.05.03	Kreditierung des Kaufpreises von Wolle
138	PTS 2116	Nbk 43.05.05	Verpflichtungsschein über Seile und *ḫaliptu* als Kaufpreis von Wolle
139	BM 114431	Nbk 43.01.14	Kreditierung des Kaufpreises von Wolle und Kauf von Gerste
140	BM 114519	Nbn [..].05.18	Kreditierung des Kaufpreises von Wolle, die mit Sesam bezahlt werden soll
141	PTS 3319	Ame 01.08.08	Ausgabe von Wolle
142	PTS 2502	Ner oder Nbn 03.04.23	Einnahme von Silber aus dem Verkauf von Wolle
143	BM 114510	Nbn 03.05.10	Kreditierung des Kaufpreises von Wolle, die mit Sesam bezahlt werden soll
144	PTS 3040	Nbn 04.[xx].10	Kreditierung des Kaufpreises von Wolle, die mit Sesam bezahlt werden soll

145	BM 114433	Nbn	04.11.23	Kreditierung des Kaufpreises von Wolle, die mit Gerbersumach bezahlt werden soll
146	PTS 2592	Nbn	08.01.22	Einnahme von Silber aus dem Verkauf von Wolle
147	BM 114615	Nbn	09.05.28	Kreditierung des Kaufpreises von Wolle, die mit Datteln bezahlt werden soll
148	PTS 2303	Nbn	10.08.17	Eingang von Silber aus dem Verkauf von Wolle in Takritennu (Tikrit)
149	NBC 4819	-	-	Verkauf von Wolle
150	PTS 2851	-	-	Einnahme von Silber aus dem Verkauf von Wolle und weitere Einnahmen
151	NCBT 953	-	00.04.01	Silber aus dem Verkauf von Wolle
152	PTS 2962	-	(02.04.03)	Einnahme von Silber aus dem Verkauf von Wolle
153	PTS 2899	-	03.01.12	Einnahme von Silber aus dem Verkauf von Wolle, Ausgabe zum Ankauf von Gold
154	PTS 2803	-	10.03.16	Ausgabe von Wolle
155	NBC 4827	-	-	Ausgaben von Wolle
156	PTS 3004	-	-	Ausgaben von Wolle

Miscellanea

157	YBC 9594	Nbk	22.11.26	Ausgabe von Gerste für Rationen und Silber als Bezahlung von puquttu (eine Dornpflanze)
158	PTS 2133	Nbk	23.01.21	Liste von Bootsladungen mit Verantwortlichen
159	NCBT 816	Nbk	23.03.02	Ausgabe von Silber zum Ankauf von Bier
160	YBC 4092	Nbk	34.06.10	Verkauf von Datteln
161	PTS 2114	Nbk	36.06.11	Kreditierung des Kaufpreises eines Gefäßständers
162	PTS 2483	Nbn	02.02.01	Briefauftrag zur Ausgabe von Bier an Handwerker
163	NCBT 907	[Nbn]	07.[xx].06+	Ausgabe von Silber, Rest des Kaufpreises eines Sklaven
164	BM 114468	Kam	02.11.24	Verkauf von Rohr durch den Tempel
165	PTS 2997	-	-	Ausgabe von Bronze, Zwirn und Sesam

1. Einleitung

Die Edition enthält 165 vorher unpublizierte Texte aus dem Archiv des Ištar-Tempels von Uruk, der nach seinem sumerischen Namen Eanna genannt wird.[1] Der zeitliche Rahmen des Archivs liegt in der Zeit zwischen der Regierung des Kandalānu (648–627) und der des achämenidischen Königs Darius I (521–486), wobei Texte aus der Zeit vor Beginn des neubabylonischen Reiches selten sind. Im Jahre 520/19, dem zweiten Jahr Darius I., gibt es einen abrupten Bruch in der Textüberlieferung, der wohl daraus resultiert, dass der uns bekannte Archivteil aus dem laufenden Archiv aussortiert und an einen anderen Ort verbracht wurde. Nur vereinzelte Texte stammen aus dem Jahre 29 Darius. Mit einer Ausnahme (Text Nr. 1, der aus dem siebenten Jahrhundert v. Chr. stammt) datieren die hier publizierten Texte alle aus den Jahren zwischen 617 (9 Npl) und 527 (3 Kam). Die Kopien im Editionsteil sind im Maßstab 1,2: 1 abgebildet (120% der Originalgröße), außer die mehrkolumnige Liste Nr. 158, die in der Gesamtansicht 1: 1 und in den Detailansichten in 140% der Originalgröße dargestellt ist.

Wie der Titel aussagt, wurden die zu publizierenden Texte nach ihrem Inhalt ausgewählt und zusammengestellt. Es geht um den babylonischen Handel auf drei räumlichen Ebenen: der lokalen, regionalen und der überregionalen (imperialen) Ebene. In den zwei letztgenannten spiegeln sich die Auswirkungen der räumlichen Expansion des neubabylonischen Reiches auf den Handel wieder. Indirekt werden auch die politischen Beziehungen des Reiches mit Nachbarn wie zum Beispiel Iran, Arabien sowie dem befeindeten Ägypten beleuchtet. Die Kriegszüge und Eroberungen brachten Soldaten in alle Gebiete des Reiches. Babylonische Siedler, die von Tempeln ausgesandt wurden, fanden ihre neue Heimat am Habur und vielleicht sogar an der Mittelmeerküste.[2] All das gibt einen Eindruck von den geographischen Dimensionen, die mit dem Aufblühen des Reiches sich nun auch den relativ konservativen Institutionen wie den Tempeln erschlossen.

Auf den ersten Blick weniger spektakulär, aber für die wissenschaftliche Bewertung nicht weniger wertvoll sind die Texte, die Aspekte des lokalen Handels in Uruk beleuchten. Texte aus institutionellen Archiven wie dem Tempel sind die einzigen

1 Die akkadische Lesung von É.AN.NA „Himmelshaus" ist *ajakku*, siehe Beaulieu 2002.

2 Der Eanna-Tempel verkaufte zum Beispiel in Tyros Wolle an Händler, die die Wolle später von Boten in Uruk abholen ließen (Kleber 2010: 612). Siehe Kleber 2008: 151ff. zu möglichen Siedlern in der Levante. Über die Siedler am Habur haben Jursa und Wagensonner 2014 gearbeitet. Beachtenswert ist dort besonders S. 116 mit CT 55, 862, ein Text der den Empfang von Fernhandelsgütern (Purpurwolle, Honig, Wachs, Kermes, Alaun) in Verbindung mit dem Habur-Dossier bringt.

Quellen für diesen Handel, da die Tempelverwaltung Transaktionen aufzeichnete, die sonst (bei anderen Handelspartnern) in der Regel keine schriftlichen Hinterlassenschaften hervorbrachten. Der alltägliche Kauf in Mesopotamien war ein Barkauf. Schriftliche Kaufverträge wurden nur für Immobilien und nicht vertretbare Mobilien (wie Sklaven, Pfründe, Boote, ab und zu auch Pflug- und Lasttiere) ausgestellt. Den Kauf und Verkauf von vertretbaren Gütern können wir daher fast nie erfassen. Die Tempelarchive stellen hier eine wichtige Ausnahme dar. Die Belege sind essentiell bei der Beantwortung von Fragen nach der Existenz eines lokalen Marktes, der dort gehandelten Produkte, dem Grad der Monetisierung der Gesellschaft des ersten Jahrtausends, und sie sind ebenso essentiell für die Frage nach der allgemeinen Charakterisierung des wirtschaftlichen Systems.

Die Edition ist nach Produktkategorien in sieben (bzw. mit der allgemeinen Einleitung in acht) Kapitel eingeteilt. Die ersten drei (Fernhandel, agrarische Produkte und Baumaterial) enthalten vor allem Texte, die Ankäufe durch den Tempel belegen. Kapitel fünf (Vieh), sechs (Baumwolle und Gewänder) und sieben (Wolle) betreffen Produkte, die der Tempel für den Markt produzierte und verkaufte (vor allem Wolle und Ziegen). Das achte Kapitel enthält verschiedene Texte, die in keine der anderen Kategorien passten.

Belege für den Kauf und den Verkauf durch den Tempel sind nicht immer strikt zu trennen. Der Eanna-Tempel war zum Beispiel aktiver Zwischenhändler von Karneol. Baumwolle, die zum König geschickt werden musste, war vielleicht ebenso ein Zwischenhandelsprodukt. Die meisten gekauften Waren wurden mit Silber bezahlt und der Tempel erwartete Silber als Zahlungsmittel für die Verkäufe. Trotzdem gibt es eine Reihe von Transaktionen von Gütern gegen andere Güter (z.B. Wolle gegen Sesam oder Gerste). Silber spielt dabei manchmal die Rolle eines Wertmessers, aber nicht immer, da der Wollkurs übers Jahr hinweg stabil blieb und eine Umrechnung daher recht einfach war. Innerhalb der Kapitel sind die Texte in der Regel[3] chronologisch geordnet, wobei undatierte Texte (oder solche, deren Datum verloren und nicht zu rekonstruieren war) am Ende stehen. Wenn ein Text zusammen mit einem anderen jedoch ein Dossier darstellt, wurde die chronologische Ordnung durchbrochen und der Darstellung im Zusammenhang Priorität eingeräumt.

Jedem Kapitel ist eine Einleitung vorangestellt, die auf die Produkte, ihre Herkunft und Verwendung sowie (wenn möglich) auf Verkaufs- und Ankaufsstrategien eingeht. Im Folgenden möchte ich die räumlichen Aspekte des Handels besonders hervorheben, ohne sie hier erschöpfend behandeln zu können.

3 Es gibt ein paar wenige unregelmäßige Ausnahmen, z.B. wenn im Endstadium dieser Arbeit bei einem Text, der bereits eine Editionsnummer erhalten hatte, das Datum korrigiert wurde, entweder aufgrund eines ursprünglichen Versehens oder nach Kollation. Wegen der Gefahr, dass bei einer Veränderung der Editionsummern von allen folgenden Texten in einer Kategorie sich Fehler bei Querverweisen einschleichen könnten, ist die Editionsnummer nicht mehr verändert worden.

1.1. Die räumlichen Aspekte des Handels

1.1.1. *Lokaler Handel (innerhalb der Stadt)*

Der lokale Handel in Uruk war, wie in anderen babylonischen Städten, nicht auf einen einzigen Markt-Ort beschränkt. Wir hören selten von der Verortung des lokalen Handels, da diese Information allen Parteien bekannt und für die Tempelverwaltung irrelevant war. Ab und zu werden aber Ladengeschäfte (*kuruppu*) genannt. H. Baker (2010) konnte zeigen, dass sich diese Geschäfte – oft mehrere in einer Reihe nebeneinander – immer an großen Durchgangsstraßen befanden. Baulich waren diese Läden ein Teil von privaten Wohnhäusern, aber sie bildeten gegenüber dem Wohnhaus eine abgeschlossene Einheit. Die *kuruppu*s kommen im ‚Strophengedicht' in Zusammenhang mit Händlern (*tamkāru*) vor.[4] Oft wurden die Geschäfte von der Familie, die Eigentümer des Wohnhauses war, vermietet, manchmal an Sklaven, die das Geschäft führten. In Uruk und Sippar können wir spezifische Ladengeschäfte näher lokalisieren. In Uruk hatte sich das Geschäft eines Goldschmieds in unmittelbarer Nähe des Salīmu-Tores des Eanna-Tempels befunden (YOS 7, 78). Aus dem Archiv des Ebabbar-Tempels von Sippar gibt es Hinweise auf zwei Läden, die mit Aromata handelten.[5] Mindestens eines davon befand sich im Hafenbezirk (*kāru*) von Sippar. Auch in Uruk gab es einen Markt bzw. Geschäftsbezirk in der Stadtmitte (*qabalti āli*), wo man zum Beispiel Gerste, Datteln und Brennmaterail (*abattu*) kaufen konnte (BIN 1, 32; YOS 3, 69, siehe auch Jursa 2010: 643). Das Hafenbecken befand sich in Uruk zentral in der Stadtmitte, direkt südöstlich des Eanna-Tempels, daher könnte Hafenbezirk und Stadtmitte im Falle von Uruk identisch sein. In vielen Texten wird der Begriff *sūqu* „Suq, Straße, Gasse" für „Markt" verwendet, sowohl in unmittelbar räumlichen, als auch im übertragenen Sinne.[6] Laut PTS 3472 gab es einen „Markt des Tempels" (*su-ú-qu šá* É.DINGIR), woher insgesamt 160 Rinder stammen. Wo sich dieser Markt befand, oder ob *sūqu* hier auch im übertragenen Sinne gemeint ist, bleibt bei diesem Text leider unklar. Das wichtigste Verkaufsgut des Eanna-Tempels war die Wolle. Wir haben zahlreiche Texte, vor allem aus den fünf letzten Regierungsjahren Nebukadnezars, die den Einzelhandel des Tempels mit Wolle belegen. Wir wissen, dass die Wolle in den Höfen und Speichern des Tempels lagern konnte. Es ist vorstellbar, dass Verkäufe von kleinen Mengen Wolle an Haushaltsangehörige oder andere mit dem Tempel in Verbindung stehenden Personen direkt im Vor- und Eingangshof des Tempels stattfanden. Genauere Informationen geben uns die Texte leider nicht.

Die Erkenntnis, dass es in Uruk und anderen babylonischen Städten Märkte und Geschäfte gab, in denen man mit Silber einkaufen konnte, hat unmittelbare

4 Schaudig 2001: 565 I 5′ (Transliteration) und 572 (Übersetzung), siehe auch Baker 2010.
5 Jursa 2009: 167.
6 Z.B. GC 1, 120 (Mehl wurde vom Suq / Markt zum Tempel gebracht); im übertragenen Sinne z.B. in YOS 21, 174, siehe dazu Jursa 2005a: 179f.

Bedeutung für die Bewertung der allgemeinen Wirtschaftsform, in der der Tempel agierte. Ich werde im Abschnitt 1.2. „Handel und Wirtschaftsform" darauf zurückkommen.

1.1.2. *Regionaler Handel (innerhalb Babyloniens)*

Ein wichtiger Bezugspunkt für Eanna war Babylon. Nicht nur, weil sich dort der Palast befand, der dem Tempel Wolle abkaufte und dafür Silber, Getreide oder Gold lieferte, sondern auch weil Babylon ein Umschlagplatz für Waren aller Art war. Der Eanna-Tempel war über viele Jahre dort auf Bauprojekten beschäftigt und unterhielt zu diesem Zwecke ein eigenes Lagerhaus (*karmu*) in Babylon. Die Transportkosten innerhalb Babyloniens konnten durch das Kanalnetz relativ niedrig gehalten werden,[7] so dass der innerbabylonische Handel mit Getreide und Datteln im Prinzip problemlos möglich war. Solange der Tempel selbstproduzierte Nahrungsmittel in den eigenen Speichern vorrätig hatte, verschiffte er sie über Babylon bis nach Nordbabylonien und in die Diyala-Region, wenn es galt, die Arbeitstruppen des Tempels mit Getreide und Datteln zu versorgen. Getreide und Datteln zur Versorgung der auf den Baustellen tätigen Tempelangehörigen wurden oft aber auch auf lokalen Märkten gekauft. In der Ausnahmesituation der Hungersnot zu Beginn der Regierungszeit Kambyses wurden sogar Preisinformationen in verschiedenen Regionen Babyloniens, wie Babylon, Sippar und Opis eingeholt.[8]

Hinweise auf regionale Handelsunternehmungen wie sie z.B. im Archiv der Familie Nūr-Sîn reflektiert werden, die sich mit der Verschiffung der Ernte aus der Umgebung auf den Markt der Städte befassten,[9] sind im Eanna-Archiv selten. Der Eanna-Tempel verkaufte in der Regel keine landwirtschaftlichen Produkte. Der Kauf von Gerste, Datteln und Bier auf dem lokalen Markt ist aber bezeugt.[10]

Neben Babylon unterhielt Eanna die engsten Handelsbeziehungen auf regionaler Ebene (d.h. innerhalb Babyloniens) mit dem Meerland, auch im Zusammenhang mit dem Ankauf von Fernhandelsprodukten, die dort die babylonische Alluvialebene erreichten. Der Tempel kaufte da vor allem Gold, Karneol und Bronze sowie *mēreštu* „Handelsware" – Handwerksprodukte und andere unbestimmte Waren, die begehrt, aber selten waren. Im Gegenzug verkaufte der Tempel Wolle an die Administration des Meerlandes, die eine Textilproduktion unterhielt. Auf die Mechanismen und Strukturen dieses Handels wird im Abschnitt „Fernhandel" näher eingegangen. Aus der Regierungszeit Nabonids stammt ein Dossier[11] das bezeugt, dass der Eanna-Tempel durch Goldschmiede mehrfach Gold und in geringem Umfang auch andere

7 Zu den Transportkosten innerhalb Babyloniens siehe Weszeli 2010.
8 Jursa 2010: 82 mit Fn. 410; Kleber 2012: 229.
9 Siehe dazu Wunsch 1993.
10 Jursa 2005a: 179f.; Kleber 2010.
11 Joannès 1982: 236ff.

Fernhandelswaren in Babylon einkaufte. Diese Ankaufsstrategie wurde in der Sekundärliteratur etwas überbetont. Möglicherweise war sie gar keine Regel, sondern eine Ausnahme, die auf den durch Renovierungsarbeiten im Tempelinneren stark gestiegenen Bedarf des Tempels an Gold in dieser Zeit zurückzuführen ist. Versuche, Gold wie üblich im Meerland zu kaufen, scheiterten in dieser Zeit mehrfach (siehe Text Nr. 19). Neu ist, dass Eanna sich als Zwischenhändler von Karneol andiente. Der Stein, der an der iranischen Küste des Persischen Golfes zu finden ist, war vielleicht im Süden Mesopotamiens billiger als im Norden.

1.1.3. *Überregionaler Handel (auf imperialer Ebene und darüber hinaus)*

Die fünfundzwanzig Texte des zweiten Kapitels erlauben neue Einsichten in den Fernhandel Babyloniens in der spätbabylonischen Zeit. Händler, die Fernhandelsprodukte an den Eanna-Tempel lieferten, gehörten nicht zum Personal des Tempels. Das heißt, dass der Tempel im Prinzip nicht direkt am Fernhandel teilnahm. Aber er war ein großer Abnehmer dieser Waren, sowohl der Arbeitsstoffe wie Metalle und Chemikalien als auch der Luxusgüter. Beim Ankauf gab es im Wesentlichen zwei, bzw. wenn man den oben erwähnten gelegentlichen Ankauf in Babylon einbezieht, drei Strategien. Eine davon war für Babylonien bislang völlig unbekannt, nämlich der Bezug von ausländischen Waren über das Militär. Text Nr. 15 (BM 114512) ist ein Fernhandelsauftrag an einen Offizier (den *rab kiṣri* der Bogenschützen des *šakin māti*), der mit der Armee nach Westen zog. Der Text wurde in Opis ausgestellt, wo sich eine große Garnison befand. Es ist anzunehmen, dass das Militär Beute aus den Kriegszügen mit nach Babylonien brachte und dort – quasi ‚unter dem Speer' verkaufte. Die Beauftragung eines Offiziers impliziert, dass es sich hier nicht um Tribute handelte, die direkt an den König gingen. Der Eanna-Tempel profitierte aber auch hiervon. Der König schenkte Waren, insbesondere Gold (auch Kriegsgefangene, Vieh, Edelsteine, Wein und Datteln) an die Tempel Babyloniens. Für Eanna sind direkte Geschenke des Königs vor allem an Gold, Silber und Deportierten bezeugt.[12] Es handelte sich hierbei manchmal um Neujahrsgeschenke oder um Geschenke anlässlich eines Besuchs des Herrschers. Die Haupttempel Babylons und Borsippas, Esaggila und Ezida, scheinen besonders profitiert zu haben. Die Weitergabe von Fernhandelsgütern von diesen Tempeln an Eanna war vielleicht eine indirekte Weiterverteilung eines Teils der Tribute von den Vasallenstaaten, die der König den Tempeln überließ. Text Nr. 25 (YBC 9077) ist ein Beleg für Geschenke von Aprikosen, Rosinen, Kermes, Zedernholz und Honigwaben an Eanna von Esaggila und Ezida. Der Eanna-Tempel wiederum lieferte Güter an die kleineren, von ihm administrativ abhängigen Tempel in Larsa und Udannu.

Die zweite Strategie, wohl die wichtigste, war die Beauftragung von Händlern mit dem Einkauf von bestimmter, aber auch unbekannter, einfach *mērešt*u genannter

12 Zu den Geschenken der Könige und der königlichen Familie siehe Kleber 2008: 259–266.

Fernhandelsware. Die Händler waren Privatpersonen, auch urukäischer Herkunft, und manche von ihnen haben sich offenbar auf den Fernhandel spezialisiert. Das heißt nicht, dass sie selbst jenseits der Grenzen des Imperiums tätig waren. Wahrscheinlicher ist es, dass sie zu bestimmten Handelsknotenpunkten innerhalb des neubabylonischen Reiches reisten und dort an- und verkauften.[13] Einige hatten offenbar bestimmte Routen, da ihr Warenspektrum über mehrere Jahre hinweg gleich blieb.[14] Im Prinzip gab es von Uruk aus zwei Haupthandelsrichtungen, die dem Verlauf des Euphrats folgten: Norden und Süden. Die nördliche Route folgte dem Flussverlauf bis zur Region des mittleren Euphrats, woher Honig, Wein und getrocknete Früchte stammten. Dort und/oder weiter euphrataufwärts, in der Gegend um Karkemisch, zweigte sich die Route in eine westliche, die in Richtung Levante und Mittelmeerküste abbog und dadurch auch ägyptische Waren wie Alaun brachte. Von der Levanteküste kam vor allem Purpurwolle, Karmin, Wein und Eisen. Der andere Zweig lief weiter Richtung Norden bis in die Gebirge Nordmesopotamiens und Anatoliens. Kleinasien, das Silber, Eisen und Bronze lieferte, war wiederum mit dieser und mit der Mittelmeerroute verbunden. Im Norden lag außerdem der Knotenpunkt für Überlandrouten in Richtung Osten, die ihre Endpunkte in Zentralasien hatten, woher Zinn und Lapislazuli kam.

Die andere Route lief den Euphrat abwärts zur Küste des Persischen Golfes. Der südlichste Hafenort, der noch auf dem babylonischen Festland lag, hieß Bāb-Marrati. Die wichtigste Stadt des Meerlandes war Madakalšu, wo sich ein Palast befand, in dem Eannas Wolle zu Textilien verarbeitet wurde. Wahrscheinlich ist unter anderem hier die Produktion der so berühmten babylonischen Textilien zu lokalisieren, die exportiert wurden. Im Meerland zweigte sich die Handelsroute. Eine Karawanenstraße führte durch Arabien bis in die städtischen Handelszentren Nordwestarabiens wie Teima. Bislang waren Reisen mit Kamelen von Südbabylonien nur ab der Regierungszeit Nabonids bezeugt.[15] Text Nr. 7 (PTS 2986) zeigt, dass private babylonische Handelskontakte nach Teima bereits unter Nebukadnezar etabliert waren.

Eine andere Abzweigung mag eine Strecke durch das Marschland und entlang der Küste Irans gewesen sein. Als wichtigster Zweig ist hier aber die Seehandelsstraße zu nennen, die die Handelsdrehscheiben Bahrein und Failaka mit Oman, der iranischen Golfküste sowie Indien verband. Der Eanna-Tempel bezog Gold immer aus südlicher Richtung, mit Ausnahme der oben erwähnten Goldankäufe in Babylon, die altes, bereits lange im Umlauf befindliches Gold betreffen könnten. Gold kam im sechsten Jahrhundert niemals via die Levante aus Ägypten. Ägypten war der

13 Siehe Graslin und Lemaire 2004 und Graslin 2008: 12 zum Ort Tapsuhu = Thapsakos, ein Handelsknotenpunkt am Euphrat in der Nähe von Karkemisch.

14 Siehe unten in der Einleitung zum Kapitel Fernhandel und den Kommentaren zu den einzelnen Texten.

15 Potts 1988: 49, wobei die Route zwischen Babylonien und Al-Jauf möglicherweise bereits in neuassyrischer Zeit von arabischen Stämmen frequentiert wurde, siehe Potts 1988: 48.

wichtigste Goldlieferant in der Mitte des zweiten Jahrtausends, aber im ersten Jahrtausend hatte arabisches und indisches Gold das ägyptische abgelöst. Weitere typische Importprodukte aus südlicher Richtung sind Karneol, Holz und Stein[16] sowie Bronze / Kupfer. Kupferlagerstätten gibt es reichlich in der Region des Persischen Golfes, vor allem in Oman. Karneol war leicht an der iranischen Golfküste zu finden. Wir können gut nachweisen, dass in der Mitte des ersten Jahrtausends die Küstenregion des Persischen Golfes wieder zur Handelsdrehscheibe wurde. Kontakte zum Indus-Tal waren einschlossen. Die Rationenlisten aus dem Palast Nebukadnezars in Babylon erwähnen zahlreiche philistäische, phönizische und ägyptische Schiffsleute, phönizische Schiffsbauer und eine Werft (*bīt sapīnāti* – für Seeschiffe, denn Boote werden als *eleppu* bezeichnet).[17] Diese Schiffe werden euphratabwärts in den Persischen Golf gefahren sein – vielleicht mit den Zielen Indien, Iran, Oman und möglicherweise sogar Ägypten, obwohl für die damaligen Seefahrer die Einfahrt ins Rote Meer durch das Bāb-al-Mandab wegen der Winde schwierig war. Zawadzki (2006: 26ff.) identifizierte, meines Erachtens überzeugend, das Wort *kiṭinnû* mit Baumwolle. Wir wissen, dass Baumwolle zuerst nach Südbabylonien gelangte und von dort aus, manchmal durch Vermittlung des Eanna-Tempels weiter nach Babylon zum Palast gebracht wurde. Baumwolle (*gossypium arboreum*), ursprünglich aus Indien importiert, wurde schon in achämenidischer Zeit auf Bahrain (Tilmun) angebaut.[18] Ein Anbau auf dem babylonischen Festland, zumindest in kleinem Umfang, ist im sechsten Jahrhundert nicht auszuschließen.

1.2. Handel und Wirtschaftsform

Die Mehrzahl der hier publizierten Texte beleuchten Aspekte des lokalen Handels in Uruk sowie der daraus abzuleitenden tiefgehenden Monetisierung der Gesellschaft des 6. Jahrhunderts v. Chr. Die dem Oikos-Model verpflichtete Tradition der institutionellen Produktion für die Bedarfsdeckung ist in der Mitte des ersten Jahrtausends keine Realität mehr. Die Tempel wirtschaften in einer Gesellschaft, in der die Kommerzialisierung und Monetisierung bereits stark vorangeschritten war.[19] Obwohl die Tempel noch immer große Wirtschaftshaushalte waren, deren unmittelbare Abhängige mit Rationen (Naturallohn) versorgt wurden, musste er zur Erfüllung der königlichen Steuerauflagen in großem Umfang Lohnarbeiter beschäftigen, die in

16 Im Eanna-Archiv sind diese Importe aus Süden allerdings bislang nicht bezeugt.

17 Weidner 1939, besonders S. 928–933. In der Werft arbeiteten auch griechische Zimmerleute.

18 Theophrast informiert uns über Baumwollanbau in Tilmun, auch Nearchos, der General Alexanders, soll über große Baumwollbaumplantagen auf Tylos (Tilmun) berichtet haben, wovon man Gewänder namens *sindones* (also „(s)indische“) herstellte, siehe Oppenheim 1967: 251f.

19 Siehe dazu umfassend Jursa 2010, besonders Kapitel 5 und 6.

Silber bezahlt wurden. Das Silber konnten die Tempel nur verdienen, indem sie ihre eigene Produktion auf dem Markt verkauften. Das führte zu einer Spezialisierung (‚cash crop'-Produktion). Der Eanna-Tempel produzierte vor allem Wolle, in geringem Umfang auch Ziegen, um sie auf dem Markt zu verkaufen. Die Produktion von Gütern für den eigenen Bedarf reichte in den Bereichen, auf die der Tempel nicht spezialisiert war, oft nicht aus: z.B. kaufte Eanna regelmäßig Sesam zur Ölherstellung zu, und in Zeiten weniger guter Ernten Gerste in großen Mengen. Das Gleiche gilt für den Ebabbar-Tempel in Sippar, der Güter für den eigenen Bedarf – auch Opfertiere – zukaufte, allerdings keine Datteln, da er eine auf den Verkauf ausgerichtete Hortikultur betrieb. Die Kapitel mit Texten über den Ankauf von landwirtschaftlichen Produkten und Baumaterial sowie über den Verkauf von Wolle und Tieren schließen eine Publikationslücke insofern, als diese Texte bereits in mehreren, unter anderem die Wirtschaftsform analysierenden Aufsätzen ausgewertet wurden,[20] aber der wissenschaftlichen Öffentlichkeit noch nicht in Kopie und Transliteration zugänglich waren.

20 Jursa 2004a; 2005a; 2010; Kleber 2010 und 2010a.

2. Der babylonische Fernhandel

2.1. Einleitung

Laetitia Graslin-Thomés Monographie über den Fernhandel im ersten Jahrtausend (2009) behandelt neben theoretischen Fragestellungen und der Herkunft der Fernhandelsgüter auch die Frage nach der Rolle des Staates im Fernhandel und die Händler. Trotzdem bleibt in diesem Bereich noch viel unklar, da unsere Texte meistens nur die letzte Stufe des Fernhandels zeigen: den Kauf von Fernhandelsprodukten in Babylonien, z.B. durch die Tempel. Die Verkäufer werden zum Teil mit Namen genannt, aber über ihre weiteren Aktivitäten haben wir nur selten Informationen. Die hier publizierten fünfundzwanzig Texte sind daher von besonderer Bedeutung, da sie das bislang spärliche Material bereichern. Insbesondere kann das bereits durch Oppenheim (1967) behandelte Dossier zur Lieferung von Fernhandelsgütern im Jahre 5 oder 6 Nabonid ergänzt und komplett neu ausgewertet werden. Auch über die Händler lässt sich auf der Basis der neuen Texte etwas mehr erfahren.

2.1.1. *Die Händler von Importwaren*

Händler waren in Babylonien oft auf bestimmte Produkte spezialisiert, wie z.B. die Familie Nūr-Sîn auf den Ankauf und den Transport von Zwiebeln.[21] Händler, die Fernhandelswaren in ihrem Repertoire haben, werden nur selten im Zusammenhang mit lokalen babylonischen Waren erwähnt, die nicht zum Export bestimmt waren. Offensichtlich gab es eine Trennung zwischen überregional (und sogar international) tätigen Händlern und Kaufleuten auf der regionalen Ebene. Unter den neu- und spätbabylonischen Privatarchiven ist kein Archiv einer Familie, die Fernhandelswaren transportierte. Nach Jursa (2004: 131) trugen überdurchschnittlich viele Händler, die mit dem Westhandel zu tun hatten, westsemitische Namen.[22] Ein Teil des Handels wurde sicher durch Nicht-Babylonier oder deren Nachfahren getragen,[23] die ihre Kontakte in ihre Ursprungsländer aufrechterhielten. Joannès (1997: 148) bemerkte, dass das geographische Vokabular in Bezug auf Transpotamien sehr spärlich ist. Diese Bemerkung ist zweifelsohne richtig, aber es fragt sich, ob es folgerichtig ist, daraus zu schließen, dass Babylonier sich nur in geringem Maße am

21 Wunsch 1993.

22 Z.B. Hanon, der möglicherweise phönizische Oberkaufmann im sogenannten „Hofkalender" Nebukadnezars und die Familie von königlichen Händlern judäischer Herkunft (siehe dazu Jursa 2007), vgl. auch die Namen der Händler in Dandamaev 1995.

23 Siehe auch Oppenheim 1967 und Dandamaev 1995.

Fernhandel beteiligten. Ich meine, dass eine solche Schlussfolgerung nicht gezogen werden darf, da die Texte vor allem aus den Tempelarchiven stammen, die tatsächlich nicht im Fernhandel aktiv waren. Die Tempeladministratoren, die die Waren entgegennahmen, interessierten sich kaum für den genauen Herkunfts- und Einkaufsort, es sei denn, dieser bedeutete gleichzeitig Unterschiede in der Art, Verarbeitung oder Qualität eines Produkts. Die Tempel bezogen ihre Waren über professionelle Händler, denen sie Aufträge gaben. Die Zahlungen dafür (in Silber oder Wolle) schoss der Auftraggeber, in dem Fall der Tempel, meistens vor. Es fällt auf, dass zumindest im Eanna-Archiv diese Händler meistens babylonische Namen tragen.[24] Wir können unter ihnen sogar mehrere urukäische Familien nachweisen.

Es stellt sich die Frage, ob diese Kaufleute institutionell gebunden waren, z.B. als königliche Kaufleute (*tamkārū ša šarri*).[25] Wie bereits erwähnt hatte der Eanna-Tempel keine Kauffahrer unter seinem eigenen Personal. Es gibt einige Hinweise auf Verbindungen zum König auch für Händler, die nicht explizit den Titel *tamkāru ša šarri* tragen. Zum Beispiel ist der Mann, der laut Kleber 2008, Nr. 40 (PTS 3068, 0a Nbn) Handelsgüter im Meerland einkaufen soll, ein königlicher Höfling. Da der Text einer der wenigen ist, der Eannas kommissionierten Handel in Richtung Meerland bezeugt, aber der nicht unmittelbar mit bekannten Administratoren des Meerlandes in Verbindung steht, soll die Übersetzung des Kerntextes hier zitiert werden:

> „Drei Minen Silber, Kaufpreis von zwölf Talenten Wolle, Eigentum der Herrin von Uruk und Nanājas, gehen zu Lasten von Ilu-rēšia-uṣur, dem königlichen Höfling. Für den Bedarf von Eanna wird er Gold, Bronze und Handelsgüter (*mēreštu*), so wie er (sie) im Meerland erhalten wird, an Eanna geben. Wenn die Handelsgüter beim *qīpu* und dem *šatammu* keinen Gefallen finden, muss er die drei Minen Silber an Eanna zahlen. Nicht einberechnet ist der frühere Verpflichtungsschein, der zu seinen Lasten ging."

Wir lernen aus diesem Text, dass der Händler nicht zum ersten Mal geschäftlich mit Eanna in Verbindung stand. Er verkaufte offenbar die Wolle im Meerland und man erwartete, dass er dort Gold und Bronze kaufen werde.

Šamaš-zēru-ibni/Nanāja-iddin aus der Familie Hanap, einer der Händler aus dem unten neu ausgewerteten Dossier aus dem Jahre 5 oder 6 Nbn, hatte ebenfalls Verbindungen zum Palast: sein Haus in Uruk wird später Kroneigentum, da er offenbar Schulden nicht zurückzahlen konnte. Ob er ein *tamkāru ša šarri* war, bleibt aber unklar. Wenn die meisten der babylonischen Händler, von denen wir oft nur den Namen, aber keine weiteren Hintergründe kennen, königliche Kaufleute waren, fragt sich, warum sie so selten diesen Ehrentitel tragen. Vielleicht müssen wir auch

24 Zu den einzelnen Händlern, falls sie mehrfach im Archiv bezeugt sind, findet sich mehr in den inhaltlichen Kommentaren zur Edition des jeweiligen Texts.

25 Einmal ist auch ein Kaufmann eines Gouverneurs (*šaknu*) genannt, siehe Jursa 2004: 129f.

hier mehr Pluralität zulassen. Die Belege vermitteln zumindestens nicht zwingend das Bild eines gänzlich staatlich kontrollierten Handels mit Importgütern, zumal die meisten Kaufleute wahrscheinlich ohnehin nur innerhalb der Grenzen des Reiches unterwegs waren. Ausländische und babylonische Händler, sowie handelnde, in Babylonien lebende Stämme, die in der frühneubabylonischen Zeit die Handelsrouten kontrollierten, könnten nebeneinander existiert haben, genauso wie institutionell gebundene und private Händler. Der Palast und zumindest ein Gouverneur hatten professionelle Händler in ihren Haushalten, da sie einen sehr großen Bedarf an Fernhandelsgut hatten und wohl auch Textilien produzierten, die exportiert wurden. Der Eanna-Tempel hatte zwar einen nicht unbeträchtlichen Bedarf an importierten Waren (der aber sicher wesentlich kleiner als der des Palastes war), produzierte selbst jedoch keine Exportwaren. Um aktiv am Handel teilzunehmen, hätte er Exportgüter (z.B. Textilien) zunächst für Silber einkaufen müssen und dann die eigenen Händler damit entsenden. Silber musste stets erst durch den Verkauf von Wolle eingenommen werden.[26] Die Beauftragung von königlichen Kaufleuten, die nebenher private Geschäfte machen durften, oder von gänzlich auf private Rechnung handelnden Unternehmern, war die weitaus einfachere Lösung. Wenn es private Händler gab, die sich auf den Import und Export spezialisierten, werden sie ihre Waren auch auf dem Binnenmarkt Babyloniens angeboten haben. Zwei Texte aus unserem Archiv implizieren (Nr. 24 hier und YOS 7, 63), dass Handelsware aus dem Westen zunächst (und vor allem) nach Babylon gelangte. Das ist wohl auch der Grund dafür, dass die Goldschmiede, die in den 540er Jahren Gold in der Hauptstadt erwerben sollten, gleichzeitig auch Fernhandelsware in geringerem Umfang mitbringen konnten. Wie Jursa 2009 zeigte, gab es Ladengeschäfte in Sippar, die mit Aromata handelten und zu deren Klienten die Oberschicht der Stadt gehörte. Private Handwerker mussten ihr Rohmaterial wie Metalle oder Hölzer ebenso auf dem Markt erworben haben. Es ist anzunehmen, dass auch Wein, Honig, getrocknete Früchte, Chemikalien, Importholz und Metalle auf dem innerbabylonischen Markt verhandelt wurden, aber die Hauptabnehmer werden die Tempel, die Administrationen babylonischer Städte und vielleicht der Königspalast gewesen sein, der sich ja nicht unbedingt auf seine eigenen Händler beschränken musste. Die Schuld Šamaš-zēru-ibnis beim König, zu deren Begleichung er das große Haus in Uruk verlor, kann durchaus auf einer privaten Geschäftsbeziehung mit dem Palast beruhen. Die Verträge mit dem Tempel waren immer Lieferungskäufe. Das Silber, das der Tempel vorschoss, war offensichtlich eine wichtige Geschäftseinlage, von der private Unternehmer auch abhängig waren. Ohne diese Liquididät war es ihnen sicher nicht immer möglich, die teuren Produkte zu erwerben und die Reisen vorzufinanzieren.

26 Abgesehen von wenigen Ausnahmen, wie PTS 3068, wo der Händler Wolle akzeptierte, die er wahrscheinlich ohnehin leicht an die Meerlandadministration verkaufen konnte, wie Eanna es selbst oft tat.

Es ist nicht notwendig, anzunehmen, dass die Händler sich außerhalb der Grenzen des Reiches bewegten. Laut PTS 3068 geht der königliche Höfling nicht weiter als bis ins Meerland; die anderen Aufträge nennen häufig explizit Transpotamien als Einkaufsort. Angesichts dessen und auch aufgrund der Entfernungen ist es sogar wahrscheinlich, dass die meisten Kaufleute lediglich ein oder mehrere Handelsknotenpunkte im Norden oder Westen des Reiches ansteuerten, wo sie babylonische Waren ver- und ausländische einkauften und diese anschließend nach Babylonien verschifften. Allerdings zeigt der hier publizierte Text Nr. 7 (PTS 2986), dass die urukäische Familie Nūr-Sîn bereits in der Regierungszeit Nebukadnezars eine Handelsexpedition nach Teima unternahm. Dort war vor der Regierungszeit Nabonids mit Sicherheit keine babylonische Verwaltung. Direkten Fernhandel ins Ausland wird es in grenznahen Gebieten gegeben haben, ansonsten war der entfernte Fernhandel (z.B. ins obere Industal (Gandhara), Zentralasien oder Griechenland) ohnehin ein Stationenhandel. In ähnlicher Weise wie die ausländischen Fernhändler wahrscheinlich ihre Kontakte ins Heimatland nutzten und dort vielleicht Niederlassungen unterhielten, könnten auch babylonische Familien, die in entfernten Gebieten des Reiches lebten (z.B. in Elam, auf Dilmun, in Syrien[27]) lokale Verbindungsglieder gewesen sein.

2.1.2. Fernhandelsprodukte

Es folgt nun ein Überblick über die Fernhandelsgüter, die in den hier publizierten Texten genannt werden. Bei denjenigen, wo nichts oder wenig zu früheren Studien[28] hinzuzufügen war, wird die Beschreibung unter Verweis auf weiterführende Literatur kurz gehalten.

2.1.2.1. Alaun (*gabû*)

Als Alaun[29] werden verschiedene Salze bezeichnet, die unter anderem zum Gerben von Leder und zum Färben eingesetzt wurden.[30] Alaun ist ein Fernhandelsprodukt – es kam entweder aus Ägypten oder aus der Region Kašappu / Kašabbu. Die Unterscheidung des Alauns nach diesen beiden Herkunftsgebieten bedeutet wohl, dass es sich um unterschiedliche Salze mit unterschiedlichen Eigenschaften handelte.

27 Vgl. zum Beispiel Text OIP 122, 1, eine babylonische Adoptionsurkunde, die in Elam ausgestellt wurde. Das Archiv des Nuska-gabbe aus Neirab könnte auf in Syrien ansässige Babylonier weisen.

28 Z.B. Oppenheim 1967 and Graslin-Thomé 2009: 188–283.

29 Zu Alaun in Mesopotamien siehe Zawadzki 2006: 44; Payne 2007: 138; Graslin-Thomé 2009: 212f.

30 Zum Beispiel wurde laut Nbn. 214 Kermes und Alaun zusammen zum Färben ausgegeben, s. Graslin-Thomé 2009: 191.

Die Lage von Kašappu ist nicht bekannt, Griechenland oder Kleinasien könnten in Frage kommen. Die Preise sind sehr unterschiedlich, das Verhältnis von Silber zu Alaun kann zwischen 1: 50 bis 1: 180 betragen.[31]

2.1.2.2. Aromata

Den Handel mit bestimmten Essenzen, Myrrhe und Hölzern auch in neuassyrischer Zeit hat Graslin-Thomé (2009: 215–231) beschrieben. Die Aromata in spätbabylonischen Texten wurden ausführlicher in Jursa 2009 behandelt. In den hier publizierten Texten wird bei den einzelnen Substanzen jeweils auf diesen Aufsatz verwiesen. Jursa stellte fest, dass Aromata nicht nur im Tempel Verwendung fanden, sondern als Luxusprodukte auch in den Haushalten von reichen Privatleuten verbrannt wurde. Der Eanna-Tempel kaufte importierte Aromata durch Händler, die Waren aus dem Westen des Reiches anboten. Andere aromatische Substanzen konnten in Babylonien selbst angebaut werden. Sowohl importierte, als auch heimische Aromata mussten aber nicht immer direkt über Fernhändler bezogen werden. In Sippar gab es mindestens zwei Geschäfte, eins davon im Hafenviertel der Stadt, die mit aromatischen Hölzern und Harzen handelten. Es ist wahrscheinlich, dass das größere Uruk der kleineren Stadt Sippar diesbezüglich um nichts nachstand.

2.1.2.3. Bronze (ZABAR)

Kupferlagerstätten befanden sich in der Region des Persischen Golfes (insbesondere in Oman) und dem Westen, d.h. Kleinasien und Zypern.[32] Das Sumerogramm für Kupfer (URUDU) wird als Determinativ für Bronzegegenstände verwendet, um das Material von Eisen zu unterscheiden, aber in den Texten zum Fernhandel ist stets von ZABAR = *siparru* „Bronze“ die Rede. Auch angesichts der sehr hohen Preise kann man davon ausgehen, dass es sich immer um bereits mit Zinn legiertes Kupfer, also Bronze handelte. Das Metall kam entsprechend den Kupferlagerstätten aus zwei Richtungen nach Babylonien: aus dem Westen, oft als aus Jamānu kommend bezeichnet, oder über den Persischen Golf. Preise waren bislang nur wenige bekannt.[33] Die vorliegende Edition fügt etliche hinzu und zeigt, dass die Preise eine recht große Spannbreite hatten.

31 Siehe die Tabellen in Zawadzki 2006: 45 und in Graslin-Thomé 2009: 213.

32 Moorey 1994: 245–248 Reiter 1997: 152–168.

33 Graslin-Thomé 2009: 252 nennt zwei, YOS 6, 168 und GC 1, 336. Der letztgenannte Text gibt nur einen Preis für Zinn an, aber nicht für Bronze. Die Daten und das Verhältnis 1: 150 müssen daher aus einem anderen Text stammen, den ich nicht finden konnte.

Text	Datum	Menge und Preis	Kurs
Nr. 3 (PTS 2699)	13 Npl	1 Talent, 39½ Minen Bronze für 56 Sekel Silber	1: 106,6
Nr. 52 (PTS 2604)	32 Nbk	28 Minen Bronze für 14 Sekel Silber	1: 120
Nr. 13 (PTS 2535)	2 Nbn	1 5/6 Minen rote Bronze für 1⅔ Sekel Silber	1: 66
YOS 19, 259	3 Nbn	[(1?)]+1⅓ Minen Bronze für einen Sekel Silber	1: 150?
FLP 1567	5 Nbn	2 Talente, 52 Minen Bronze für 1⅓ Mine, 6 Sekel Silber	1: 120
Nr. 18 (PTS 2098) //YOS 6, 168	6 Nbn	10 Talente Bronze aus Jamānu für 3⅓ Minen Silber	1: 180
		4 Talente, 55 Minen Bronze aus Jamānu für 1½ Minen 8⅓ Sekel Silber	1: 180

Tabelle 1: Preise für Bronze

Der extrem hohe Preis in Text Nr. 13 ist wohl auf eine besondere Qualität (*ḫuššu* „rot") zurückzuführen. Dennoch war Bronze generell weitaus teurer als Eisen.

2.1.2.4. Eisen

In spätbabylonischen Texten werden verschiedene Herkunftsbezeichnungen für Eisen genannt: Jamānu (wohl die griechisch besiedelten Gebiete Kleinasiens), der Libanon, Ṣimirru (vielleicht Simyra in der Levante)[34], sowie Kilikien unter dem Namen Humē, was dem neuassyrischen Que entspricht. Oppenheim (1967: 241) erwog, dass sich dahinter eher Qualitätsbezeichnungen von Eisen verbergen als seine Herkunft, da man sich natürlich fragt, wieso das Eisen, einmal in Babylonien angekommen, noch immer unterschieden wurde. Das Eisenerz stammt wohl vor allem aus kleinasiatischen Minen, in geringerem Maße vielleicht aus solchen im Libanongebirge. Die Herkunftsbezeichnungen sind vielfältiger und weisen auf Orte, wo Eisenerz zu Eisen/Stahl verarbeitet und für den Transport über weitere Strecken vorbereitet wurde, wahrscheinlich zu Rohblöcken gehämmert.[35] Da der chemische Prozess des Aufkohlens zur Härtung des Eisens nicht verstanden wurde und daher in der Antike schwer zu kontrollieren war, hatte jedes Verarbeitungszentrum wahrscheinlich eigene Techniken entwickelt. Die Herkunftsbezeichnungen könnten also durchaus mit Qualitätsbezeichnungen identisch sein. Preise gibt es vergleichsweise wenige. Powell (1990: 78) nennt Kurse zwischen 1: 229 und 1: 831, wobei letzter Wert ein extremer Einzelfall ist. Das Fernhandelsdossier aus dem Jahre 6 Nabonid (siehe unten) gibt Preise für Eisen aus Jamānu und aus Libanon, allerdings enthalten

34 Zadok 1985: 280.

35 Siehe Moorey 1994: 291 zu archäologisch untersuchten Eisenblöcken (‚blooms').

die zwei eine Abweichung voneinander beim Preis des libanesischen Eisens (2/3 (YOS 6, 168) versus 5/6 (PTS 2098)). Gehen wir von YOS 6, 168 aus, lag das Verhältnis Silber-Eisen für libanesisches Eisen bei 1: 361 und für dasjenige aus Jamānu bei 1: 240.

2.1.2.5. Gold

Reinheit und Preise des Goldes

Der nominelle Wert von Gold in Silber lag während der Kassitenzeit relativ niedrig mit einem Verhältnis von 8: 1 für das reinere, als „rot" bezeichnete Gold. Das Verhältnis von 4: 1 für „weißes" Gold oder Gold ohne weitere Bezeichnung wurde vor allem als Verrechnungseinheit gebraucht. In der post-kassitischen Zeit stieg das Verhältnis auf mindestens 12: 1, allerdings ist das nur ein Verhältnis von (rotem) Gold zu Silber als Buchgeld. Aufgrund des Mangels an realem Silber ist nicht auszumachen, was das wirkliche Verhältnis war.[36] Anschließend stammen die ersten Preise wieder aus dem Anfang des 7. Jahrhunderts. Dorthin gehört das kleine Dossier bestehend aus drei Verpflichtungsscheinen[37] zum Zwecke eines Lieferungskaufs von *naltar*-Gold im Wert von 15 Sekeln Silber pro Sekel. Das Gold soll Rohgold sein, „Staub der Berge" (SAḪAR KUR), das kein *šagīru*, wohl „Verunreinigung" oder „Schlacke"[38], aufweist. Aus Nabopolassars Regierungszeit (konkret 20 Npl = 606) haben wir, neben verschiedenen niedrigeren Preisen von 11 und 10: 1, noch einen Beleg für Gold im Wert von 14: 1 und von fast 15: 1.[39] Das Gold hier wird nicht als *naltar*-Gold bezeichnet, repräsentiert aber sicher die höchste Reinheitsstufe. Später, ab den 590er Jahren, wird *naltar*-Gold billiger: ein Sekel wird regelmäßig für zwölf Sekel Silber verkauft. Der Preis des Goldes ist offensichtlich gesunken und bleibt anschließend stabil bis in die achämenidische Zeit hinein. Die Preise bewegen sich dann in der Regel zwischen 5: 1 und 12: 1 (*naltar*-Gold).[40] Einmal ist als absolut höchster Wert 13: 1 bezeugt.

Bereits Fossey[41] ging davon aus, dass der Feingehalt des Goldes den Preis bestimmte. Wir wissen, dass der Feingehalt mit Hilfe der „Feuerprobe" bzw. dem

36 Siehe dazu Kleber, im Druck a (Fs R. van der Spek). Vgl. auch Reiter 1997: 1–74 zu Gold im dritten und zweiten Jahrtausend in Mesopotamien.

37 Dazu gehören der hier publizierte Text PTS 2981 sowie TCL 13, 211 und BIN 1, 114.

38 CAD Š/I: 73f. übersetzt „impurity" und begründet dies mit dem höheren Wert von 15: 1, während der Wert von *naltar*-Gold sonst 12:1 wäre. Meiner Meinung nach ist der Unterschied im Wert ist aber eher zeitlich bedingt, d.h. der Wert des Goldes sank in der Regierungszeit Nabopolassars.

39 GC 2, 39. Einige der Transaktionen nennen den Kurs explizit, darunter auch 14: 1. Die dritte Transaktion, 10,375 š Gold für 155 š Silber, entspricht fast 15: 1 (14,94).

40 Joannès 1982: 243f.

41 Fossey, *L'essai et l'affinage de l'or chez les Babyloniens*. RES 1935/IV, S. I–VI, zitiert in Joannès 1982: 242.

Einschmelzen der gesamten Menge sowie durch den Prüfstein bestimmt werden konnte. Zwei Fragen müssen jedoch noch beantwortet werden:

1. Was bedeutet *naltar*-Gold?

2. Ist Fosseys plausible Vermutung beweisbar, und sind die Verhältnisse wirklich ein System oder repräsentieren die Preise nur Näherungswerte für den Feingehalt und basieren ansonsten aber auf der Preisverhandlung zwischen Verkäufer und Käufer?

Zunächst zum Begriff *naltar* (selten assimiliert *nattar*): Das Wort taucht erst in der neubabylonischen Zeit auf und ist keine Farbbezeichnung, wie z.B. rotes Gold, das in der neubabylonischen Zeit noch (jedoch selten) bezeugt ist. In Listen von Goldankäufen mit Preisen hat das andere Gold nie eine zusätzliche Bezeichnung jenseits der Form, nur *naltar*-Gold wird hervorgehoben. Es hat immer einen sehr hohen Preis (ab Nebukadnezar immer zwölf Sekel Silber pro Sekel), aber es ist kein reines Gold. Laut Nbn. 431 wurde *naltar*-Gold unter einem Verlust von 9,4% geläutert. Ich nehme an, dass *naltar*-Gold gediegen Gold bezeichnet – ein hochwertiges Gold mit natürlichen Beimengungen von (meist ausschließlich) Silber. Die besondere Eigenschaft von *naltar* – gediegenem Gold – ist, dass es noch nie verarbeitet wurde und daher keine nicht-natürlichen Verunreinigungen enthielt. Es ist in Form von Goldstaub (*epir šadî*) oder kleinen Nuggets (*lagabbu*)[42] leicht von verarbeitetem Gold (in Form von Barren, Schmuck, Goldschnitzen oder ähnlichem) zu unterscheiden.

Das Karat-System, das möglicherweise aus Indien kommt, basiert auf dem Gewicht des Johannesbrotsamens, was der babylonischen Maßeinheit *gir'u* (1/24 Sekel) entspricht. In Babylonien war das Karat-System noch unbekannt. Die einzige Differenzierung ist der Preis, der bereits früh in Relation zum Feingehalt gebracht wurde. Die Frage ist jedoch, ob der Preis nicht auch ein Verhandlungspreis war, der sich nur am Feingehalt orientierte, der eigentliche Feingehalt aber nicht ausgedrückt wurde (es sei denn, indirekt in Form von Schmelzverlusten), oder ob mit der Angabe des Verhältnisses eine festes System für den Feingehalt bestand.

Wir haben sehr viele Belege zu Goldpreisen und weitere Belege zu Schmelzverlusten, aber nur zwei Texte, wo wir Preis und Schmelzverlust zusammenstellen können. Zum einen handelt es sich um Sack, CD 7. Gold, das zu einem Einheitenpreis von elf Sekel Silber pro Sekel gekauft wurde, wies einen Schmelzverlust von 15% auf. Wäre das Ergebnis des Kupellierens und Trennens (durch Zementation) reines Gold, wäre das ein Feingehalt von 850‰. Der zweite Text (Nbn. 431) nennt zwar keinen Einheitenpreis, aber da es sich um *naltar*-Gold handelt, kann man von dem Nabonid-zeitlich üblichen Verhältnis von 12: 1 ausgehen. Der Schmelzverlust

42 Diese näheren Spezifizierungen kommen ausschließlich für *naltar*-Gold vor, siehe das Dossier PTS 2981, TCL 13, 211 und BIN 1, 114. Laut UCP 9/2, 44 besteht das *naltar*-Gold aus kleinen Nuggets (*ša* TA *la-ga-<ab> e-pi-ri šá* KÙ.SIG$_{17}$ *na-[al-tar]*). In GC 2, 75 wird *naltar*-Gold neben Goldschnitzen (*kisittu*) erwähnt. Beim *naltar*-Gold steht die Angabe, dass es in ein Gefäß getan wurde.

des *naltar*-Goldes betrug 9,4%. Das entspräche einem Feingehalt von 906‰ vor der Läuterung zu Feingold. Diese beiden Texte bilden zwei Anker, auf deren Basis ein möglicherweise existierendes Referenzsystem zu rekonstruieren wäre. Tatsächlich verhalten sich die beiden Angaben über Verluste ungefähr proportional zur ihrem Gold-Silber-Verhältnis (die Abweichung beträgt 2,25%). Man könnte daher die Reihe fortsetzen und die Feingehalte der anderen Gold-Silber-Verhältnisse errechnen. Das Problem dabei ist natürlich, dass auf der Basis von nur zwei Werten eine hohe Fehlerquote möglich ist, dass der natürliche Silbergehalt von gediegen Gold zwischen 4 und 15% schwanken kann,[43] und dass das Ergebnis des Kupellierens und Trennens nie reines Gold ist. Wir können zusätzlich einen von den oben genannten ‚Ofenverlusten' unabhängigen Vergleichswert heranziehen, indem wir vom höchsten genannten Preis für Gold in der Zeit ab Nebukadnezar ausgehen, nämlich 13 Sekel Silber pro Sekel Gold. Dieser höchste Wert wird bestätigt durch die achämenidischen Dareiken, die einen Feingehalt von 98–99% aufweisen und in etwa 13 Sekel Silber wert waren. Wenn wir von festen Einheitenschritten auf der Basis 13 ausgehen, kämen wir auf eine Steigerung von 76,92‰ Reinheit pro Sekel Silber.[44] In der nachfolgenden Tabelle sind die Feingehalte dargestellt, die sich ergeben, wenn man von 0–2% Verunreinigung in der reinsten möglichen Form des Goldes ausgeht.

	Bei Schritten von 76,92‰ (Basis: Maximalwert von 13 š Silber für 1 š Feingold)		
Gold-Silber-Verhältnis	‰ Gold	‰ Gold	‰ Gold
13	1000	990	980
12	923,08	913,08	**903,08**
11	**846,16**	836,16	826,16
10	769,24	759,24	749,24
9	692.32	682,32	672,32
8	615,4	605,4	595,4

Tabelle 2: Gold-Silber-Verhältnis und Feingehalt

Die beiden fett gedruckten Werte kommen den Werten aus unseren beiden Texten (906 ‰ respektive 850 ‰) am nächsten. Natürlich sind die Abweichungen umso größer, je geringer der Feingehalt des Goldes ist. Im Allgemeinen aber funktioniert

43 Aufgrund des festen Kurses für *naltar*-Gold ging man aber offenbar von einem Silbergehalt von etwas weniger als 10% aus, vielleicht auf der Basis von Erfahrung mit gediegen Gold, das im ersten Jahrtausend in Südbabylonien gehandelt wurde.

44 Das entspricht auch in etwa dem Verhältnis von Gold (Feingehalt) zu Silber im Falle des *naltar*-Goldes: 90,6 (%)/12 = 7,55 %. Im Falle des Goldes, das zu einem Kurs von 11:1 gekauft wurde ist es 85 (%)/11 = 7,72 %. Das arithmetische Mittel dieser beiden Werte ist 7,635 % bzw. 76,35‰. Dieser Mittelwert liegt also dicht bei den hier angesetzten 76,92 ‰ und man kommt auf ganz ähnliche Ergebnisse, wenn man ihn zur Berechnung verwendete.

der Kurs als System. Das heißt, die Kurse sind Angaben des Feingehaltes des Goldes. Die Gewinnspanne beim Kauf und Verkauf von Gold war demnach außerordentlich gering beim Handel innerhalb Babyloniens, sobald der Käufer über das nötige Werkzeug verfügte, den Feingehalt genau bestimmen zu können. Die Goldschmiede des Eanna-Tempels, die zum Einkauf von Gold nach Babylon geschickt wurden, waren zweifelsohne dazu in der Lage. Es fällt auf, dass die angegebenen Verhältnisse manchmal eine kleine Abweichung zum tatsächlichen Preis aufweisen.[45] Ein Beispiel dafür ist YOS 17, 30. In Kolumne II gibt es einen Eintrag über einen Kauf von 1 ⅓ Sekeln Gold für neun Sekel Silber. Der im Text angegebene Kurs von 7: 1 entspricht nur ungefähr der tatsächlichen von 6,75: 1. Die Abweichungen gibt es nach oben und nach unten (d.h. zum Vor- und Nachteil des Verkäufers) und stellen vielleicht die kleine mögliche Gewinnmarge bei den Preisverhandlungen dar.

Handelsknotenpunkte und Ankaufsstrategien für Gold

F. Joannès (1982: 236ff.) hat eine Gruppe von Texten bearbeitet, die zeigen, dass der Eanna-Tempel Gold mehrfach in Babylon kaufte. Es handelt sich dabei um Listen von Goldbeträgen mit Preisen, die von verschiedenen Einzelpersonen gekauft wurden. Die Verkäufer tragen sowohl babylonische, als auch ausländische Namen. Die Einkäufer, die im Auftrag des Tempels nach Babylon reisten, waren keine Händler, sondern gehörten zum Personal des Tempels. In einigen Fällen sind sie als Goldschmiede oder Juweliere bekannt. Für die nicht identifizierbaren Personen wird das Gleiche gelten. Der Grund dafür ist einfach: Die Goldschmiede waren in der Lage, den Feingehalt des Goldes – wohl mit Hilfe von Prüfsteinen und -nadeln zu testen. Die Erkenntnis, dass der Eanna-Tempel Gold in Babylon einkaufen ließ, darf allerdings nicht verallgemeinert und zur vorherrschenden Erwerbsquelle und Erwerbsstrategie erklärt werden. Zum einen gibt es eine Reihe von anderen Erwerbsquellen, zum anderen gibt es Hinweise darauf, dass das Dossier eine Ausnahmesituation in der Regierungszeit Nabonids reflektiert. Zunächst zu letzterer Bemerkung: Die einschlägigen Texte mit den Einkäufen von Gold durch Goldschmiede in Babylon (TEBR 59; YOS 6, 112 und 115) datieren in die Regierungszeit Nabonids. Wir wissen, dass der König bzw. der Königssohn Bēl-šarru-uṣur große Restaurierungsmaßnahmen im Inneren des Eanna-Tempels veranlasst hatte, die Unmengen an Gold verschlangen.[47] Es ging um die Vergoldung von Kultgegen-

45 Das ist unabhängig von den offensichtlichen (da weitaus größeren) Fehlern in den Texten, die teilweise auf Kopistenfehler, aber durchaus auch auf Schreiberfehler zurückzuführen sind. Ein gutes Beispiel dafür ist GC 1, 37 (4 Nbk). 15 Sekel Silber werden als Preis für 1 ½ Sekel Gold aufgeführt, also 10: 1, aber der Einheitenpreis wurde als 15: 1 angegeben. Es muss sich um einen Schreiberfehler für 10 handeln, zumal Gold im Wert von 15: 1 zu dieser Zeit sonst nicht mehr vorkommt.

46 gestrichen

47 Zu diesem Dossier siehe Kleber 2008: 181–184.

ständen, aber auch andere (nicht deutlich identifizierbare) Arbeiten, die viel Gold verlangten. Die zum Dossier gehörigen Briefe drehen sich ständig um Gold, „viel Gold" (KÙ.SIG$_{17}$ *ma-a-du* in YOS 19, 103), einmal werden zwanzig Minen genannt (TCL 9, 132). In der Zeit wurde auch auf anderen Wegen Gold gekauft[48], aber die Mengen waren nicht ausreichend. Der hier publizierte Text PTS 3065 bezeugt, dass die Menge des benötigten Gold die normalerweise auf dem ‚Meerlandmarkt' erhältliche Menge an Gold überstieg. Laut diesem Text wurden zweimal Einkäufer des Tempels ins Meerland zum *rab bābi* geschickt. Einmal kamen sie mit leeren Händen zurück, ein anderes Mal brachten sie nur eine kleine Menge *naltar*-Goldes mit (sowie natürlich den Rest der bereitgestellten Ankaufssumme in Silber). Der Brief YOS 3, 113, der auf Basis der Prosopographie in die Regierungszeit Nabonids datiert werden kann, erwähnt Silber, das der Absender im Palast erhalten hat und nun in Babylon für Gold ausgeben möchte, denn „Gold ist in Babylon erhältlich" (KÙ.SIG$_{17}$ *ina* TIN.TIR^{ki} *i-ba-áš-šú*). Babylon war sicher ein großer Umschlagplatz für Waren aller Art. Auch Gold, das z.B. in Form von Schmuck bereits lange im Umlauf war, wird dort eher als anderswo auf dem Markt erhältlich gewesen sein. Die Goldschmiede, die nach Babylon geschickt wurden, kauften dort Gold in jeweils kleinen Mengen, in sehr unterschiedlichen Qualitäten (Verhältnisse zwischen 5: 1 und 13: 1) und von einer großen Anzahl unterschiedlicher Verkäufer.

Schauen wir uns nun die anderen Ankaufsstrategien und Ankaufsorte des Goldes an. Neben den Goldgeschenken, die in größeren Mengen vom König und in kleineren von den Tempelbesuchern kamen (*erbu*), kaufte der Eanna-Tempel Gold insbesondere im Meerland, aber einmal auch in Nordmesopotamien.[49] Die Belege für den Goldhandel mit dem Meerland stammen vor allem aus der Zeit Nebukad-

48 Hierher gehört auch Nr. 20 (BM 114478) . Der Text listet Goldeinkommen aus verschiedenen Quellen auf: als Geschenk des Königs und von den Tempelbesuchern, für Silber oder Wolle gekauftes Gold sowie Gold, das gegen Karneol eingetauscht wurde. Siehe außerdem YOS 19, 248 (8 Nbn). Der Text nennt Gold, das in Babylon gekauft wurde und zusammen mit anderem Gold einem Goldschmied für Arbeiten zur Verfügung gestellt wurde.

49 Laut Sack CD, Nr. 5 kam das gekaufte Gold vom *gugallu* von Bīt-Simmāgir. Wie wir aus Text Nr. 15 (BM 114512) wissen, war Opis ein zentraler Sammelpunkt der Armee, wo Beute auch aus dem Westen des Reiches eintraf. Gleichzeitig war es ein Handelsknotenpunkt. Es ist auch möglich, dass Gold über eine nördliche, über Iran nach Zentralasien laufende Handelsroute in Opis eintraf. YOS 17, 360 stellt eine Verbindung zwischen dem Goldhandel des Meerlandes mit der Region um Opis her. Der Vizegouverneur (*šanû*) des Meerlandes hatte noch ein Goldguthaben beim Eanna-Tempel. Der *šakin māti*, der Gouverneur des Meerlandes, sandte einen Brief an Eanna, mit der Bitte, dieses Gold nach Opis zu bringen. Der *šatammu* des Tempels hatte sich zu dieser Zeit in Opis aufgehalten, und auch zu ihm brachte der Tempel Gold. Entweder wurde das Gold für ein Bauprojekt dort benötigt, oder es gab in Opis Fernhandelsgüter zu kaufen, für die die Händler Gold empfangen wollten.

nezars bis Nabonids.[50] Mit Nr. 78 (PTS 2409) haben wir einen Verkauf von Wolle gegen Gold an einen Amurru-harri aus der Zeit Nabopolassars. Der Name könnte auf einen Meerländer deuten, aber natürlich ist das kein Beweis. Eanna hat einmal auch Gold im Palast von Babylon gekauft.[51] In vielen Fällen können wir die Namen der Verkäufer des Goldes nicht zuordnen und dadurch auch den Handelsort nicht bestimmen. Händler, die Waren aus dem Westen des Reiches bringen, haben typischerweise kein Gold in ihrem Angebot, während Händler in Richtung Meerland auch den Auftrag bekommen, für Eanna Gold einzukaufen (z.B. Kleber 2008, Nr. 40 = PTS 3068). Das Meerland war zweifelsohne Quelle für Gold, das über den maritimen Handel aus Indien und über die Kamelkarawanenroute aus Arabien kam. Diese beiden Regionen sind wohl die Hauptlieferanten von Rohgold in der spätbabylonischen Zeit. Ägypten scheint hingegen seine Rolle als Ursprungsland des Goldes größtenteils verloren zu haben.

2.1.2.6. Honig und Wachs

Das übliche Süßungsmittel in Babylonien waren die heimischen Datteln. Honig ist ein Fernhandelsprodukt, das typischerweise über den Euphrat nach Babylonien kam. Die Bienenzucht ist für das Gebiet des mittleren Euphrat seit dem 8. Jahrhundert gut bezeugt.[52] Honig wird für die Süßspeisen bei den Opfermahlzeiten benötigt und spielt auch bei besonderen Ritualen (wie z.B. dem Bespannen der Kesselpauke) eine Rolle. Wachs fand zum Beispiel als Überzug auf den hölzernen Schreibtafeln (*lē'u*) Verwendung.

2.1.2.7. Karneol

Karneol (*sāmtu*) ist ein rötlicher Halbedelstein, der sich in Mesopotamien seit dem dritten Jahrtausend großer Beliebtheit erfreute. Im ersten Jahrtausend scheint er noch häufiger vorzukommen als früher. Er konnte bei Bushir an der iranischen Küste des Persischen Golfs gewonnen werden, also unmittelbar im Einzugsgebiet der südmesopotamischen Küste. Auch in Indien (Gujarat und Sindh) sowie im Oman gibt es Lagerstätten.[53] Daher verwundert es nicht, dass Eanna über das Meerland

50 Z.B. GC 1, 37 (4 Nbk): Balāssu, der Meerländer (lúKUR *tam-tim-ú-a*) ist der Verkäufer des Goldes. Laut YOS 19, 254 kaufte der Tempel Gold und verkaufte Cuscuta (*kasû*) an den *šangû* von Ur. GC 1, 391 (7 Nbn) berichtet von einem Ankauf von Gold von Kudurrānu aus Madakalšu, einer wichtigen Stadt im Meerland. Laut Kleber 2008, Nr. 40 (PTS 3068) erhielt der Händler, ein Höfling des Königs, den Auftrag neben anderen Fernhandelswaren auch Gold im Meerland zu kaufen. Mehrfach wird Larsa als Herkunftsort von gekauftem Gold ausgewiesen (YOS 17, 360; GC 2, 343 nennt Kullab in Bīt-Jakīn und Larsa).

51 Beaulieu 2001: 117 (YBC 3926).

52 Zur Imkerei in Mesopotamien siehe Volk 1999, zur Inschrift des Statthalters von Mari und Suhu, der die Bienenzucht in seinem Land eingeführt hat, siehe dort auf S. 281f.

53 Moorey 1994: 97. Karneol wird in Graslin-Thomé 2009 auf S. 259f. behandelt.

gute Bezugsquellen hatte. Der Eanna-Tempel beteiligte sich aktiv am Karneolhandel, wahrscheinlich konnte man das Preisgefälle zwischen dem äußersten Süden des Landes und Babylon ausnutzen. Ein publizierter Text (BIN 1, 124. 8.X.36 Nbk) besagt, dass über 36 kg gekaufte Karneolsteine, aufgeteilt in 22 Minen kleine (NA_4 ZA.GUL TUR-*ti*), 50 Minen dicke (NA_4 ZA.GUL *ka-bar-ti*) sowie ein „Rest" (NA_4 ZA.GUL *šá-pil-ti*) nach Babylon zum *qīpu* gebracht wurden. Wir wissen nicht, wozu aber sie könnten dort z.B. an den Palast verkauft worden sein. Zwei hier publizierte Texte bieten eindeutige Belege für den Karneolverkauf durch den Tempel: Laut Nr. 5 (PTS 2947) verkaufte Eanna Karneol gegen Silber und laut Nr. 20 (BM 114478) gegen Gold. Die Preise richteten sich nach der Größe und wohl auch nach dem Aussehen (der Maserung) der Steine. Text Nr. 5 nennt Kurse von zwei und drei Sekel Karneol pro Sekel Silber.

2.1.2.8. Kermes

inzaḫurētu, eine Pluralform, bezeichnet getrocknete weibliche Schildläuse (Coccus), die den roten Farbstoff Karmin enthalten.[54] Das Wort *inzaḫurētu* ersetzt damit das mittelbabylonische *ḫurḫuratu* (*ša tūlti*) „red dye (made from worms)", siehe CAD H: 250f. Durch das Färben mit *inzaḫurētu* entsteht *tabarru*-Wolle. *tabarru* bezeichnet einen roten bis violetten Farbton. Die Farbe *tabarru* konnte auch durch *ḫurātu*, ein billigeres, lokales Färbemittel erreicht werden.[55] Karmin erreicht intensivere dunkelrote Farbtöne, daher wurde es trotz der anfangs noch sehr hohen Preise importiert. Der Preis sank langsam im Laufe der spätbabylonischen Zeit. Payne (2007: 139) und Graslin-Thomé (2009: 193) nennen Kurse zwischen 1: 15–20 in der Regierungszeit Nebukadnezars, bis zu 1: 40 in der Regierungszeit Nabonids und bis zu 1: 60 in der frühachämenidischen Zeit.[56] Die Schildläuse wurden aus dem Westen des Reiches importiert, denn sie sind Teil der Lieferung der Fernhändler, die andere Produkte aus dieser Region mitbrachten. Die Menge der Wolle, die man mit Kermes färben konnte, ist abhängig vom Karmingehalt der Läuse und der gewünschten Farbintensität. PTS 2909 macht möglicherweise eine Angabe hierzu, nämlich dass mit einer Mine Kermes zweieinhalb Minen Wolle gefärbt werden können.[57] Ein moderner Richtwert ist das Verhältnis Kermes – Wolle von etwa 1: 4 oder 5.

2.1.2.9. Lapislazuli (*uqnû*)

Der beliebte blaue Halbedelstein kam in der Antike ausschließlich aus Zentralasien (Afghanistan), erfuhr aber schnell eine weite Verbreitung und scheint auf fast allen

54 Landsberger 1967: 168f.

55 Landsberger 1967: 170 erwog neben Sumach auch Galläpfel. Für Färberkrapp plädiert Payne 2007: 135.

56 Vgl. auch die Tabelle in Zawadzki 2006: 42f. mit einigen Ausreißern nach oben (teureres Kermes).

57 Payne 2007: 133 (mit Transliteration und Übersetzung des Textes).

Handelswegen in Vorderasien bewegt worden zu sein. Graslin-Thomé (2009: 254) schätzt die Verbreitung des Lapislazuli im ersten Jahrtausend v. Chr. als geringer ein im Vergleich zum zweiten und dritten Jahrtausend. Im Eanna-Tempel wurde Lapislazuli vor allem für Götterschmuck und Siegelringe verwendet. Laut Nr. 18 (PTS 2098 // YOS 6, 168) kosteten 55 Minen Lapislazuli 36,75 Sekel Silber. Die Silber-Lapislazuli-Ration war demnach ca. 1:90. Etwas teurer war der Lapislazuli laut Text Nr. 2 (PTS 2277): drei Minen und 18 Sekel Lapislazuli wurden für drei Sekel Silber gekauft, d.h. zu einem Kurs 1:66.

2.1.2.10. Purpurwolle

Der echte Purpur wurde an der Küste des Mittelmeers aus dem Drüsensekret von Murex-Schnecken gewonnen. Mit der Art Murex brandaris kann man einen rötlichen Purpurfarbton erreichen,[58] *argamannu* (SÍK.SAG)[59] genannt. Rote Purpurwolle stammte vor allem aus dem Ort Tyros. Aus der Färbung mit Murex trunculus entstand eine blaue Purpurwolle, *takiltu* (SÍK.ZA.GÌN.KUR.RA), auf die man sich in Sidon spezialisierte. Textilien aus echtem Purpurgarn zeichnen sich durch Farbechtheit und Glanz aus. Der Farbstoff musste frisch sein, um effizient zu färben; er wurde daher nicht über längere Strecken transportiert.[60] Verhandelt wurden gefärbtes Flies oder Garn, daher waren *takiltu* und *argamannu*-Purpurwolle Fernhandelsprodukte. Beide Purpurfarbtöne konnten imitiert werden, indem man blaue Wolle mehrfach hintereinander mit Alaun, Sumach[?] (*ḫurātu*) und Cuscuta (*kasû*) behandelte, wie eine Färbeanleitung aus Sippar zeigt.[61] Das Ergebnis dieses Färbens wird ebenfalls als *argamannu* und SÍK.ZA.GÌN.KUR.RA (also *takiltu*) bezeichnet, was die erreichten Farbtöne (rötlich und bläulich) beschreibt. Voraussetzung war blau gefärbte Wolle, die „lapislazulifarbene Wolle" *uqnâtu* (SÍK.ZA.GÌN.(NA)) hieß und wahrscheinlich mit Waid gefärbt wurde.[62] Rote Wolle (*tabarru*) wird nach Färbemittel unterschieden:

58 Marzano 2013: 147f. auch zur Verwendung der dritten Art, *Thais haemastoma*.

59 Landsberger 1967: 155; 160. Die Gleichsetzung von SÍK.SAG mit *argamannu* basiert auf einer lexikalischen Liste. Die Preise für syllabisch *argamannu* und SÍK.SAG sind mit Verhältnissen Silber-Wolle von 1:4 bis 1:5 die höchsten Wollpreise überhaupt und unterstützen damit die Identifikation, vgl. Nr. 76 (PTS 2635) in diesem Band (SÍK.SAG, Kurs 1:4); BIN 1, 4 (*argamannu*, Kurs 1:4); CT 55, 360 (*argamannu*, Kurs 1:4,5); CT 55, 862 (SÍK.SAG, Kurs 1:5).

60 Marzano 2013: 149. In römischer Zeit scheint aber eine Methode bekannt gewesen zu sein, die Mollusken mit Honig zu konservieren, siehe Marzano 2013: 149f.

61 Leichty 1979.

62 Landsberger 1967: 171f. (zu ŠIM.ZA.GÌN.NA „Lasurpflanze") ist skeptisch, bringt aber keine Alternative. Nach dem Wiederaufblühen des Handels mit dem indischen Subkontinent im ersten Jahrtausend ist Indigo zumindest nicht ausgeschlossen. Waid ist dennoch wahrscheinlicher. Es ist keine im Vorderen Orient heimische Pflanze, scheint aber bereits früher importiert worden zu sein (Landsberger 1967: 172).

sie entsteht aus der Färbung mit *ḫurātu* oder aus der Färbung mit dem teureren Importprodukt Kermes (*inzaḫurētu*). Bei blauer und magentafarbener Wolle wurde nur nach dem Farbton unterschieden, nicht aber nach dem Färbemittel. Problematisch ist die Verwendung der Sumerogramme und Wörter für die so gefärbte Wolle, die alles andere als eindeutig ist. Landsberger (1967: 163) ging von folgendem aus: „SÍK.ZA.GÌN im Logogramm bedeutet Purpur, ohne Rücksicht auf die Farbe; 2. es ist rein graphisch, nicht ausgesprochen; 3. ein Wort für Purpur, das beide Sorten umfasst [d.h. den Rot- und den Blaupurpur], ist nicht auffindbar; 4. die Wollsorte SÍK.ZA.GÌN.NA = *uqnâtu* hat nichts mit Purpur zu tun." Wahrscheinlich bezeichnete SÍK.ZA.GÌN eine blaue und blaupurpur*farbene* Wolle, egal ob sie mit echtem Purpur oder Pflanzenfarben gefärbt wurde. Landsberger hielt das Wort *uqnâtu* „blaue Wolle" nur noch im Neuassyrischen und Jungbabylonischen bezeugt, „aber ausgestorben in NB, wo völlig durch *takiltu* ersetzt".[63] Interessant sind in diesem Zusammenhang die spätbabylonischen Belegstellen für SÍK.ZA.GÌN und *takiltu ša pî ruqqi* „purpurfarbene Wolle aus dem Kessel". Sie deuten tatsächlich darauf hin, dass bläulichpurpurfarbene Wolle aus Pflanzenfarben auch als *takiltu* bezeichnet werden konnte. Der erste Beleg kommt aus NCBT 632, eine Ausgabe von Wolle und Färbemittel an Innin-šumu-uṣur, einen Buntweber (*išpar birmi*)[64] von Eanna. Er erhielt neben *takiltu*-Wolle (*ta-kil-tú*), SÍK.SAG, mit Karmin gefärbte rote Wolle, auch SÍK.ZA.GÌN *šá* KA ŠEN „lapislazulifarbene Wolle aus dem ‚Mund' des Kessels". Der zweite Beleg betrifft YOS 19, 74, wo derselbe Buntweber sechs Minen ^{sík}*ta-kil-tu*$_4$ *šá pi-i ruq-qa* „*takiltu*-Wolle aus dem ‚Mund' des Kessels" von einem sonst unbekannten Nūrēa/Gimillu/Išparu erhielt und für deren Eintragung in die Wachstafel des Tempels er verantwortlich war. Payne (2007: 137) interpretierte diesen Ausdruck als „fresh from the cauldron" und sah darin einen besonders dunklen Farbton, der aus dem Tauchbad mit frisch angesetztem Waid hervorging. Ich halte es für wahrscheinlicher, dass mit *ša pî ruqqi* die lokal bewerkstelligte Färbung mit Pflanzenfarben gemeint war, im Gegensatz zur echten Purpurwolle, die am Mittelmeer gefärbt wurde. In anderen Worten, *takiltu ša pî ruqqi* „Kesselpurpur" würde falschen Purpur bezeichnen, analog zum künstlichen Lapislazuli, der „Ofenlapislazuli" (*uqnû ša kūri*) genannt wurde. Auch bei Lapislazuli ist die Trennung zwischen echtem und künstlichem Stein schwierig. NA$_4$.ZA.GÌN = *uqnû* „Blaustein" konnte beides meinen, nur durch Zusätze (NA$_4$.ZA.GÌN KUR = Berglapislazuli) wurde der genuine Stein vom gefertigten (NA$_4$.ZA.GÌN *ku-ri*) explizit unterschieden.[65] In unseren Beispielen zu „Kesselpurpur" hätte man bei der Schreibung mit dem Logogramm SÍK.ZA.GÌN in NCBT 632 vielleicht noch den Unterschied zu SÍK.ZA.GÌN.KUR.RA ausgedrückt – oder aber die

63 Landsberger 1967: 171. Das CAD U, S. 194a listet allerdings spB Belege für *qu-na-a-tu*(*m*) auf.

64 Payne 2007: 118.

65 Oppenheim 1970 : 10f.

Farbe war in diesem Fall *uqnâtu* / *qunâtu*, der blaue Lapislazuli-Farbton.[66] Auch die Färbeanleitung aus Sippar[67] unterscheidet dem Logogramm nach blaue Wolle (SÍK.ZA.GÌN.(NA)) als Ausgangsmaterial von SÍK.ZA.GÌN.KUR.RA und *argamannu* als (hier rein farbliches) Ergebnis.

Der Unterschied zwischen mit echtem Purpur gefärbter Wolle und ihrem Imitat liegt vor allem in der Farbechtheit, nicht im Farbton. Echtem Purpur wird außerdem besondere Leuchtkraft zugeschrieben, aber es ist fraglich, ob das bei Wolle immer erreicht wurde. Ein ungeübtes Auge scheint jedenfalls nicht in der Lage gewesen zu sein, echte Purpurwolle von Imitaten zu unterscheiden. Die Gemara des Talmud-Traktats Baba Metsia 61b schreibt Gott die Fähigkeit zu, (Verborgenes) unterscheiden zu können sowie die Absicht, sich an Israeliten rächen zu wollen, die die blauen Fäden an ihrem Gewand mit *kala ilan* (Waid oder Indigo) färben, aber behaupten, es wäre echter Purpur (*tekelet*).[68]

Ich würde trotzdem davon ausgehen, dass es sich *in der Regel* um mit echtem Purpur gefärbte Wolle handelt, wenn im Eanna-Archiv die Begriffe *takiltu* (SÍK.ZA.GÌN.KUR.RA) oder *argamannu* (SÍK.SAG) verwendet wurden. Diese teure Wolle wurde in viel geringeren Mengen als andere Wollsorten (z.B. *tabarru* „rote Wolle") verarbeitet. Laut unserem Fernhandelsdossier (siehe 2.3.) bezahlte Eanna für 16 Minen und 15 Sekel *takiltu*-Wolle (SÍK.ZA.GÌN.KUR.RA) 160 Sekel Silber. Das entspricht einem Verhältnis von 1: 6. Zawadzki hat Preise für *argamannu* und *takiltu* / SÍK.ZA.GÌN.KUR.RA zusammengestellt.[69] Die Kurse reichen von 1: 4 und 1: 4½ für *argamannu*-Wolle bis zu 1: 10 für *takiltu*-Wolle. Purpurwolle war teuer, aber noch

66 In NCBT 632 erhielt der Buntweber zusätzlich zu 96 Minen und 45 Sekel blauer Wolle „aus dem Kessel" auch 15 Minen und sieben Sekel *takiltu*-Wolle und eine halbe Mine und sieben Sekel SÍK.SAG. Die anderen Lieferungen an ihn betrafen karminrote Wolle, Leinengarn (*ṭumānu*), Kermes (*inzaḫurētu*), *ḫurātu* (Sumach?), Alaun aus Ägypten und aus Kašappu sowie apfelfarbene Wolle. Trotz der Färbeanleitung aus Sippar, wo blaue Wolle überfärbt wurde, ist hier anzunehmen, dass die Färbemittel und das Alaun dazu dienten, ungefärbte Wolle rot zu färben. Tatsächlich finden wir im zweiten Teil des Textes, der die Lieferungen des Buntwebers auflistet, roten Stoff aus mit Karmin gefärbter Wolle sowie einen weiteren roten Stoff, dessen Färbemittel im Textbruch steht – wahrscheinlich war dieser rote Stoff aus mit *ḫurātu* gefärbter Wolle gewebt. NCBT 632 ist in Payne 2007: 128ff. und YOS 19, 74 dort auf Seite 132f. transliteriert und übersetzt.

67 Leichty 1979.

68 Vgl. auch das Horaz-Zitat über denjenigen, der Wolle gefärbt mit Farbe aus Aquinium von Sidonischem Purpur nicht unterscheiden kann, in Marzano 2013: 157.

69 Zawadzki 2006: 47. Die Preise für Rotpurpur können ergänzt werden durch Nr. 76 (PTS 2635) in diesem Band (SÍK.SAG, Kurs 1: 4); BIN 1, 4 (*argamannu*, Kurs 1: 4); CT 55, 360 (*argamannu*, Kurs 1: 4,5). Zu den Preisen für *takiltu* (SÍK.ZA.GÌN.KUR.RA) können wir YOS 17, 210 (Kurs 1: 6); YOS 19, 218 (1: 10) und GC 1, 382 (Kurs 1: 7) hinzufügen.

nicht so teuer wie mehrere Jahrhunderte später.[70] Die aus Purpurwolle hergestellten Gewänder galten aber auch im ersten Jahrtausend als kostbar, sie wurden von den Göttern, dem König und königlichen Beamten getragen. Im Vergleich zu *takiltu*, dem Blaupurpur, kommt Rotpurpur (SÍK.SAG = *argamannu*) seltener und in geringeren Mengen in den Tempelarchiven vor.[71] Der Rotpurpur, der mit Preisen von vier bis fünf Sekeln Wolle pro Sekel Silber der teuerste gewesen zu sein scheint,[72] muss aber bereits im ersten Jahrtausend v. Chr. als königliches Statussymbol gegolten haben. Am bekanntesten ist Purpur als Statussymbol von Königen und Staatsbeamten aus der römischen Zeit, aber diese Tradition lässt sich über die hellenistische und achämenidische[73] nun auch bis in die neubabylonische und neuassyrische Zeit zurückverfolgen. Ein neuassyrischer Brief[74] an den Kronprinzen zeigt deutlich, dass der König an Palastbeamte die Ehre vergeben konnte, Rotpurpur[75] zu tragen. Der Briefschreiber, dessen Vater, der Oberste der Opferschauer, diese Ehre vom König erhalten hatte, sah es als Erniedrigung an, dass der Kronprinz, dem der Absender als Haruspex diente, nun einen anderen Haruspex (anstelle des Absenders) in Purpur kleidete. Die neubabylonischen und achämendischen Könige trugen selbst auch

70 Theopompus, der im vierten Jahrhundert v. Chr. lebte (überliefert in Athenaeus XII, 526a), berichtet, dass in Kleinasien Purpur den Preis von Silber erreichte. Unser Verhältnis von 1:4 ist etwas günstiger, aber nicht sehr weit weg. In der römischen Zeit stiegen die Preise: in der Zeit der Republik wurde Purpur mit Gold aufgewogen, nach dem Edikt Diokletians war das Gold-Purpur-Verhältnis 2:1 und unter Justinian sogar 4:1 für den teuersten Purpur, siehe Mrozek 1980: 238f. Die Rolle des teuersten Purpurs als Herrschaftssymbol und die staatliche Kontrolle der tyrenischen Manufakturen sollten dabei nicht außer Acht gelassen werden. Marzano 2013: 159f. (für Delos) zeigte, dass die extreme Ausbeutung der Resourcen lokal auch zur Verminderung der Schnecken geführt hatte.

71 So auch Graslin 2008: 9. Im Eanna-Archiv wird *argamannu* / SÍK.SAG nur in sehr kleinen Mengen für die Herstellung von Kultparaphernalia oder Gewändern ausgegeben. Die Götter von Sippar scheinen überhaupt keinen Rotpurpur getragen zu haben (vgl. Zawadzki 2006: 40f.) Woran das liegt, ist unklar. Der etwas günstigere Preis von Blaupurpur wird sicher nicht ausschlaggebend gewesen sein. Könnte es sein, dass der blauviolette Purpur für die göttliche und die rötliche Variante für weltliche Macht bevorzugt wurde? Im römischen Reich galt der (dunkelrote) Tyrenische Purpur zuweilen als Vorrecht des Kaisers.

72 Vgl. hier Nr. 76 (PTS 2635); BIN 1, 4 (Kurs 1: 4) und CT 55, 360 (Kurs 1: 4,5); CT 55, 862 (Kurs 1: 5).

73 Auch diese Herrscher trugen Purpurgewänder, gaben Purpurgewänder an hohe Staatsbeamte und kleideten ihre Vasallenkönige anlässlich der Investitur in Purpur (Reinhold 1970: 18; Kapitel 3 für die hellenistische sowie 4–6 für die römische und spätrömische Zeit).

74 Parpola 1993: 145 (SAA X, 182)

75 Hier SÍK.ZA.GÌN.SA$_5$, das Sumerogramm SÍK.SAG scheint auf babylonische Kontexte beschränkt zu sein.

purpurfarbene Gewänder. Das Gewand des Königs Nebukadnezar aus Rotpurpur (SÍK.SAG) wurde noch in hellenistischer Zeit im Schatzhaus des Tempels in Babylon aufbewahrt.[76] Zwei Beamte im Dienste des Königs, die am Eanna-Tempel tätig waren (der *qīpu* und der Generalpächter) besaßen Gewänder aus Rotpurpur (SÍK.SAG), die der Tempel nach ihrem Tod an den *rab bābi* des Meerlandes verkaufte (Edition unten, Nr. 76). Griechische Quellen verwenden den Begriff „Purpurträger" für königliche Beamte der Achämeniden. Die mit Rotpurpur gefärbte Textilie *naṣraptu* (*ša* SÍK.SAG) ist in spätbabylonischen Texten eng mit königlichen Höflingen assoziiert.[77] Interessant ist in diesem Zusammenhang die Gerichtsurkunde Camb. 321 (6 Kam). Dort wird berichtet, dass ein wütender Mann am helligten Tage einen Sklaven attackierte, dessen Obergewand beschädigte und dabei einen königlichen Erlass (*amat šarri*) zitierte, dass ein Sklave kein rot-purpurfarbenes Lendentuch (TÚG *šá* $MURUB_4$ *šá* SÍK.SAG) tragen dürfe.[78] Es ist unwahrscheinlich, dass der Sklave wirklich ein mit echtem Purpur gefärbtes Lendentuch trug.[79] Aber offenbar glaubte das der Angreifer, der mit der Bloßlegung der Farbe des Lendentuches eine Übertretung eines königlichen Erlasses offenzulegen versuchte. Wir haben keine zweite Quelle für einen solchen Erlass, aber der Angreifer wird diesen sicher nicht erfunden haben. Kleiderordnungen waren dem alten Orient nicht fremd[80] und Purpur war ein Statussymbol von Amtsträgern, daher halte ich einen standesbezogenen Aufwandserlass für nicht unwahrscheinlich. Die Hinweise, die wir aus dem ersten Jahrtausend haben, zeigen jedenfalls, dass (echter) Purpur bereits lange vor der römischen Zeit ein Statussymbol war, das mit göttlicher und königlicher Macht assoziiert wurde.

76 Sachs, Hunger 1989, Nr. –187, Rs. 7′–13′.

77 BIN 1, 9, vergleiche die Diskussion zu *naṣrapātu* im Abschnitt 2.3. Zu den Belegen für „Purpurträger" in griechischen Quellen in Bezug auf die Achämeniden, siehe Reinhold 1970: 19f. mit Anm. 5.

78 Die Bearbeitung (mit neuer Kopie und vielen Kollationen) dieses spannenden Textes bieten Wunsch und Magdalene 2012. Meine Interpretation des Textes unterscheidet sich leicht von der der zwei Autorinnen. Ich verstehe SÍK.SAG als *argamannu* „Rotpurpurwolle" und meine, dass es hier um zwei Gewänder geht: ein Obergewand (TÚG.SAL.Ì.DAB_5), das der Angreifer mit seinem Schlüssel durchbohrte, um die Farbe des Lendentuches (TÚG *šá* $MURUB_4$) öffentlich sichtbar zu machen. Der Ankläger ist vielleicht der Sklave selbst (so auch Wunsch und Magdalene 2012), der die Worte seines Widersachers vor Gericht deswegen so freimütig wiederholt, weil er wahrscheinlich überhaupt kein Lendentuch aus Purpur getragen hat.

79 Man darf sich babylonische Unterwäsche aber nicht zwingend als weiß vorstellen, vgl. z.B. die blaue Leibwäsche (*sūnāti* SÍK.ZA.GÌN, kein Purpur), die eine Amme erhalten soll (mB, zitiert in CAD U: 193f. sub *uqnâtu*).

80 Die mittelassyrischen Gesetze schrieben assyrischen Ehefrauen und Töchtern vor, außerhalb des Hauses ihr Haupt bedenkt zu tragen, aber verboten Prostituierten und Sklavinnen das Tragen des Kopftuches (MAL A § 40), es sei denn, eine Sklavin wurde von ihrem Herrn zu einer legitimen Ehefrau erhoben (§ 41) (Roth 1997: 167–169).

2.1.2.11. *ṭumānu*-Leinengarn

ṭumānu kommt in den Eanna-Texten vor allem in Verbindung mit Purpurwolle für Göttergewänder vor, besonders mit *lamaḫuššû*-Gewändern.[81] Oft werden *guḫalṣu* „Kordel, Garn" (?) aus *ṭumānu* gefertigt, auch Faden (*ṭīmu ša ṭumāni*) ist bezeugt (PTS 2068). Die Weberabrechnung NCBT 632 listet Ausgaben von Rohmaterial (Wolle, Färbemittel, *ṭumānu*) auf und anschließend die von dem Weber abgelieferten fertig gewebten Stoffe (*miḫṣu*) in verschiedenen Farben. Dabei ist *ṭumānu* das einzige an den Weber ausgegebene Produkt, das auch als *ṭumānu* (und nicht als Gewebtes) wieder abgerechnet wird. Das deutet darauf hin, dass mit *ṭumānu* entweder genäht oder gestickt wurde. Das Wort *ṭumānu* wird stets mit GADA, dem Determinativ für Leinen, geschrieben. Daher wird *ṭumānu* meist als eine besondere Qualität Leinen oder Leinengarn angesehen.[82] Leinen von besonderer Qualität wurde durchaus importiert. Ein Beispiel ist ägyptisches Leinen, das wegen seiner besonders dünnen und feinen Qualität hoch geschätzt wurde. Im Eanna-Archiv ist ägyptisches Leinen nicht bezeugt, dafür *gandarasānu*-Leinen (GC 2, 361), das vielleicht Leinen aus der Region Gandhara bezeichnet.[83] Gewöhnliches Leinen (GADA) wurde auch lokal hergestellt, *ṭumānu* ist hingegen immer ein Fernhandelsprodukt, das aus der transeuphratischen Region (Nordsyrien und Levanteküste) kam. Aus diesem Grund erwog Oppenheim, *ṭumānu* entweder mit ägyptischer Baumwolle oder mit Wildseide zu identifizieren.[84] Ich halte es nicht für wahrscheinlich, dass es sich bei *ṭumānu* um ägyptische Baumwolle handelt. Baumwolle können wir mittlerweile mit großer Wahrscheinlichkeit mit dem Wort *kiṭinnû* identifizieren. *kiṭinnû* kam in der spätbabylonischen Zeit aus der Persischen Golfregion (Dilmun) oder Indien, nicht aus Ägypten.[85] Chinesische Seide, durch gezüchtete Seidenraupen gesponnen, ist erst in der parthischen Zeit im Vorderen Orient bezeugt, aber man kannte Wildseide („Koische Seide"), die durch eine Motte der Gattung *Pachypasa otus* gesponnen wurde. Diese Motte, von Plinius als „assyrischer Seidenwurm" bezeichnet, ist im Vorderen Orient heimisch, insbesondere in den bewaldeten Gebieten Nordsyriens und der Küste.[86] Leider gibt es kaum Preise. Nur die Paralleltexte YOS 6, 168 und PTS 2098 (siehe unter 2.3.) geben uns Aufschluss, aber haben hier eine Abweichung voneinander, die auf einen Abschreibefehler (⅔ oder ⅚) zurückgeht. Wenn wir diese Werte mit Preisen für gewöhnliches Leinen (*kiṭû*) vergleichen, sehen wir, dass *ṭumānu* etwa sechs- bis achtmal so teuer war.

81 Z.B. Payne 2007: 122, 129; GC 1, 388.
82 Oppenheim 1967: 244–253; Payne 2007: 122–129.
83 Potts 2007: 127.
84 Oppenheim 1967: 251f.
85 Zawadzki 2006, zur Schreibung siehe Kleber 2011.
86 Oppenheim 1967: 252. Neue Forschungen zeigen, dass bereits in der Indus-Zivilisation (Ende des dritten Jahrtausends v. Chr.) Seidenstoffe (eine lokale Wildseide) bekannt waren, siehe Good, Kenoyer, Meadow 2009.

Text	Datum	Material	Menge und Preis	Kurs
Nr. 18 (YOS 6, 168 //PTS 2098)	6 Nbn	*ṭumānu*	153 Minen *ṭumānu* für 77,66 Sekel Silber	ca. 1: 118
			153 Minen *ṭumānu* für 112 Sekel Silber	ca. 1: 82
GC 1, 278		*kitû*	4 Talente 54⅚ Minen Leinen (GADA) für 22,66 Sekel Silber	ca. 1: 780
GC 1, 351		*kitû*	3 Talente 13 Minen Leinen (GADA) für 19¼+⅛ Sekel Silber	ca. 1: 598

Tabelle 3: Preise für *ṭumānu* und *kitû* (GADA)

Sollte es sich bei *ṭumānu* um Wildseide handeln, wäre der Preis erstaunlich niedrig. Für Leinen als Fernhandelsprodukt ist der Preis aber wahrscheinlich angemessen, darum halte ich die Identifikation von *ṭumānu* mit Leinengarn für richtig. Es könnte sich um besonders behandeltes, oder besonders feines, homogenes Garn gehandelt haben. In Gebieten mit wenig Regen gedeiht Flachs mit kürzeren Fasern, das heute zur Ölherstellung verwendet wird, besser als die heute für die Textilherstellung bevorzugte Flachsvariante mit langen, geraden Fasern.[87] Ob das der Unterschied war, ist natürlich nicht mehr auszumachen. Aber da *ṭumānu* ein importiertes Leinengarn war, muss es bestimmte, bessere Eigenschaften als das lokale mesopotamische Leinen gehabt haben, wie z.B. eine dünnere oder robustere oder besonders homogene Fadenqualität.

2.1.2.12. Wein (^{giš}GEŠTIN = *karānu*)

Die Ursprungsgebiete des nach Babylonien importierten Weins werden in Nebukadnezars Wadi Brisa-Inschrift zusammengestellt: Akšak (bei Opis), Arnabānu (Hasaka, nördliche Habur-Region), Bītātu, Bīt-Kubati (vielleicht beide in der Diyala-Region), Ḫilbūnu (nördlich von Damaskus), Izallu (Region des Ṭūr-Abdīn), Opis, Ṣimirru (Simyra im Libanon), Suḫu am mittleren Euphrat, Tu'immu (Region um Hamat).[88] Ein Beleg zeigt, dass der Eanna-Tempel Wein in Babylon kaufte.[89] Die Tempel Esaggila, Ezida und der Ebabbar-Tempel von Sippar hatten königliche Landschenkungen im Habur-Gebiet erhalten. In der Regierungszeit Nabonids sandte Ebabbar Tempelabhängige dorthin, mit dem Ziel, Weinberge anzupflanzen zur Produktion von Wein und Rosinen.[90] Wein wurde in allen Tempeln verwendet, aber die männlichen Götter scheinen einen größeren Verbrauch als die Göttinnen von Eanna gehabt zu haben. Für die Verwendung im Kult wird Wein, genau wie Honig, in kultisch „reiner" Form (KÙ) benötigt. Was das genau bedeutete, bleibt allerdings unklar.

87 Renfrew 1985: 63

88 Da Riva 2012: 46 und 88, siehe auch Oppenheim 1967: 244. Zur Lokalisierung der Orte siehe Zadok 1985.

89 TBER 67, Graslin-Thomé 2009: 216 und 276.

90 Jursa und Wagensonner 2014 haben dieses spannende Dossier publiziert.

2.1.2.13. Zedernholz

Zedernholz (gišERIN = *erēnu*), vor allem aus dem Libanon und dem Amanus-Gebirge stammend, wurde als Bauholz für Prestigebauten verwendet, aber Zedernholzschnitze begegnen auch häufig als aromatisches Räuchermittel.[91] Nebukadnezars Wadi-Brisa-Inschrift beschreibt, wie durch die Anlage von Schneisen das Holz aus dem Libanon-Gebirge herabgeholt wurde, um auf dem Euphrat nach Babylon transportiert zu werden.[92] Zedernholz ist selten unter den von Eanna kommissionierten Fernhandelsgütern, scheint aber auch über diese Kanäle erhältlich gewesen zu sein, denn der „Frachtbrief" BIN 1, 4 (erwähnt im Kommentar zu Text 21 unten), der durch den bekannten Händler Lūṣi-ana-nūri geschrieben wurde, erwähnt Zedernholz und Purpurwolle. Zedernholzschnitze als Duftholz kamen auch zusammen mit den Lieferungen von kultischen Kostbarkeiten aus Esaggila und Ezida (Text 25).

2.1.2.14. Zinn

Zinn ist ein seltener Rohstoff, der jedoch für die Bronzeherstellung unentbehrlich war. Regionen, in denen im Altertum Zinn(oxid) gewonnen werden konnte, sind vor allem Iran und Afghanistan. Obwohl AN.NA = *annaku* sicher ursprünglich Zinn bedeutete, ist nicht ausgeschlossen, dass damit später auch Blei bezeichnet wurde.[93] Laut unseren Texten kam AN.NA mit Händlern über den Euphrat aus Norden, nicht aus dem Süden über den Persischen Golf. Mir sind aus dem Eanna-Archiv drei Preisangaben bekannt:

Text	Datum	Menge und Preis	Kurs
GC 1, 228	[..] Nbk	50 Sekel Zinn für ½ Sekel Silber	1: 100
GC 1, 336	3 Nbn	30 Sekel Zinn für 1 ½ Sekel Silber	1: 20
Nr. 18 (PTS 2098//YOS 6, 168)	6 Nbn	37 Minen Zinn für 55 ½ Sekel Silber	1: 40

Tabelle 4: Preise für Zinn

91 Graslin-Thomé 2009: 217–219.
92 Siehe Da Riva 2012, besonders S. 62f.
93 Siehe Moorey 1994: 297–301 mit Literaturangaben; Reiter 1997: 206–287; Graslin-Thomé 2009: 246–252 (Kupfer und Zinn).

2.2. Editionen der Fernhandelstexte

1. PTS 2981

Vs ½ MA.NA KÙ.SIG$_{17}$ *na-al-tar* SAḪAR KUR-*šú*
šá šá-gi-<*ru*> *ina lìb-bi ia-a-nu*
ki-i 7 ½ MA.NA KÙ.BABBAR *ina pa-ni*
^{md}AG-SUM.NA A ^{m}*im-bi-ia* ^{iti}ŠU *a-dan-šú*
ki-i ina ^{iti}ŠU ^{md}AG-SUM.NA KÙ.SIG$_{17}$
a-na É.DINGIR *la it-tan-nu*
ina 1 GÍN *bit-qu* KÙ.SIG$_{17}$ *ina* UGU
^{md}AG-SUM.NA *ib-bal-lak-kit*
Rs *ina* GUB *šá* $^{md\{d\}}$AMAR.UTU-PAP A ^{m}*ba-bi-ia*
^{lú}ŠÀ.TAM É.AN.NA ^{md}AG-*re-man-nu* ^{lú}*qí-i-pi*
IGI ^{m}NÍG.DU DUMU ^{md}AG-URU-*lu-mur*
^{m}*gi-lu-ú* A ^{m}ḪI.LI-DINGIR^{meš}
^{m}BA-*šá-a* A ^{md}AG-GI
^{m}*mar-duk* A ^{m}*re-mu-tu*
^{m}*du-um-mu-qu* A ^{m}ḪI.LI-DINGIR^{meš}

Übersetzung

Eine halbe Mine Goldstaub in *naltar*-Qualität, der keine Verunreinigungen (*šagīru*) aufweist, ist für 7 ½ Minen Silber zur Verfügung von Nabû-iddina/Imbia. Der Monat Dûzu ist sein (Zahl)termin. Wenn Nabû-iddina das Gold im Dûzu nicht an den Tempel gegeben haben wird, wird pro Sekel (Gold) ein Achtel Gold zu Lasten von Nabû-iddina hinzukommen.
In Anwesenheit von Marduk-nāṣir/Bābia, dem *šatammu* von Eanna (und) Nabû-rēmanni, dem *qīpu*.
Zeugen: Kudurru/Nabû-ālu-lūmur, Gilû/Kuzub-ilāni
Iqīšaja/Nabû-ušallim
Marduk/Rēmūt
Dummuqu/Kuzub-ilāni.

Kommentar

Z. 2: Der Schreiber hat ein Zeichen ausgelassen, wahrscheinlich ein *ru*. Man könnte auch annehmen, dass *šá-gi-rù ina lìb-bi* intendiert war und versehentlich nur éin AŠ-Zeichen geschrieben wurde.

Der undatierte Text kann anhand der Beamtenprosopographie in die erste Hälfte des 7. Jahrhunderts datiert werden. Es handelt sich um eine Schuldkurkunde, die im Schema eines *ina pāni*-Kreditvertrags abgefasst wurde. Nabû-iddina, wahrscheinlich ein Händler, hat Silber erhalten, wofür er für den Tempel Gold einkaufen soll. Die Mengen sind beachtlich: eine halbe Mine Gold wird für 7 ½ Minen Silber eingekauft.

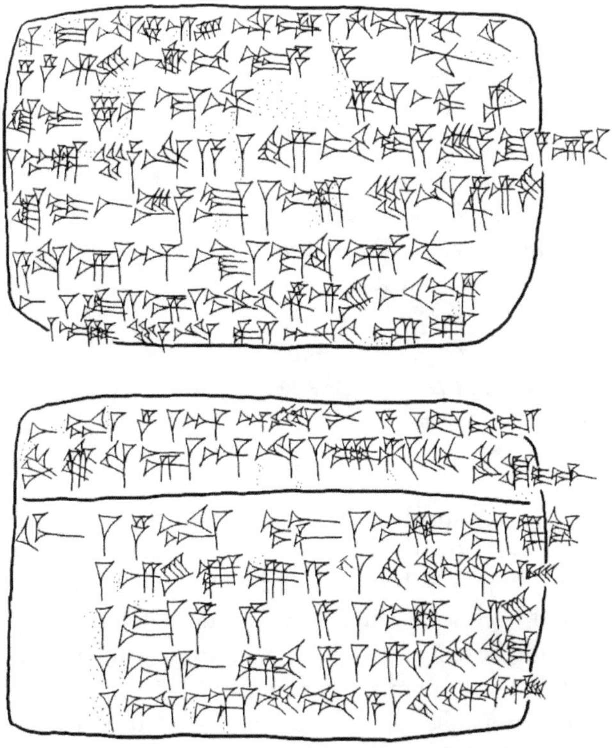

Es gibt zwei weitere Texte, die zusammen mit PTS 2981 ein kleines Dossier bilden, nämlich TCL 13, 211 und BIN 1, 114. Beide Texte sind Parallelen zu der mit *nabalkutu* gebildeten Zinsformel. Laut TCL 13, 211 (17.IX. ohne Jahr) schuldete Nabû-nāṣir/Balṭanu eine Mine *naltar*-Goldstaub (ebenfalls ohne *šagīru*) im Wert von 15 Minen Silber. Nach BIN 1, 114 (18.XI. ohne Jahr) sollte Nabû-bāni/Šullumu und Nabû-ušēzib/Tabnēa 1 1/3 Mine *naltar*-Goldstaub (ohne *šagīru*) im Wert von 20 Minen Silber an den Tempel liefern. Der Goldpreis war am Anfang des 7. Jahrhunderts sehr hoch: in allen drei Texten finden wir ein Verhältnis von 15:1 für den *naltar*-Goldstaub.

2. PTS 2277

Vs 3 MA.NA 18 GÍN ^{na_4}ZA.GÌN.KUR.RA
a-na 3 GÍN a_4 ⸢PI$^{?}$⸣-[....] [^{m}KI-^{d}]INNIN-⸢*gu*$^{?}$⸣-*ú*-⸢*zu*⸣$^{?}$
A ^{md}AG-NUMUN-[...................] IGI-⸢*ir*⸣
KÙ.BABBAR *ul e-ṭir*
^{iti}ŠU UD.10.KAM MU.9.KAM
^{d}AG-A-PAP LUGAL E^{ki}
Rd [....] ⅓ 5 ⸢GÍN⸣ KÙ.BABBAR *re-e-eḫ-ti* KÙ.BABBAR
šá a-na E^{ki} *a-na* ^{na_4}UGU.AŠ.GÌ.GÌ
na-šu-nu ^{m}NÍG.DU ^{lú}ŠÀ.TAM *ma-ḫir*
Rs 15 GÍN ^{sík}ZA.GÌN.KUR.RA
a-na lu-bu-uš-ti ^{iti}ŠE
u ^{iti}ŠU ^{md}*na-na-a*-KAM ^{lú}E.BAR
10 GÍN *a-na šá-pe-e šá* ^{túg}BAR.DUL$_5$
ina$^{!}$ IGI ^{m}*du-úm-muq* <A> ^{lú}ŠU.⸢ḪA⸣

Übersetzung

Drei Minen, 18 Sekel Lapislazuli für jeweils drei Sekel (Silber) [.............] hat der Tempel von [Itti]-Ištar-⸢gūzu⸣$^{?}$/Nabû-zēru-[.....] erhalten. Das Silber ist noch nicht bezahlt. 10. Dûzu, 9. Jahr Nabopolassars, des Königs von Babylon.

[x] ⅓ (Mine) und fünf Sekel Silber, der Rest des Silbers, das nach Babylon zum (Ankauf von) Agusīgu-Stein (Türkis$^{?}$) gebracht wurde, hat der Tempel von Kudurru, dem *šatammu*, (wieder) in Empfang genommen.

Fünfzehn Sekel Purpurwolle für die Bekleidungszeremonie der Monate Addāru und Dûzu: Nanāja-ēreš, der Priester (*šangû*).

Zehn Sekel zum Nähen eines *kusītu*-Gewandes stehen Dummuq, (aus der) <Familie> Bā'iru zur Verfügung.

Kommentar

Z.2: Die genannten drei Sekel könnten der Silberpreis für die gesamte Menge Lapislazuli bzw. Blaustein darstellen, was einen Preis von 66 Sekeln Stein pro Sekel Silber ergäbe. Zum Vergleich: laut PTS 2098 wurden 55 Minen Blaustein für 36 Sekel Silber gekauft, d.h. 90 Sekel Stein pro Sekel Silber. Problematisch ist das dahinterstehende a_4. Das Zeichen danach könnte ein PI sein, aber das ist nicht sicher. Die Angabe eines Einheitenpreises können wir ausschließen, denn dieser würde in x Sekel Stein pro Sekel Silber ausgedrückt werden und müsste *ana pī* x GÍN ^{na_4}ZA.GÌN.KUR.RA *a-na* 1 GÍN (KÙ.BABBAR) lauten. *uqnû* (ZA.GÌN) wird traditionell mit Lapislazuli gleichgesetzt, aber es ist sicher, dass eine Reihe von blauen Steinen als *uqnû* bezeichnet wurde, s. Schuster 2008: 453. Da wir ZA.GÌN.KUR.RA also „Berg-Blaustein" vor uns haben, kann es sich hier jedoch nicht um Fritte oder blaues Glas handeln. Ich nehme daher an, dass es um echten Lapislazuli geht. Den Namen des Händlers können wir leider nicht rekonstruieren.

Z. 8: Der *agusīgu*-Stein wurde als grüner Türkis identifiziert.[94]

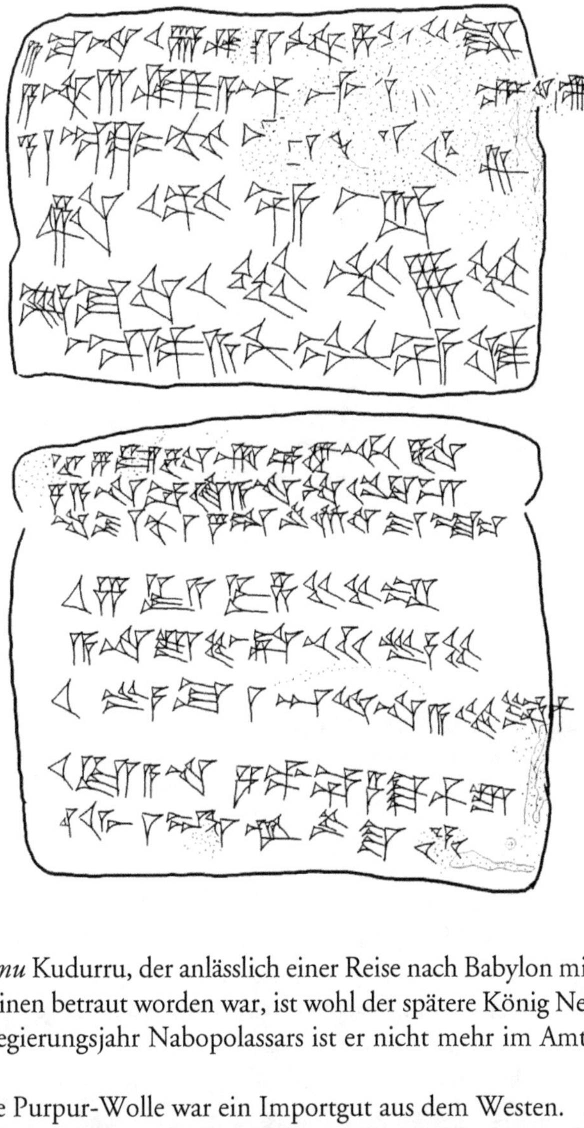

Z. 9: Der *šatammu* Kudurru, der anlässlich einer Reise nach Babylon mit dem Ankauf von Halbedelsteinen betraut worden war, ist wohl der spätere König Nebukadnezar.[95] Nach dem 9. Regierungsjahr Nabopolassars ist er nicht mehr im Amt des *šatammu* von Eanna.

Z. 10: Die blaue Purpur-Wolle war ein Importgut aus dem Westen.

Z. 14: Da ein Fischer sicher nicht für ein *kusītu*-Gewand verantwortlich ist, nehme ich an, dass der Schreiber versehentlich das A für *māru* nach dem Personennamen ausgelassen hat und dass es sich um Dummuq aus der Familie Bā'iru handelt, dessen Sohn Tabnēa/Dummuq/Bā'iru in YBC 9212 (Nbk) bezeugt ist.

94 Vallat 1983; Schuster 2008: 450; zum verwandten *ašgīkû* (blauer Türkis?, Malachit?) dort S. 400.

95 Beaulieu 1997: 391–393 – hier noch zaghaft aufgrund des jungen Lebensalters, zu dem Nabû-kudurrī-uṣur ins Amt des *šatammu* eingesetzt worden sein muss. Die Seltenheit des Namens spricht aber dafür. Ich halte die Identifikation für sehr plausibel. Vgl. Jursa 2007a dazu und zur Herkunft der Dynastie aus Uruk.

3. PTS 2699

Vs PAP.PAP 14 GUN 15 MA.NA ⅓ G[ÍN AN.BAR$^{?}$]
ŠÁM 12 MA.NA 13 GÍN 2-*t*[*a* ŠU^{II} GÍN ....]
KÙ.BABBAR *šá* SÍK$^{ḫi.a}$ ^{m}*sag-gìl-šu-ma-ḫu*-[(*ú*)-*a*]
^{lú}GAL ^{túg}ZÚ.KEŠDA *ù* 5 MA.NA ⸢45 GÍN⸣
KÙ.BABBAR *šá ut-tur šá* MU.12.KAM *a-di* MU.11.KAM
^{m}*é-sag-gìl-šu-ma-ḫu-ú-a* IGI-*ir*
5 GUN AN.BAR *er-ba šá* ^{d}AG-A-PAP
LUGAL TIN.TIR^{ki} IGI-*ir*
uRd 10 MA.NA KÙ.BABBAR *ina* ŠÁM SÍK$^{ḫi.a}$
šá MU.13.KAM *šá* ^{md}KUR.GAL-SIG$_{15}$ ⸢*iš*⸣-*šu-u*
^{md}EN$^{?}$- KA$^{?}$ RI$^{?}$ SAG IGI-*ir*
Rs ^{iti}GU$_{4}$ UD.13.KAM MU.13.KAM ^{d}AG-A-PAP
L[UGAL]⸢TIN⸣.[TI]R^{ki}
10 GUN 5 MA.⸢NA⸣ AN.BAR
šá TA É.GAL ⸢*re*⸣-*ḫi-it*
^{m}*na-din* IGI-*ir*
8 GUN 55 MA.NA AN.BAR
TA É.GAL *ku-um*$^{!}$ ŠÁM SÍK$^{ḫi.a}$
oRd ^{md}KUR.GAL-SIG$_{15}$ IGI-*ir*
liRd 1 (GUN) 39½ MA.NA ZA⸢BAR⸣$^{?}$
ŠÁM 56 GÍN KÙ.BABBAR
šá ^{md}EN-DÙ *u* ^{md}EN-⸢*na-din*⸣-⸢x⸣
ina NÍG.GA

Übersetzung

Die Gesamtsumme von 14 Talenten, 15⅓ Minen [Eisen$^{?}$], der Kaufpreis von zwölf Minen, 13⅔ [Sekel] Silber für Wolle des Saggil-šummaḫuʾa, des *rab kāṣir*, und fünf Minen, 45 Sekel Silber vom übriggebliebenen Betrag vom 12. bis zum 11. Jahr, hat (der Tempel) von Saggil-šummaḫuʾa erhalten.
Fünf Talente Eisen hat (der Tempel) als Gabe (*erbu*) von Nabopolassar, dem König von Babylon erhalten.
Zehn Minen Silber vom Kaufpreis der Wolle des 13. Jahres, die Amurru-udammiq erhalten hat, hat (der Tempel) von Bēl-[...] erhalten. 13. Ajjāru des 13. Jahres Nabopolassars, des Königs von Babylon.
Zehn Talente, fünf Minen Eisen, die aus dem Palast (kamen), den Restbetrag hat (der Tempel) von Nādin erhalten.
Acht Talente, 55 Minen Eisen, die aus dem Palast anstelle des Kaufpreises der Wolle (kamen), hat (der Tempel) von Amurru-udammiq erhalten.
Ein Talent, 39½ Minen Bronze, der Kaufpreis von 56 Sekel Silber von Bēl-ibni und Bēl-nādin-[...] sind im Tempelbesitz.

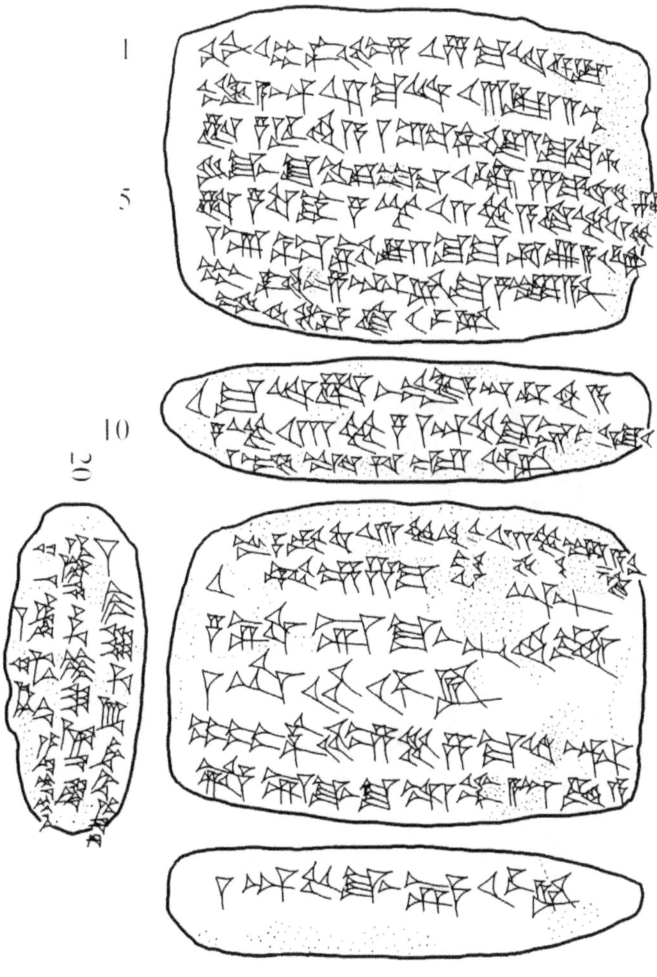

Kommentar

Der Text verzeichnet Transaktionen mit dem Königspalast in Babylon. Bereits zur Zeit Nabopolassars war der *rab kāṣir*, ein königlicher Finanzbeamter, involviert beim Kauf von Wolle von Eanna.[96] Mehrere Einträge auf der Tafel verzeichnen die Einnahme von Eisen: mehrfach als Bezahlung der Wolle, einmal als Geschenk des Königs. Der letzte Eintrag betrifft einen Kauf von Bronze, die der Tempel mit Silber bezahlte.
Z. 11: Die Zeichen nach EN sind nicht ganz klar, aber sicher nicht *ka-ṣir*.

96 Zu dieser Funktion, siehe Kleber 2008: 241ff.

4. PTS 3116

Vs 3 MA.NA 12 GÍN 4-*ut* KÙ.BABBAR
ŠÁM 35 MA.NA 15 GÍN
^{šám}*ḫa-at-ḫu-re-e-ti a-na* 11 GÍN a_4
⸢^{md}⸣AG-MU-MU A-*šú šá* ^{m}GAR-MU
⸢*e*⸣-*ṭir* ⸢^{iti}APIN⸣ ⸢UD.6$^{?}$⸣.KAM
uRd ⸢MU⸣.⸢14$^{?}$⸣.KAM ⸢^{d}AG-A-URÙ⸣
LUGAL TIN.TIR^{ki}

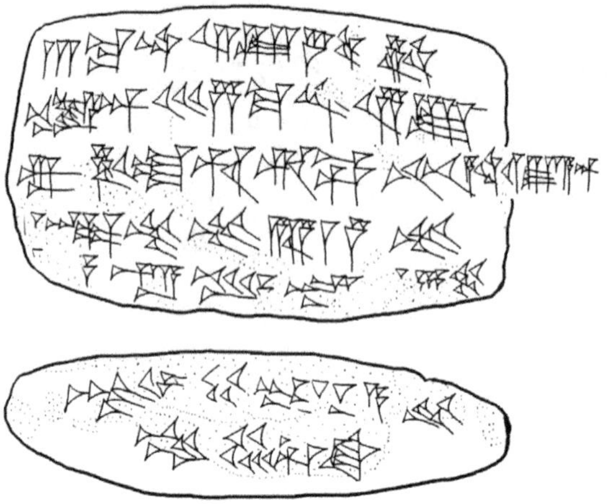

Übersetzung

Drei Minen (und) 12 ¼ Sekel Silber, Kaufpreis von 35 Minen, 15 Sekel *ḫatḫurētu* (Färbemittel) für elf Sekel pro (Sekel Silber) hat Nabû-šumu-iddin/Šākin-šumi bezahlt erhalten.
6. Arahšamnu des ⸢14.⸣$^{?}$ Jahres Nabopolassars, des Königs von Babylon.

Kommentar

Landsberger (1967: 173) stellt das Färbemittel *ḫatḫūru* zu apfelfarbener Wolle (^{sík}*ḫaš-ḫu-ri*). Die erzeugten Farbschattierungen werden wohl von Blass- über Leuchtendgelb bis hin zu Orange-Rot reichen, denn UCP 9, 12:5 verbindet die rote Wolle namens *tabarru* auch mit diesem Färbemittel. Auf alle Fälle zeigt der Text durch die Schreibung *ḫa*(*š*)-*at-ḫu-ri-e-ti*, dass *ḫatḫūru* wohl eine Nebenform von *ḫašḫur*(*at*)*u* ist. Wir wissen nicht, von welcher Pflanze oder von welchem Mineral dieses Färbemittel stammt.

5. PTS 2947

Vs 8? MA.NA ⸢⅓⸣? ½ GÍN KÙ.BABBAR
⸢ŠÁM 14⸣ MA.NA
^{na_4}GUG TUR^{me}
a-na 2 GÍN ⸢2 NA$_4$⸣ GAL^{me}
ina IGI ^{m}*kur-ban-ni* -^{d}AMAR.UTU
A-*šú šá* ^{md}UTU-MU
20 MA.NA KÙ.BABBAR
ŠÁM 1 GUN ^{na_4}GUG
a-na ⸢3⸣ GÍN *a*$_4$
^{m}*kur-ban-ni*-^{d}AMAR.UTU A ^{md}UTU-MU
u ^{m}*ba-laṭ maḫ-ru-ʾu*
45 MA.NA [SÍK?]$^{ḫi.a}$
⸢PAP⸣? ⸢xxx⸣ °(Rasur?)° 4 (GUN) ⸢14⸣ MA.NA
⸢4⸣ ½ MA.NA KÙ.BABBAR *ina* IGI ^{m}IDIM-*iá*
A-*šú šá* ^{md}ŠÚ-PAP-NUMUN ^{lú}Ì-[SUR] (oder NI.GAB?)
Rs *u* ^{md}AG-MU-DÙ A ^{m}*za-bi-*[*da-a*]
3 ½ GÍN ŠÁM 8 MA.NA
^{m}*na-din e-ṭir*
3 GÍN ^{md}AG-A-MU {A}
1 MA.NA 4 GÍN *ša* ÁB.SAL.MÁḪ
^{m}*ṣil-la-a* A ^{md}AMAR.UTU-LUGAL-*a-ni e-ṭir*
5 ^{m}SUM.NA-ŠEŠ ^{lú}NAGAR
2 ^{m}⸢*re*⸣*-mut* ^{lú}KÙ.DIM
^{iti}ŠE UD.18.KAM
MU.16.[KAM] ^{d}AG-A-PAP
oRd LUGAL TIN.[TI]R^{ki}

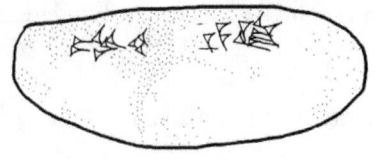

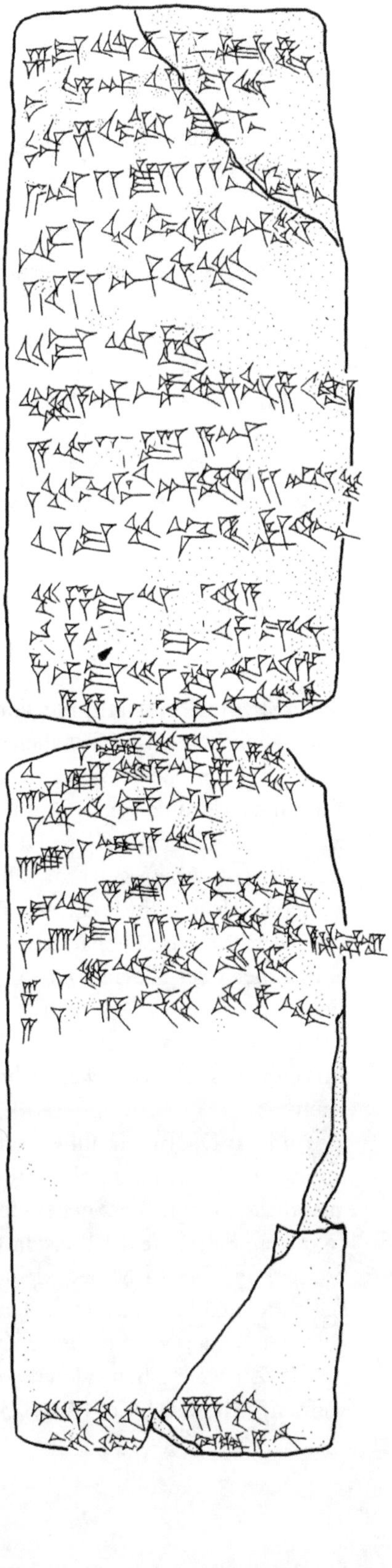

Übersetzung

8 ⅓? Minen und einen halben Sekel Silber, der Kaufpreis für 14 Minen kleine Karneolsteine, für zwei Sekel (Karneol pro Sekel Silber) (sowie) zwei große Steine, sind zur Verfügung von Kurbanni-Marduk/Šamaš-iddin. Zwanzig Minen Silber, der Kaufpreis von einem Talent Karneol für drei Sekel (Karneol pro Sekel Silber), hat (der Tempel) von Kurbanni-Marduk/Šamaš-iddin und Balāṭu empfangen.
45 Minen [Wolle] [.....] vier Talente, 14 Minen, 4 ½ Minen Silber sind zur Verfügung von Kabtia/Marduk-nāṣir-zēri, dem Ölpresser (oder: Pförtner) und Nabû-šumu-ibni/Zabidaja.
3 ½ Sekel, der Kaufpreis von acht Minen hat Nādin bezahlt (erhalten?). Drei Sekel (an / von)? Nabû-aplu-iddin.
Eine Mine, vier Sekel für eine unfruchtbare Kuh hat Ṣillaja/Marduk-šarrāni bezahlt (erhalten?). Fünf (Sekel an / von)? Nādin-aḫi, dem Zimmermann, zwei (Sekel an / von)? Rēmūt, dem Goldschmied.
18. Addāru des 16. Jahres Nabopolassars, des Königs von [Babyl]on.

Kommentar

Der Hintergrund des Karneolhandels ist folgendermaßen zu rekonstruieren: Der Tempel hatte Karneol durch seine Verbindungen ins Meerland gekauft. Er verkauft ihn nun weiter an Kurbanni-Marduk und Balāṭu, wahrscheinlich Händler. Ein Talent Karneol zum Einheitenpreis von drei Sekeln Karneol pro Sekel Silber haben die beiden bereits bezahlt. Sie haben außerdem 14 Karneolsteine zum Einheitenpreis von zwei Sekeln pro Sekel Silber gekauft, aber diese noch nicht bezahlt.
Kurbanni-Marduk/Šamaš-iddin ist sonst nicht aus dem Archiv bekannt. Allerdings wird im nachfolgenden Text PTS 3092 (5 Nbk) ein Bēl-aḫḫē-erība/Šamaš-iddin, ein Händler (*tamkāru*), genannt. Ob die beiden Brüder sind, ist aufgrund des Fehlens weiterer Belege nicht festzustellen.
Die weiteren Einträge handeln von einem Wollverkauf sowie von weiteren Silbereinnahmen oder Silberausgaben – nicht immer ist die Richtung der Transaktion klar. Das Verb *eṭēru* wird meistens als passiver Stativ verwendet, d.h. „bezahlt erhalten“, jedoch würde dann die unfruchtbare Kuh vom Tempel gekauft statt verkauft. Auszuschließen ist das zwar nicht, aber meistens verkauft der Tempel unfruchtbares Vieh.
Z. 1 und 4: Die Bruchzahl ist wahrscheinlich ⅓. Die Angabe 2 ^{na_4}GAL^{me} „zwei große Steine“ nach dem Einheitenpreis ist unerwartet. Ich nehme an, dass man damit ausdrücken wollte, dass neben den kleinen auch zwei große Stücke gekauft wurden. In diesem Fall sollte der Preis die Summe aus den Preisen für die kleinen und großen Steine sein. Die 14 Minen kleine Karneolsteine sollten gemäß dem Einheitenpreis sieben Minen kosten. Die beiden großen könnten daher eine Mine und 20 ½ Sekel gekostet haben, wenn die erste Ziffer eine „8“ ist.
Z. 20: Zu weiblichen Tieren, die als SAL.MÁḪ, wohl „unfruchtbar“ bezeichnet werden, siehe van Driel 1993: 232.

6. PTS 3092

Vs 53 MA.NA 50 GÍN ^{na_4}*gab-bu-ú*
a-na 1 MA.NA 7 GÍN *šal-šú*
KÙ.BABBAR
^{md}EN-ŠEŠ^{meš}-SU A-*šú šá*
$^{\langle m\rangle d}$UTU-MU
^{lú}DAM.GÀR *a-na* É.AN.NA
IGI-*ir*
uRd KÙ.BABBAR-*šú ina* NÍG.GA
Rs *ina* IGI ^{m}BA-*šá-a* A ^{m}MU-$^{⌈d⌉}$[x]
^{lú}UŠ.BAR
a-na dul-lu ⌈*šá*⌉ ^{túg}*za-rat*
šá ^{d}*na-na-a*
^{iti}KIN UD.12.KAM
MU.5.KAM ^{d}AG-NÍG.DU-PAP
LUGAL E^{ki}

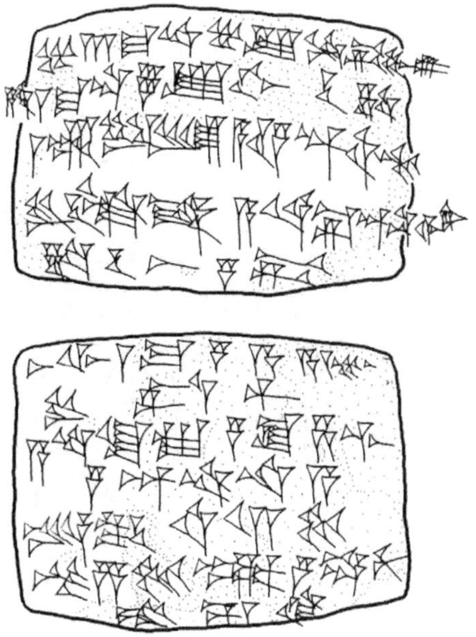

Übersetzung

53 Minen, 50 Sekel Alaun für eine Mine, 7 ⅓ Sekel Silber hat Eanna von Bēl-aḫḫē-erība/Šamaš-iddin, dem Händler, erhalten. Sein Silber ist (noch) in der Kasse (des Tempels). (Der Alaun) steht zur Verfügung von Iqīšaja/Iddin-[x], dem Weber, für die Arbeit am Zelt der Göttin Nanāja.
12. Ulūlu des 5. Jahres Nebukadnezars, des Königs von Babylon.

Kommentar

Der Alaun wurde wohl zum Färben und / oder zum Abdichten des Zeltes der Göttin verwendet. Der Preis liegt mit einem Kurs von fast 1: 48 am teureren Ende der Skala.[97]

97 Zu den Preisen siehe die Einleitung hier und Graslin-Thomè 2009: 213.

7. PTS 2986

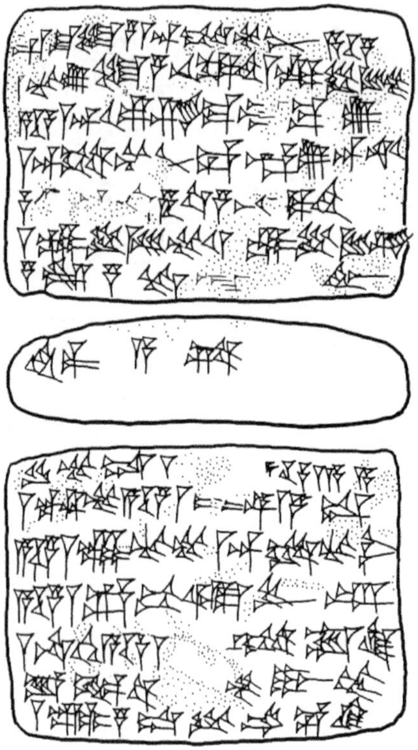

Vs ⸢*ra*⸣-*šu-tu šá* ^{md}AMAR.UTU-MU-PAP A-*šú šá*
^{m}NUMUN-*ú-tu šá ina muḫ-ḫi* ^{md}AG-ŠEŠ^{meš}-MU
A-*šú šá* ^{md}U.GUR-GI *ma-*⸢*la*⸣ *ba-<šu>-ú*
^{md}AMAR.UTU-MU-PAP *e-ṭir ú-ìl-ti*
šá ⸢12$^{?}$ MA.NA⸣ KÙ.BABBAR *šá ina* ⸢*muḫ*⸣-*ḫi*
^{md}AG-ŠEŠ^{meš}-MU *u* ^{md}AG-ŠEŠ^{meš}-GI
šá KASKAL^{II} *šá te-*⸢*ma-ʾa*⸣
uRd *ḫe-pa-a-ta*
Rs ^{lú}*mu-kin*$_{7}$ ^{m}[.................] A-*šú šá* ^{m}A-*a*
^{md}EN-MU A-*šú šá* ^{md}⸢AG-SUR$^{?}$⸣ ^{m}NÍG.DU
A-*šú šá* ^{md}AG-NUMUN-MU ^{md}AMAR.UTU-NUMUN-DÙ
A-*šú šá* ^{m}*kal-bi ù* ^{lú}UMBISAG
^{m}*na-din* A-*šú šá* ^{m}[MU-^{d}]AMAR.UTU UNUG^{ki}
^{iti}NE UD.[.....] MU.7.KAM
^{md}AG-NÍG.DU-URÙ LUGAL E^{ki}

Übersetzung

Das Guthaben von Marduk-šumu-uṣur/Zērūtu, das zu Lasten von Nabû-aḫḫē-iddin/Nergal-ušallim war, alles was vorhanden ist, hat Marduk-šumu-uṣur bezahlt erhalten. Die Verpflichtungsscheine über ⸢zwölf⸣? Minen Silber zu Lasten von Nabû-aḫḫē-iddin und Nabû-aḫḫē-šullim, betreffend die Handelskarawane von Teima, sind (damit) ungültig.
Zeugen: [PN]/Aplaja, Bēl-iddin/Nabû-ēṭir
Kudurru/Nabû-zēru-iddin
Marduk-zēru-ibni/Kalbi und der Schreiber Nādin/[Iddin]-Marduk.
Uruk, den [x]. Abu des 7. Jahres Nebukadnezars, des Königs von Babylon.

Kommentar

Die besondere Bedeutung dieser Urkunde liegt in der Erwähnung der Handelskarawane nach Teima, womit der Überlandhandel zwischen Uruk und dem Norden der arabischen Halbinsel nun auch für die frühe Regierungszeit Nebukadnezars belegt ist. Die Urkunde gehört dem Privatarchiv der Familie Nūr-Sîn an, aus der der Schuldner Nabû-aḫḫē-iddin/Nergal-ušallim stammte (siehe YOS 17, 12). Er war seit dem 4. Regierungsjahr Nebukadnezars der *šatammu* von Eanna.[98] Er unterhielt enge Beziehungen zum Meerland, die seinen privaten Geschäften wahrscheinlich zugute kamen. Marduk-šumu-uṣur war passiver Teilhaber an einem Handelsunternehmen und hatte einen Silberbetrag von mehreren Minen (die zwölf in Zeile 5 ist nicht ganz sicher) als Kredit beigesteuert. Die Urkunde dokumentiert die Rückzahlung des Kredits und wohl auch seines Anteils am Gewinn, worauf das unspezifische „Guthaben“ und die Formel *mala bašû* „soviel wie da ist“ weisen könnte.

Z. 13: Der Schreiber ist vielleicht Bēl-nādin/Iddin-Marduk/Nūr-Sîn, der als Zeuge z.B. in AnOr 8, 8 belegt ist.

98 In Kleber 2008: 33 muss der Name und die Amtszeit entsprechend ergänzt werden. Der erste Beleg für ihn im Amt des *šatammu* von Eanna ist YBC 7429 (12.IV.04 Nbk).

8. NCBT 91

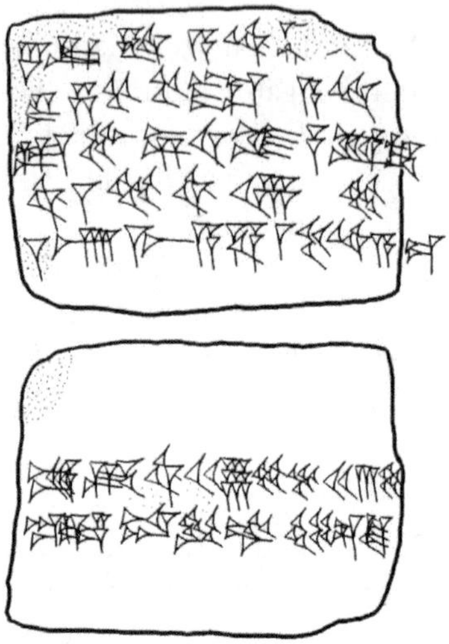

Vs 4 GÍN KÙ.BABBAR *a-na* SÍ[K$^{ḫi.a}$]
^{sík}ZA.GÌN.KUR.RA *a-na*
lu-bu-uš-tu$_4$ *šá* ^{iti}KIN
UD.1.KAM UD.16.KAM
^{m}ABGAL A-*šú šá* ^{m}*nad-na-a* GIŠ
Rs ^{iti}KIN UD.29.KAM MU.23.KAM
^{d}AG-NÍG.DU-URÙ LUGAL TIN.TIR^{ki}

Übersetzung

Vier Sekel Silber für Wolle, blaue Purpurwolle, für das Bekleidungsritual des 1. und des 16. Ulūlu hat Apkallu/Nadnaja erhalten.
29. Ulūlu des 23. Jahres Nebukadnezars, des Königs von Babylon.

Kommentar

Der Text verbucht die Ausgabe von Silber zum Ankauf von blauer Purpurwolle für die Bekleidungszeremonie. Am 1. und 16. VI. fand in Eanna ein Bekleidungsritual für die Göttin Urkajītu statt, s. dazu Beaulieu 2003: 37 und 262. Man könnte zunächst denken, dass Apkallu/Nadnaja ein Textilarbeiter des Tempels war, der hier als Bote geschickt wird, um irgendwo Purpurwolle einzukaufen. Allerdings ist er auch in GC 1, 225 bezeugt, wonach er Wein aus dem Gebiet des mittleren Euphrats verkaufte. Da er die Wolle bereits vor dem Ritual geliefert haben muss, bezahlte der Tempel entweder ein paar Tage später, oder aber der Text ist die Abschrift eines Eintrags auf einer größeren Tafel, die ungeordnet verschiedene Ausgaben und Einnahmen verzeichnet, wie z.B. NBC 4892 in diesem Band. Dieser Text könnte eine Notiz zur Eintragung ins ‚laufende Kontobuch' Apkallus gedient haben.

9. PTS 2144

Vs ⸢58⸣ GÍN KÙ.BABBAR ŠÁM ^{na_4}GUG
^{m}*ni-im-ri-ia* A ^{m}*man-da-a-šú*
1 ½ GÍN ŠÁM SUḪUŠ ^{na_4}KIŠIB ^{m}*ú-pa-qu*
A-*šú šá* ^{md}*na-na-a*-DÙ
Rs ^{iti}DU$_6$ UD.10.KAM MU.34.KAM
^{d}AG-NÍG.DU-URÙ LUGAL TIN.TIR^{ki}

Anm. zu Z. 1: Die Ziffer könnte auch 59 sein.

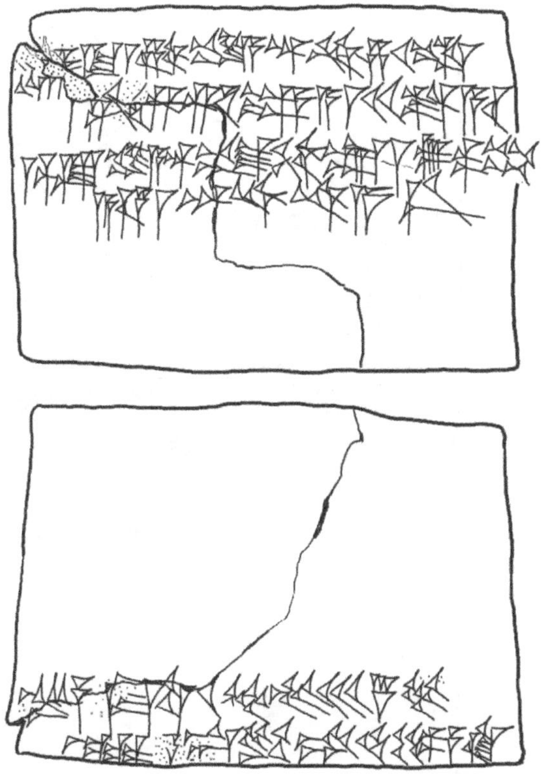

Übersetzung

58 (oder 59) Sekel Silber, Kaufpreis für Karneol: Nimria/Mandâšu.
1 ½ Sekel (Silber), der Kaufpreis für die Fassung des Siegels des Upaqu/Nanāja-ibni.
10. Tašrītu des 34. Jahres Nebuchadnezars, des Königs von Babylon.

Kommentar

Es werden keine Transaktionsverben genannt, daher wissen wir nicht, ob der Tempel hier Karneol und eine Siegelfassung von zwei Privatpersonen kauft oder an sie verkauft. Nimria, der einen westsemitischen Namen trägt, ist sonst nicht aus dem Archiv bekannt. Upāqu/Nanāja-ibni wird in als Käufer von Wolle in Nr. 102 (siehe unten) und in PTS 2879 im Zusammenhang mit einer Handelskarawane erwähnt. Leider ist der Kontext zerstört, aber es handelt sich wohl um ein Silberdarlehen durch den Tempel.

10. PTS 2141

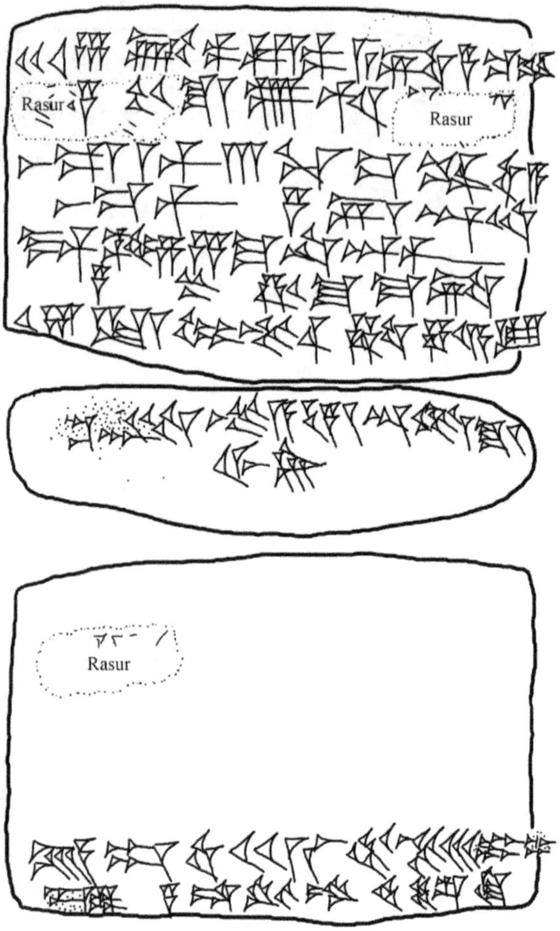

Vs 1 ⌈3⌉6 ᵈᵘᵍšap-pa-a-ta šá ᵍⁱšGEŠTIN
       °(Rasur)° šá ᵏᵘʳsu-ú-ḫu °(Rasur)°
       1 GUR 1 (PI) 1 BÁN 3 SÌLA ᵍⁱšGEŠTIN.ḪÁD.A
       ina ᵍⁱšBÁN šá É.AN.NA
    5 3 ½ GUN 5 MA.NA AN.BAR
       šá ᵏᵘʳḫa-šu-ma/ba-ta
       15 GÍN ḫum-mu-šú KÙ.BABBAR ḫa-a-ṭu
Rd   [ᵐ]⌈ta-li⌉-mu A-šú šá ᵐᵈAMAR.UTU-SU IGI-ir
Rs 10 ⁱᵗⁱAB UD.20 1-LÁ.KAM MU.38.KAM
       ᵈAG-NÍG.DU-URÙ LUGAL TIN.TIRᵏⁱ

Übersetzung

36 Krüge Wein aus Sūḫu,
1;1.1.3 (225 Liter) Rosinen im *sūtu*-Maß von Eanna (gemessen),
3 ½ Talente fünf Minen Eisen aus Ḫašubāta,
15 ⅕ Sekel Silber, Rohmaterial,

hat (der Tempel) von Talīmu/ Marduk-erība (beim Tempel) in Empfang genommen.

19. Ṭebētu des 38. Jahres Nebukadnezars, des Königs von Babylon.

Kommentar

Talīmu/Marduk-erība ist wahrscheinlich ein Händler. Er ist sonst aus dem Eanna-Archiv nicht bekannt. Außerdem bleibt unklar, wo die Region Ḫašubāta (oder Ḫašumāta) zu suchen ist, aus der das Eisen kommt. Vielleicht handelt es sich um die Libanon-Region – später wird Eisen oft als aus dem Libanon kommend beschrieben. Am Ende der Regierungszeit Nebukadnezars war diese Region unter die dauerhafte Kontrolle des Reiches gebracht.

11. PTS 2289

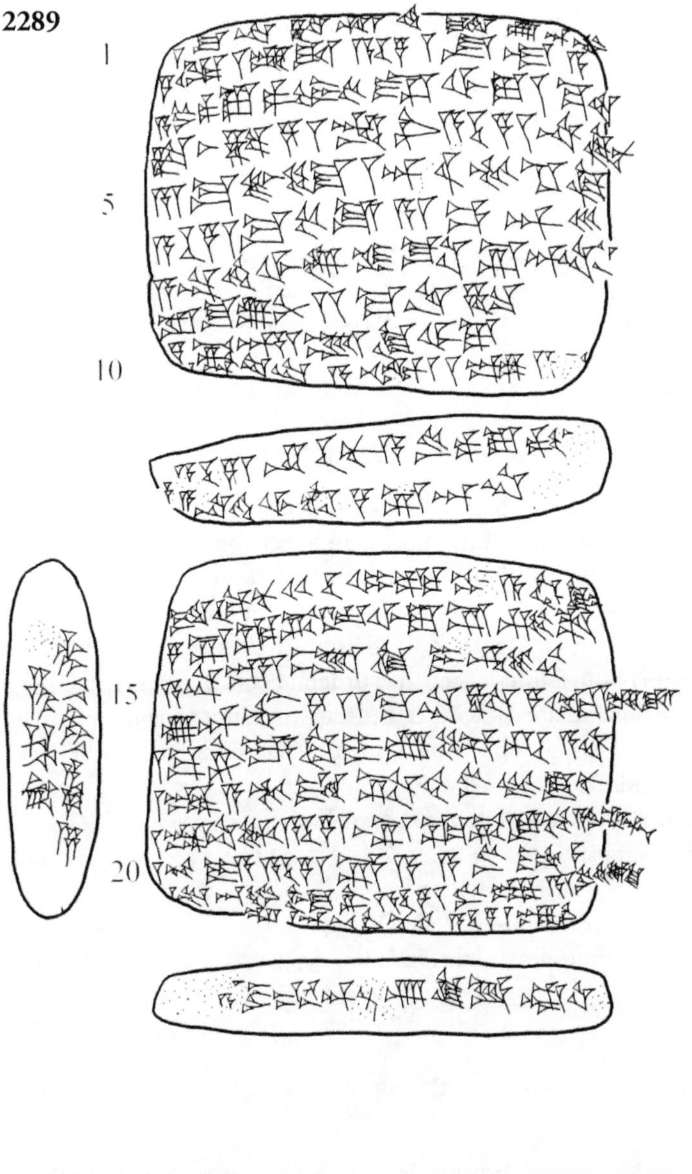

Vs 1 MA.NA KÙ.BABBAR *re-ḫi-it ú-ìl-tì*
šá UGU ^{md}EN-DA A-*šú šá* ^{m}*šu-la-a*
A ^{lú}SIPA-ANŠE.KUR.RA *ù* 1 MA.NA
KÙ.BABBAR *ina* KÙ.BABBAR *šá* ^{m}EN-DÙ A-*šú šá* ^{m}*na-di-nu*
A ^{m}*ba-bu-tu* ^{md}ŠÚ-MU-SI.SÁ
A-*šú šá* ^{m}*ba-laṭ-su* A ^{m}ZÁLAG-^{d}30
a-na ḫi-ši-iḫ-tu$_4$ TA É.AN.NA$^{⸢ki⸣}$
iš-šu-ú PAP 2 MA.NA KÙ.BABBAR
⸢NÍG⸣.GA ^{d}INNIN UNUG^{ki} *ù*
^{d}*na-na-a ina* UGU ^{md}AG-A-⸢MU⸣

Rd A-*šú šá* ^{m}EN-*šú-nu* A ^{lú}SIPA-ANŠ[E]
šá a-na ḫi-ši-iḫ šá É.AN.NA

Rs *id-di-nu-niš-šú mé-reš-tu*$_4$ *a-*{*di*}*-ki-*⸢*i*⸣
šá É.SAG.GÌL *ù* É.ZI.DA
a-na ^{d}INNIN UNUG^{ki} *i-nam-din*
ú-ìl-tì šá 2 MA.NA KÙ.BABBAR *šá* UGU ^{md}EN-DA
^{m}*ba-ni-ia ki-i ú-ter-ri a-na*
^{md}AG-A-MU *it-ta-din* ^{lú}*mu-kin-nu*
^{md}AG-*na-ṣir* A-*šú šá* ^{m}*ina-*^{é}SAG-GÌL-NUMUN A ^{lú}SANGA-^{d}IDIM
^{m}NUMUN-*ia* A-*šú šá* ^{m}KAL-*a* A ^{lú}SIMUG
^{m}ÌR-^{d}*in-nin-ni* A-*šú šá* ^{m}LÚ-^{d}AG A ^{mlú}TIN.TIR^{ki}
[^{lú}]UMBISAG ^{md}IDIM-DÙ-NUMUN A-*šú šá* ^{md}AG-DÙ
⸢A⸣ ^{lú}SANGA-^{d}⸢IDIM$^{?}$⸣ NUN^{ki} ^{iti}APIN UD.[x.KAM]

liRd MU.2.KAM ^{md}AG-I
LUGAL E^{ki}

Übersetzung

Eine Mine Silber, der Restbetrag des Verpflichtungsscheines zu Lasten von Bēl-leʾi/Šulaja/Rēʾi-sīsê und eine Mine Silber vom Silber von Bēl-ibni/Nādin/Bābūtu, das Marduk-šumu-līšir/Balāssu/Nūr-Sîn für den Bedarf (an Handelsgütern) aus Eanna genommen hat: Insgesamt zwei Minen, Eigentum der Herrin von Uruk und Nanājas, gehen zu Lasten von Nabû-aplu-iddin/Bēlšunu/Rēʾi-sī[sê], die ihm für den Bedarf (an Handelsgut) von Eanna gegeben wurden. Handelsgut genauso wie das, was Esaggila und Ezida (erhalten), wird er an Ištar von Uruk geben.

Den Verpflichtungsschein über zwei Minen Silber zu Lasten von Bēl-leʾi hat Bānia an Nabû-aplu-iddin zurückgegeben.

Zeugen: Nabû-nāṣir/Ina-Saggila-zēri/Šangû-Ea
Zēria/Aqaraja/Nappāḫu
Arad-Innin/Amēl-Nabû/Bābilāja
Schreiber: Ea-bān-zēri/Nabû-ibni/Šangû-[Ea]
Eridu, [xx]. Araḫšamnu des 2. Jahres Nabonids, des Königs von Babylon.

Kommentar

Der Tempel hat dem Händler Nabû-aplu-iddin aus der Familie Rēʾi-sīsê zwei Minen Silber zum Einkauf von Fernhandelsgütern bereitgestellt. Eine dieser zwei Minen wurde nicht in Form von Silber, sondern als Verrechnung gegen den noch ausstehenden Restbetrag von einem Verpflichtungsschein zu Lasten eines anderen Familienmitglieds der Rēʾi-sīsê übergeben. Der Text wurde in Eridu ausgestellt und weist darauf hin, dass die Familie Rēʾi-sīsê ihre Waren bis hinunter in die Region des Persischen Golfes verhandelte. Nabû-aplu-iddin/Bēlšunu ist offenbar auch Einkäufer von Fernhandelsprodukten für die Tempel Esaggila und Ezida. Für Eanna war er nicht nur einmal tätig: laut PTS 2858, der hier nachfolgend edierte Text, brachte er Produkte aus dem Westen des Reiches mit: Zedernholz und Kermes.

Auffällig ist, dass als einzige Person Bānia in Zeile 17 ohne Vaters- und Familiennamen aufgeführt ist. Er ist derjenige, der verantwortlich zeichnet für die Aushändigung des Verpflichtungsscheins zu Lasten der Rēʾi-sīsês und ist damit ein Vertreter des Eanna-Tempels. Es muss sich daher um einen sehr bekannten, hochstehenden Funktionär des Tempels handeln. Mit großer Wahrscheinlichkeit ist er der von Nabonid abgesetzte *šatammu* Bānia/Tabnēa/Bāʾiru. Die letzte Belegstelle mit Amtstitel datiert vom 18.IV.1 Nbn (vgl. Kleber 2008: 33, zur Reform und dem Abschaffen des *šatammu*-Amtes S. 13f.). Die Absetzung im Zuge der Verwaltungsreform im ersten Regierungsjahr Nabonids erklärt, warum Bānia hier keinen Amtstitel trägt. Meistens erscheint er mit seinem Kurznamen Bānia, aber in PTS 2898 (20 Nbk) wird sein voller Name Ea-bān-zēri/Tabnēa/Bāʾiru genannt (der volle Vorname ist in Kleber 2008: 33 zu ergänzen). Stammte er vielleicht aus Eridu, wie sein Name andeutet? Der Ausstellungsort des Textes, Eridu, macht dies noch wahrscheinlicher. Bēl-ibni und Marduk-šumu-līšir, die beiden Männer, die die zweite Mine Silber beisteuern, sind keine professionellen Händler sondern gehörten zu Eanna. Marduk-šumu-līšir ist Goldschmied oder Juwelier (Payne 2008: 102). Beide agierten in der Regierungszeit Nabonids im Auftrage des Tempels als Einkäufer von Gold und anderen Fernhandelswaren (Wachs, Leinenvorhänge) in Babylon.[99] Die Mine Silber war möglicherweise auf ihrem „Konto" für Fernhandelswaren aus Babylon, aber nun wird der Beschaffungsauftrag an den professionellen Händler gegeben.

99 TÉBR 59; YOS 6, 112 und YOS 6, 115. Die Umschriften dieser Texte und Allgemeines zum Ankauf von Gold und anderen Fernhandelsprodukten in Babylon sind in Joannès 1982: 239–256 zu finden.

12. PTS 2858

Vs	1	1 GUN 6 MA.NA *in-za-ḫa-re-e-tú*
		(Spuren einer Rasur)
		3 GUN ^{giš}ERIN (Spuren einer Rasur)
		a-na 9 GÍN KÙ.BABBAR
		(eine Zeile radiert)
		ina KÙ.BABBAR *šá ina pa-ni-šú*
uRd	5	^{md}AG-A-MU A-*šú šá* ^{m}EN-*šú-nu*
Rs		A ^{lú}SIPA-ANŠE.KUR.RA
		a-na É.AN.NA IGI-*ir*
		^{iti}ŠE UD.7.KAM MU.5.KAM
		^{d}AG-NÍ.TUK LUGAL TIN.TIR^{ki}

Übersetzung

Ein Talent und sechs Minen *inzaḫurētu* (Kermes) (sowie) drei Talente Zedernholz für neun Sekel Silber vom Silber, das zu seiner Verfügung steht, hat Eanna von Nabû-aplu-iddin/Bēlšunu/Rēʾi-sīsê empfangen.
7. Addāru des 5. Jahres Nabonids, des Königs von Babylon.

Kommentar

Der Händler aus der Familie Rēʾi-sīsê hatte den Tempel mit Zedernholz und Kermes beliefert. Er hatte im Voraus vom Tempel Silber für den Einkauf erhalten und dieser Text quittiert den Eingang einer Teillieferung.
Der in Zeile 3 genannte Preis bezieht sich nur auf das Zedernholz. Kermes war teurer, Payne (2007: 139) und Graslin-Thomé (2009: 193) nennen Ratios zwischen 15–20: 1 in der Regierungszeit Nebukadnezars, bis zu 40: 1 in der Regierungszeit Nabonids und bis zu 60: 1 in der frühachämenidischen Zeit.
Die Vorderseite wurde teilweise über Rasur geschrieben. Spuren der Rasur sind noch an der rechten Hälfte der Vorderseite unterhalb von der ersten und am Ende der zweiten Zeile zu sehen, sowie über die ganze Tafelbreite unterhalb der dritten Zeile.

13. PTS 2535

Vs 1 5/6 MA.NA ZABAR *ḫu-še-e*
⌜*a*⌝*-na* 1 GÍN 2-*ta* ŠU$^{II.me}$ KÙ.BABBAR
šá ^{m}*ina*-GISSU-^{d}*na-na-a*
^{lú}SAG *ina* NÍG.GA
Rs ^{iti}ŠE UD.10.KAM MU.2.KAM
^{d}AG-NÍ.TUK LUGAL TIN.TIR^{ki}

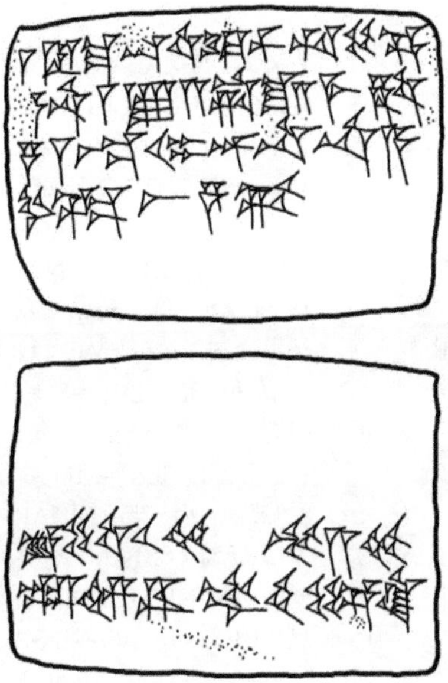

Übersetzung

1⅚ Minen rote Bronze für 1⅔ (Sekel) Silber, gehörig dem Ina-ṣilli-Nanāja, dem Höfling, sind im (Tempel)besitz.
10. Addāru des 2. Jahres Nabonids, des Königs von Babylon.

Kommentar

Der Text verrät uns, dass Bronze mit einem Kurs von etwas mehr als einer Mine (66 Sekel) pro Sekel Silber gekauft wurde. Dem Höfling wurde der Kaufpreis noch nicht ausbezahlt.

14. BM 114673

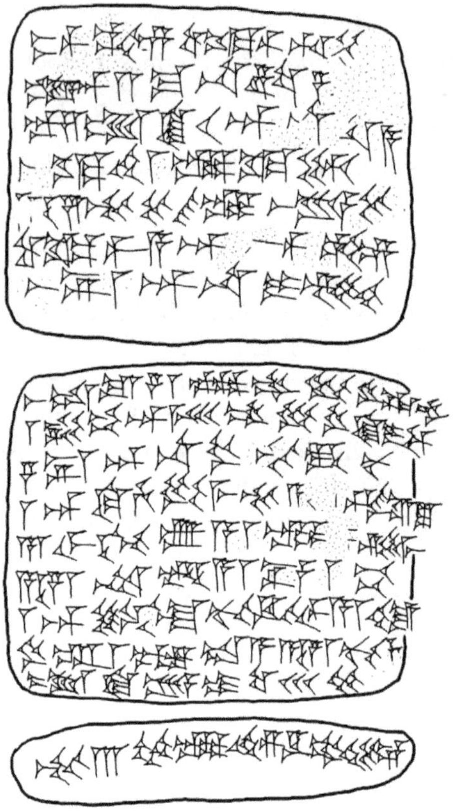

Vs 2 ½ GUN ZABAR *ḫu-še-*[*e*]
ŠÁM 2 MA.NA KÙ.BABBAR NÍG.[GA]
^{d}INNIN UNUG^{ki} *u* ^{d}*na-na-a*
ina muḫ-ḫi ^{md}AG-*ka-ṣir*
A-*šú šá* ^{m}*mu-še-zib-*^{d}AG *ina* ^{iti}ŠE
ZABAR a_4 ⸢2½⸣ GUN
ina É.AN.NA *i-nam-din*
Rs *ina* GUB-*zu šá* ^{md}AG-LUGAL-URÙ ^{lú}SAG-LUGAL
^{m}*gab-bi*-DINGIR^{meš}-LUGAL-URÙ ^{lú}*qí-i-pi*
šá É.AN.NA ^{lú}*mu-kin-nu*
^{md}DI.KUD-ŠEŠ^{me}-MU A-⸢*šú šá* ^{m}⸣*gi-mil-lu*
A ^{m}*ši-gu-ú-a* ^{md}AG-[KAR]-ZI^{me}
A-*šú šá* ^{m}ÌR-^{d}EN A ^{m}*e-gì-bi*
^{md}*in-nin*-NUMUN-GÁL-*ši* A ^{m}TIN-*su*
^{lú}UMBISAG ^{md}AG-GIN-A A-*šú šá* ^{m}NUMUN-⸢*iá*⸣
UNUG^{ki} ^{iti}GAN UD.30.KAM
Rd MU.3.KAM ^{d}AG-NÍ.TUK LUGAL TIN.TIR$^{[ki]}$

Übersetzung

2½ Talente rote Bronze, der Kaufpreis von zwei Minen Silber, Eigentum Ištars von Uruk und Nanājas, gehen zu Lasten von Nabû-kāṣir/Mušēzib-Nabû. Im Monat Addāru muss er diese 2 ½ Talente Bronze in Eanna geben.
In Anwesenheit von Nabû-šarru-uṣur, dem königlichen Höfling (und von) Gabbi-ilāni-šarru-uṣur, *qīpu* von Eanna.
Zeugen: Madānu-aḫḫē-iddin/Gimillu/Šigû'a
Nabû-[ēṭir]-napšāti/Arad-Bēl/Egibi
Innin-zēru-šubši/Balāssu
Schreiber: Nabû-mukīn-apli/Zēria.
Uruk, 30. Kislīmu 3. Jahr Nabonids, des Königs von Babylon.

Kommentar

Hinter diesem Verpflichtungsschein steht ein Lieferungskauf. Nabû-kāṣir, vermutlich ein Händler, erhält einen Silbervorschuss und soll dafür im Auftrag des Tempels Bronze einkaufen. Die Bronze war teuer (Kurs 1: 75).

15. BM 114512

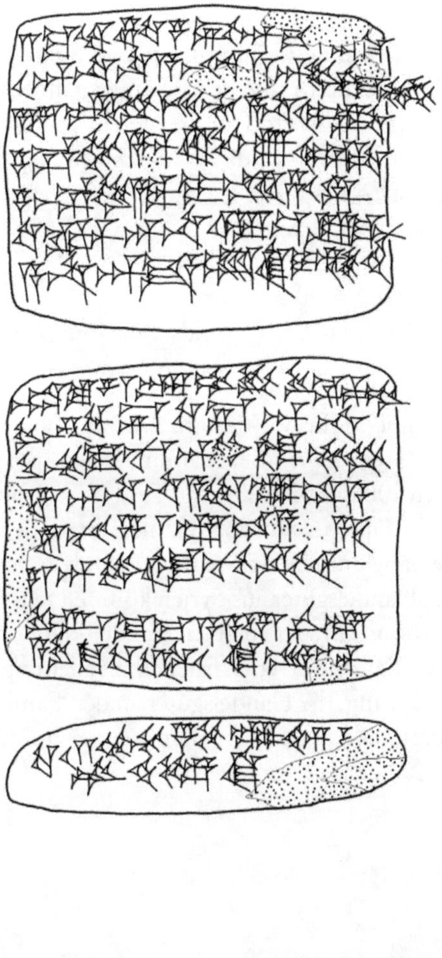

Vs 2 MA.NA KÙ.BABBAR NÍG.GA ⸢^{d}GAŠAN *šá* UNUG⸣^{ki}
u ^{d}*na-na-a ina* UGU ^{md}*in-nin*-MU-URÙ
A-*šú šá* ^{md}EN-ŠEŠ^{meš}-MU *a-na mé-reš-tú*
šá e-bir ÍD *lìb-bu-ú mé-reš-tú*
šá ina e-bir ÍD *i-maḫ-ḫa-ru*
ZABAR AN.NA *ù* ^{gada}*ṭu-ma-nu*
a-na ^{d}GAŠAN *šá* UNUG^{ki} *i-nam-din*
Rs *ina* GUB-*zu šá* ^{md}AG-LUGAL-URÙ ^{lú}SAG LUGAL
^{lú}EN *pi-qit-tú* É.AN.NA
⸢^{lú}⸣*mu-kin-nu* ^{md}*in-nin*-MU-URÙ
⸢A-*šú*⸣ *šá* ^{md}*na-na-a*-KAM ^{md}AG-GIN-A
⸢A⸣-*šú šá* ^{m}NUMUN-*iá* ^{md}INNIN-GIN-A A-*šú*
⸢*šá*⸣ ^{md}*in-nin*-NUMUN-GÁL-*ši*
^{lú}UMBISAG ^{m}*šu-ma-a* A-*šú šá* ^{m}DÙ-^{d}INNIN
A ^{lú}AZLAG ÚḪ^{ki} ^{iti}BÁRA
UD.12.KAM MU.4.KAM ^{d}AG-NÍ.⸢TUK⸣
LUGAL TIN.TIR^{ki}

Übersetzung

Zwei Minen Silber, Eigentum der Herrin von Uruk und Nanājas gehen zu Lasten von Innin-šumu-uṣur/Bēl-aḫḫē-iddin für Handelsgüter aus Transpotamien. Entsprechend den Handelsgütern, die er in Transpotamien erhalten wird, wird er Bronze, Zinn und *ṭumânu*-Leinenstoff an die Herrin von Uruk geben.
In Anwesenheit des Nabû-šarru-uṣur, des *ša rēš šarri bēl piqitti ajakki.*
Zeugen: Innin-šumu-uṣur/Nanāja-ēreš
Nabû-mukīn-apli/Zēria
Ištar-mukīn-apli/Innin-zēru-šubši
Schreiber: Šumaja/Ibni-Ištar/Ašlāku
Upia, den 12. Nisānu des 4. Jahres Nabonids, des Königs von Babylon.

Kommentar

Innin-šumu-uṣur/Bēl-aḫḫē-iddin war der *rab kiṣri* der Bogenschützen des Gouverneurs des Meerlandes (*šakin māti*). Seine militärischen Beziehungen zum Eanna-Tempel sind in Kleber 2008: 214–220 (mit Text Nr. 20 und 22) beschrieben. Er war in der Garnison in Opis in Nordbabylonien stationiert, die als militärischer Sammelpunkt für die babylonische Armee diente. Dort begannen auch Feldzüge in Richtung Westen. Die Handelsgüter aus Syrien könnten teils aus der Beute stammen und dann noch im Garnisonsort, der auch ein Handelsknotenpunkt war, quasi „unter dem Speer" verkauft worden sein. Der Offizier erhält allerdings Silber im Voraus und übernimmt die Verpflichtung, die Handelsgüter an den Eanna-Tempel zu liefern. Es ist daher nicht auszuschließen, dass er neben seinem militärischen Dienst privat gehandelt hat.

16. PTS 2400

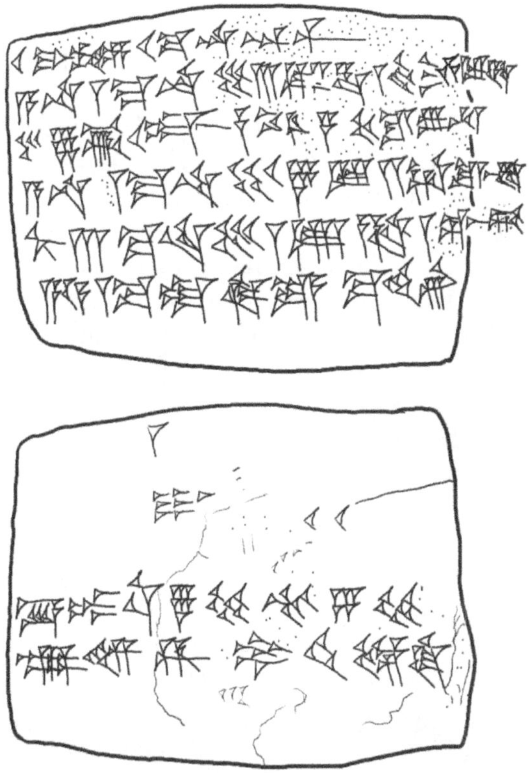

Vs 14 GUN 10 MA.NA AN.BAR
a-na 1 MA.NA 53 GÍN KÙ.BABBAR ⌈*šá-lul*⌉*-tú* GÍN KÙ.BABBAR
48 ^{dug}ŠAGAN^{me} *šá* GEŠTIN *šá* ^{kur}*su-ú-ḫu*
a-na 1 MA.NA 57 GÍN 2-*ta* ŠU^{me} KÙ.BABBAR
PAP 3 MA.NA 51 GÍN KÙ.BABBAR ^{m}*mar-duk*
A-*šú šá* ^{m}*ba-ad-di-ia ma-ḫi-ir*

Rs ^{iti}GAN UD.7.KAM MU.5.KAM
^{d}AG-NÍ.TUK LUGAL TIN.TIR^{ki}

Übersetzung

14 Talente, zehn Minen Eisen für eine Mine 53⅓ Sekel Silber (und) 48 Krüge mit Wein aus Sūḫu für eine Mine 57⅔ Sekel Silber, (Waren für) insgesamt drei Minen, 51 Sekel Silber, hat (der Tempel) von Marduk/Baddia empfangen.
7. Kislīmu des 5. Jahres Nabonids, des Königs von Babylon.

Kommentar

Marduk/Baddia, den wir sonst aus dem Archiv nicht kennen, hatte den Tempel mit Importgütern, unter anderem aus der Region des mittleren Euphrats beliefert. Dieser Text beurkundet den Eingang der erhaltenen Güter und ihren Wert. Wahrscheinlich diente der Text als Nachweis für Teillieferungen, die Abrechnung mit dem Händler erfolgte später.

2.3. Dossier: Die Lieferung von Fernhandelsgütern vom Tašrītu des Jahres 5 und / oder 6 Nabonid

In seinem grundlegenden Aufsatz zum Fernhandel in neubabylonischer Zeit hat Oppenheim (1967) die Zusammengehörigkeit der beiden Texte TCL 12, 84 und YOS 6, 168 bemerkt. Außerdem publizierte er die Transliteration von PTS 2098.[100] Eine Kopie und eine Übersetzung des letztgenannten Textes soll hier erstmals veröffentlicht werden. Zu diesen dreien können wir nun einen vierten Text hinzufügen, NCBT 644. In den vier Texten geht es um Lieferungen von Fernhandelsgütern durch die Händler Šamaš-zēru-ibni (YOS 6, 168 und PTS 2098) und Nādin-aḫi (in allen vier Texten). Im Folgenden sollen die vier Texte vergleichend betrachtet werden. Ich stelle die Editionen von NCBT 644 und PTS 2098 mit kurzen Kommentaren voran, anschließend erfolgt eine Auswertung des gesamten Dossiers.

17. NCBT 644

Vs 4 (GUN) 55 {MA}$^{°(\text{über Rasur})°}$ MA.NA ZABAR
55 MA.NA ^{na_4}ZA.GÌN
2 (GUN) 33 MA.<NA> ^{gada}*ṭu-ma-nu*
3 GUN 53 <MA.NA> ^{na_4}*gab-bu-ú*
a-di-i gu-ra-bi
2 GUN 10 MA.NA AN.BAR *ia-a-ma-nu*
4 $^{(\text{über Rasur})}$ GUN 17$^{(\text{über Rasur})}$ MA.<NA> AN.BAR *la-ba-a-nu*
3 ^{dug}*kan-da-nu* 2 GUN ⸢6?⸣ MA.<NA>
KI.LÁ
šá in-ṣa-ru-ú
⸢2?⸣ ^{dug}*šap-pat*
šá in-za-ḫu-re-tu₄

Rs [20?]+17 MA.<NA> AN.NA
[8? *ta*]*k-pa-nu*
[*šá* ZA]BAR
⸢11⸣ MA.NA ⸢⅓⸣ GÍN ^{sík}ZA.GÌN.<KUR>.RA
2-*ta* ^{sík}*na-aṣ-ra-pa-t*[*a*?]
a-di-⸢*i*⸣ *gu-ra-bi*
2-*ta* ^{sík}*na-aṣ-ra-pa-a-*⸢*ta*⸣
šá ^{sík}ZA.GÌN.<KUR>.RA *šá eš-ru-ú*
šá ^{m}MU-ŠEŠ

100 Komplette Transliterationen der drei bislang bekannten Texte finden sich auch in Joannès 1999: 192–194; sowie kurze Anmerkungen dazu auf S. 187.

Übersetzung

Vier Talente 55 Minen Bronze;
55 Minen Lapislazuli;
zwei Talente 33 Minen *ṭumānu*-Leinen;
drei Talente 53 Minen Alaun inklusive seiner Umhüllung;
zwei Talente, zehn Minen jonisches Eisen;
vier Talente 17 Minen libanesisches Eisen;
drei Krüge *inṣarû* – zwei Talente ⌜sechs?⌝ Minen ist ihr Gewicht.
Zwei Gefäße mit Kermes.
[3]7 Minen Zinn.
[Acht?] Kisten aus Bronze.
11 ⅓ Minen Purpurwolle, zwei *naṣrapātu* inklusive (als) Umhüllung;
zwei *naṣrapātu* aus Purpurwolle als Eintrittsgeschenk von Nādin-aḫi.

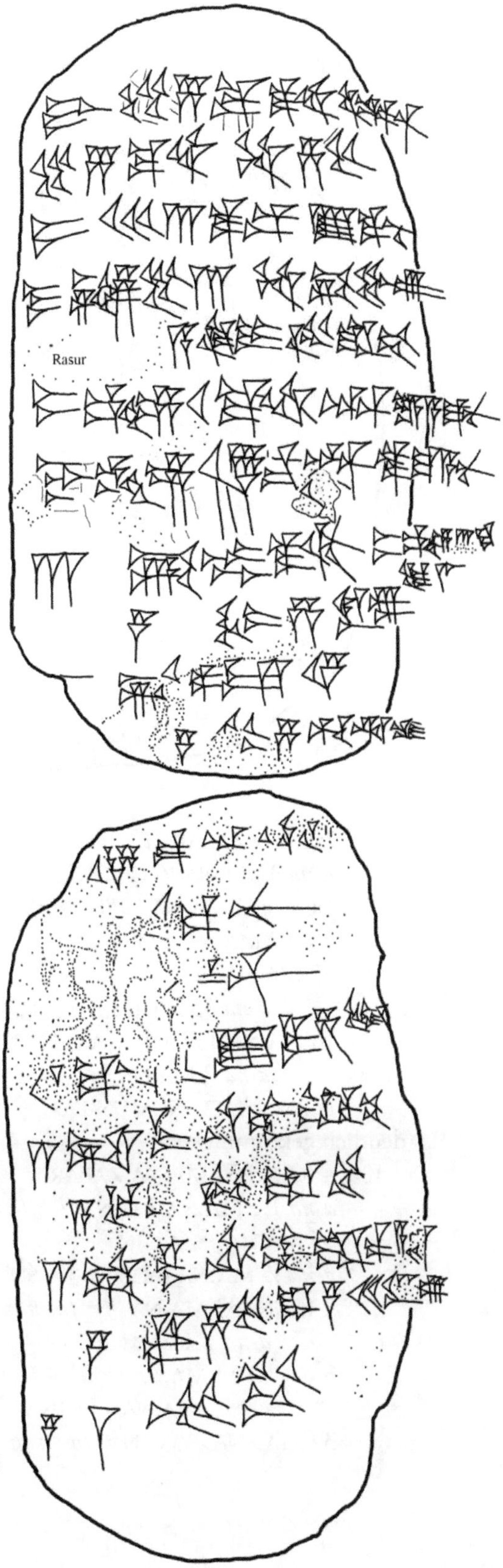

Kommentar

Die grobe, unregelmäßig oval geformte Tafel ist wiederverwendet worden: auf der Vorderseite finden sich mehrfach deutliche Spuren von ausgewischten Zeichen. Die Oberfläche der Rückseite ist schlecht erhalten.
Die Textilie *naṣraptu* wird weiter unten behandelt (Exkurs zu diesem Abschnitt).

18. PTS 2098

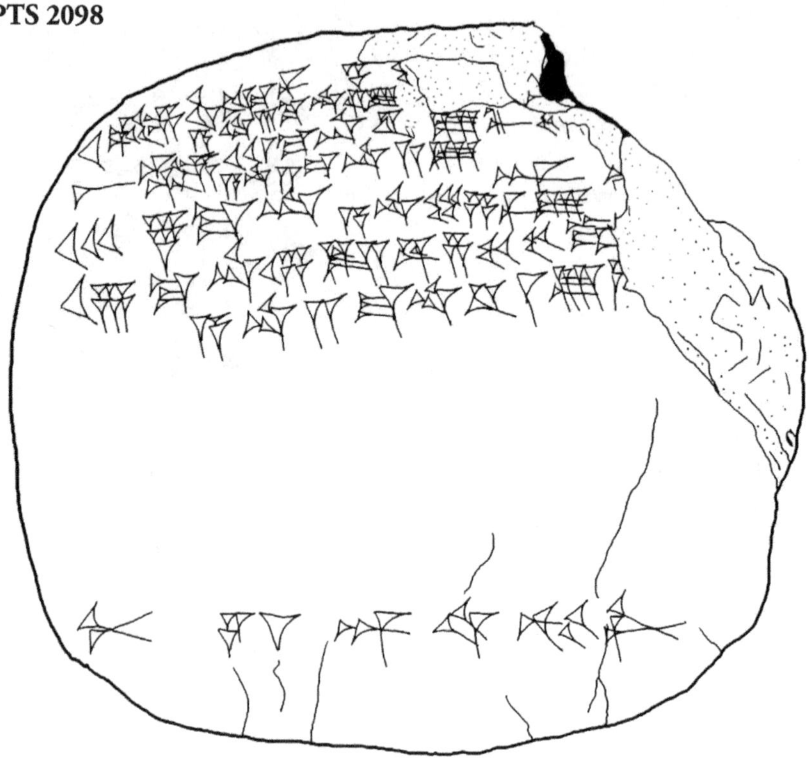

Vs (flach)

10 GUN ZABAR *šá* ^{ku}[⸢*ia-a-ma-na*]
a-na 3 MA.NA ⅓ GÍN [KÙ.BABBAR]
1 GUN 21 MA.NA ⅓ °(Rasur)° GÍN ^{šam}⸢*in*⸣-[*za-ḫu-re-e-ti/u*]
a-na 2 MA.NA 2 GÍN
37 MA.NA AN.N[A]
a-na 55½ GÍN [KÙ.BABBAR]
16 MA.NA 15 GÍN ^{sík}ZA.GÌN.KUR.R[A]
a-na 2 MA.NA ⅔ GÍN ⸢KÙ⸣.[BABBAR]
PAP *šá* ^{md}UTU-NUMUN-DÙ

Rs (deutlich gekrümmt)

4 (GUN) 55 MA.NA ZABAR
a-na 1½ MA.NA 8 GÍN *šul-lul-tú* 1 GÍN KÙ.BABBAR
55 MA.NA $^{\text{na}_4}$ZA.GÌN
a-na ½ MA.NA 6 GÍN 2-TA ŠU$^{\text{II.me}}$
2 (GUN) 33 MA.NA ⸢^{gada}⸣*ṭu-man*
a-na 1⅚ MA.NA 2 GÍN KÙ.BABBAR
3 (GUN) 53 MA.NA $^{\text{na}_4}$*gab-ú šá* ^{kur}*mi-ṣir gu-ra-bi ina* IGI-*šú*
a-na 1 MA.NA 17 GÍN 2-*ta* ŠU$^{\text{II me}}$ KÙ.BABBAR
32 MA.<NA> ⅓ GÍN ^{šam}*in-za-ḫu-re-e-tú*

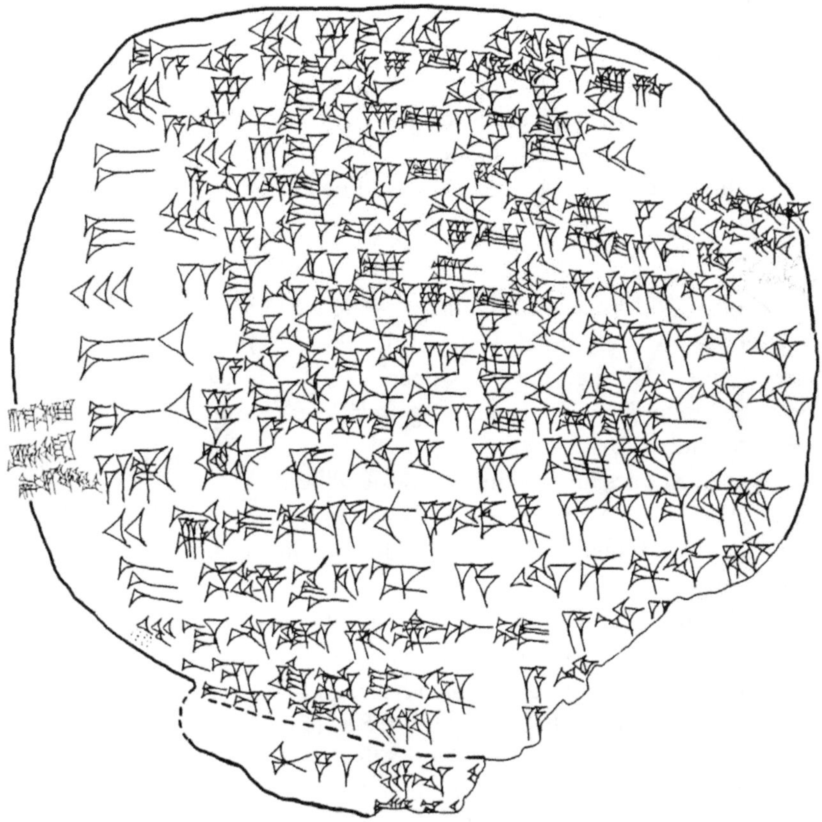

a-na ⅔ MA.NA ⸢8⸣½ GÍN KÙ.BABBAR
2 (GUN) 10 MA.NA AN.BAR *šá* ^{kur}*ia-a-ma-na*
a-na ½ MA.NA 2½ GÍN
4 (GUN) 17 MA.NA AN.BAR *šá* ^{kur}*la-ab-na-na*
a-na ⅚ MA.NA 2 GÍN 2-*ta* ŠU$^{\text{II.me}}$
0;3.4 LÀL *a-na* ⅓ 6 GÍN KÙ.BABBAR
20 ^{dug}*kan-da-a-nu šá* GEŠTIN.KÙ *a-na* 1 MA.NA KÙ.BABBAR
3 GUN ^{šim}ḪAB *a-na* ½ MA.NA KÙ.BABBAR
40 MA.NA ^{šim}*ḫa-as-ḫal-tu*$_{4}$ *a-na* ⸢2⸣[GÍN KÙ.BABBAR]
2 GUR KI *ta-tur-ru a-na* [10 GÍN KÙ.BABBAR]
2 GUR ^{šim}LI *a-*[*na* 3 GÍN KÙ.BABBAR]
PAP *šá* ^{m}SUM.NA-Š[EŠ ....]
⸢^{iti}DU$_{6}^{?}$⸣

Hinzufügung auf der rechten Seite der Rückseite:

3 MA.NA 10 GÍN
SÍK.ZA.GÌN.KUR.RA
er-bi šá ^{m}SUM.NA-ŠEŠ

Übersetzung

Vorderseite:
Zehn Talente Bronze aus [Jamānu] für 3 ⅓ Minen [Silber]
ein Talent, 21 ⅓ Minen Ker[mes] für zwei Minen, zwei Sekel
37 Minen Zinn für 55 ½ Sekel [Silber]
16 Minen, 15 Sekel Purpurwolle für 2⅔ Minen Silber
Alles von Šamaš-zēru-ibni.

Rückseite:
Vier Talente, 55 Minen Bronze für 1 ½ Minen, 8 ⅓ Sekel Silber
55 Minen Lapislazuli für eine halbe Mine, 6 ⅔ (Sekel)
Zwei Talente, 33 Minen *ṭumānu*-Leinen für 1 ⅚ Mine, zwei Sekel Silber
Drei Talente, 53 Minen Alaun aus Ägypten, die Verpackung dabei, für eine Mine, 17 ⅔ Sekel Silber,
32 ⅓ Minen Kermes für ⅔ Mine 8 ½ Sekel Silber,
Zwei Talente, zehn Minen Eisen aus Jamānu für eine halbe Mine, 2 ½ Sekel
vier Talente, 17 Minen Eisen aus dem Libanon für ⅚ Minen, 2 ⅔ (Sekel)
0;3.4 Honig für 26 Sekel Silber,
zwanzig Kandanu-Krüge von reinem Wein für eine Mine Silber
drei Talente *inṣarû* (Räucherwerk) für eine halbe Mine Silber,
vierzig Minen *ḫasḫaltu* (aromatische Pflanze) für zwei [Sekel Silber]
ein Talent *taturru* (Räucherwerk) für [10 Sekel Silber]
zwei Talente Wacholder für [drei Sekel Silber]
Alles von Nādin-aḫi [....]
Monat [Tašrītu? des 6. Jahres Nabonids?]

Hinzufügung auf der rechten Seite der Rückseite:
Drei Minen (und) zehn Sekel blaue Purpurwolle, Eintrittsgeschenk des Nādin-aḫi.

Kommentar

Die untere Hälfte der Vorderseite ist nicht vollgeschrieben, so dass die Waren der beiden Händler getrennt auf je einer Tafelseite notiert waren. Der Text weist zwei wesentliche Unterschiede zum Paralleltext YOS 6, 168 auf: In Zeilen 15 und 23 steht die Ziffer ⅚ anstelle von ⅓ in den entsprechenden Passagen in YOS 6, 168 (Zeile 10 und 18). Nach Kollation ist die Ziffer „1" in Zeile 24 auf der Kopie in YOS 6, 168 allerdings zu „2" zu berichtigen. Damit haben PTS 2098 und YOS 6, 168 die gleichen Mengen für Wacholder. Außerdem gibt es weitere, aber unwesentliche Unterschiede in den Schreibungen, z.B. ME statt MEŠ sowie der Zusatz KÙ.BABBAR hinter GÍN, der in YOS 6, 168 häufiger fehlt.
Die Textilie *naṣraptu* wird weiter unten behandelt (Exkurs zu diesem Abschnitt).

2.3.1. *Die Auswertung des Dossiers*

Um den Überblick zu erleichtern, werden die Lieferungen in untenstehender Tabelle schematisch dargestellt.[101] In zwei der vier Texte geht es ausschließlich um Lieferungen von Nādin-aḫi/Innin-šumu-uṣur (Gruppe 1: TCL 12, 84 und Nr. 17). Gruppe 2 (YOS 6, 168 und Nr. 18) verzeichnet Lieferungen von Nādin-aḫi und von Šamaš-zēru-ibni/Nanāja-iddin zusammen mit Preisen für die einzelnen gelieferten Waren. Wie im Kommentar oben erwähnt, gibt es bei den Preisen zwei Abschreibefehler: zweimal steht bei Nr. 18 der die Zahl ⅚, während YOS 6, 168 nur ⅔ hat.

	Gruppe 1		**Gruppe 2**			
	Nr.17=NCBT 644 (ohne Preise)	TCL 12, 84 (ohne Preise)	YOS 6, 168 Menge/Preis in Silber		Nr. 18 = PTS 2098 Menge/Preis in Silber	
Tafelform	Portraitformat, unregelmäßig oval	Breitformat, kissenförmig	Breitformat, kissenförmig		rund	
Datum	undatiert	5. VII. 5 Nbn	7. VII. 6 Nbn		[..].⌜VII?⌝.[...]	
Händler	(Nādin-aḫi als Geber des Zehnt)	Nādin-aḫi / Innin-šumu-uṣur	Nādin-aḫi	Šamaš-zēru-ibni / Nanāja-iddin	Nādin-aḫi	Šamaš-zēru-ibni
Bronze aus Jamānu	295 m	295 m	295 m / 98, 33 š	600 m / 200 š	295 m / 98, 33 š	600m / 200 š
Lapislazuli	55 m	55 m	55 m / 36,66 š	-	55 m / 36,66 š	-
ṭumānu	153 m	153 m	153 m / 112 š	-	153 m / 112 š	-
Alaun aus Ägypten	233 m mit Umhüllung (*gurāpu*)	233 m mit Umhüllung (*gurāpu*)	233 m / 77,66š	-	233 m mit Umhüllung[102]/ 77,66 š	
Kermes (*inzaḫurētu*)	[x] Krüge (*šappatu*)	2 Krüge (*šappatu*)	32 m 20 š / 48,5 š	81 m 20 š / 122 š	32 m 20 š / 48,5 š	81 m 20 š / 122 š
Eisen aus Jamānu	130 m	130 m	130 m / 32,5 š	40 m Eisen als *ešrû* (10-*ú*) „Zehnt"	130 m / 32,5 š	-
Eisen aus Libanon	257 m	257 m	257 m / 42, 66	-	257 m / 52,66 š	-
Zinn	37 m	37 m	-	37 m / 55,5 š	-	37 m / 55,5 š
inṣarû [103]	3 Krüge (*kandanu*) 2 tal. ⌜6?⌝ m ihr Gewicht	3 Krüge (*kandanu*) 2 tal. 6 m [ihr Gewicht]	120 m / 30 š	-	180 m / 30 š	-

101 Die beiden publizierten Texte wurden auf der Basis von Fotos kollationiert. Ich danke Elizabeth E. Payne für Fotos von YOS 6, 168. Mein herzlicher Dank geht ebenso an Louise Quillien, die mir Fotos von TCL 12, 84 aus dem Louvre besorgen konnte. Bei TCL 12, 84 handelt es sich um eine gut geschriebene, kissenförmige Tafel im Breitformat. Das Determinativ vor *naṣrapātu* in Zeile 12 ist deutlich GADA (nicht GIŠ oder SÍK). Das Datum wird unten ausführlicher diskutiert.

102 *gurābi ina* IGI-*šú*

103 Zu ^{šim}ḪAB = *ṭurû* und *inṣarû* (Amberbaum? / Opobalsam?) siehe Jursa 2009: 166 mit Verweisen und möglichen Identifikationen.

	Gruppe 1 Nr.17=NCBT 644	TCL 12, 84	**Gruppe 2** YOS 6, 168		Nr. 18 = PTS 2098	
Honig	-	-	132 l / 26 š	-	132 l / 26 š	-
Wein	-	-	20 Krüge (*kandanu*)/60 š	-	20 Krüge (*kandanu*)/60 š	-
ḫasḫaltu[104]	-	-	40 m / 2 š	-	40 m / 2 […]	-
taturru (Aromatum)	-	-	60 m / 10 š	-	60 m / […]	-
Wacholder-harz	-	-	120 m / 3 š	-	120 m / […]	-
Kisten aus Bronze	[…*ta*]*k-pa-nu*	8 *tak-pu* deren Inhalt noch nicht gesichtet wurde	-	-	-	-
Purpurwolle	11 m 20 š (inklusive zwei ^{sík}*naṣrapātu* (als) Umhüllung (*gurāpu*))	11 m 20 š (inklusive zwei ^{gada}*naṣrapātu* (als) Umhüllung (*gurāpu*))	3 m 10 š als *ešrû* „Zehnt“	16 m 15 š / 160 š 5 m als als *ešrû* „Zehnt“	3 m 10 š als *erbu*	16 m 15 š / 160 š
naṣraptu aus Purpur-wolle	2 ^{sík}*naṣrapātu* (als) Umhüllung (*gurāpu*) der Wolle; 2 als Zehnt (*ešrû*) des Händlers[105]	2 ^{gada}*naṣrapātu* (als) Umhüllung (*gurāpu*) der Wolle; 2 als Eintritts-gabe (*erbu*) des Händlers				

Tabelle 5: Lieferungen der Händler Nādin-aḫi und Šamaš-zēru-ibni

Die nahezu identischen Lieferungen legen zunächst nahe, dass sich die vier Texte auf ein- und dieselbe Lieferung beziehen, aber verschiedene Buchhaltungsschritte im Tempel repräsentieren. Allerdings werfen die Ausstellungsdaten, insbesondere die

104 Zu *ḫasḫaltu*, siehe Jursa 2009: 160. Es handelt sich um eine aromatische Substanz, die von einem Baum stammt. Dieses Aromata gehörte zu jenen, die der sipparäische Händler Nabû-lū-salīm, Sklave des Nidintu, in seinem Geschäft verkaufte, s. Jursa 2009: 168f. (BM 61003).

105 Beim Gewicht der gefärbten Lapis-Wolle sind zwei *naṣrapātu* als Umhüllung mitgerechnet. Auf beiden Texten sind zwei *naṣrapātu* danach (bei TCL 12, 84 durchbrochen durch die Einträge für Aromata und Kermes) als Geschenke von Nādin-aḫi verzeichnet, was darauf hinweist, dass es sich nicht nur um einen Woll- oder Leinenbeutel handelt, sondern um etwas Kostbares, nämlich gefärbten Stoff. Es ist nicht ausgeschlossen, dass es sich um dieselben *naṣrapātu* handelt, aber wahrscheinlicher ist die Lieferung von vier Stück, zwei als Umhüllung der Wolle und weitere zwei als Geschenk.

Jahresdaten[106] von TCL 12, 84 (5 Nbn) und YOS 6, 168 (6 Nbn) ein Problem auf. Es handelt sich nicht um einen Fehler auf der Kopie – die Kollation der beiden Texte auf Basis von Fotos bestätigte das Datum. Entweder es liegt ein Schreiberfehler vor, oder aber die Texte gehören tatsächlich zu zwei verschiedenen Lieferungen Nādin-ahis in zwei aufeinanderfolgenden Jahren. Genau das nahm Oppenheim (1967) an. Aufgrund der Tatsache, dass fast identische Mengen geliefert wurden, rekonstruierte er eine vom Zustand der Handelsrouten und vom Wasserstand des Euphrats abhängigen, oder einfach aufgrund von Tradition herausgebildeten „Handelssaison", in der jährlich die gleichen Produkte in ähnlichen Mengen an den Tempel gelangten. Zwar ist es möglich, dass Eanna bei Nādin-aḫi zwei Jahre hintereinander genau dieselben Mengen bestellte. Die Existenz einer Handelssaison ist jedoch unwahrscheinlich, da andere Verpflichtungsscheine, durch welche der Tempel den Händlern Kredite für solche Fernhandelsunternehmungen gab sowie andere Lieferungen keinem bestimmten Muster folgen – die Daten sind über das Jahr verteilt.

Text	Datum	Inhalt
YBC 4062	11.XII.36 Nbk	Lieferungskauf von Zedernholzschnitzen und libanesischem Eisen
Nr. 11 (PTS 2289)	[..].VIII.02 Nbn	Rest von Verpflichtungsschein über Silber für Handelsgut
YOS 6, 52	20.VI.03 Nbn	Lieferungskauf von Handelsgut aus Transpotamien
YOS 19, 237	18.XII.03 Nbn	Rest von Verpflichtungsschein über Silber für Handelsgut
Nr. 15 (BM 114512)	12.I.04 Nbn	Lieferungskauf (Vorfinanzierung) von Fernhandelsgütern aus Transpotamien (Bronze, Zinn, *ṭumānu*)
YOS 6, 61	25.VI.05 Nbn	Verpflichtungsschein über Wolle gegen Handelsgut aus Transpotamien (Bronze, Eisen, Wein, Purpurwolle)
YOS 19, 52	04.III.14 Nbn	Lieferungskauf von Handelsgut aus Transpotamien
Nr. 24 (BM 114546)	10.VI.07 Kyr	Lieferungskauf (Rest von früheren Verpflichtungsscheinen) von Fernhandelsgütern aus Transpotamien (Bronze, Zinn, Eisen, Wein)

Tabelle 6: Kommissionierung von Fernhandelsunternehmen durch Eanna

106 Das Tagesdatum ist unproblematisch – TCL 12, 84 könnte der erste Text des Dossiers sein, der kurz nach der Ankunft des Bootes am 5. VII. geschrieben sein könnte. YOS 6, 168, wo den Lieferungen bereits Preise zugeordnet wurden, könnte zwei Tage später im Magazin für die Abrechnung ausgestellt worden sein.

Texte über erhaltene Lieferungen mit Datum haben wir leider nur zwei. Der erste ist Nr. 6 (PTS 3092). Er ist datiert auf den 12.VI.5 Nbn; er stammt also aus demselben Jahr wie TCL 12, 84, allerdings brachte hier ein anderer Händler einen Monat vorher seine Waren. Der zweite Text ist Nr. 12 (PTS 2858), wonach der Tempel am 7.XII.5 Nbn Kermes und Leinen von einem Händler erhielt.

Es gibt nun zwei Möglichkeiten der Interpretation der vorliegenden vier Texte:

a) man nimmt einen Schreiberfehler beim Jahresdatum an. Die vier Texte würden dann zu einer Lieferung gehören und verschiedene Buchhaltungsschritte innerhalb des Tempels repräsentieren.
b) Nādin-aḫi hat sowohl im Jahre 5 als auch im Jahre 6 Nabonid für den Tempel Fernhandelsgüter besorgt und zwar in identischen Mengen. In diesem Falle würden nur Nr. 17 (NCBT 644) und TCL 12, 84 zu einer Lieferung gehören; Nr. 18 (PTS 2098) und YOS 6, 168 würden eine andere Lieferung im Folgejahr dokumentieren.

Schauen wir uns zunächst die Tafelformate und die kleinen Unterschiede auf den einzelnen Texten genauer an.

Nr. 17 (NCBT 644) ist ein unregelmäßig-ovaler hochformatiger Text, der keine reguläre Archivtafel zur Aufbewahrung darstellt. Die Tafel war vorher schon einmal beschrieben gewesen: es finden sich noch deutliche Spuren eines durch Rasur entfernten Textes. Der Text entstammt wahrscheinlich der Dokumentation, die beim Entladen des Bootes oder direkt nach dem Eingang in den Tempel angefertigt wurde.[107] TCL 12, 84 ist eine gut geschriebene kissenförmige Tafel, die durchaus zur Archivierung gedient haben könnte. Trotzdem stellt sie nicht den letzten administrativen Schritt dar: Die schon in Nr. 17 erwähnten acht Bronzekisten (oder mit Bronze verstärkte Kisten) waren zu diesem Zeitpunkt noch nicht ausgepackt.

Nr. 18 (PTS 2098) ist ein runder, flacher Text, der die Lieferung von zwei Händlern verzeichnet, und YOS 6, 168 ist eine Abschrift davon.

Falls alle vier Texte zu einer Lieferung gehören, würde Gruppe 2 (Nr. 18 und YOS 6, 168) einen späteren Buchhaltungsschritt repräsentieren. Der Inhalt der Kisten, die laut Gruppe 1 noch unausgepackt waren, war zwei Tage später bekannt: Die Kisten enthielten Honig, Wein, Gewürze und Wacholderharz. Die Produkte waren nun auch gewogen, was sich z.B. im Unterschied bei Kermes und *inṣarû* niederschlägt: anstelle der Anzahl von Behältern (auf Nr. 17 und TCL 12, 84) konnten nun genaue Mengenangaben gemacht werden. Außerdem wurden den Waren Preise zugeordnet. Wenn alle vier Texte sich ein und dieselbe Lieferung beziehen, ist folgende Schreibreihenfolge zu rekonstruieren:

107 Die Bootsladungsliste Nr. 158 (PTS 2133) hat ebenfalls ein ovales Portraitformat. NCBT 644 ist außerdem der einzige der vier Dossiertexte, der kein Datum trägt.

Gruppe 1 vom 5.VII.

1 Nr. 17 = NCBT 644 (ovale undatierte Notiz) – geschrieben kurz nach der Ankunft des Bootes, vielleicht noch im Hafen. Bezieht sich nur auf die Lieferung des Nādin-aḫi.

2 TCL 12, 84 (kissenförmige Archivtafel, datiert) – geschrieben am 5. VII. beim Eingang der Ladung in den Tempel / ins Magazin. Bezieht sich nur auf die Lieferung des Nādin-aḫi. Die Bronzekisten waren noch nicht ausgepackt. Für die Aromata und den Kermes wurde nur die Anzahl der Krüge verzeichnet, aber noch kein Gewicht des Inhalts bestimmt.

Gruppe 2 vom 7.VII.

3 Nr. 18 = PTS 2098 (runde Notiz, [datiert]) – geschrieben im Magazin zur Vorbereitung der Abrechnung mit den beiden Händlern Nādin-aḫi und Šamaš-zēru-ibni. Der Inhalt der Kisten im Boot des Nādin-aḫi war nun gesichtet und der Inhalt der Krüge gewogen. Allen Waren wurden Preise zugeordnet. Zuordnungsfehler wurden korrigiert.

4 YOS 6, 168 (kissenförmige Archivtafel, datiert), geschrieben im Magazin. Sie stellt die zu archivierende Abschrift von Nr. 18 dar und dient der Abrechnung mit den beiden Händlern Nādin-aḫi und Šamaš-zēru-ibni.

Ob noch ein weiterer Buchhaltungsschritt erfolgte, nämlich die Eintragung auf eine Wachstafel, die eine „laufende“ Übersicht über noch vorhandene Fernhandelsgüter im Tempel bot, bleibt unklar.

Diese Rekonstruktion erscheint recht plausibel, ist aber nicht unproblematisch, da es ein paar kleine wesentliche Unterschiede in den Lieferungen zwischen Gruppe 1 (Nr. 17 und TCL 12, 84) und Gruppe 2 (Nr. 18 und YOS 6, 168) gibt, nämlich beim Zinn und bei der Purpurwolle.

Zunächst zum Zinn: Gruppe 1 enthält eine Lieferung von 37 Minen Zinn durch Nādin-aḫi. In Gruppe 2 werden diese 37 Minen Zinn aber Šamaš-zēru-ibni zugeordnet. Ich halte es für wahrscheinlich, dass im zweiten Schritt der Buchhaltung ein Fehler korrigiert wurde, der aufgrund der Lagerung im Boot bzw. beim Entladen / Transport vom Hafen zum Tempel gemacht wurde: die beiden Händler transportierten ihre Lieferungen wohl zusammen in einer Bootskarawane. Möglicherweise hatte das Zinn sogar in dem Boot gelegen, das sonst die Waren von Nādin-aḫi transportiert hatte.

Auch bei der Zuordnung der Purpurwolle scheint es Verwirrung gegeben zu haben, falls Gruppe 1 und 2 zusammengehören. Gruppe 1 verzeichnet elf Minen und zwanzig Sekel als Handelslieferung, eingewickelt in zwei *naṣraptu*-Tücher[?] sowie zwei zusätzliche *naṣrapātu* aus Purpur als Eintrittsgabe (*erbu*) des Nādin-aḫi. In Gruppe 2 fehlt die an den Tempel verkaufte Purpurwolle von Nādin-aḫi, aber drei Minen und zehn Sekel werden als Geschenk von ihm (*erbu* und *ešrû* sind identisch) verbucht.

Gehören Gruppe 1 und 2 zusammen, könnten die drei Minen und zehn Sekel das Gewicht der beiden purpurnen *naṣrapātu* sein, die in Gruppe 1 als Geschenk (*erbu*) des Nādin-aḫi eingetragen sind. Genau wie der Inhalt der Krüge und der Kisten wurden sie erst im Magazin gewogen.

Laut Gruppe 2 hat der andere Händler, Šamaš-zēru-ibni, 16 Minen und 15 Sekel Purpurwolle an Eanna verkauft und fünf Minen als „Zehnt" geschenkt. Könnte es sein, dass – wie beim Zinn – zunächst eine falsche Zuordnung erfolgte? Nämlich so, dass die Purpurwolle von Šamaš-zēru-ibni kam und in Gruppe 1 zunächst für eine Lieferung des Nādin-aḫi gehalten wurde? Die Mengen sind allerdings nicht ganz identisch.[108]

Fazit: Vorläufig muss es offen bleiben, ob Gruppe 1 und 2 zusammengehören oder ob Gruppe 1 eine separate Lieferung darstellt. Das Jahresdatum sowie die kleinen Unterschiede bei der Zuordnung des Zinns und der Purpurwolle sind problematisch. Ich halte eine Zusammengehörigkeit dennoch für möglich, unter Annahme eines Schreiberfehlers beim Jahresdatum. Die identischen Mengen und die Logik der Abfolge (Inhalt der Krüge und Kisten später ausgepackt und gewogen) sprechen dafür. Die Unterschiede beim Zinn und bei der Purpurwolle könnten auf anfängliche Zuordnungsfehler beim Entladen der Boote zurückzuführen sein. Die frühere Dokumentation für den Händler Šamaš-zēru-ibni, d.h. das ihn betreffende Pendent zu Gruppe 1, könnte Klarheit bringen, aber diese Texte sind uns leider nicht überliefert.

Exkurs: *naṣrapātu*

Bei den *naṣraptu* muss es sich um Textilien handeln. *naṣraptu*, vom CAD N/II, S. 51 als „Färbebottich" übersetzt (*naṣraptu* B), trägt in Nr. 17 das Determinativ SÍK. Im Paralleltext TCL 12, 84 wurden die *naṣrapātu* mit dem Determinativ GADA versehen. In den vom CAD zitierten Belegstellen zu *naṣraptu* B („dyeing vat")[109] trägt das Wort nie ein Determinativ, von unserer Belegstelle hier mit GADA abgesehen. Dem Kontext nach muss *naṣraptu* in keiner einzigen der im CAD zitierten Belegstellen zwingend „Färbebottich" bedeuten. Die Textildeterminative und auch der Kontext unseres Dossiers zeigen, dass *naṣraptu* spätbabylonisch eine andere Bedeutung gehabt haben muss, wohl „gefärbtes Tuch / gefärbter Stoff". Zwei *naṣrapātu*

108 Zieht man die fünf Minen Wolle, die laut PTS 2098 *ešru* des Šamaš-zēru-ibni waren von den von ihm als Handelslieferung gegebenen 16 Minen und 15 Sekeln ab, kommt man fast (mit einem Unterschied von fünf Sekeln) auf den in dem TCL-Text und in NCBT 644 angegebenen Betrag von elf Minen und zwanzig Sekeln. Vielleicht waren verschiedene mündliche Auskünfte über die Verteilung von Handelsware und Geschenken im Umlauf, die zunächst die Verwirrung stifteten.

109 Das CAD vermutete für unsere Stelle das Determinativ GIŠ anstelle von GADA. Das Foto legt GADA nahe und bestätigt damit die Kopie. Holzcontainer sind als Färbebottiche zwar akzeptabler als Leinen, aber eigentlich ebenfalls zum Färben ungeeignet.

wurden als Container/Umhüllung (*gurābu*) für die *takiltu*-Wolle verwendet, die sicher nicht im Färbebottich transportiert wurde.

naṣrapātu werden in zwei neubabylonischen Briefen erwähnt. In CT 22, 208 geht es um ein *naṣraptu* des *rab kāṣir*, eines hohen Palastbeamten, daneben werden rote (*tabarru*) und purpurfarbene (*takiltu*) Wolle der Göttin Annunītu genannt. In BIN 1, 9 erwähnt der Briefschreiber, der den Adressaten um Patronage für einen Dritten bittet, dass der Adressat *ina* É.GAL *ina* UGU *na-aṣ-ra-pa-a-ta šá* SÍK.SAG *ú-šu-zu-za-a-ta* „im Palast über die ‚*naṣrapātu* des Rotpurpurs' eingesetzt" ist. Im Kontext der Patronage ist vielleicht im übertragenen Sinne „im Palast als Verantwortlicher für (den Zugang zu) den Purpurträgern (d.h. zu den königlichen Beamten) eingesetzt" zu verstehen.[110] In dem Falle wäre *naṣraptu* (Stoff / Tuch) aus Purpur ein Statussymbol von königlichen Beamten.

Die Händler

Schauen wir uns kurz an, welche Unterschiede es in den Warenlieferungen der beiden Händler gibt. Deutlich ist, dass beide Lieferungen von flussaufwärts kamen: sie weisen in die westlichen und nördlichen Gebiete des Reiches, nicht in Richtung Persischen Golf. Šamaš-zēru-ibni hat ein kleineres Warenspektrum im Angebot, jedoch mit Zinn ein seltenes Metall. Ausschließlich bei Nādin-aḫi finden wir Eisen aus Libanon, Alaun aus Ägypten, Leinenzwirn sowie die Aromata, Honig und Wein. Das Warenspektrum beider lässt darauf schließen, dass sie in leicht unterschiedlichen Richtungen eingekauft haben, Šamaš-zēru-ibni an einem Knotenpunkt einer nordöstlichen Handelsroute, auf der Zinn aus Zentralasien transportiert wurde; Nādin-aḫi an einem Knotenpunkt weiter südwestlich (vielleicht die südliche Levante), wo Alaun aus Ägypten sowie Eisen und Aromata gehandelt wurden. Beide Händler haben Bronze und Eisen aus Jamānu (wohl das griechisch besiedelte Kleinasien), Lapislazuli, Kermes und Purpurwolle – das müssen Produkte sein, die auf allen nordwestlichen Handelswegen stark verbreitet waren. Da beide Männer aus Südbabylonien stammten und dorthin zurückkehrten, haben sie ihre Bootskarawane vielleicht irgendwo vereint, in Babylon oder noch weiter aufwärts des Euphrat.

Die Namen der beiden Händler weisen auf ihre Herkunft aus Uruk bzw. seinen Satellitenort Larsa. Nādin-aḫi/Innin-šumu-uṣur ist uns sonst aus dem Archiv nicht bekannt.

Die Beziehungen des Šamaš-zēru-ibni/Nanāja-iddin zum Eanna-Tempel sind hingegen mehrfach belegt. In YNER 1, 3 erscheint er mit seinem Familiennamen Hanap als Bürge. Andere Mitglieder der Familie Hanap sind in Uruk gut bezeugt.[111] Zwei weitere Texte, die Šamaš-zēru-ibni nennen, sind äußert interessant für unseren Kontext. Im 14. Regierungsjahr Nabonids kaufte Šamaš-zēru-ibni ein großes Haus

110 Vorschlag M. Jursa (mündliche Mitteilung).
111 Zum Beispiel in GC 1, 307; GC 2, 212 und 119; YOS 7, 117; AnOr 9, 15.
112 YOS 19, 1.

von insgesamt fast 500 m^2 Fläche im Eanna-Bezirk in Uruk, das aus einem Haupt- und einem Nebenhaus bestand.[112] Das Haupthaus grenzte in südlicher Richtung an eine breite Durchgangsstraße (*sūqu rapšu mūtaq nišē*), das Nebenhaus erstreckte sich nördlich davon und war über eine Sackgasse zugänglich. Diese Villa hatte ursprünglich einem Mušallim-Marduk/Nabû-ēṭir-napšāti aus der Familie Šigûʾa gehört. Er hatte sie dem Tempel am 2. III. 13 Nbn anstelle der Begleichung seiner Dattelschulden von 582 Kor verkauft. Der Kaufvertrag, YBC 9855, ist uns ebenfalls erhalten und stellt vielleicht eine Retroakte dar. Gegenüber Eanna bezahlte der Händler Šamaš-zēru-ibni nicht wie üblich mit Silber, sondern mit Fernhandelsgütern: vierzig Talenten Bronze, einem Talent Zinn und zehn Minen Purpurwolle.[113] Diese Produkte hatte er auch laut Gruppe 2 (YOS 6, 168 und Nr. 18) in seiner Warenpalette. Die Handelswege, auf denen er einkaufte, scheinen in diesen Jahren dieselben geblieben zu sein. Einige Jahre später war das Haus wieder Gegenstand eines Rechtsgeschäftes mit Tempelbeteiligung. In BIN 1, 118 (6 Kyr) vermietet Eanna das kleinere Nebenhaus, das zusammen mit den Haupthaus „als Besitz des Königs empfangen wurde", an einen Dritten. Eanna agierte hier im Auftrage der königlichen Administration. Entweder war Šamaš-zēru-ibni verstorben und sein Nachlass wurde an den König verkauft, oder aber, er hatte Schulden beim König und musste sein Haus anstelle dessen abgeben (oder beides). In jedem Fall wird hier eine enge Verbindung zwischen der königlichen Administration (über den Regimewechsel hinweg) und dem Händler deutlich. War Šamaš-zēru-ibni ein königlicher Händler (*tamkāru ša šarri*)?

19. PTS 3065

Vs 6 GÍN *bit-qa* KÙ.SIG$_{17}$ *na-al-tar*
ina 8 MA.NA 14 GÍN KÙ.BABBAR *šá ina* ŠU^{II}
^{m}*ni-din-tu*$_{4}$ *u* ^{md}EN-SUR *a-na* KUR *tam-tì a-na* KÙ.SIG$_{17}$
a-na ^{md}AG-*ú-še-zib šu-bu-lu šá* ^{m}*kal-ba-a u* ^{m}*lib-luṭ*
^{lú}*mu-saḫ-ḫi-re-e* TA KUR *tam-tì iš-šú-nu ina* É.AN.NA *maḫ-ru*
1 MA.NA 8 GÍN KÙ.BABBAR 1 *mu-sal-li*? °(Rasur)° ⌜x x⌝
1 *ka-a-su* KÙ.BABBAR *ina* 8 MA.NA 14 GÍN KÙ.BABBAR
šá ina ^{iti} (leer) *a-na* KÙ.SIG$_{17}$ *ina* ŠU^{II} ^{m}*ni-din-tu*$_{4}$
A ^{m}ŠEŠ^{meš}-*šú u* ^{md}EN-SUR *a-na* KUR *tam-tì*
°(Rasur)° *a-na*
uRd ^{md}AG-*ú-še-zib* ^{lú}GAL KÁ *a-na* KUR *tam-tì*
šu-bu-lu a-na É.AN.NA *it-te-eḫ-su*

113 Das ist der einzige Fall im Eanna-Archiv, wo Fernhandelsgüter als Zahlungsmittel verwendet werden (siehe hierzu auch Jursa 2010: 474 mit Fn. 2585). Die Ausnahme ist nur dadurch bedingt, dass der Käufer ein Fernhändler war. Der Tempel wollte diese Güter kaufen und mit der Übergabe des Hauses wurde quasi nur die beiden Zwischenschritte (Verkauf des Hauses gegen Silber – Einkauf der Güter gegen Silber) gespart. Das Dossier zum Hauskauf YOS 19, 1 hat auch Dandamaev 2006 besprochen.

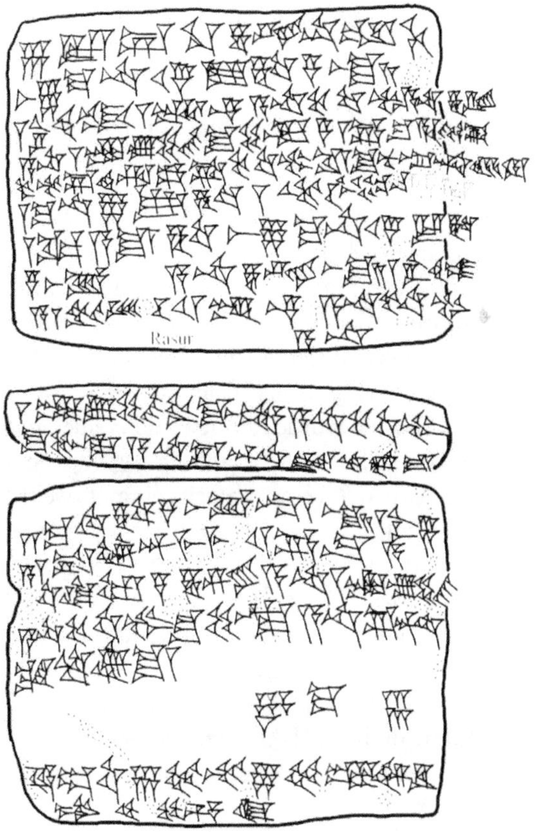

Rs 2 MA.NA KÙ.BABBAR *šá ina* ^{iti}APIN *ina* ŠU^{II} ^{m}DÙ-*iá*
A ^{m}*ta-qiš*-^{d}ME-ME *u* ^{m}*kal-ba-a*
[*a*]-*na* KI.LAM *šá* KÙ.SIG$_{17}$ *a-na* ^{md}AG-*ú-še-zib*
a-na KUR *tam-tì šu-bu-lu a-na* É.AN.NA
it-te-eḫ-su
(leer) 7 MA 6
^{iti}AB UD.6.KAM MU.8.KAM ^{d}AG-NÍ.TUK
LUGAL TIN.TIR^{ki}

Übersetzung

6 ⅛ Sekel *naltar*-Gold für acht Minen und 14 Sekel Silber, die (d.h. die Silbermenge) durch Nidintu und Bēl-ēṭir für Gold zum Meerland an Nabû-ušēzib geschickt wurden (und) welches (d.h. Gold) Kalbaja und Libluṭ, die Kuriere (*musaḫḫirū*), aus dem Meerland geholt haben, hat Eanna von ihnen (Kalbaja und Libluṭ) empfangen.
Eine Mine, acht Sekel Silber, eine *musalli*[*ḫtu*-Kanne$^{?}$] (und) ein silberner Becher für acht Minen (und) 14 Sekel Silber, die im Monat nn für Gold durch Nidintu/Aḫḫēšu und Bēl-ēṭir ins Meerland zu Nabû-ušēzib, den *rab bābi* ans Meerland geschickt wurden, sind an Eanna zurückgeflossen.

Zwei Minen Silber, die im Monat Arahšamnu durch Bānia/Taqīš-Gula und Kalbaja als Kaufpreis für Gold an Nabû-ušēzib ins Meerland geschickt wurden, sind an Eanna zurückgeflossen.
6. Ṭebētu des 8. Jahres Nabonids, des Königs von Babylon.

Kommentar

Der Text berichtet über verschiedene Einkäufe des Eanna-Tempels. Offenbar wollte Eanna eine größere Menge Gold kaufen und schickte dafür zweimal Boten mit Silber zu Nabû-ušēzib, dem *rab bābi*, ins Meerland. Geschickt wurden acht Minen und 14 Sekel Silber mit Nidintu und Bēl-ēṭir. Der *rab bābi* konnte Eanna aber nur 6 1/8 Sekel liefern, die er mit zwei Kurieren bzw. Frachtführern, Kalbaja und Libluṭ, an den Tempel nach Uruk schickte. Der Eingang dieser 6 1/8 Sekel *naltar*-Gold wird in Zeile 1 verbucht. Zusätzlich wurde mit dem Silber aber auch ein silberner Becher gekauft (falls dieser nicht Teil des zur Bezahlung geschickten Silbers war).
Im Monat Arahšamnu hatte der Tempel bereits einmal zwei Minen Silber mit Bānia und Kalbaja zu Nabû-ušēzib gesandt, aber da dieser bereits zu diesem Zeitpunkt kein Gold zur Verfügung hatte, schickte er das Silber wieder an Eanna zurück. Dieser Vorgang wurde in Zeilen 13 – 17 notiert.
In Eanna wurden in den Jahren 6–9 Nbn Restaurierungsarbeiten durchgeführt, die große Mengen Goldes erforderten. Der Wunsch, große Mengen zu kaufen, steht damit sicherlich im Zusammenhang. Allerdings kam über den Seehandel nicht genug Gold, um Eannas Bedarf in diesen Jahren zu decken.
Z. 6: Vielleicht ist hier *musalliḫtu* zu lesen, laut CAD M/2: 231 „a vessel used for sprinkling".

20. BM 114478

Vs KÙ.SIG$_{17}$ *er-bi*
58 MA.NA 1/3 ½ GÍN KÙ.SIG$_{17}$ *er-bi šá* LUGAL
4 5/6 MA.NA 4 GÍN *šal-šú* 1 GÍN *er-bi šá* ^{lú}UN^{me}
7 GÍN 3.IGI.GÁL.LA^{me} *maḫ-ru-ú*
1/3 ⌜MA.NA⌝ 2 GÍN TA *ḫi-bì-iš-ti*
5/6 MA.NA 2 GÍN *a-na* KÙ.BABBAR
14 GÍN 3.IGI.GÁL.LA^{me} *gír-u a-na* SÍK$^{ḫi.a}$
2 ½ GÍN TA *bi-ḫi-iš-ti šá* NA$_4$
Rd/Rs 1 MA.NA 1/3 2 GÍN *a-na* ^{na_4}GUG
⌜KÙ.SIG$_{17}$⌝ *šá* TA *muḫ-ḫi* ^{giš}DA *na-as-ḫu*

Übersetzung

Gold, Einkommen
58 ⅓ Minen und ½ Sekel Gold: Einkommen (Geschenk) des Königs.
4 ⅚ Minen 4 ⅓ Sekel, Einkommen (Geschenke) der Leute.
7 ¾ Sekel (von) früher

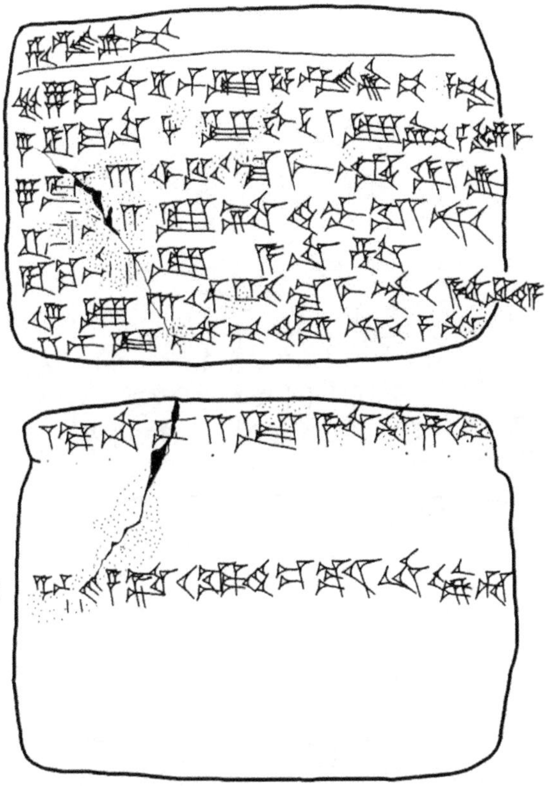

⅓ Mine, zwei Sekel aus Schnitzen
⅚ Mine, zwei Sekel für Silber (gekauft)
14 ¾ Sekel und 1/24 (Sekel) für Wolle
2 ½ Sekel aus Schnitzen von Stein
1 ⅓ Mine, zwei Sekel für Karneol
Gold, das aus dem Register (auf Wachstafeln) abgebucht wurde.

Kommentar

In dieser Liste geht es insgesamt um mehr als 66 Minen Gold – umgerechnet ca. 33 kg. Die größte Menge ist ein Geschenk des Königs, anschließend werden Weihgaben der Tempelbesucher aufgelistet. Die ‚Schnitze' (*ḫibištu*) sind vielleicht von Vergoldungen abgeschabte Materialreste. Ein Teil des Goldes wurde für Silber gekauft und 82 Sekel für Karneol eingetauscht. Das Gold war auf einem Register registriert, das auf wachsbeschichteten Holztafeln geführt wurde, um laufend Änderungen vornehmen zu können. Leider ist der Text undatiert, aber ich vermute, dass er zum Gold-Dossier aus der Mitte der Regierungszeit Nabonids gehört. In diesem Zeitraum wurden Restaurierungsmaßnahmen an der Innenausstattung des Eanna-Tempels durchgeführt, wofür sehr große Mengen Goldes benötigt wurden (siehe zu diesem Dossier Kleber 2008: 181–183).
Z. 8: Man beachte die Silbenverschreibung *bi-ḫi-iš-ti* für *ḫi-bi-iš-ti* (richtig in Zeile 5).

21. BM 113479

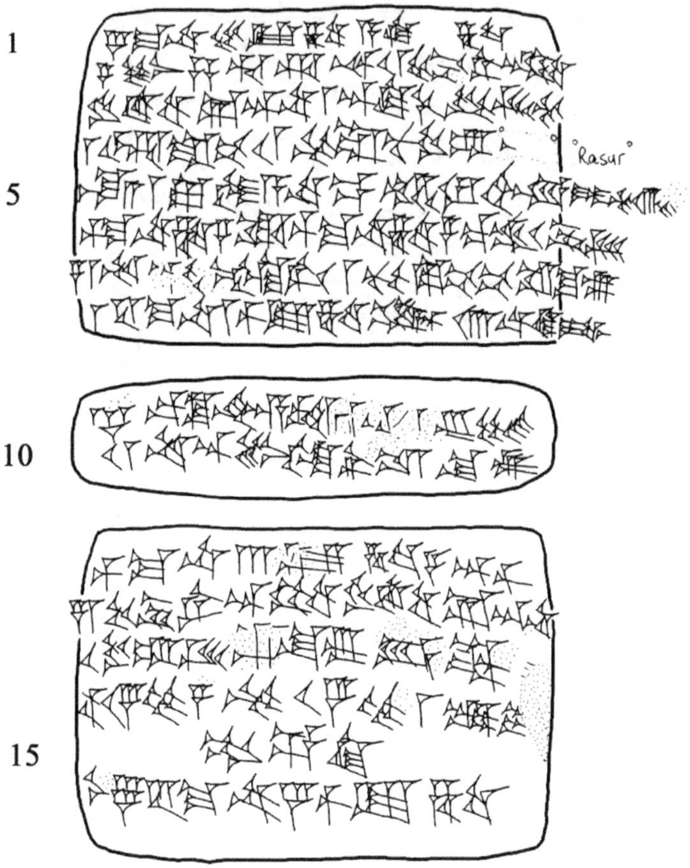

Vs 1 4 MA.NA 50 GÍN KÙ.BABBAR *a-di* KÙ.BABBAR
šá in-za-ḫu-re-ti ^{m}*kur-ban-ni-*^{d}AMAR.UTU
^{lú}ŠÀ.TAM É.AN.NA ^{md}DI.KUD-ŠEŠ^{meš}-MU
^{m}*ar-ra-bi u* ^{m}*mu-ra-nu* ^{lú}UMBISAG
5 *ina* ŠU^{II} ^{m}*lu-ṣu-a-na-*ZÁLAG *maḫ-ru-ʾu* ^{iti}GAN MU.13.KAM
½ MA.NA KÙ.BABBAR *šá* ŠIM ½ MA.NA KÙ.BABBAR *šá* ^{giš}GEŠTIN *u* BAN^{meš}
šá ^{m}ÌR-^{d}*in-nin-ni u* ^{m}*kul-lu-bi-bi iš-šu-ú*
1⅓ MA.NA 1½ GÍN KÙ.BABBAR ŠÁM 13 ^{gada}*ki-i-pi*
uRd 4 $^{\text{gada.túg}}$*šir-a-am šá* ^{md}[x]*-ú-še-zib*
10 *u* ^{m}ÌR-^{d}*in-nin-ni iš-šu-ú*

Rs ½ MA.NA 3 GÍN KÙ.BABBAR *šá* AN.BAR
šá ^{m}*kur-ban-ni*-^{d}AMAR.UTU ^{lú}ŠÀ.TAM É.AN.NA
u ^{lú}UMBISAG^{meš} ⌜*iš*⌝-*šu-ú* ^{iti}BÁRA
UD.14.KAM *šá* MU.14.KAM ^{md}AG-I
LUGAL E^{ki}
PAP 7⅔ MA.NA 4½ GÍN KÙ.BABBAR

Übersetzung

Vier Minen fünfzig Sekel Silber, inklusive dem Silber für Kermes (*inzaḫurētu*), das Kurbanni-Marduk, der *šatammu* von Eanna, Madānu-aḫḫē-iddin, Arrab und Mūrānu, der Schreiber, von Lūṣi-ana-nūri erhalten haben, Kislīmu des 13. Jahres. Eine halbe Mine Silber für Aromata, eine halbe Mine Silber für Wein und Bögen, die Arad-Innin und Kulbībi gebracht haben. 1⅓ Mine und 1½ Sekel Silber, der Kaufpreis für 13 Leinentücher (und) vier Leinengewänder, die [GN]-mušēzib und Arad-Innin hergebracht haben. Eine halbe Mine und drei Sekel Silber für Eisen, das Kurbanni-Marduk, der *šatammu* von Eanna und die Schreiber gebracht haben.
14. Nisānu des 14. Jahres Nabonids, des Königs von Babylon.
Ingesamt 7⅔ Minen und 4½ Sekel Silber.

Kommentar

Der Text listet Silber auf, das für Fernhandelsgüter aus der nördlichen Handelsroute ausgegeben wurde. Das Eisen und die Kermesläuse wurden durch den *šatammu* und den Eanna-Schreibern besorgt, die sich vermutlich in Babylon oder noch weiter entfernt von Uruk auf einem Bauprojekt aufgehalten haben. Der Lieferant des Kermes wird namentlich genannt: Lūṣi-ana-nūri. Dieser Mann hat offenbar über längere Zeit als Lieferant von Kermes an den Tempel agiert. Er ist der Absender des Briefes BIN 1, 4, einer Art Frachtbegleitbrief, adressiert an den *šatammu* Nabû-mukīn-apli und an den *bēl piqitti* Nabû-aḫu-iddin. Der Brief muss daher zwischen 6 Kyr und 4 Kam datieren. Lūṣi-ana-nūri schickte mit dem Brief ein Talent Kermes, fünf Talente und 17 Minen Zedernholz sowie eine Mine Purpurwolle im Wert von 15 Sekeln Silber.
Das Leinentuch *kīpu* konnte recht groß sein und eine Größe von sechs Metern Länge und zwei Metern Breite erreichen (CAD K: 401). Das *širʾam* war ein fertiges Gewand, entweder ein geschneidertes Übergewand oder aber ein Leinenpanzer (Linothorax).

22. NCBT 480

Vs 10 MA.NA ^{sík}*ḫa-sar-ti*
a-na ⅔ 5 GÍN a_4
⅓ 4 KÙ.BABBAR-*šú šá*
^{md}INNIN.NA-NUMUN-BA-*šá*
A ^{lú}GUB.<BA>$^?$ *ina* NÍG.GA
KÙ.BABBAR NU *e-ṭir*
Rs ^{iti}ŠU UD.29.KAM
MU.16.KAM

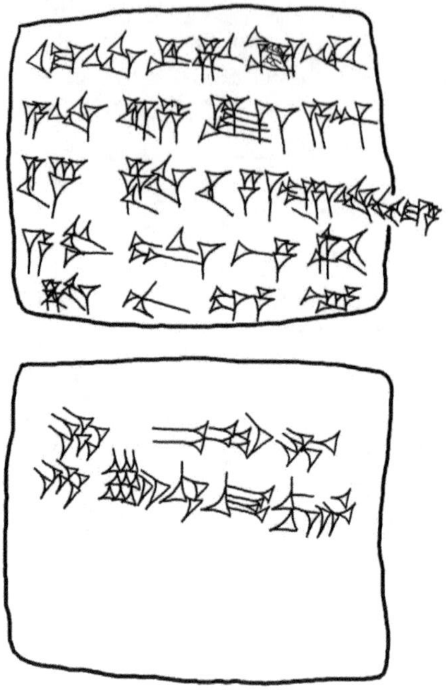

Übersetzung

Zehn Minen grüne Wolle für 45 Sekel (pro Sekel Silber$^?$). 1/3 (Mine) (und) vier (Sekel) vom Silber des Innin-zēru-iqīša//Maḫḫû$^?$ sind (noch) im Tempelbesitz – das Silber hat er (noch) nicht ausbezahlt erhalten.
29. Dûzu des 16. Jahres

Kommentar

Innin-zēru-iqīša verkaufte dem Tempel grün gefärbte Wolle. In Zeile 2 fehlt das Wort für „Silber", daher wird gefärbte Wolle gemeint sein. Das a_4 steht gewöhnlich hinter einem Einheitenpreis, der hier 45 Sekel Wolle pro Sekel Silber betrug. Das ist ein hoher Preis, der auf ein importiertes Färbemittel bzw. auf importierte gefärbte Wolle schließen lässt. Der Verkäufer hatte noch weiteres Silber beim Tempel gut.
Z. 1: Landsberger 1967 setzt *ḫasartu* statt *ḫaṣartu* an und lehnt eine Etymologie (vgl. das AHw sub *ḫaṣartu*) auf der Basis von arabisch *aḫḍar* ab. Er geht von einem pflanzlichen Farbstoff aus, der der damit gefärbten Wolle ihren Namen gab. Die meisten Wollfarben sind allerdings nicht nach ihrem Färbemittel benannt.
Z. 3: Hier fehlt GÍN ‚Sekel' nach der Zahl.
Z. 6f.: Die Rückseite ist in gleicher Ausrichtung wie die Vorderseite beschrieben, so dass man die Tafel wie eine Buchseite wenden muss.

23. NCBT 360

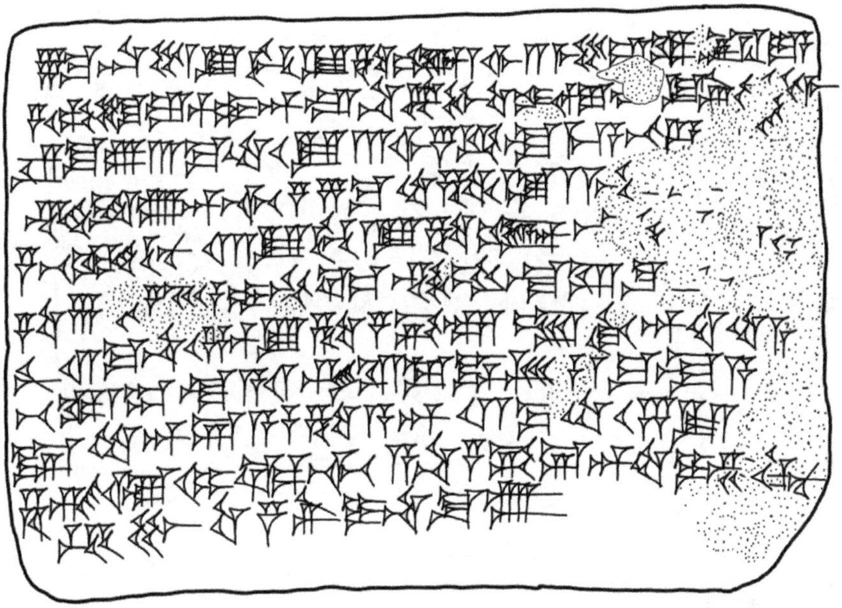

Vs 8 MA.NA 51 GÍN *šal-šú* GÍN KÙ.BABBAR ŠÁM 1250 GUR *ka-as-si-ia*
šá ul-tu ^{uru}*maš-kan*-DINGIR ^{uru}*na-aḫ-bu-ut-tu*$_4$ *ù* ⸢^{uru}⸣ DU$_6$-⸢*sa*$^?$/*ir*$^?$⸣-⸢x x⸣^{me}
iš-šu-ú 3 MA.NA 10 GÍN 3.IGI.4.GÁL.LA.ME *a-na* ⸢x⸣ [...]
re-ḫi-it ú-ìl-ti šá 5 MA.NA KÙ.BABBAR *ù* 1 ME [.....]
šá ina muḫ-ḫi-šú-nu 13 GÍN *šal-šú* 1 GÍN KÙ.BABBAR ŠÁM ⸢x⸣[...]
šá UD.6.⸢KAM⸣ *šá* ^{iti}GAN MU SAG.NAM.LUGAL.LA *iš-šu-*[*ú* ...]
PAP 12 MA.NA 15 ½ GÍN KÙ.BABBAR NÍG.GA ^{d}INNIN UNUG^{ki} *u* ^{d}*na-na-a*
ina UGU ^{m}*ap-la-a u* ^{m}*gi-mil-lu* DUMU^{meš} *šá* ^{m}*šu*$^!$*-la-a*
DUMU ^{m}ÌR-^{d}*é-a šá* KÙ.BABBAR *a*$_4$ 12 MA.NA 15 GÍN
KÙ.SIG$_{17}$ *ù mé-reš-ti a-na* NÍG.GA É.AN.NA *i-nam-di-nu*
1-*en pu-ut šá-ni-i na-šu-ú*

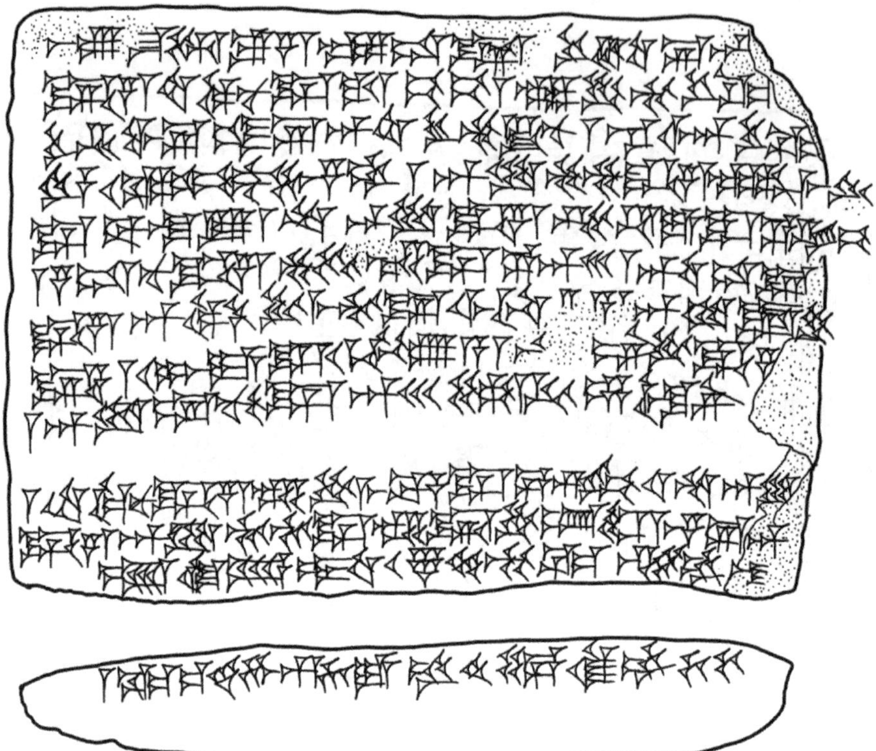

Rs *ina ú-šu-uz-zu šá* ^{md}AG-GIN-IBILA ^{lú}ŠÀ.TAM É.A[N.NA]
DUMU-*šú šá* ^{m}*na-di-nu* DUMU ^{m}*da-bi-bi* ^{md}AG-ŠEŠ-MU ^{lú}SA[G LUGAL]
^{lú}EN *pi-qit-tu*$_4$ É.AN.NA ^{lú}*mu-kin-nu* ^{m}*si-lim*-DINGIR ^{lú}SAG
^{lú}*šá* UGU *qu-up-pu šá* LUGAL ^{md}AMAR.UTU-MU-MU DUMU-*šú šá* ^{md}AG-PAP^{me}-⸢URÙ⸣
DUMU ^{m}*ba-la-ṭu* ^{m}ÌR-^{d}AMAR.UTU DUMU-*šú šá* ^{m}*ze-ri-ia* DUMU ^{m}*e-gi-bi*
^{m}*šá-du-nu* DUMU-*šú šá* ^{m}*mu-še-⸢zib⸣*-^{d}EN DUMU ^{m}KAL-^{d}30 ^{md}UTU-GIN-IBILA
DUMU-*šú šá* ^{md}DI.KUD-ŠEŠ^{me}-MU DUMU ^{m}*ši-gu-⸢ú⸣-a* ^{md}AMAR.UTU-IBILA-URÙ
DUMU-*šú šá* ^{m}DUGUD-*ia* DUMU ^{m}*ši-gu-ú-a* ^{md}[UTU]-*tab-ni*-URÙ DUMU-*šú šá*
^{md}AMAR.UTU-DUB-NUMUN DUMU ^{md}30-*li-iq-un-nin-ni*
^{m}*na-di-nu* DUMU-*šú šá* ^{md}EN-ŠEŠ^{me}-BA-*šá* DUMU ^{m}*e-gi-bi u* ^{m}ÌR-^{d}AMAR.U[TU]
DUMU-*šú šá* ^{md}AMAR.UTU-MU-MU DUMU ^{md}EN-IBILA-URÙ DUB.SAR^{me}
šá É.AN.[NA]
UNUG^{ki} ^{iti}GAN UD.17.KAM MU SAG.NAM.LUGAL.⸢LA⸣
^{m}*ka-am-bu-zi-ia* LUGAL TIN.TIR^{ki} LUGAL KUR.KUR

Übersetzung

Acht Minen, 51 ⅓ Sekel Silber, der Kaufpreis von 1250 Kor Cuscuta, die aus Maškan-Ili, Nahbutu und Til-⌜...⌝ gebracht wurde
drei Minen. 10 ¾ für [...], der Rest des Verpflichtungsscheins über fünf Minen Silber und 100 [....], die zu ihren Lasten (gingen)
13 ⅓ Sekel Silber, der Kaufpreis von [....] vom 6. Kislīmu des Akzessionsjahres hergeb[racht]: insgesamt zwölf Minen, 15 ½ Sekel Silber, Eigentum der Herrin von Uruk und Nanājas, gehen zu Lasten von Aplaja und Gimillu, die Söhne von Šulaja, Nachkomme des Arad-Ea. Entsprechend (dem Wert) des Silbers, zwölf Minen und 15 Sekel, werden sie Gold und Handelsgut an das Eigentum von Eanna geben. Einer bürgt für den anderen.
In Anwesenheit des Nabû-mukīn-apli, des *šatammu*s von Eanna, des Sohnes des Nādin, des Nachkommen des Dābibī (und des) Nabû-aḫu-iddin, des *ša rēš šarri bēl piqitti* von Eanna.
Zeugen: Silim-ili, *ša rēši ša muḫḫi quppi ša šarri*
Marduk-šumu-iddin/Nabû-aḫḫē-uṣur/Balāṭu
Arad-Marduk/Zēria/Egibi
Šadûnu/Mušēzib-Bēl/Aqar-Sîn
Šamaš-mukīn-apli/Madānu-aḫḫē-iddin/Šigûʾa
Marduk-aplu-uṣur/Kabtia/Šigûʾa
Šamaš-tabni-uṣur/[....]/Marduk-šāpik-zēri/Sîn-lēqi-unninni.
Nādin/Bēl-aḫḫē-iqīša/Egibi und Arad-Marduk/Marduk-šumu-iddin/Bēl-aplu-uṣur, die Eanna-Schreiber.
Uruk, den 17. Kislīmu des Akzessionsjahres des Kambyses, des Königs von Babylon, des Königs der Länder.

Kommentar

Die beiden Händler aus der Familie Arad-Ea hatten eine sehr große Menge Cuscuta sowie noch andere Waren vom Tempel empfangen, die aufgrund der Textzerstörungen nicht identifizierbar sind. All diese Waren haben einen Wert von zwölf Minen und 15 ½ Sekel Silber, wofür die beiden Händler Gold und Fernhandelsgut für den Tempel besorgen sollen. Es ist wahrscheinlich, dass der Tempel die Cuscuta den Händlern überließ, damit sie sie im Meerland verkauften.

24. BM 114546

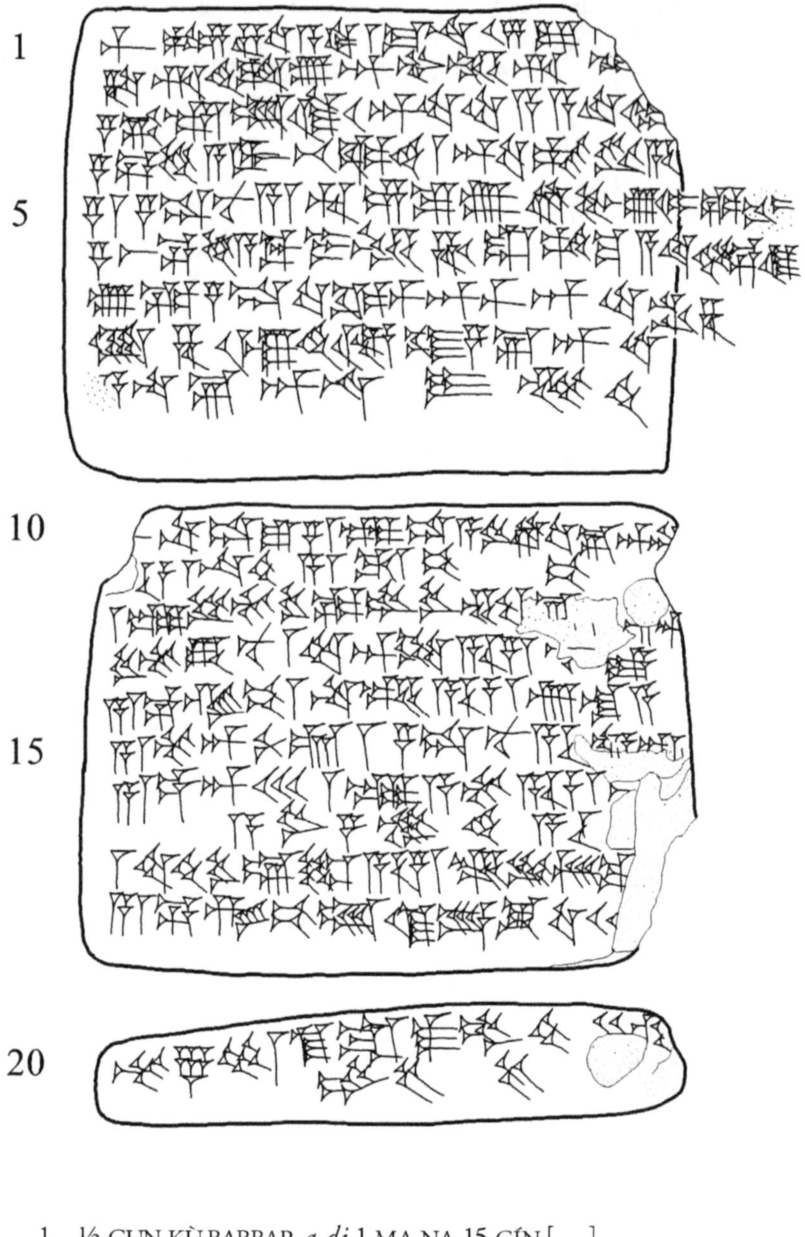

Vs ½ GUN KÙ.BABBAR *a-di* 1 MA.NA 15 GÍN [….]
KÙ.BABBAR *re-ḫi-it ú-ìl-tì maḫ-re-tu*$_4$
NÍG.GA ^{d}INNIN UNUG^{ki} *u* ^{d}*na-na-a a-na mé-*[*reš-ti*]
šá e-bir ÍD *ina muḫ-ḫi* ^{md}UTU-NUNUZ-URÙ A-*šú*
šá ^{m}*šá-du-nu* A ^{m}*ḫu-un-zu-ú lìb-bu-ú mé-reš-tu*$_4$
šá ina e-bir ÍD *i-maḫ-ḫa-ra-am-ma a-na* TIN.TIR^{ki}

ú-šak-šá-du ZABAR AN.BAR AN.NA GEŠTIN.KÙ
LÀL.KÙ *ù ḫi-šiḫ-tu*$_4$ *šá* É.AN.NA
a-na É.AN.NA *i-nam-din*
Rs [*i*]*-na* GUB-*zu šá* ^{md}AG-GIN-A ^{lú}ŠÀ.TAM É.AN.NA
[A]-*šú šá* ^{m}*na-din* A ^{m}*da-bi-bi*
^{md}AG-ŠEŠ-MU ^{lú}SAG LUGAL ^{lú}EN *pi*-⸢*qit*⸣-[*ti*] ⸢É⸣.AN.[NA]
^{lú}*mu-kin-nu* ^{m}ÌR-^{d}AMAR.UTU A-*šú šá* ^{m}⸢NUMUN⸣-*ia*
A ^{m}*e-gi-bi* ^{m}ÌR-^{d}EN A-*šú šá* ^{m}*ṣil-la-a*
A ^{m}MU-^{d}*pap-sukkal* ^{m}*šá-du-nu* A-*šú* [*šá* ^{m}]⸢KAR-^{d}EN⸣
A ^{m}ZÁLAG-^{d}30 ^{md}AG-A-MU A-*šú šá* ^{m}[^{d}EN-TIN-*iṭ*]
A ^{lú}*šá*-MUN$^{ḫi.a}$-*šú*
^{m}*na-din* ^{lú}DUB.SAR A-*šú šá* ^{md}EN-ŠEŠ^{meš}-BA-[*šá*]
A ^{m}*e-gi-bi* UNUG^{ki} ^{iti}KIN UD.10.K[AM]
Rd MU.7.KAM ^{m}*ku-ra-áš* LUGAL TIN.TI[R^{ki}]
LUGAL KUR.KUR

Übersetzung

Ein halbes Talent Silber, inklusive einer Mine und 15 [...] Sekel Silber, der Rest des früheren Verpflichtungsscheins, Eigentum der Herrin von Uruk und Nanājas für Handelsgut aus Transpotamien, gehen zu Lasten von Šamaš-pirʾu-uṣur/Šadûnu/Ḫunzû. Entsprechend dem Handelsgut, das er in Transpotamien erhalten und nach Babylon bringen wird, soll er Bronze, Eisen, Zinn, reinen Wein, reinen Honig sowie (weiteren) ‚Bedarf' des Eanna-Tempels an Eanna geben.
In Anwesenheit Nabû-mukīn-aplis, des *šatammu*s von Eanna, Sohn des Nādin/Dābibī (und) Nabû-aḫu-iddins, des königlichen Höflings und Beauftragten von Eanna (*ša rēš šarri bēl piqitti*).
Zeugen: Arad-Marduk/[Zēr]ia/Egibi
Arad-Bēl/Ṣillaja/Iddin-Papsukkal
Šadûnu/⸢Mušēzib-Bēl⸣/Nūr-Sîn
Nabû-aplu-iddin/[Bēl-uballiṭ]/Ša-Ṭābtišu
Schreiber: Nādin/Bēl-aḫḫē-iqīša/Egibi
Uruk, den 10. Ulūlu des 7. Jahres Kyrosʾ, des Königs von Baby[lon], des Königs der Länder.

Kommentar

Z. 7: Wörtlich: „die er Babylon erreichen lassen wird".

Dem Text lässt sich entnehmen, dass der Händler aus der urukäischen Familie Hunzû bereits früher einen Fernhandelsauftrag übernommen, aber einen Teil des Silbers noch nicht ausgegeben hatte. Der vorliegende Text wurde wahrscheinlich bei Erhalt eines Teils der Handelsware ausgestellt. Eine halbe Mine Silber stand dem Händler nun noch immer zur Verfügung, um bei seiner nächsten Expedition nach Syrien mehr Handelsgüter für den Tempel einzukaufen. Wir erfahren außerdem, dass die erste Station, wo verkauft wurde, Babylon war. Der Tempel bestellte Metalle, Wein und weitere unspezifische Fernhandelsware.

Nādin, der Schreiber des Textes, hat am 5.XI. im selben Jahr einen fast gleichlautenden Verpflichtungsschein ausgestellt, YOS 7, 63. Dort ging es um 15 Minen Silber zu Lasten von Iqīša und Balāṭu, Söhne von Lâbâši, die Waren aus Transpotamien nach Babylon bringen und davon Wein, Honig, Kupfer, Eisen, Zinn sowie Purpurwolle an Eanna verkaufen sollen. Eine bestimmte Handelssaison gab es also nicht.

25. YBC 9077

Vs 1 GUR ZÚ.LUM.MA NI.TUK^{ki}
1 (GUR) 2 (PI) 3 BÁN ^{giš}PÈŠ.ḪÁD.A
4 (GUN) 33 MA.NA *ki-sít-tu*$_4$ ^{giš}ER[IN]
3 *mi-iḫ-ṣi šá* LÀL
PAP *ul-tu* É.SAG.GÌL
Rd 2 GUR ^{giš}<PÈŠ>.ḪÁD.A
2 GUR GEŠTIN.ḪÁD.A
Rs *ul-tu* É.ZI.DA
2 GU[N *in*]*-za-ḫu-re-e-*⸢*tu*$_4$⸣
ul-t[*u* …]*-ku-za* 1 ⸢GADA$^{?}$⸣ [x]
a-na 1 ½ MA.⸢NA KÙ.BABBAR⸣
2 ^{giš}*šad-da-nu* ⸢x x IT⸣
šá ^{giš}DA^{me} [$^{?}$]
Rd 6 ^{urudu}*pu*$^{!?}$*-ra-nu*
šá ^{šám}⸢AN x⸣*-tu*$_4$
liRd 5 ^{giš}DA^{me}
ina ⸢x x x⸣*-di*
⸢x x⸣ ^{giš}MÁ

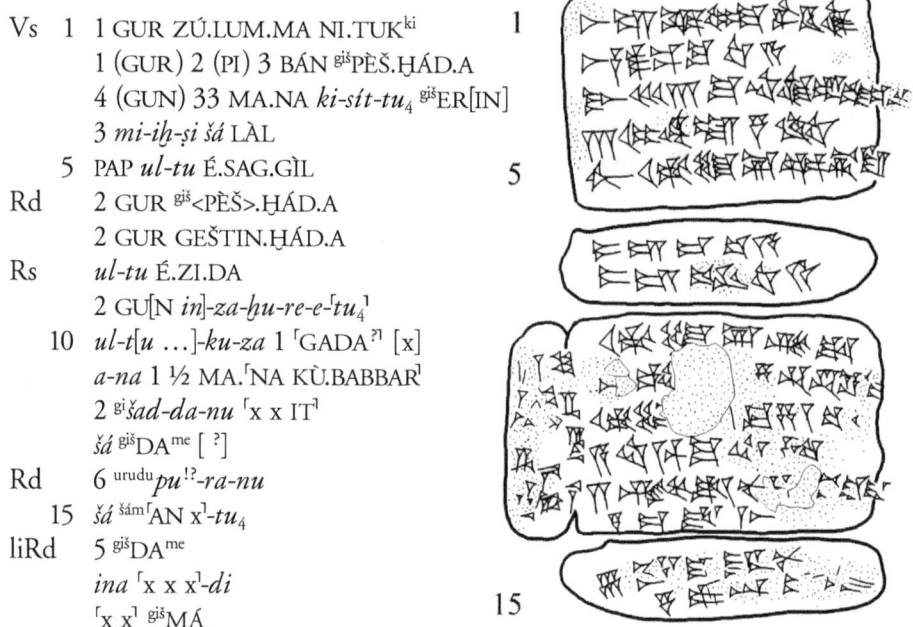

Übersetzung

Ein Kor Dilmun-Datteln, 1;2.3 getrocknete Aprikosen, vier Talente, 33 Minen Zedernholzschnitze, drei Honigwaben, alles aus Esaggila.
Zwei Kor getrocknete Aprikosen, zwei Kor Rosinen, aus Ezida.
Zwei Talente Kermes aus […]-kuza …. für 1 ½ Minen Silber.
Zwei Korbtruhen …. für hölzerne Schreibtafeln, sechs Bronzegefäße für [.….], fünf hölzerne Schreibtafeln in [.….] im Schiff.

Kommentar

Der Text verzeichnet den Eingang von Fernhandelswaren. Teils handelte es sich um Gaben aus den Tempeln Esaggila und Ezida.

3. Agrarische Produkte

3.1. Einleitung

Der Eanna-Tempel bewirtschaftete Ländereien vor allem in der Region des Königskanals (Nār-Šarri) nördlich von Uruk sowie westlich von Uruk im Gebiet des Euphrats (Sippar-Kanal) und des Takkīru-Kanals, der den Euphrat mit Uruk verband.[114] Insbesondere am Takkīru-Kanal lagen die Dattelgärten des Tempels. Die bewirtschaftete Fläche war im Vergleich zur potentiell zur Verfügung stehenden nicht sonderlich groß: Nach den Berechnungen von Janković (2010: 428) betrug sie etwa 10.444 ha Ackerland und 357–429 ha Gartenland. Die Katastertexte zeigen, dass es auch zahlreiche nicht kultivierte Flächen in der Umgebung Uruks gab. Der Tempel erhielt Landschenkungen von der königlichen Familie (von Nebukadnezar und seiner Tochter Kaššaja), kaufte einige Felder und vergab einige Ländereien als Neubruchland, aber er litt meistens unter einem Mangel an Arbeitskräften und Pflugochsen, so dass nicht das gesamte potentiell nutzbare Land bestellt werden konnte.[115] Neben dem Tempelland lagen private Flächen, sowohl Gärten als auch Gerstenfelder. Das Verhältnis zwischen privatem und Tempelland ist schwer zu bestimmen; man sollte aber nicht einfach davon ausgehen, dass der Tempel die Landwirtschaft in der Uruk-Region dominierte. Der Süden Babyloniens blieb bis in die achämenidische Zeit hinein eher traditionell: Ackerbau (Gerste) dominierte, Hortikultur befand sich vor allem in der unmittelbaren Umgebung Uruks (insbesondere die Pfründengärten, die Datteln, Obst und Gemüse für den Kult produzierten), sowie auf den Feldfluren des Takkīru. Die jährlichen Einnahmen des Eanna-Tempels betrugen maximal 20.000 *kurru* (ca. 36.000 Hektoliter) Gerste und 12.000 *kurru* (21.600 Hektoliter) Datteln.[116] Die Fläche des Ackerlandes würde einen Gersteertrag von in etwa 30.000 *kurru* zulassen, wenn stets genug Pflugteams zur Verfügung gestanden hätten. In der Realität lag der Ertrag wohl häufiger noch unter den 20.000 *kurru*, insbesondere wenn Trockenheit oder andere Faktoren, z.B. Heuschreckenplagen, die Ernte weiter dezimierten.

Eanna gab die eingenommene Gerste und die Datteln wieder aus in Form von

a) Rohprodukten für die Herstellung der Göttermahlzeit (*maššartu*)
b) als Einkommen der Pfründner (*pappasu*)

114 Coquerillat 1968; Janković 2010: 419; umfassend zu Eannas Landwirtschaft jetzt Janković 2013.
115 Janković 2010: 424f.
116 Janković 2010: 427f.

c) als Rationen der Tempelabhängigen, die als Handwerker oder Hilfsarbeiter am Tempels selbst tätig waren
d) als Rationen an Arbeiter, die auf königlichen Bauprojekten oder Instandhaltungsarbeiten an den Bauten und Kanälen in / in der Umgebung der Stadt tätig waren (*urāšu*) sowie
e) in Form von Bier und Brot als Direktversorgung von Arbeitern, die spezielle Tätigkeiten ausführten.

Die Höhe des Verbrauchs ist leider nicht zu bestimmen, aber es ist deutlich, dass keine großen Überschüsse erwirtschaftet wurden. „Alte Gerste" (d.h. Gerste vom Vorjahr, die zur Erntezeit noch in den Speichern lag), wird selten erwähnt.[117] So verwundert es nicht, dass der Tempel häufiger Grundnahrungsmittel (insbesondere Gerste, selten Datteln), aber auch andere pflanzliche Produkte über den Handel erwarb. Während Gerste wohl nur gekauft wurde, wenn die eigene Ernte nicht ausreichend war, scheint Sesam zur Ölherstellung regelmäßig zugekauft worden zu sein. Sesam ist eine Sommerfrucht, die Saat erfolgt unmittelbar nach der Ernte der Gerste und seine Ernte etwa im September, vor der Dattelernte. In der Landwirtschaft des Ebabbar von Sippar waren vor allem die Gärtner und Teilpächter (*errēšus*) für den Sesamanbau zuständig. In Eanna ist Sesam auch ein Teil der Abgaben der tempeleigenen Bauern (*ikkarus*).[118] Möglicherweise produzierten sie nicht genug, um den Bedarf des Tempels zu decken. Ein Text aus dem 4. Jahr Nebukadnezars (YOS 17, 314) listet Einnahmen von Sesam (wohl etwas über 100 *mašīḫu*) von den tempeleigenen Bauern auf, neben dem Kauf von 161 *mašīḫu* Sesam. Obwohl die Ziffer der Summe für den tempeleigenen Ertrag beschädigt ist, kann man aus dem Text erkennen, dass die Summe des zugekauften Sesams höher war. Wir wissen nicht, ob das die Regel war. Fakt ist, dass wir relativ viele Texte über den Ankauf von Sesam haben. In der Zeit Nabonids wurde Wolle oft gegen Sesam verkauft (die hier publizierten Exemplare finden sich im Kapitel „Wollverkäufe").

Typische Gartenbauprodukte, wie Zwiebeln, Knoblauch, Hülsenfrüchte oder Früchte kaufte der Tempel nicht. Diese Lebensmittel wurden nicht in großen Mengen benötigt, da sie kein Teil der Naturalrationen waren. Aus der Sicht des Tempels gehörten diese Produkte ausschließlich in den Ritualbereich und wurden durch die Pfründengärtner angebaut und geliefert.

Unter den nachfolgend publizierten Texten finden wir auch Ankäufe von Öl, Kresse, Cuscuta, Salz und Aromata. Kresse (*saḫlû*), wahrscheinlich Kressesamen, war kein Teil der normalen Ration der in Uruk ansässigen Tempelabhängigen, aber wurde an Arbeiter auf Bauprojekten und an Reisende ausgegeben.[119] Vielleicht aus prak-

117 Der Text NCBT 4866 (ediert in Kleber, in Druck) erwähnt einmal 1500 *kurru* vom Vorjahr, die noch im Speicher waren.

118 Janković 2013: 53.

119 Zur Reiseration (*ṣidītu*) und den ausgegebenen Mengen an Kresse, siehe Janković 2008.

tischen Gründen wird häufig an Reisende Silber anstelle der Kresse ausbezahlt. Das ist auch der Fall in den beiden hier publizierten Beispielen Nr. 40 (PTS 2739) und 41 (BM 114498).

Cuscuta (*kasû*) wurde zum Würzen von Dattelbier verwendet, wohl als bitterer Ausgleich zur Süße des Biers. Cuscuta ist eine parasitäre Pflanze, die in Südbabylonien wild wächst. Aufgrund der benötigten Mengen wurde sie aber auch angebaut.[120] Cuscuta musste außerdem vor der Zugabe zum Dattelbier verarbeitet werden.

Salz wurde im Tempel in großen Mengen gebraucht: es diente zur Konservierung von Fleisch, zum Gerben, Färben, zur Herstellung von Seife und vieles andere mehr. Salz konnte gesammelt werden, was Eanna durch Tempelabhängige erledigen ließ, aber Salz wurde ab und zu auch gekauft, bzw. wie in FLP 1551 gegen Wolle eingetauscht.

Die Aromata, die in Babylonien in Räucherwerk und Parfümölen und Salben verwendet wurden, waren nicht immer Produkte des Fernhandels, sondern stammten häufig aus lokalem Anbau. Im Hafenbezirk von Sippar gab es ein Geschäft, dessen Eigentümer mit dem Ebabbar-Tempel geschäftliche Beziehungen unterhielt.[121] Für Eanna gilt, dass der *šangû* des *bīt ḫilṣi*, des Teils des Tempels, in dem Öle und Salben hergestellt wurden, mehrfach Silber für Aromata erhielt, so auch in dem hier publizierten Text PTS 2112. Das wird bedeuten, dass der Priester die Waren in Uruk einkaufen konnte.

Die in diesem Kapitel edierten Texte gehören demnach zum Bereich des lokalen Handels, vielleicht auch des interregionalen, da Gerste unter Umständen auch in Nordbabylonien gekauft wurde.

120 Stol 1994 im Allgemeinen zur Bierherstellung in neubabylonischer Zeit, siehe dort S. 175–179 zu *kasû*. Beispiele für Cuscuta als Teil des Ernteertrages eines Feldes sind YOS 6, 145 und YOS 19, 207 (Pachtauflage für Felder am Königskanal).

121 Jursa 2009: 167f.

3.2. Editionen

26. PTS 2267

Vs 30 MA.NA KÙ.BABBAR *a-na* ŠE.BAR *ina* IGI
^{md}U.GUR-PAP A-*šú šá* ^{m}*a-qar-a*
^{md}AG-MU-MU A-*šú šá* ^{m}*re-mut*
^{m} (leer)
30 MA.NA *ina* IGI ^{md}*na-na-a*-MU
A-*šú šá* ^{m}MU-GIN ^{lú}GAL *šìr-ki*
^{md}EN-MU-GAR-*un* A-*šú šá* ^{m}MU-*a*
^{md}U.GUR-SUR A-*šú šá* ^{md}AG-SU
^{m}ŠEŠ-*lu-mur* A-*šú šá* ^{md}AG-ŠEŠ-KAM
ù ^{m}ŠEŠ^{meš}-*šá-a* A-*šú šá* ^{m}AD-NU.ZU
⌜1⌝ GUN 17⅚ MA.NA KÙ.BABBAR
1 MA.NA KÙ.SIG$_{17}$ *ina* IGI ^{m}*ṣil-la-a*
A-*šú šá* ^{m}*ku-na-*<*a*> ^{m}ÌR-^{d}AG
A-*šú šá* ^{md}*na-na-a*-KAM
u ^{md}EN-MU A-*šú šá* ^{m}*mu-na-bit-ti*

Rs ^{iti}SIG$_{4}$ UD.7.KAM
MU.17.KAM
^{d}AG-A-PAP LUGAL E^{ki}

Übersetzung

Dreißig Minen Silber stehen für Gerste zur Verfügung von Nergal-nāṣir/Aqara, Nabû-šumu-iddin/Rēmūt und NN. Dreißig Minen stehen zur Verfügung von Nanāja-iddin/Šumu-ukīn, dem Aufseher über die *širkus*, Bēl-šumu-iškun/Iddinaja, Nergal-ēṭir/Nabû-erība, Ahu-lūmur/Nabû-aḫu-ēreš und Aḫḫēšaja/Abu-ul-īde. Ein Talent, 17⅚ Minen Silber (und) eine Mine Gold stehen zur Verfügung von Ṣillaja/Kūnaja, Arad-Nabû/Nanāja-ēreš und Bēl-iddin/Munabbitu.
7. Simānu des 17. Jahres Nabopolassars, des Königs von Babylon.

Kommentar

Die genannten Silberbeträge sind erstaunlich hoch. Allein die letzten drei Personen verfügen über fast 39 kg Silber und eine Mine Gold, das meist einen Wert des Acht- bis Zwölffachen von Silber hatte. Der erste Eintrag besagt, dass dreißig Minen Silber (15 kg) zum Ankauf von Gerste bereitgestellt wurden. Es ist möglich, dass auch die anderen Silberausgaben diesem Zweck dienten. Prosopographisch ergibt sich für den ersten Posten ein Kontext im Opferwesen des Eanna-Tempels, denn Nergal-nāṣir/Aqara ist in UCP 9/2, 56 (nd) und in NCBT 1172 (23 Nbk) als Empfänger von Rohprodukten zur Herstellung von Opfermahlzeiten belegt. Mit dreißig Minen

Silber konnte man in der Zeit Nabopolassars zwischen 720 und 968 Kor Gerste kaufen.[122]
Die dreißig Minen, die der Aufseher der *širkus* erhielt, dienten wahrscheinlich dem Ankauf von Arbeitsmaterial und der Versorgung von Arbeitern auf einem Bauprojekt. Wenn man nur Gerste damit gekauft hätte, konnten damit nach dem dem geltenden Rationsstandard von 45 l Gerste/Monat[123] zwischen 2880 und 3872 Arbeiter einen Monat lang versorgt werden. Für diese Zeit ist die Mitarbeit des Eanna-Tempels an der Ziqqurrat Etemenanki in Babylon bezeugt. Denkbar sind aber auch andere Großprojekte, wie z.B. der Ausbau des Südpalastes in Babylon, der Nabopolassar als Residenz diente.
Das reichlich vorhandene Silber könnte aus den assyrischen Hauptstädten stammen. Diese Schätze bilden die Grundlage für die früh beginnende reiche Bautätigkeit der neubabylonischen Könige.

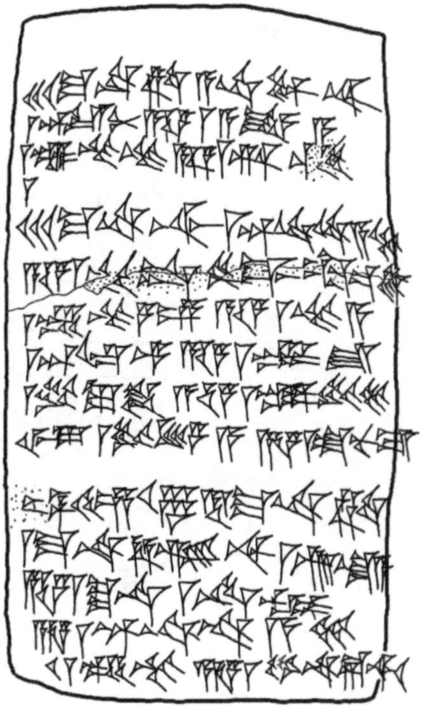

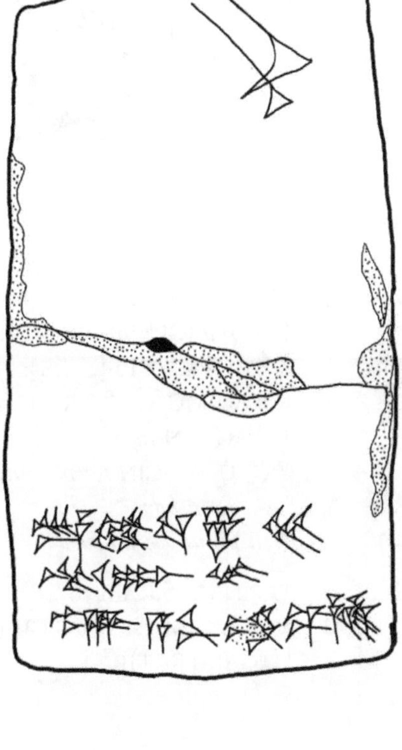

122 Aus der Zeit Nabopolassars sind aus Uruk zwei Gerstepreise bekannt, der eine datiert aus dem Jahre 20 Npl (?) (1,86 Sekel Silber pro Kor), der andere aus dem Jahre 7 Npl (2,5 Sekel pro Kor), s. Jursa 2010: 443f.

123 Jursa 2008: 404.

27. BM 114503

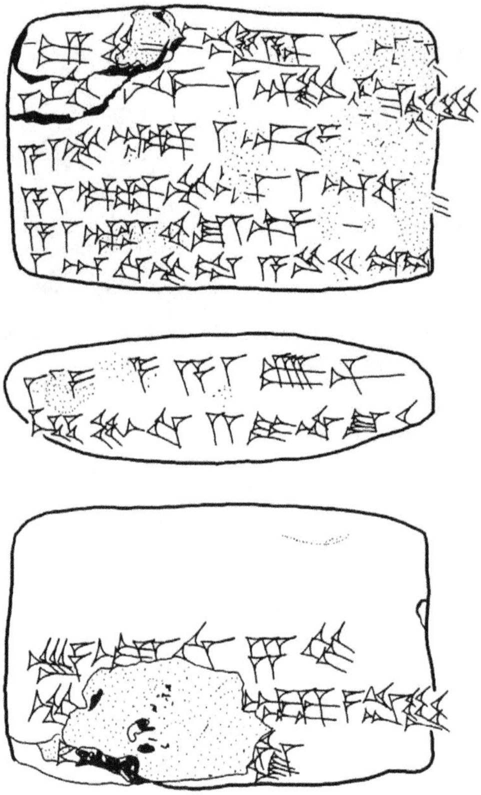

Vs 1 GUR ⌜ŠE.GIŠ.Ì⌝ ŠÁM 1 ÙZ$^{?}$
1 ⌜x⌝ *ina* IGI ^{md}*in-nin*-MU-URÙ
A ^{m}MU-^{d}AG ^{md}15-[…….]
A ^{md}AG-MU-⌜GIN⌝ ^{md}UTU-⌜x⌝
A ^{md}AG-TIN-*su*-E
^{md}UTU-MU-GIN A ^{lú}*man-du-du*
Rd ^{m}A-*a* A ^{m}*ú-bar*
1-*en pu-ut* 2-*i na-šu-u*

Rs ^{iti}APIN UD.5.KAM
MU.[x.KAM] ^{d}AG-NÍG.DU-URÙ
LU[GAL TIN.TIR]^{ki}

Übersetzung

Ein Kor Sesam, der Kaufpreis einer Ziege? (und) ⸢x⸣ sind zur Verfügung von Innin-šumu-uṣur/Iddin-Nabû, Ištar-[xx]/Nabû-šumu-ukīn, Šamaš-[xx]/Nabû-balāssu-iqbi/ Mandidu (und) Aplaja/Ubar. Einer bürgt für den anderen.
5. Arahšamnu des [xx].Jahres Nebukadnezars, des Königs von Babylon.

Kommentar

Was die Käufer im Austausch für den Sesam erhielten, ist nicht ganz sicher. Die Zeichenspuren am Ende von Zeile 1 passen zu ÙZ „Ziege“. Die Zeichenspuren am Beginn von Zeile 2 passen allerdings nicht ganz zu MÁŠ „Ziegenbock“ (und es steht kein GAL oder TUR dahinter).
Die Transaktion als solches – Ankauf von Sesam durch Eanna und Verkauf von Ziegen – würde gut zu dem passen, was wir sonst über den Handel mit dem Tempel wissen.

28. NCBT 939

Vs 5 ½ GÍN KÙ.BABBAR *a-na*
ŠE.GIŠ.Ì *šá* ^{lú}Ì.SUR GI.[NA]
ina IGI ^{m}*šá-*^{d}EN-⸢*ú-du*⸣
^{lú}*qal-la šá* ^{lú}ŠÀ.⸢TAM⸣

Rs

^{iti}DU$_{6}$ UD.3.KAM
MU.10.KAM

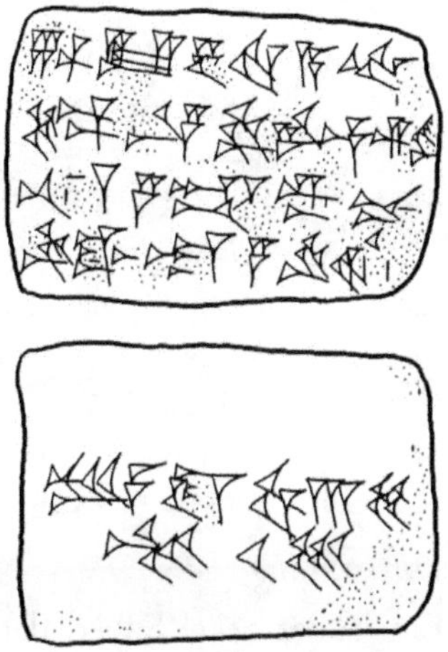

Übersetzung

5 ½ Sekel Silber für den Sesam der Ölpresser sind zur Verfügung von Ša-Bēl-⸢uddê⸣, dem Sklaven des *šatammu*.
3. Tašrītu des 10. Jahres

Kommentar

Der Text verbucht eine Ausgabe von Silber an den Sklaven des Tempelverwalters (*šatammu*), der dafür Sesam kaufen soll. Der Text ist wahrscheinlich in die Regierungszeit Nebukadnezars (weniger wahrscheinlich aber möglich ist auch Nabopolassar) einzuordnen, da im 10. Jahr Nabonids das Amt des *šatammu* von Eanna nicht besetzt war (Kleber 2008: 13).

29. NCBT 104

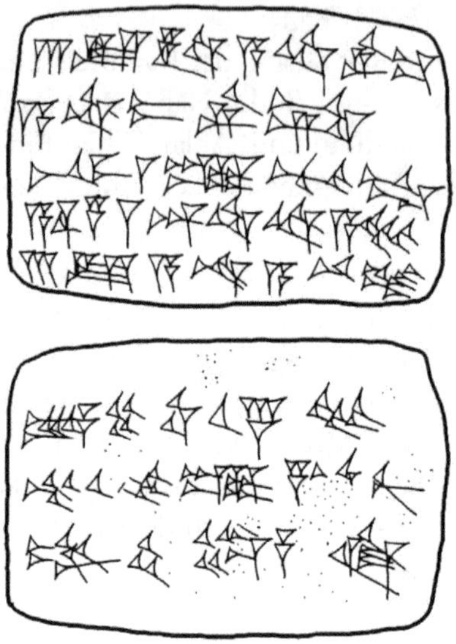

Vs 3 GÍN KÙ.BABBAR *a-na* Ì.GIŠ
a-na tab-ni-ta
ina IGI ^{md}AG-NUMUN-GIN
A-*šú šá* ^{md}*na-na-a*-KAM
3 GÍN *a-na a-bat-tu*$_4$
Rs ^{iti}ŠE UD.14.KAM
MU.10.KAM ^{d}AG-NÍG.⸢DU⸣-PAP
LUGAL TIN.TIR^{ki}

Übersetzung

Drei Sekel Silber für Öl für das *tabnītu*-Opfer stehen zur Verfügung von Nabû-zēru-ukīn/ Nanāja-ēreš, (sowie) drei Sekel für Reisig. 14. Addāru des 10. Jahres Nebukadnezars, des Königs von Babylon.

Kommentar

Der Text verzeichnet die Ausgabe von Silber zum Ankauf von Öl für ein Opfer und zum Ankauf von Brennmaterial (*abattu*).

30. PTS 2500

Vs ½ GÍN KÙ.BABBAR
ŠÁM *šá* 3 BÁN
ka-si-ia
uRd 12 GUR ŠU^{II} ^{m} ⸢x⸣
^{m}*gi-mil-lu*
Rs A ^{m}NUMUN-*ia* GIŠ
^{iti}GAN UD.13.KAM
MU.16.KAM
oRd ^{d}AG-NÍG.DU-URÙ
LUGAL TIN.TIR^{ki}

Übersetzung

Ein halber Sekel Silber, der Kaufpreis von drei *sūtu* Cuscuta. 12 Kor hat via ⸢x⸣ Gimillu/ Zēria erhalten. 13. Kislīmu des 16. Jahres Nebukadnezars, des Königs von Babylon.

Kommentar

Die erste Transaktion ist ein Kauf von *kasû* im Wert eines halben Sekels Silber. Die zweite Transaktion betrifft mit großer Wahrscheinlichkeit ebenfalls *kasû*, sonst hätte der Schreiber das Produkt genannt. Der Empfänger des Gewürzes ist Gimillu/Zēria, ein bekannter Pfründner am Tempel.

31. PTS 2999

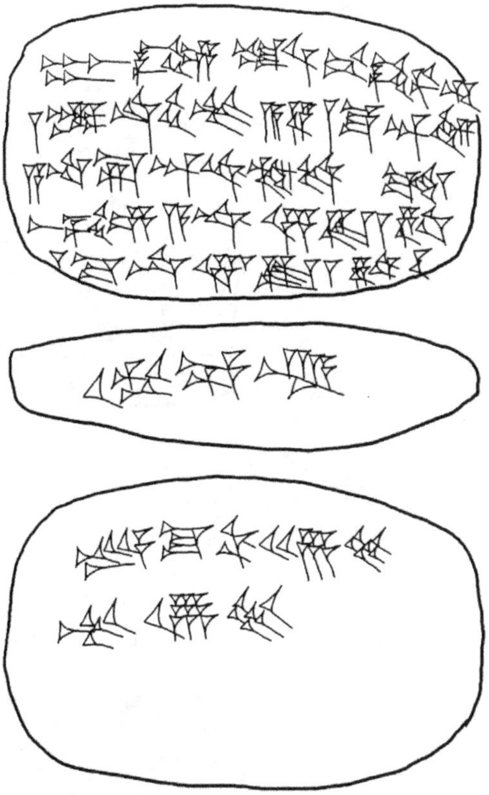

Vs 5 GUN ^{šim}*bi-dur-ḫu*
^{md}AG-*na-din*-MU A-*šú šá*
^{m}ZÁLAG$^{!}$-^{d}IŠKUR
a-na É.AN.NA ⌜*iḫ*⌝-*te-iṭ*
1 GUN *a-na* 15 GÍN KÙ.BABBAR
1 MA.NA 15 GÍN KÙ.BABBAR-*šú*
Rd *ul e-ṭir*
Rs ^{iti}ŠU UD.26.KAM
MU.19.KAM

Übersetzung

Fünf Talente Bdellium hat Nabû-nādin-šumi/Nūr-Adad für Eanna abgewogen. Ein Talent (kostet) 15 Sekel Silber. Eine Mine, 15 Sekel, sein Silber, sind (noch) nicht bezahlt.
26. Dûzu des 19. Jahres

Kommentar

Die Menge Bdellium (150 kg) ist groß für aromatisches Harz und der Preis dafür relativ niedrig. Sollte doch aromatisches Holz gemeint sein? Der Text notiert, dass der Tempel den Gesamtpreis der Lieferung noch nicht bezahlt hat.

32. PTS 2085

Vs 1 [x]+⌈120⌉ [............................ NÍG].⌈GA⌉ ᵈINNIN UNUGᵏⁱ
u ᵈn[a-na-a ina mu]ḫ-ḫi ᵐNUMUN-tú
A-šú šá ᵐ[...............ᵐku]-⌈ri?⌉-i
⌈ŠÁM⌉ [...............................] ina ŠUᴵᴵ
5 ᵐbu-⌈x⌉[.....] ⌈lú⌉[qa]l-la šá ᵐᵈAG-ŠEŠ-MU
šá a-na ⌈NÍG.GA xx⌉ ᵐᵈAMAR.UTU-DUB-NUMUN
ˡúŠÀ.TAM [É.AN.NA]
ina ⁱᵗⁱ⌈SIG₄?⌉ ina ⌈ma⌉-ši-ḫi šá É.AN.[NA]
ŠE.BAR ga-[mir-tu .... i-nam]-di-i[n?]
Rs 10 ˡúmu-kin-nu ᵐᵈAG-kib-su-LUGAL-URÙ ˡúqí-pi šá É.[BABBAR.RA]
ᵐNUMUN-ia A-šú šá ᵐbul-luṭ A ᵐ⌈ba-la-ṭu⌉ [.............]
ᵐᵈAG-TIN-su-iq-bi A-šú šá ᵐᵈAG-SUR A ˡú⌈SANGA⌉.BÁRA
ᵐmu-še-zib-ᵈAMAR.UTU A-⌈šú šá⌉ [ᵐᵈGN-mu-š]e-tíq-ud-da A ᵐᵈ[........]
ᵐᵈAMAR.UTU-MU-GIŠ [A-šú šá] ᵐre-mut A ᵐᵈEN-[u-s]at
15 ᵐ⌈x⌉-ᵈ⌈AG?/INNIN?⌉ A-[šú šá ᵐxx] ⌈A⌉ ᵐe-gi-bi
[u] ˡúUMBISAG ᵐᵈUTU-S[IG₁₅ A-šú šá] ᵐBA-šá-a A ˡúSIPA
UNUGᵏⁱ ⁱᵗⁱZÍZ UD.⌈4?⌉.KAM MU.20.KAM
ᵈAG-NÍG.DU-URÙ LUGAL TIN.TIRᵏⁱ

Übersetzung

[x]+120 [*kurru* Gerste,? Eig]entum der Herrin von Uruk und [Nanājas], gehen zu Lasten von Zērūtu/[PN]/[Kur]ī?. Es ist der Kaufpreis [für ...]. Durch die Hände von Bu[...], der Sklave von Nabû-šarru-uṣur, der (sie) an den Speicher ⌜.....⌝ Marduk-šāpik-zēri, der *šatammu* von Eanna [....]. Im Monat Simānu? wird er die Gerste voll[ständig] im *mašīḫu*-Maß von Eanna ⌜geben⌝.

Zeugen: Nabû-kibsī-šarri-uṣur, der *qīpu* von E[babbar]
Zēria/Bulluṭ/Balāṭu
Nabû-balāssu-iqbi/Nabû-ēṭir/Šangû-parakki
Mušēzib-Marduk/[GN-mu]šētiq-uddê/[....]
Marduk-šumu-līšir/Rēmūt/Bēl-usāt
⌜.....⌝/[.....]/Egibi

und der Schreiber: Šamaš-udammiq/Iqīšaja/Rē'u.

Uruk, den 4. Šabāṭu des 20. Jahres Nebukadnezars, des Königs von Babylon.

Kommentar

Durch den schlechten Erhaltungszustand der Tafel ist die Textrekonstruktion schwierig.

Rs. Z. 10: Nabû-kibsī-šarri-uṣur, der *qīpu* des Ebabbar von Larsa, wird z.B. in AnOr 8, 10 genannt.

33. PTS 2439

Vs 1 2 GÍN KÙ.BABBAR °Rasur (-*iá*)°
a-na 16 GUN MUN$^{\text{ḫi.a}}$
SUM-*in*
Rs ^{iti}GAN UD.13.KAM
5 MU.20.KAM
^{d}PA-NÍG.DU-URÙ LU[GAL TIN.TIR]$^{\text{⌜ki⌝}}$

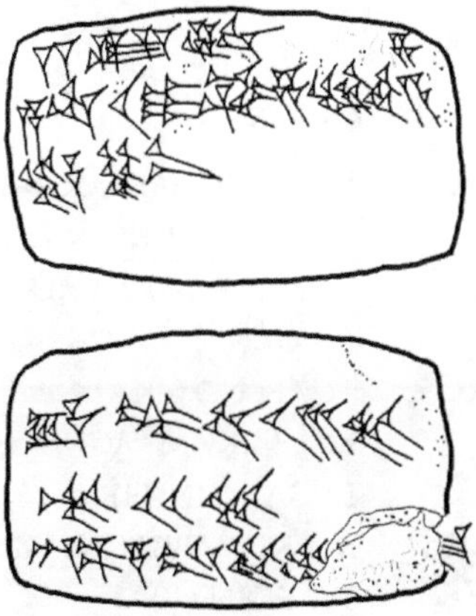

Übersetzung

Zwei Sekel Silber sind für 16 Talente Salz gegeben.
13. Kislīmu des 20. Jahres Nebukadnezars, des Kön[igs von Babylon.]

Kommentar

Man bekam demnach acht Talente (ca. 240 kg) Salz für einen Sekel Silber.

34. NCBT 257

Vs 2 GÍN KÙ.BABBAR *a-na*
ZÚ.LUM.MA *a-na*
^{md}AMAR.UTU-NUMUN-DÙ
A ^{md}AG-MU
SUM-*in*
Rs ^{iti}ŠE UD.30.KAM
MU.21.KAM ^{d}AG-NÍG.DU-URÙ
⸢LUGAL TIN.TIR^{ki}⸣

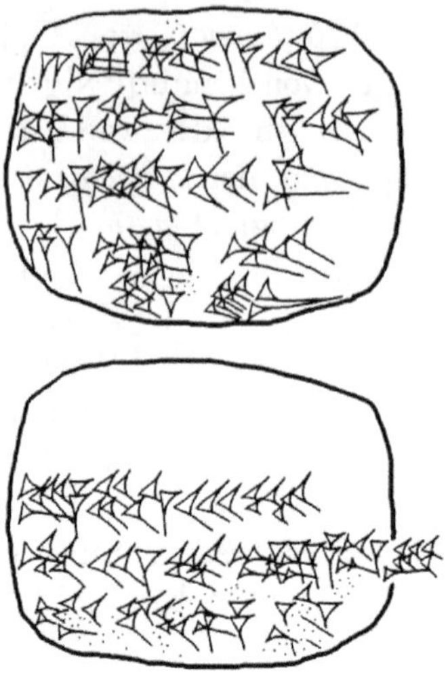

Übersetzung

Zwei Sekel Silber für Datteln sind an Marduk-zēru-ibni/Nabû-iddin gegeben.
30. Addāru des 21. Jahres Nebukadnezars, des Königs von Babylon.

Kommentar

Die Menge der anzukaufenden Datteln ist gering, daher wird es sich nicht um einen Zukauf von Datteln für den Tempelspeicher handeln, sondern vielleicht um die Abgeltung eines Verpflegungsanspruchs, den Marduk-zēru-ibni gegenüber dem Tempel geltend machen konnte. Marduk-zēru-ibni ist dann selbst verantwortlich, die Datteln auf dem Markt zu kaufen.

35. NCBT 253

Vs 5 GÍN KÙ.BABBAR *a-na* Ì.GIŠ
ina ŠU^{II} ^{m}NUMUN-*ia* A ^{m}*nad-na-a*
u ^{m}NUMUN-*tú* A ^{m}UTU-SU
šu-bul
Rs ^{iti}GAN UD.6.KAM
MU.23.KAM ^{d}AG-NÍG.DU-URÙ
LUGAL TIN.TIR^{ki}
oRd *ina* KÙ.BABBAR *šá* ^{m}ÌR-^{d}*in-nin*
Vs TA EDIN GIŠ-*a*

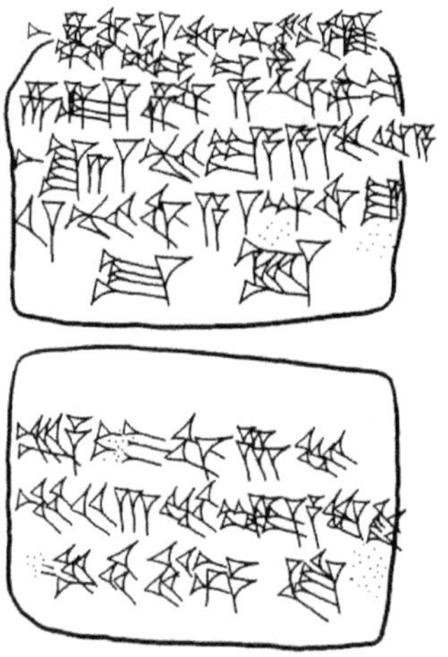

Übersetzung

Fünf Sekel Silber für Öl wurden durch Zēria/Nadnaja und Zērūtu/Šamaš-erība überbracht.
6. Kislīmu des 23. Jahres Nebukadnezars, des Königs von Babylon.
(Zusatz): Vom Silber, das Arad-Innin aus der Steppe hergebracht hat.

Kommentar

Der Text verzeichnet den Eingang von Silber, das zum Ankauf von Öl verwendet werden soll. Das Silber stammt offenbar aus dem Rückfluss von Silber, das ursprünglich für Arbeiten auf dem freien Land („Steppe") bestimmt gewesen war und dort nicht vollständig aufgebraucht wurde.

36. PTS 2905

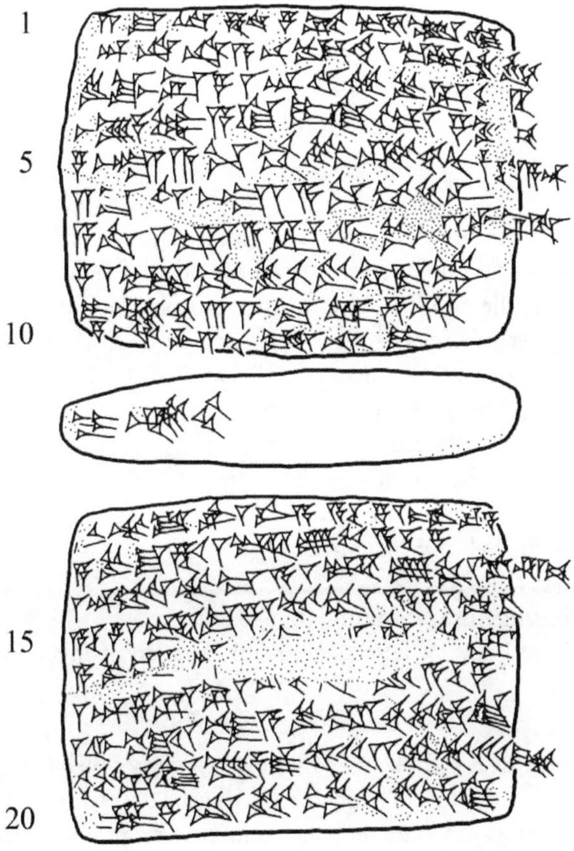

Vs 2 MA.NA KÙ.BABBAR NÍG.GA ^{d}INNIN UNUG^{ki}
[*u*] ^{d}*na-na-a ina muḫ-ḫi* ^{md}AG-LUGAL-URÙ
^{lú}GAL É *šá* ^{md}UTU-KAM ^{lú}*taš-*⸢*li*⸣*-šú*
ina ^{iti}SIG$_4$ *a-ki-i* KI.LAM *šá* ⸢^{iti}GU$_4$⸣
šá ina ^{uru}*a-qa-bi in-nam-din-nu* ⸢KÙ.BABBAR⸣ *a*$_4$
2 ⸢MA.NA⸣ *ina* ^{uru}*a-qa-bi* ŠE.BAR
a-na ^{md}INNIN-*a-lik*-IGI ^{lú}⸢EN *pi*⸣*-qit-tú*
šá ^{md}AG-LUGAL-URÙ ^{lú}SAG.LUGAL
i-nam-din 3 ME *ma-ak-ṣa-ri*
šá ti-ib-nu it-ti-i
Rd *i-nam-din*
Rs ^{lú}*mu-kin-ni* ^{m}DÙ-*a* A-*šú šá* ^{m}*tab-né-e-a*
A ^{lú}ŠU.ḪA ^{md}EN-*ú-sat* A-*šú šá*
^{md}AMAR.UTU-MU-GIŠ A ^{md}EN-*ú-ṣur*$^{!}$ ^{m}*ta-ri-bi*
A-*šú šá* ^{md}EN-BA-*šá* ^{m}NUMUN-GIN A-*šú šá* ^{md}E⸢N⸣-DÙ
A ^{lú}SANGA-⸢^{d}⸣[..................................] ⸢x ^{lú}⸣SIPA
^{md}*za-ba*$_4$*-ba*$_4$-⸢ŠEŠ^{meš}⸣-⸢URÙ⸣$^{?}$ A-*šú šá*
^{m}*ši-rik-tu*$_4$ A ^{lú}SANGA-TIN.TIR^{ki}
TIN.TIR^{ki} ^{iti}ZÍZ UD.22.KAM MU.34.KAM
^{d}AG-NÍG.DU-URÙ LUGAL TIN.TIR^{ki}

Übersetzung

Zwei Minen Silber, Eigentum der Ištar von Uruk [und] Nanājas, gehen zu Lasten Nabû-šarru-uṣurs, des Majordomos von Šamaš-ēreš, dem Wachmann (*tašlīšu*). Im Monat Simānu wird er dieses Silber, zwei Minen, entsprechend des Marktwerts des Monats Ajjāru, (wie) er in der Stadt ʿAqab gegeben wird, in ʿAqab (in Form von) Gerste an Ištar-ālik-pāni, dem Beauftragten (*bēl piqitti*) des Nabû-šarru-uṣur, des Höflings (*ša rēš šarri*) geben. 300 Bündel Stroh soll er dazu geben.

Zeugen: Ibnaja/Tabnēa/Bāʾiru
Bēl-usāt/Marduk-šumu-līšir/Bēl-uṣur
Tarību/Bēl-iqīša
Zēru-ukīn/Bēl-ibni/Šangû-[GN]
[PN]/[PN]/Rēʾu
Zababa-aḫḫē-uṣur$^{?}$/Širiktu/Šangû-Bābili

Babylon, den 22. Šabāṭu des 34. Jahres Nebukadnezars, des Königs von Babylon.

Kommentar

Der Eanna-Tempel kaufte am Ende des 34. Regierungsjahres Nebukadnezars Gerste „auf dem Halm", d.h. noch vor der neuen Ernte, die erst drei Monate später auf den Markt kam. Der Getreidekurs sollte derjenige sein, der in der Stadt ʿAqab im Ajjāru, also direkt nach der Ernte, galt. Die Gerste sollte an Ištar-ālik-pāni, den späteren „Aufseher über die Oblaten" (*rab širkī*), der für die Arbeiter auf Bauprojekten

zuständig war, geliefert werden. Das Stroh wird ebenfalls beim Bau, vielleicht zum Streichen von Ziegeln, Verwendung gefunden haben.
Die Ortschaft ʿAqab ist sonst nicht bekannt. Das RGCT 8, 25 verzeichnet nur einen Ort Aqbānu, der in Südbabylonien lag. Um 572–570 v. Chr. ist die Teilnahme des Eanna-Tempels an Bauarbeiten in Borsippa und Babylon bezeugt (Kleber 2008: 195).
Z. 3: Das *li* von *taš-⸢li⸣-šú* ist nicht sicher, aber es ist die einzige mögliche Ergänzung für die Berufs- oder Amtsbezeichnung. Ein *tašlīšu* „third man (of a chariot crew), attendant" (CAD T: 291) konnte durchaus einen hohen Rang einnehmen, vgl. dazu die Ausführungen von Sandowicz und Tarasewic 2014: 79. Die Tatsache, dass Šamaš-ēreš einen major domus beschäftigte, legt nahe, dass er reich war und vielleicht als *tašlīšu* eines sehr ranghohen Offiziers oder Beamten diente.

37. PTS 2736

1

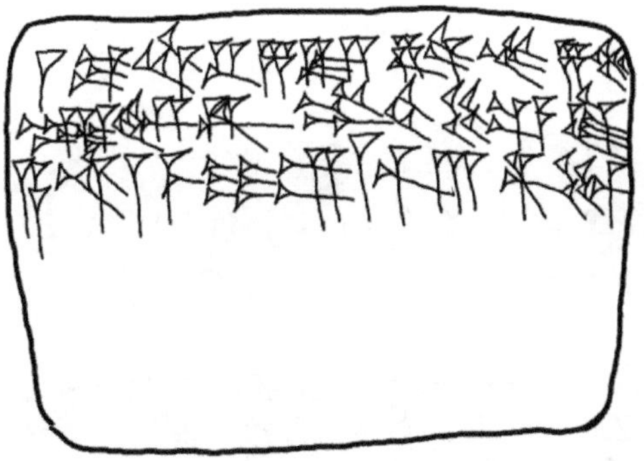

Vs 1 1 MA.NA ⅓ 5 GÍN KÙ.BABBAR MU.5.KAM
^{d}AG-NÍ.TUK LUGAL TIN.TIR^{ki}
a-na 1 ME 6 GUR 1 (PI) 1 BÁN 3 SÌLA ŠE.BAR
Rs unbeschrieben

Übersetzung

1 ⅓ Mine und fünf Sekel Silber, 5. Jahr Nabonids, des Königs von Babylon, für 106;1.1.3 (19.125 Liter) Gerste.

Kommentar

Die kurze Notiz verzeichnet eine Menge Silbers, die zum Ankauf von Gerste verwendet wurde. Der Preis betrug 225 Liter Gerste pro Sekel Silber, bzw. 0,8 Sekel pro *kurru*.

38. PTS 2100

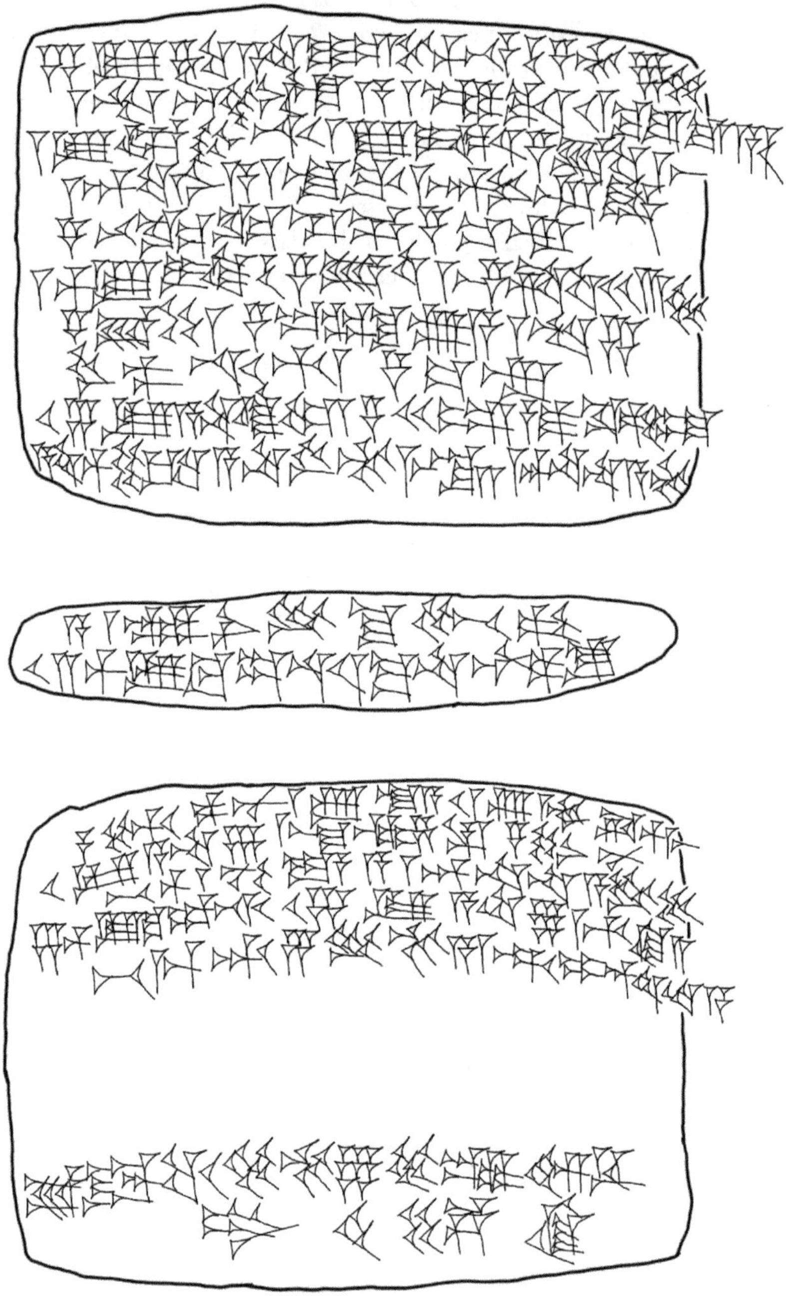

Vs 5 GÍN KÙ.BABBAR *a-na* 6 GUR ŠE.BAR *ina* ŠUK-*šú šá* MU.8.KAM
^{m}ÌR-^{d}*in-nin* A ^{md}AG-DA *u* ^{m}*ba-zu-zu* A-*šú*
1 GÍN *šul-lul-ti* 1 GÍN *i-di-šú šá* ITI UD^{me}
^{md}UTU-DÙ A ^{m}*la-ba-ši*-DINGIR ^{lú}*má-laḫ*$_{4}$
šá ina UGU *ka-se-e šá* ^{giš}MÁ
1½ GÍN *i-di-šu šá* ITI UD^{me} *šá* TA UD.23.KAM
šá ^{iti}ŠE ^{m}*šá*-^{d}AG-*šu-ú* A ^{m}ÌR-*iá*
^{lú}*pa-ti-ḫu šá* ^{giš}MÁ
15 GÍN *a-na* KI.LAM *šá* 22 GUR 2 (PI) 3 BÁN ZÚ.LUM.MA
a-na maš-šar-tú a-na ^{lú}MUḪALDIM^{me} *ina* ŠU^{II} ^{md}*na-na-a*-MU
Rd A ^{md}AG-DÙ-ŠEŠ *šu-bu-ul*
12½ GÍN *ba-ab-ti* 1 MA.NA *ina pap-pa-su*
Rs *šá ṣir-pa-nu* ^{m}*ṣil-la-a u* ^{m}ABGAL ^{lú}UŠ.BAR^{me}
10 GÍN *a-na* 6 ME *ma-ak-ṣa-ru šá* IN.NU
ina IGI ^{m}NUMUN-*ia* A ^{md}*na-na-a*-ŠEŠ-MU
5½ GÍN *ba-ab-ti* 15 GÍN *a-na* 8 ME 70 KI.MIN
ina IGI ^{md}15-ŠEŠ-MU A ^{m}*ina*-GISSU-^{d}*na-na-a*
^{iti}BÁRA UD.10.KAM MU.8.KAM ^{d}AG-NÍ.TÚK
LUGAL TIN.TIR^{ki}

Übersetzung

Fünf Sekel Silber für sechs Kor Gerste von seiner Ration des 8. Jahres (an) Arad-Innin/Nabû-le'i und Bazūzu, seinen Sohn. 1⅓ Sekel, seinen Lohn für einen ganzen Monat (an) Šamaš-ibni/Lâbâši-ili, den Bootsmann, für das ‚Binden' des Bootes. 1½ Sekel, seinen Lohn für einen ganzen Monat ab dem 23. Addāru (an) Ša-Nabû-šū/Ardia, den ‚Öffner' des Bootes.
15 Sekel zum Kauf von 22;2.3 Datteln als Opfermaterial (*maššartu*) an die Bäcker durch Nanāja-iddin/Nabû-bān-aḫi geschickt.
12½ Sekel, der Rest von einer Mine vom Pfründeneinkommen (*pappasu*) der Färber (*ṣirpānu*) (an) Ṣillaja und Apkallu, die Weber.
Zehn Sekel für 600 Strohbündel zur Verfügung von Zēria/Nanāja-aḫu-iddin. 5½ Sekel, der Rest von 15 Sekeln für 870 ditto (Strohbündel), zur Verfügung von Ištar-aḫu-iddin/Ina-ṣilli-Nanāja.
10. Nisānu des 8. Jahres Nabonids, des Königs von Babylon.

Kommentar

Der Text listet verschiedene Silberausgaben auf, nicht nur für Ankäufe, sondern auch zur Ausgabe anstelle von Naturalrationen und für Mieten und Löhne im Zusammenhang mit dem Bau oder der Reparatur von Booten. Daneben wurde Silber ausgegeben, um Gerste und Strohbündel zu kaufen.

39. PTS 2112

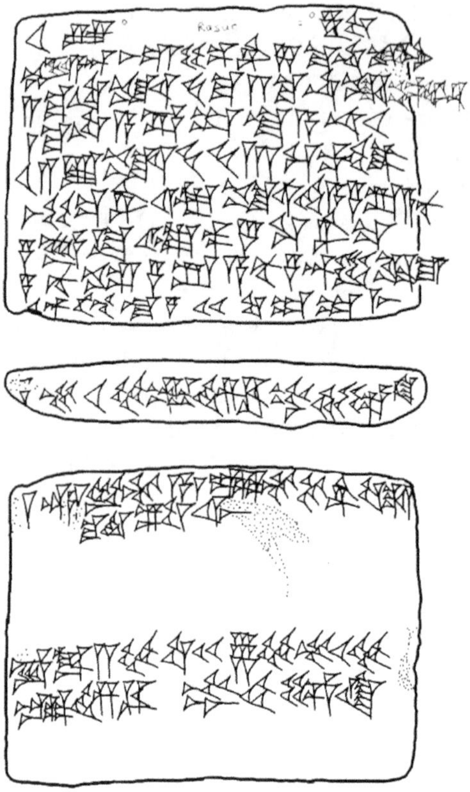

Vs 10 GÍN KÙ.BABBAR
ŠÁM 1 GUR ŠE.GIŠ.Ì 5 MA.NA ^{šim}MUG
2 MA.NA ^{šim}GAM.MA 2 MA.NA ^{šim}*bi-dur-ḫu*
1 MA.NA A.KAL *ab-la-a-ti*
12 GÍN ^{šim}GAM.GAM 3 SÌLA GÚ.TUR
ina ŠE.GIŠ.Ì *ù* ŠIM$^{\text{ḫi.a}}$ *šá* É-*a-nu*
šá ^{iti}DU$_6$ *ù* 2 BÁN 4 SILÀ Ì.GIŠ
šá nu-úr šá É-*a-nu šá* ^{d}URÙ-INIM-*su*
u ^{d}*gu-la šá* 20 UD ÈŠ.ÈŠ^{me}
Rd *šá* MU.10.KAM ^{d}AG-NÍ.TUK LUGAL TIN.TIR^{ki}
Rs ^{md}INNIN-ŠEŠ-MU A ^{md}AG-*mu-še-tíq-ud-da*
it-ta-ši
^{iti}KIN.2.KAM UD.28.KAM MU.10.KAM
^{d}AG-NÍ.TUK LUGAL TIN.TIR^{ki}

Übersetzung

Zehn Sekel Silber, Kaufpreis von einem Kor Sesam, fünf Minen *ballukku* (Styrax-Harz?), zwei Minen *ṣumlalû*, zwei Minen Bdellium-Harz, einer Mine *ḫalbānātu* (Galbānum?), zwölf Sekeln *kukru* (Terebinthe?), drei Liter Linsen – vom Sesam und den Aromata vom inneren Bereich (*bītānu*) für den Monat Ulūlu; sowie 0;0.2.4 (zehn Liter) Sesam für die Beleuchtung des inneren Bereiches (*bītānu*) von Uṣur-amāssu und Gula für zwanzig Festtage des 10. Jahres Nabonids, des Königs von Babylon, hat Ištar-aḫu-iddin/Nabû-mušētiq-uddê empfangen.
28. Schalt-Ulūlu des 10. Jahres Nabonids, des Königs von Babylon.

Kommentar

Wir haben hier Ausgaben von Silber zum Ankauf von Sesam und Aromata, sowie Ausgaben von Aromata und Hülsenfrüchten zur kultischen Verwendung vor uns. Die Z. 6f. belegen, dass der Tempel monatlich eine bestimmte Summe für Öl und Räucherwerk bereitstellte. Im Vergleich zur Aromata-Liste BM 77429 und zur Liste der Aromata, die für einen Räucherständer in Esaggila bestimmt waren (BM 54060)[124], fällt diese Liste recht kurz aus. Der Sesam wurde zu Öl für die Beleuchtung verarbeitet, die Erbsen (oder Linsen) sollten möglicherweise gemahlen als Trägersubstanz für Räucherkügelchen dienen. Ištar-aḫu-iddin/Nabû-mušētiq-uddê, der das Silber zum Ankauf der Aromata erhielt, war der *šangû* des *bīt ḫilṣi* (YOS 19, 292 und AnOr 8, 36). Er kommt in mehren anderen Texten vor, unter anderem als Empfänger von Silber zum Ankauf von Aromata in GC 1, 320 (Nbn 10) oder zum Ankauf von Öl zur Beleuchtung des *bīt ḫilṣi* (GC 1, 339, 7 Nbn) sowie im Zusammenhang mit Edelsteinen, Schmuck und gefärbter Wolle (YOS 19, 290, 3 Nbn). Das *bīt ḫilṣi*, verbunden mit der Göttin Uṣur-amāssu, ist ein Teil des Eanna-Heiligtums, in dem Duftöle, Salben und vielleicht medizinische Öle hergestellt wurden.[125] Obwohl mehrere der Substanzen ursprünglich aus anderen Regionen stammen, konnte der Priester wahrscheinlich sämtliche benötigten Aromata auf dem lokalen Markt kaufen. Jursa 2009: 167 zeigte, dass sich in Sippar, einer wesentlich kleineren Stadt, zwei Geschäfte befanden, die Aromata verkauften, mindestens eins davon im Hafenviertel gelegen. Wir dürfen annehmen, dass es ähnliche Läden auch in Uruk gab.

Einzelheiten:
Zu den Aromata, siehe generell Jursa 2009.
Z.2: ^{šim}MUG = *balukku*, nach AHw 100a „ein Baum (Styrax?)" und nach CAD B: 64a: „an aromatic substance of vegetal origin", „a tree which produces this substance".

124 Jursa 2009 hat diese beiden Texte ediert und sämtliche Aromata, die in spätbabylonischen Texten vorkommen besprochen.

125 Eine umfassende Darstellung zum Kult der Göttinnen ist Beaulieu 2003. Speziell zum *bīt ḫilṣi* siehe nun Joannès 2006. Auf S. 83 behandelte er Ištar-aḫu-iddin, sowie seinen Vater und Bruder, die vor bzw. nach ihm als Verantwortliche für das *bīt ḫilṣi* bekannt sind.

Das Harz des Styrax-Baumes wurde als Räucherwerk verwendet.
Z.3: ^{šim}GAM.MA = *ṣumlālû* laut CAD Ṣ: 245 „an aromatic".
Z.3: *bidurḫu* ist „Bdellium-(Harz)".
Z.4: A.KAL-*ab-la-a-ti*: Aufgrund von Parallelen ist diese Stelle als *ḫalbānātu* (oder ähnlich) zu lesen, was möglicherweise mit „Galbānum" zu identifizieren ist, s. Jursa 2009: 155 (Parallelen und Diskussion). Der Ferula-Baum, von dem Galbānum gewonnen wird, ist im Vorderen Orient heimisch.
Z. 5: ^{šim}GAM.GAM = *kukru* nach AHw. 501: „etwa Terebinthe" ist ein Aroma, das regelmäßig in Salbenrezepten erscheint (Jursa 2009: 162). Beachtenswert ist die relativ kleine Menge (auch in UCP 9/2 No. 27, Zeile 21: 15 Sekel).
GÚ.TUR = *kakkû*: Eine Hülsenfurcht, vielleicht eine kleine Erbsenart (vgl. GÚ.GAL = *ḫallūru* „Erbse") oder möglicherweise „Linse". In der spätbabylonischen Zeit wurden keine Hülsenfrüchte mehr als Rationen an abhängige Arbeiter ausgegeben; die Ausgabe von Erbsen steht immer im Zusammenhang mit der Ausgabe von Öl und Aromata mit rituell-kultischem Hintergrund. Es ist möglich, dass das Mehl der Hülsenfrüchte als Binde- und Trägermittel zur Herstellung von Räucherkügelchen diente.

40. PTS 2739

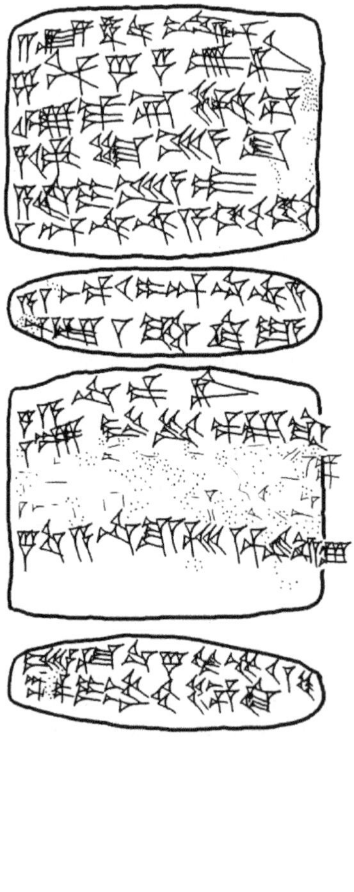

Vs 2 GÍN KÙ.BABBAR ŠÁM
5 SÌLA 4 GAR *šam-ni*
ù 3 BÁN *saḫ-le-e*
šá ul-tu ^{iti}DU$_6$
a-di-i ^{iti}GAN
^{md}*na-na-a*-SISKÚR
uRd A ^{m}*ina*-GISSU-^{d}*na-na-a*
Rs ½ GÍN ^{m}*id-di-ia*
šá a-na pa-ni
^{m}AG-LUGAL-URÙ *šap-ra*
(zwei Zeilen radiert)
4-*ut a-na* KUŠ^{meš} ^{m}*gi-mil-lu*

^{iti}DU$_6$ UD.4.KAM MU.11.KAM
oRd ^{d}AG-I LUGAL TIN.TIR^{ki}

Übersetzung

Zwei Sekel Silber, Kaufpreis für 5 *qû*, 4 *akalu* Öl (ca. 5,4 Liter) und 3 *sūtu* (18 Liter) Kresse vom Monat Tašrītu bis zum Monat Kislīmu (an) Nanāja-uṣalli/Ina-ṣilli-Nanāja. ½ Sekel (an) Iddia, der zu Nabû-šarru-uṣur geschickt wurde. °(Rasur)° ¼ (Sekel) für Leder (an) Gimillu.
4. Tašrītu des 11. Jahres Nabonids, des Königs von Babylon.

Kommentar

Der Text belegt nur indirekt einen Kauf von Öl und Kresse gegen Silber. Es handelt sich eigentlich um die Ausgabe von Silber anstelle einer Auszahlung, möglicherweise als Reiseration (*ṣidītu*), die hier ausnahmsweise explizit als „Kaufpreis" bezeichnet wird. Der Empfänger wird die Produkte später selbst vom ausgezahlten Silber einkaufen können. Iddia ist ein Bote der zu Nabû-šarru-uṣur – das ist der höchste Tempelbeamte *ša rēš šarri bēl piqitti* von Eanna – gesandt wurde. Der letzte Eintrag enthält kein Verb, aber in Parallele zu den zwei vorherigen Einträgen ist anzunehmen, dass Gimillu das Silber erhalten hat mit dem Auftrag, Leder einzukaufen.

41. BM 114498

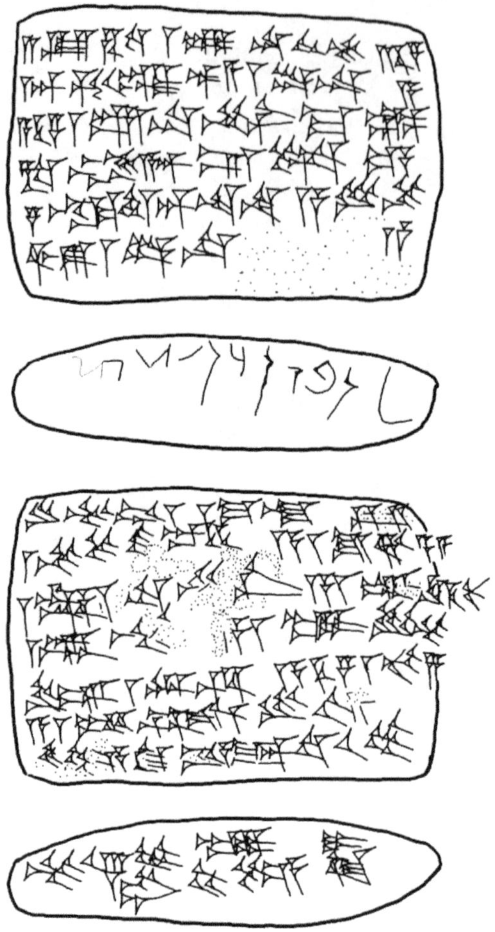

Vs 2 GÍN KÙ.BABBAR ^{md}AG-*na-din*-MU A-*šú šá*
$^{md.meš?}$AG$^{?}$-DINGIR-*a* ^{m}SUM.NA-*a*
A-*šú šá* ^{md}INNIN.NA-MU-DÙ *ma-ḫir*
KÙ.BABBAR *ina* ŠÁM *saḫ-le-e*
šá ina muḫ-ḫi ^{md}*na-na-a*-ŠEŠ-MU
ù ^{m}SUM.NA {*šá*}

Rd *l-nbw-ndn-šw*

Rs ^{lú}*mu-kin*$_{7}$ ^{m}*ba-la-ṭu*
^{m}*mu-še-zib*-^{d}EN A ^{m}*su-ḫa-a-a*
^{md}INNIN$^{!}$.NA-MU-DÙ A ^{md}AG-EN-*šú-nu*
^{md}EN-MU A ^{md}AG-ŠEŠ-MU
^{lú}UMBISAG ^{m}KÁD-*ri* A-*šú šá* ^{m}NUMUN-*iá*
A ^{md}EN-IBILA-URÙ {⸢A⸣}
TIN.TIR^{ki} ^{iti}BÁRA UD.10.KAM
MU.14.KAM ^{d}AG-I
LUGAL TIN.TIR^{ki}

Übersetzung

Zwei Sekel Silber hat (der Tempel) von Nabû-nādin-šumi/Nabû-ilia (und) Iddinaja/Innin-šumu-ibni erhalten. Das Silber ist vom Kaufpreis der Kresse, die zu Lasten Nanāja-aḫu-iddins und Iddinajas (war).

Zeugen: Balāṭu, Mušēzib-Bēl/Suḫaja
Innin-šumu-ibni/Nabû-bēlšunu
Bēl-iddin/Nabû-aḫu-iddin

Schreiber: Kāṣir/Zēria/Bēl-aplu-uṣur

Babylon, den 10. Nisānu des 14. Jahres Nabonids, des Königs von Babylon.

Aramäische Beischrift: „... für Nabû-nādin-šumi"

Kommentar

Die Museumsnummer und die Verwendung von *maḫir* deuten darauf hin, dass dieser Text zum Eanna-Archiv gehört, aber der Text ist in vieler Hinsicht ungewöhnlich. Er wurde in Babylon ausgestellt, was für einen gewöhnlichen Zahlungseingang von Silber anstelle von Kresse verwundert. Vielleicht war der Text ursprünglich als Quittung für Nabû-nādin-šumi bestimmt, wie die aramäische Beischrift andeuten könnte.

Z.2: Die Schreibung des Namens ist ungewöhnlich. Der Pluralanzeiger MEŠ wurde nach DINGIR in aramäischen Namen häufig verwendet, obwohl ein Singular gemeint war, allerdings nicht, wenn DINGIR lediglich als Determinativ vor einem Götternamen steht.

Z. 7: Ich danke Bas ter Haar Romeny und Michael Jursa für ihre Hilfe beim Finden der richtigen Lesung für die aramäische Beischrift. Cornell Thissen gab mir danach den Hinweis, dass die aramäische Beischrift bereits von E. Cussini (2000: 1471, Fn. 32) als nbwndnš[.] gelesen wurde.

Z. 9: Hier war vielleicht ^{d}INNIN.NA intendiert, allerdings ist das Zeichen INNIN völlig verschrieben.

42. NBC 4892

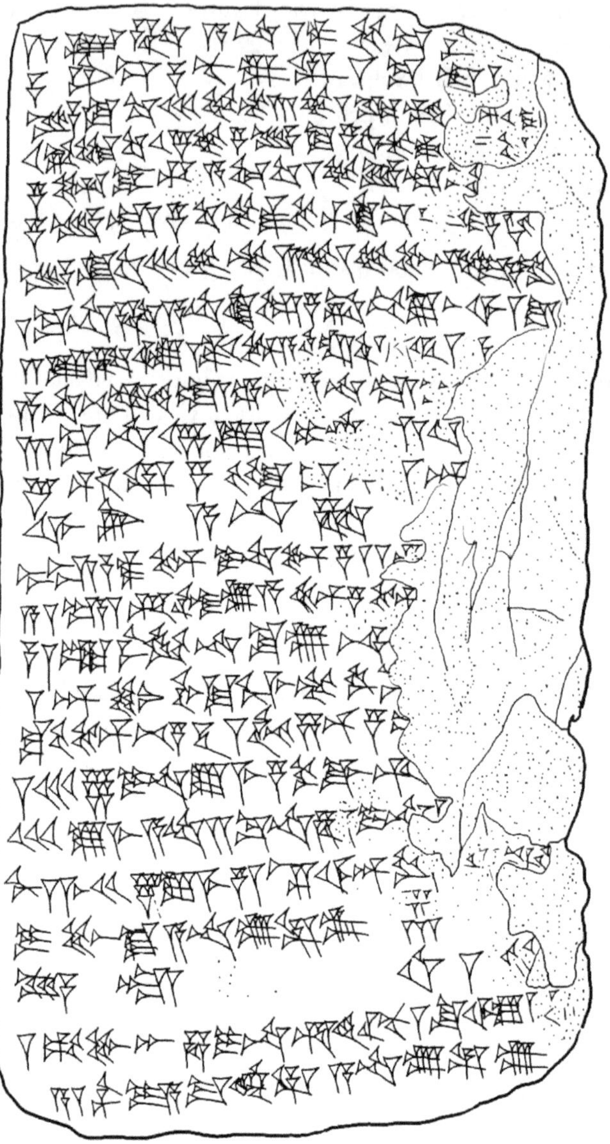

Vs 2 GÍN KÙ.BABBAR *a-na* 1 (PI) 2 BÁN ŠE.GIŠ.Ì [x x x x]
šá Ì.GIŠ *šá nu-ú-ru* ^{m}*ba-la-*[*ṭu* x x x]
^{iti}DU$_6$ UD.30.KAM MU.3.KAM ^{m}*ka-am-*[*bu*]-⌜*zi-ia*⌝ [LUGAL]
ul-tu UD.14.KAM *šá* ^{iti}DU$_6$ *šá* *u*$_4$*-mu* 4 BÁN [x] ⌜x⌝ [x x]
šá UZ.TUR^{mušen} *a-di* UD.1.KAM ^{iti}APIN [x x x x x]

šá ^{iti}APIN *šá u*$_4$*-mu* 3 BÁN ŠE.BAR *ki-is-*⸢*sa*⸣*-tu*$_4$ *šá* 4 A[NŠE]
^{iti}DU$_6$ UD.30.KAM MU.3.KAM ^{m}*kam-bu-zi-ia* LUGAL [x x]
1 MA.NA KÙ.BABBAR *a-na* KI.LAM *šá ta-bi-lu ina* IGI ^{m}SU-[..]
2 GÍN KÙ.BABBAR *ù* 1 (PI) 4 BÁN ŠE.BAR ⸢*a-na*⸣ ⸢x x⸣*-ti* ⸢x x⸣ [.............]
a-na {*ina*} *muḫ-ḫi ṣe-e-nu a-na* ^{uru}[............................]
3 MA.NA 15 GÍN *mi-*⸢*iḫ-ṣi* x⸣ [..................................]
4 *pag-ru šá* TU.⸢KUR$_4$ x⸣ ^{md}[..................................]
IGI*-ir a-na* KÙ.BABBAR [..]
2 GUR 2 (PI) 3 BÁN ŠE.BAR *ina* ŠE.BAR *šá* ^{m}*ib-*[*ni* ....]
A ^{md}INNIN*-re-ṣu-ú-a* ŠE.BAR *šá* ŠE.BAR [...........................]
šá ^{md}AG-DÙ-ŠEŠ *na-šu-ú ina* ŠUK [....................................]
^{md}*in-nin*-PAP^{me}-MU ^{lú}⸢x⸣ [......................................]
5 BÁN ŠE.BAR *ina* ŠUK*-šú* ^{m}*gu-za-nu šá* [.........................]
98 *i-na* UDU^{me} *šá* ^{lú}GAL MÁŠ$^{?}$ ⸢x⸣[......................................]
30 UDU^{me} *a-na* 2 MA.NA KÙ.BABBAR *i-na* [........................]
PAP 1 ME 28 UDU^{me} *šá* ^{m}*si-lim*-DINGIR LÚ ⸢x *iš*-x⸣[.......................]
i-bu-ku a-na ú-ru-ú ⸢9⸣
^{iti}APIN UD.1.KAM
1 GU$_4$ *pu-ḫal* KÙ *i-na re-ḫi-šú-nu* ^{m}ŠU *ù* ^{m}x [x x]
A ^{m}DÙ*-ia ma-aḫ-ru a-na ú-ru-ú*

Übersetzung

1) Zwei Sekel Silber für 0;1.2 Sesam [......] für Öl zur Beleuchtung hat Balāṭu [erhalten], 30.Tašrītu des 3. Jahres des Kambyses, [des Königs von Babylon, des Königs der Länder].
4) Vom 14. Tašrītu an täglich 4 *sūtu* [......] für die Enten bis zum 1. Araḫšamnu [Vom x.] Araḫšamnu an täglich drei *sūtu* Gerste (als) Futter für vier Esel, 30. Tašrītu des 3. Jahres des Kambyses, des Königs [von Babylon und der Länder].
8) Eine Mine Silber zum Ankauf von Gewürzen sind zur Verfügung von Erība-[...] zwei Sekel Silber und 0;1.4 Gerste für [......] wegen des Kleinviehs zur Stadt [.....].
11) Drei Minen, 15 Sekel Gewebtes [.....]
Vier Taubenkadaver von [PN] erhalten, für Silber [......]. 14) 2;2.3 Gerste von der Gerste des Ib[ni-...]/Ištar-rēṣu'a, Gerste von der Gerste [.....] die Nabû-bān-aḫi hergebracht hat, als Ration [.....]. Innin-aḫḫē-iddin, der [....].
18) 5 *sūtu* Gerste von seiner Ration von Guzānu für [.....], 98 von den Schafen, die der Vieheintreiber (*rab ṣibti*) [......], 30 Schafe für zwei Minen Silber [......], insgesamt 128 Schafe, die Silim-ili, der [....] hergeführt hat, an den Maststall. 1. Arahšamnu.
24) Ein opfertauglicher Zuchtstier von den Außenständen des Gimillu und des [PN]/Bānia erhalten, an den Maststall.

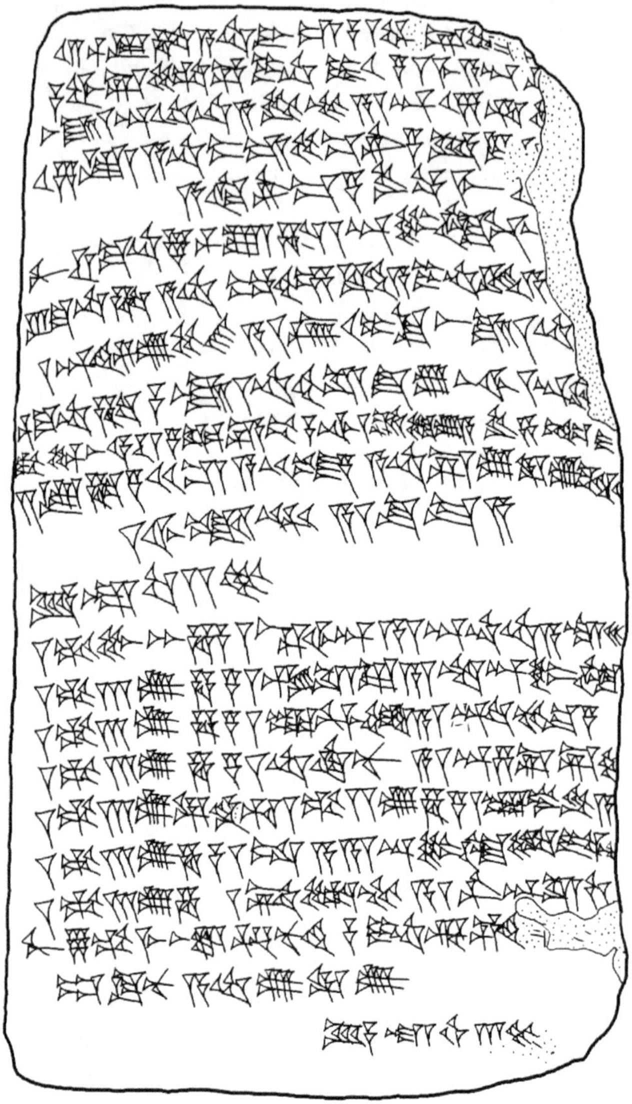

Rs 12 ½ GÍN KÙ.BABBAR *a-na* 4 GUR 3 PI *saḫ-⌜le⌝-[e* ....]
2 PI *saḫ-le-e i-na* ZAG *šá* 1 ME a_4 [.....]
ina ŠU^{II} ^{md}*na-na-a*-ŠEŠ-MU A ^{md}15-*re-ṣ[u-ú-a]*
15 GÍN *a-na* 2 GUR ŠE.GIŠ.Ì *šá* ^{iti}KIN ⌜x⌝ [...........]
a-di Ì.GIŠ *šá* ^{lú}ERÍN^{me}-*šú* [................]
PAP ⅓ MA.NA 7 ½ GÍN KÙ.BABBAR ^{md}*in-nin*-PAP^{me}-[...]
⅔ MA.NA KÙ.BABBAR *a-na* 2 GUN SÍK$^{ḫi.a}$ *i-na* SÍK$^{ḫi.a}$ [ ]
^{md}IŠKUR-*ú-še-zib* A ^{m}*sa-mi-ku i-na* ŠU^{II} ^{m}*na-[din*$^{?}$]
½ MA.NA KÙ.BABBAR *šá ina* ŠU^{II} ^{m}*na-din iš-šu-ú ina* IGI ^{md}AM[AR.UTU x x]

5 BÁN ŠE.BAR *ina* ŠUK-*šú* ^{m}*šá*-KA-*kal-bi šá ina* IGI ^{m}*lu-ut-tu-ú-a* ^{lú}*za-bil* ⌜x⌝
[......................]
2 GÍN KÙ.BABBAR *šá* 20 GUR *a-bat-tu*$_4$ *šá a-na* ^{é}*ú-ru-ú id-d*[*in* .....]
^{m}*ši-rik-ti* A ^{m}*šu-ma-a*
^{iti}APIN UD.2.KAM
1 GU$_4$ *pu-ḫal* KÙ *šá* ^{m}*si-lim*-DINGIR A ^{md}*na-na-a*-APIN-*eš*
1 GU$_4$ 3-*ú* KÙ *šá* ^{m}*gi-mil-lu* A ^{m}ÌR-^{d}*in-nin*
1 GU$_4$ 3-*ú* KÙ *šá* ^{m}AG-PAP^{me}-TIN-*iṭ* A ^{md}UTU-NUMUN-BA-*šá*
1 GU$_4$ 3-*ú* KÙ *šá* ^{md}*na-di-nu* A ^{md}*za-ba*$_4$-*ba*$_4$-K[AM ....]
1 GU$_4$ 3-*ú ru-uḫ-ḫu* 1 GU$_4$ 2-*ú* KÙ *šá* ^{md}AG-LUGAL-URÙ A [............]
1 GU$_4$ 3-*ú* KÙ *šá* ^{m}GIN-*a* A ^{md}*in-nin-li-i-pi*-U[RÙ ......]
1 GU$_4$ 3-*ú* KÙ ^{m}*ta-li-mu* A ^{m}DÙ-^{d}*iš-tar*
PAP 8 GU$_4^{me}$ *ina* ŠÀ 1-*en* NU DÙG *šá i-na re-e-ḫi*
ab-ku-nu a-na ú-ru-ú
^{iti}APIN UD.3.KAM

Übersetzung

26) 12½ Sekel Silber für 4;3 Kresse [....], 2 *pānu* Kresse vom Ertrag von diesen 100 [....] sind durch Nanāja-aḫu-iddin/Ištar-rēṣu'a [....], 15 Sekel für zwei Kor Sesam des Monats Ulūlu [....], inklusive des Öls für seine Arbeiter. Insgesamt 27½ Sekel Silber Innin-aḫḫē-[...].
32) ⅔ Mine Silber für zwei Talente Wolle von der Wolle [......], Adad-ušēzib/Sāmiku durch Na[din?-...]
½ Mine Silber, die durch Nādin gebracht wurde, steht zur Verfügung von Marduk-[....], fünf *sūtu* Gerste von seiner Ration Ša-pī-kalbi, der/die zur Verfügung von Luttūa, dem Träger [....].
36) Zwei Sekel Silber für 20 Kor Reisig, der an den Maststall gegeben wurde: Širikti/Šumaja, 2. Araḫšamnu.
39) Ein opfertauglicher Zuchtstier von Silim-ili/Nanāja-ēreš
40) Ein dreijähriger opfertauglicher Stier von Gimillu/Arad-Innin,
Ein dreijähriger opfertauglicher Stier von Nabû-aḫḫē-bulliṭ/Šamaš-zēru-iqīša,
Ein dreijähriger opfertauglicher Stier von Nādin/Zababa-ēreš,
Ein dreijähriger Stier von minderer Qualität (*ruḫḫu*), ein zweijähriger opfertauglicher Stier von Nabû-šarru-uṣur/[...],
Ein dreijähriger opfertauglicher Stier von Kīnaja/Innin-līpi-uṣur [...],
45) Ein dreijähriger opfertauglicher Stier von Talīmu/Ibni-Ištar.
Insgesamt acht Stiere, darunter ein (für das Opfer) untauglicher, die aus den Außenständen beglichen (= hergeführt) wurden, an den Maststall. 3. Araḫšamnu.

Kommentar

In dieser Notiz werden ohne Rücksichtnahme auf inhaltliche Kategorien die Aktivitäten des Tempelspeichers registriert. Der Text trägt kein Enddatum, nur die Einzeleinträge sind datiert. Sie liegen bis zu einem Monat auseinander. Der Text verbucht

also nicht ad-hoc verschiedene Ein- oder Ausgänge eines Tages, sondern muss einen buchhalterischen Zwischenschritt widerspiegeln. Es ist anzunehmen, dass zu einem späteren Zeitpunkt die Buchungen in inhaltlicher Ordnung auf den jeweiligen Wachstafeln oder anderen Tontafeln eingetragen wurden. Es handelt sich hier um Entscheidungen über Tierfutter und um Ausgaben von Silberbeträgen, die zum Ankauf verschiedener Güter bestimmt waren, z.B. zum Kauf von Sesam und Gewürzen (oder Kräutern). Die abgelieferten Taubenkadaver wurden wahrscheinlich sofort wieder für Silber verkauft. Der untere Teil der Vorderseite sowie die gesamte Rückseite verzeichnen angekommene Tiere, die später buchungstechnisch von den Außenständen der Viehhalter abgezogen werden mussten. Die Tiere werden direkt an den Maststall weitergegeben, was verdeutlicht, dass es sich um Opfertiere handelt. Besonders interessant ist der Eingang der acht Stiere, von denen sieben als KÙ = *ellu* „rein" bezeichnet werden, eine Qualität, die Stiere zur Opferung tauglich macht. Einer der Stiere ist von *ruḫḫu*-Qualität. Die Wörterbücher verstehen *ruḫḫu*, abgeleitet von *riāḫu* „übrig bleiben", als „high quality, select" (CAD R: 407) bzw. „übrig gelassen, ausgesucht" (AHw 993). Hier wird aber deutlich, dass dieser Stier nicht KÙ „(für das Opfer) rein" ist. Auch im Hinblick auf NU DÙG = *ul ṭāb* in Zeile 46 sollte *ruḫḫu* besser als „von minderer Qualität" (d.h. das, was nach der ersten Wahl übrig bleibt), und hier konkret im Sinne von „(für das Opfer) untauglich" übersetzt werden.
Siehe Jursa 2004 und Kleber (im Druck) für Allgemeines zu Buchhaltungstechniken in Eanna.

43. PTS 2625

Vs 1 1⌜8⌝ GÍN 4-*ut* KÙ.BABBAR
ŠÁM ^{šim}*bi-du-uḫ-ḫu*
šá ^{m}ABGAL A ^{md}AG-GI
Rd *ina* NÍG.GA

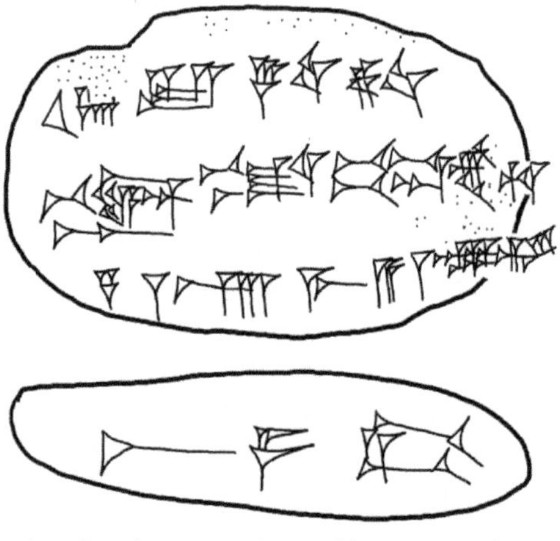

Übersetzung

18 ¼ Sekel Silber, Kaufpreis für Bdellium-Harz, gehörig dem Apkallu/Nabû-ušallim, sind im Tempelbesitz.

Kommentar

Die Rückseite dieser undatierten Notiz ist unbeschrieben. Bei dieser kleinen, ovalen Tafel handelt sich wohl um ein Memorandum; der Inhalt wurde sicher später auf eine andere Tafel übertragen. Inhaltlich ist der Text wohl so zu verstehen, dass Apkallu Harz an den Tempel geliefert, aber den Kaufpreis noch nicht erhalten hatte.

4. Ankäufe von Bau- und Brennmaterial sowie von Werkzeugen und Waffen

4.1. Einleitung

Die Tempel Babyloniens waren staatliche Institutionen, deren administratives Potential von der Zentralregierung genutzt wurde, um Steuerabgaben einzusammeln und Steuerdienstleistungen zu organisieren und durchzuführen. Dabei handelte es sich vor allem um den *urāšu* genannten Dienst, Fronarbeit, die jeder Bürger (Freie und institutionelle Abhängige, jedoch nicht Sklaven) zu leisten hatte.[126] Der Tempel organisierte nicht nur die Dienstleistung von Personen, die mit ihm verbunden waren, sondern stellte einen eigenen Trupp, die ganzjährig auf königlichen Bauprojekten tätig waren. Der Eanna-Tempel stellte eine 180 Mann starke Truppe zur Verfügung, die zusammen mit Aufsehern, Schreibern und Handwerkern auf rund 210 Mann anwachsen konnte. Der kleinere Ebabbar-Tempel stellte fünfzig Mann. Die Tempel profitierten als öffentliche Einrichtungen natürlich auch von der Fronarbeit – der Tempelbau und die Instandhaltung waren die wichtigsten religiösen Aufgaben des babylonischen Königs. Wenn der König ein Bauprojekt durchführen wollte, wurde dieses in Babylon geplant und dann festgelegt, welcher Tempel bzw. welche städtische Verwaltung welche Arbeiten zu erledigen hatte. Dazu erlegte man den Institutionen „Arbeitsstrecken" (*mešḫu*) auf, z.B. einen bestimmten Kanalabschnitt oder einen Bauabschnitt an einem Gebäude. Die Tempel, bzw. städtischen Verwaltungen mussten dann selbst dafür sorgen, dass genügend Personal und Baumaterial zur Verfügung stand. Das Personal wurde durch die ausführende Institution bezahlt. Besonders teures und importiertes Baumaterial, z.B. Bauholz oder Gold, wurde zum Teil von der königlichen Verwaltung gestellt. Lokales Baumaterial, z.B. Bitumen, Brennholz / Reisig zum Heizen der Ziegelöfen, Schilf für Körbe und Matten sowie Werkzeug musste die Institution selbst besorgen.

Der Tempel verfügte über Land an Kanälen und sogenannte *tamirtus*, wasserreiche Gebiete, in denen Fischfang und die Ernte von Rohr möglich war. Somit konnte der Tempel Rohr und Reisig eigentlich selbst requirieren. Nicht immer scheint das Ernten jedoch die schnellste und billigste Möglichkeit gewesen zu sein. Mehrfach zeigen Texte, dass Rohr und *abattu* – eine Art Reisig aus Kleinholz und trockenen

126 Siehe Kleber 2008, Kapitel 4.6. und 4.7. (Seiten 102–198) zur Organisation der Fronarbeit am Eanna-Tempel und dessen Beteiligung an konkreten Bauprojekten. Der Abschnitt hier gibt Ergebnisse aus Kleber 2008 wieder.

Palmfiedern – gekauft wurde. Ein Brief (BIN 1, 32) sagt uns auch wo: „in der Stadtmitte“, d.h. auf dem Markt. Bitumen wurde traditionell in der Nähe von Itu, dem modernen Hīt, gewonnen, wo Bitumen in Form von Quellen natürlich an die Erdoberfläche tritt. Es gab einen regen interregionalen Handel mit Bitumen in Babylonien, der auch einen Fernhandelsanteil aufwies. Bitumen wurde z.B. massiv in den Persischen Golf verhandelt, die Endverbraucher könnten noch weiter entfernt gewesen sein. Eanna nutzte die interregionalen Handelsstrukturen von Hīt über Babylon bis hinunter zu den Häfen am Persischen Golf und kaufte Bitumen für die Bauprojekte dort, wo der Transportweg zur Baustelle am günstigsten war. Bezahlt wurde meistens in Silber oder in Wolle.

In diesem Kapitel werden auch Texte ediert, die den Ankauf von Werkzeugen und Waffen durch den Tempel belegen. Werkzeuge konnten natürlich auch von den tempeleigenen Handwerkern hergestellt werden, aber selbst für die kultbezogene Handwerkstätigkeit wurden häufiger freie Handwerker herangezogen, die vom Tempel für ihre (temporäre) Arbeit einen Lohn in Silber erhielten.[127] Bei spezifischen Ankäufen wird es sich nicht immer um Ware gehandelt haben, die ein Handwerker in einem Geschäft oder aus seiner Werkstatt heraus verkaufte wie ein Händler. Häufiger wird es sich um Auftragsarbeit in Form eines Werkvertrags gehandelt haben. Solche Verträge können in Form eines Verpflichtungsscheins stilisiert sein. Ab und zu haben wir auch einfach die tempelinterne Dokumentation über Ausgaben von Silber oder die Lieferung des Produktes (gegen Bezahlung). In diesen Fällen können wir nicht zwischen Auftragsarbeit und Ankauf auf dem Markt unterscheiden. Der Eanna-Tempel scheint keine eigenen Bogenmacher beschäftigt zu haben. Diese Handwerker wurden für die Herstellung von Bögen und Pfeilen für den Tempel mit Silber bezahlt.[128] Laut Nr. 57 (PTS 2387) wurde neben Pfeilen auch ein Köcher geliefert. Ob hinter der Ausgabe von Bronze in Nr. 52 (PTS 2604) ein Werkvertrag zur Herstellung einer Schwere steht, oder ob das Metall als Zahlungsmittel diente, bleibt unsicher – beides ist möglich.

127 Payne 2007.
128 Kleber 2014: 431.

4.2. Editionen

44. PTS 2849

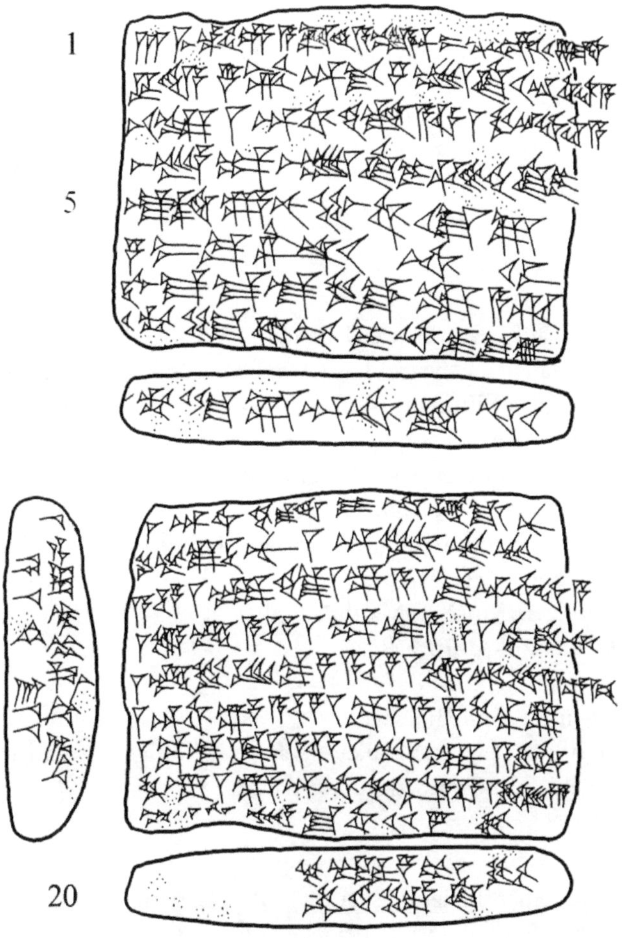

Vs 3 ME GUN ESIR$^{\text{ḫi.a}}$ ŠÁM 2 GUN 25 MA.NA
SÍK$^{\text{ḫi.a}}$ NÍG.GA ^{d}GAŠAN *šá* UNUG^{ki} *u* ^{d}*na-na-a*
ina UGU ^{md}UTU-TIN-*iṭ* A-*šú šá* ^{m}LÚ-^{d}*na-na-a*
ina ^{iti}AB *ina* UNUG^{ki} *i-nam-din ki-i*
la it-tan-nu pu-ut dul-lu
šá tab-ba-ni-ti na-ši
mim-ma ma-la ^{lú}GAL *ka-a-ri*
ul-tu lìb-bi i-na-áš-šu-ú
Rd *ul-tu* É.AN.NA *it-ti*
Rs ^{md}UTU-TIN-*iṭ i-na-aḫ-su-nu*
^{lú}*mu-kin-nu* ^{md}AMAR.UTU-MU-MU
A-*šú šá* ^{md}AG-TIN-*su*-E A ^{m}ŠU-^{d}*na-na-a*

^{m}KAR-^{d}EN A-*šú šá* ^{m}*ap-la-a* ⸢A⸣ ^{m}*ár-rab-ti*
^{md}EN-ŠEŠ^{meš}-BA-*šá* A-*šú šá* ^{m}KAR-^{d}AMAR.UTU A ^{m}*e-gì-bi*
^{md}UTU-SIG$_{15}$ A-*šú šá* ^{m}BA-*šá-a* A ^{lú}SIPA
^{m}*ba-la-ṭu* A-*šú šá* ^{m}ÌR-^{d}AG A ^{lú}Ì.SUR
^{lú}UMBISAG ^{m}É.AN.NA-MU-DÙ A-*šú šá* ^{m}ŠEŠ^{meš}-*šá-a*
⸢UNUG^{ki} ITI⸣.ŠU UD.24.KAM
oRd [MU.x.K]AM ^{d}AG-NÍG.DU-URÙ
LUGAL TIN.TIR^{ki}
liRd ^{md}AG-*mu-še-tíq-ud-da*
A ^{m}TIN-*su*

Übersetzung

300 Talente Bitumen, Kaufpreis von zwei Talenten, 25 Minen Wolle, Eigentum der Herrin von Uruk und Nanājas, gehen zu Lasten von Šamaš-uballiṭ/Amēl-Nanāja. Im Monat Ṭebētu wird er (das Bitumen) in Uruk übergeben. Wenn er es nicht gibt, muss er die Haftung für die Arbeit an der Mauerverkleidung (?) übernehmen. Alles, was der Hafenvorsteher (als Zoll) davon wegnimmt, wird durch Eanna von (der geschuldeten Summe von) Šamaš-uballiṭ abgezogen.

Zeugen: Marduk-šumu-iddin/Nabû-balāssu-iqbi/Gimil-Nanāja
Mušēzib-Bēl/Aplaja/Arrabtu
Bēl-aḫḫē-iqīša/Mušēzib-Marduk/Egibi
Šamaš-udammiq/Iqīšaja/Rēʾu
Balāṭu/Arad-Nabû/Ṣāḫit-(ginê)

Schreiber: Ajakku-šumu-ibni/Aḫḫēšaja

Uruk, den 24. Dûzu des [x.] Jahres Nebukadnezars, des Königs von Babylon.
(Nachtrag eines Zeugen:) Nabû-mušētiq-uddê/Balāssu

Kommentar

Es handelt sich hier um einen Lieferungskauf von Bitumen, für das der Tempel mit Wolle zahlte. Das Bitumen soll in Uruk übergeben, daher sicher auch dort verwendet werden.

Das CAD übersetzt *tabnītu* mit „decoration". Es gibt mehrere spätbabylonische Belegstellen, in denen *tabnītu* im Zusammenhang mit Bitumen vorkommt, einmal an einer Zikkurrat. Wahrscheinlich handelt es sich daher eher um einen technischen Ausdruck für das Abdichten einer Außenwand mit Bitumen.

Zu *itti* PN *naḫāsu*: siehe CAD N/1, S. 130b.

Der Schuldner ist entweder häufiger als Lieferant von Bitumen aufgetreten, oder der vorliegende Verpflichtungsschein ist der Rest einer größeren geschuldeten Menge. Wir haben mit dem nachfolgenden Text (NCBT 756) nämlich eine Quittung über 100 Talente Bitumen, die durch ihn geliefert wurden.

45. NCBT 756

Vs 1 ME GUN *it-tu-ú*
^{md}UTU-TIN-*iṭ* A-*šú šá*
^{m}LÚ-^{d}*na-na-a*
IGI-*ir*
(Rasuren)
Rs ^{iti}ŠU UD.1.KAM
MU.38.KAM
^{d}AG-NÍG.DU-URÙ
LUGAL TIN.TIR^{ki}

1
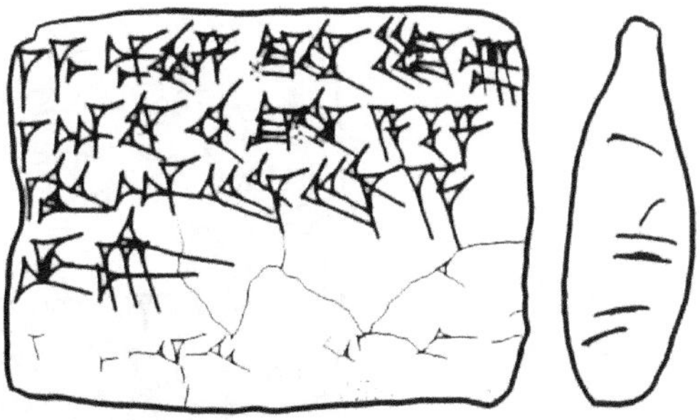

5
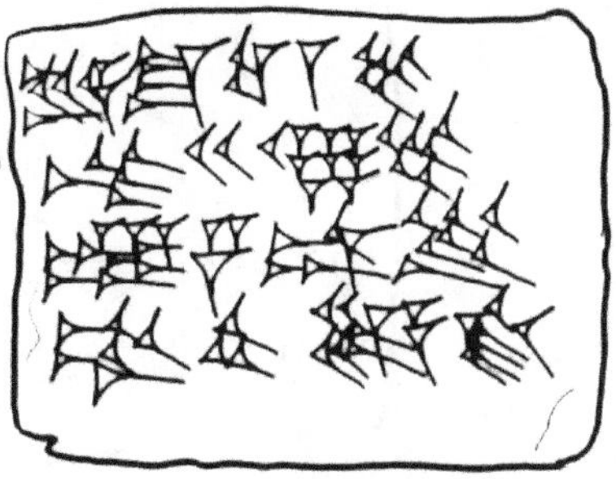

Übersetzung

100 Talente Bitumen hat (der Tempel) von Šamaš-uballiṭ/Amēl-Nanāja erhalten.
1. Dûzu des 38. Jahres Nebukadnezars, des Königs von Babylon.

Kommentar

Da das Jahresdatum von PTS 2849 nicht erhalten ist, wissen wir nicht, ob dieser Text vor oder nach dem Verpflichtungsschein ausgestellt wurde. Beides ist möglich – jedenfalls hat Šamaš-uballiṭ mehr als einmal Bitumen an Eanna geliefert.

46. NCBT 802

Vs 1 ½ MA.NA KÙ.BABBAR *a-na* ESIR
ina ŠU^{II} ^{m}NUMUN-GIN A ^{m}*ba-si-iá*
u ^{m}NUMUN-GIN A ^{m}*sag-gil*-NUM[UN]
šu-bul
2 GÍN *a-na ṣi-di-ti-šú-nu*
½ GÍN ^{m}DÙ-^{d}INNIN A ^{m}*man-na-da-mu*
šá ana UGU ESIR *šap-ru*

Rs

^{iti}AB ⸢UD⸣.14.KAM MU.10.[KAM]
^{d}AG-NÍG.DU-URÙ LUGAL [.............]

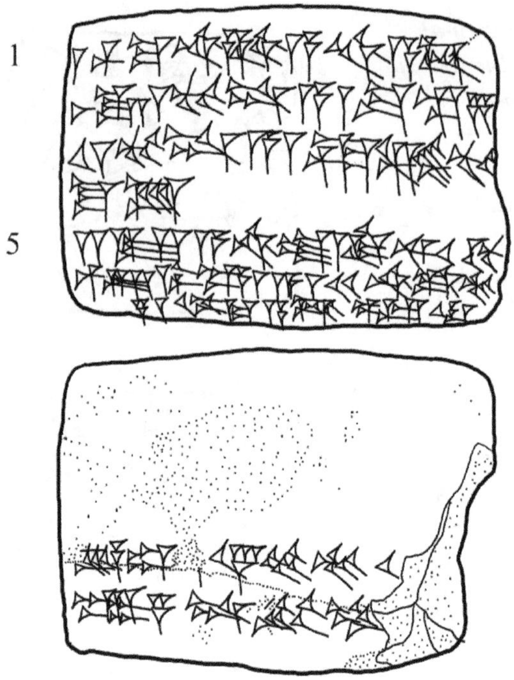

Übersetzung

1 ½ Minen Silber für Bitumen wurden durch Zēru-ukīn/Basia und Zēru-ukīn/Saggil-zēri geschickt. Zwei Sekel für ihre Ration, ein halber Sekel (an) Ibni-Ištar/Manna-dāmu, der wegen Bitumen geschickt wurde.
14. Ṭebētu des 10. Jahres Nebukadnezars, des Königs [von Babylon].

Kommentar

Der Text notiert Silberausgaben für den Einkauf von Bitumen sowie für Rationen für den Bootsmann Ibni-Ištar und die Einkäufer, die das Bitumen transportieren müssen. Ibni-Ištar/Manna-dāmu ist als Bootsmann (*mallāḫu*) in YBC 9242 bezeugt. Dort erhielt er Silber für den Schiffstransport von Holz. In einem anderen Text (PTS 3428) fungierte er ebenfalls als Bote, diesmal zum Palast. Offenbar unterhielt er mit dem Eanna-Tempel eine enge geschäftliche Beziehung.

47. NCBT 159

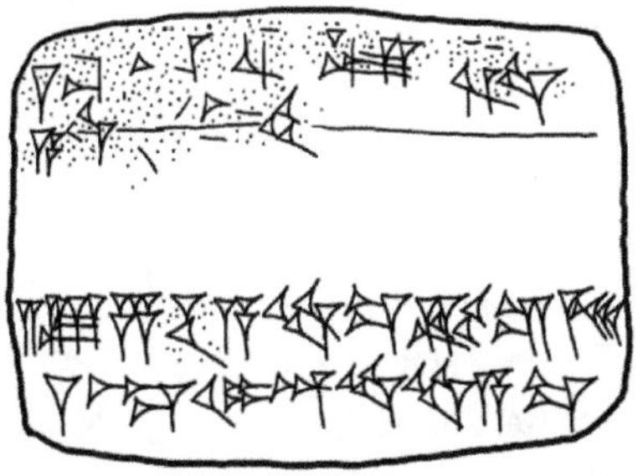

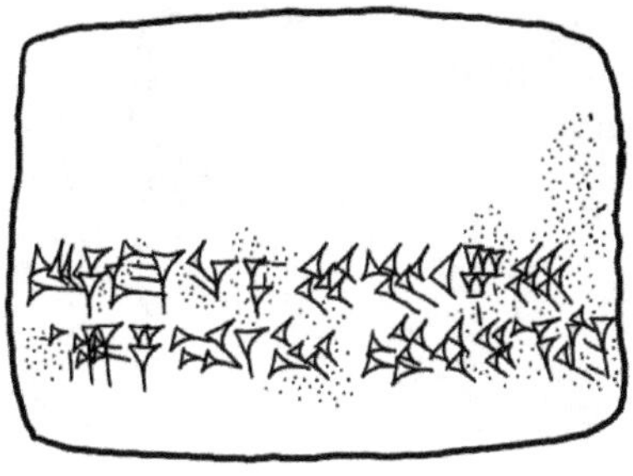

Vs 1 ⸢MA.NA ⅔$^{?}$ GÍN KÙ.BABBAR⸣
a-⸢*na*⸣ [....]
zwei Zeilen frei
2 GÍN 5-*šú a-na* ^{giš}*iq-qur*^{meš}
^{md}*ina*-GISSU-^{d}*na-na-a* GIŠ

Rs ITI.DU$_6$ ⸢UD.4$^{?}$⸣.KAM MU.⸢17⸣.KAM
[^{d}]AG-NÍG.DU-⸢URÙ⸣ LUGAL TIN.T[IR]$^{⸢\text{ki}⸣}$

Übersetzung

1 ⸢⅔ Minen⸣ Silber für [......................]. 2 ⅕ Sekel für Holzbottiche hat Ina-ṣilli-Nanāja empfangen.
4.Tašrītu des 17. Jahres Nebukadnezars, des König von Babylon.

Kommentar

iqquru ist dem Determinativ GIŠ zufolge ein Holzgegenstand. Beaulieu (2005: 51 mit Anm. 16) schlug aufgrund des mehrfachen Vorkommens von *zēbil iqquri* „Träger des *iqquru*" im Kontext von Baumaterial vor, *iqquru* als Holzcontainer für den Transport von Bitumen zu deuten. Das Wort ist außer in YBC 4032; 4187 und 7434 auch noch im Text Bellino I (= Stolper 2004: 529) aus Babylon bezeugt.

48. PTS 2785

Vs	⌜2 GÍN⌝ KÙ.BABBAR *a-na a-bat-*tu_4
	[*a*]-*na* ^{md}15-⌜NUMUN⌝-DÙ
	A ^{md}AG-GI *na-din*
	⌜1 GÍN⌝ [3-*ta* 4-*ut*]^{me}
	a-n[*a* ....]-*am*
Rd	*šá* ^{m}*ina*-GISSU-^{d}*na-na-a*
	mu-šá-kil GU_4^{me} *na-din*
Rs	PAP 3 GÍN 3-*ta* 4-*ut*^{me} KÙ.BABBAR
	ina 12 GÍN KÙ.BABBAR ŠÁM
	tá-lam-ma-nu šá ina $ŠU^{II}$
	^{md}U.GUR-PAP *na-šá-a*ʾ
	$^{iti}SIG_4$ UD.12.KAM MU.18.KAM
Rd	^{d}AG-NÍG.DU-URÙ
	LUGAL TIN.TIR^{ki}
liRd	4-*ut a-na*
	[...........]-*da*-⌜*na*?⌝

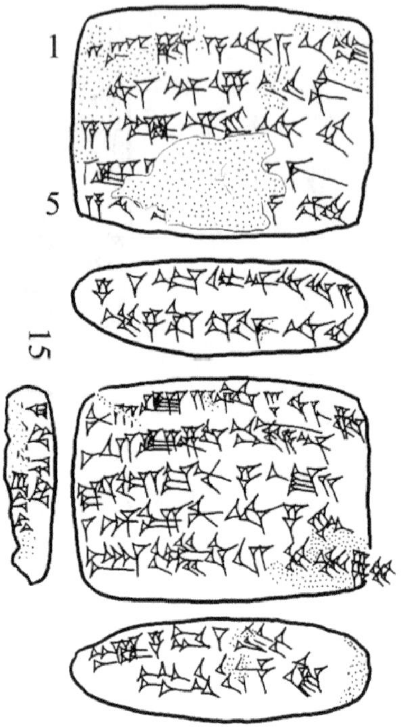

Übersetzung

Zwei Sekel Silber sind für Reisig an Ištar-zēru-ibni/Nabû-ušallim gegeben. 1 [¾] Sekel sind für [..........] des Ina-ṣilli-Nanāja, des Rinderfütterers gegeben – insgesamt 3 ¾ Sekel Silber von den zwölf Sekeln Silber, dem Kaufpreis eines *talammu*-Gefäßes, die durch Nergal-nāṣir hergebracht wurden.
12. Simānu des 18. Jahres Nebukadnezars, des Königs von Babylon.
Ein Viertel an [....].

Kommentar

Nergal-nāṣir hatte dem Tempel eine Einnahme von zwölf Sekeln Silber verschafft, wovon sogleich mehrere Ausgaben getätigt wurden, die diese Tafel notiert, nämlich der Ankauf von *abattu* und eines Produktes, das in Zeile 5 stand. *Abattu* ist Kleinholz, dünne Zweige, trockene Palmfiedern oder ähnliches, das als Brennmaterial diente (Jursa 1995: 123) und oft im Zusammenhang mit Bauarbeiten (wohl zum Anheizen von Ziegelöfen) genannt wird. Es wurde häufig gekauft: Der Absender von BIN 1, 32 fordert in diesem Brief seine Kollegen am Tempel auf, ein- bis zweitausend Bündel Reisig (*abattu*) in der Stadtmitte zu kaufen und einzuschiffen.
Ein *talammu*-Gefäß ist ein standardisierter Behälter von ca. 14 bis 16 Litern Inhalt, der auch als Maßangabe für Flüssigkeiten wie Bier verwendet wurde (Stol 1995: 169f.).

49. PTS 3463

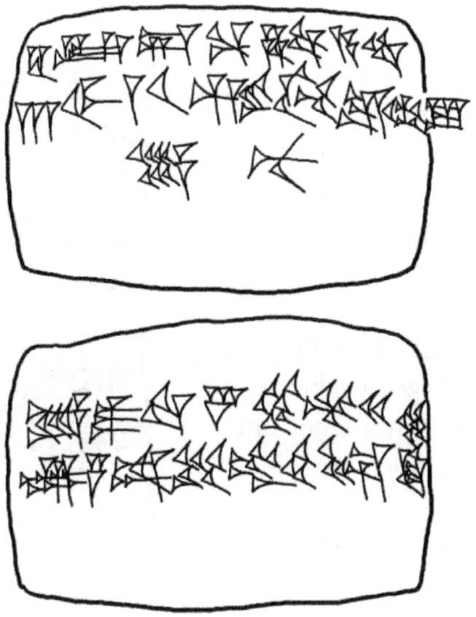

Vs 1 1/3 GÍN *bit-qa* KÙ.BABBAR *a-na*
3 LIM 70 ^{gi}*gu-zu-ul-lu*
SUM-*nu*
Rs ^{iti}ZÍZ UD.4.KAM MU.20.KAM
^{d}AG-NÍG.DU-URÙ LUGAL TIN.TIR^{ki}

Übersetzung

⅓ und ⅛ Sekel Silber für 3070 Rohrbündel gegeben.
4. Šabāṭu des 20. Jahres Nebukadnezars, des Königs von Babylon.

Kommentar

Der Tempel kaufte hier Rohr, ein wichtiges Roh- und Baumaterial, das z.B. zu Tragekörben und Matten verarbeitet wurde. Schilfmatten fanden auch als Ausgleichslagen in sehr dicken Mauern Verwendung.

50. PTS 2966

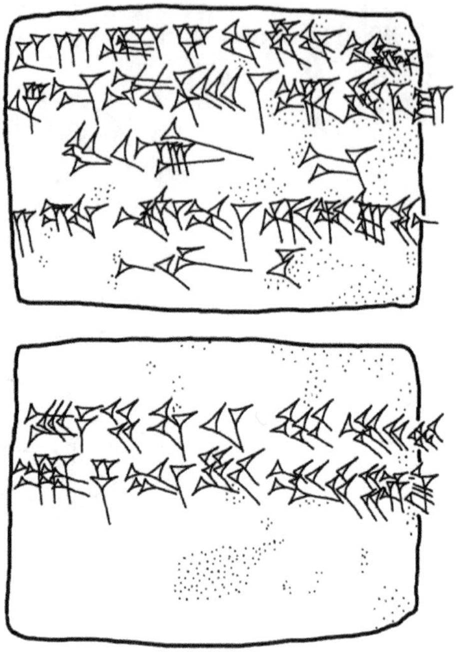

Vs ⅓ 3 GÍN 4-*ut* KÙ.BABBAR ŠÁM
14 ^{giš}BAN^{meš} ^{md}EN-ŠEŠ^{me}-SU
^{lú}ZADIM GIŠ
2-*ta ina lìb-bi* 1 *ḫu-ul-lu-pu*
ina IGI-*šú*
Rs ^{iti}ŠE UD.11.KAM MU.20.KAM
^{d}AG-NÍG.DU-URÙ LUGAL TIN.TIR^{ki}

Übersetzung

23 ¼ Sekel Silber, Kaufpreis für 14 Bögen, hat Bēl-aḫḫē-erība, der Bogenmacher, erhalten. Zwei (Stück), darunter einer mit Überzug / Beschlag, sind noch zu seiner Verfügung.
11. Addāru des 20. Jahres Nebukadnezars, des Königs von Babylon.

Kommentar

Der Eanna-Tempel stellte Bögen nicht durch eigene Tempelhandwerker her, sondern kaufte Bögen bei Spezialisten, den Bogenmachern (*sasinnu*), bzw. gab Werkverträge zur Herstellung von Bögen (Kleber 2014: 430f.). Der Preis der 14 Bögen lag hier bei 1,66 Sekel Silber pro Bogen. Der Text notiert gesondert, dass ein Bogen einen Überzug bzw. Beschlag aufwies. Siehe CAD Ḫ, S. 35 sub *ḫalāpu* A. AHw S. 310 sub *ḫalāpu*(*m*).

51. PTS 3164

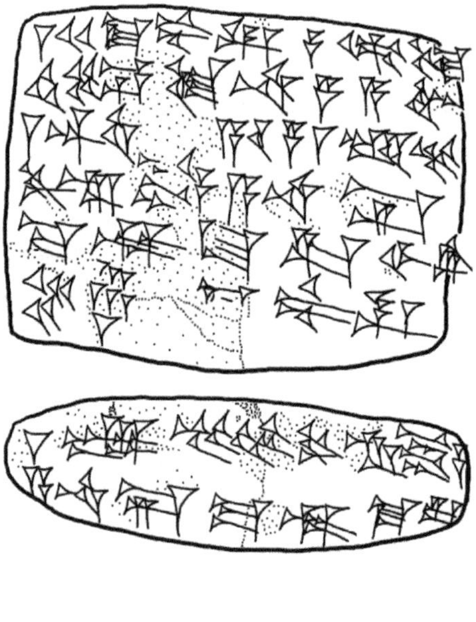

Vs 80 *ku-up-ru šá ul-tu*
TIN.TIR^{ki} *na-šá-a-ʾa*
^{md}UTU-[..] A-*šú šá* ^{md}EN-MU
^{lú}*má-laḫ*$_4$ *a-na* É
ma-ak-ku-ur IGI-*ir*
57 ⌈*ku*⌉-*up-ru*
uRd ^{md}AG-MU-KAM ^{lú}*má-laḫ*$_4$
a-na É *ma-ak-ku-ur*
Rs IGI-*ir*
^{iti}NE UD.16.KAM
MU.22.KAM
^{d}PA-NÍG.DU-PAP
LUGAL TIN.TIR^{ki}
oRd Aramäische Beischrift: *zy kprʾ*

Übersetzung

80 (Talente) Bitumen, die aus Babylon gebracht wurden, hat (Eanna) von Šamaš-[.......]/Bēl-iddin, dem Schiffer, für den Speicher erhalten. 57 (Talente) Bitumen hat Nabû-šumu-ēreš, der Schiffer, an den Speicher geliefert. 16. Abu des 22. Jahres Nabopolassars, des Königs von Babylon.

Aramäische Beischrift:
„Betrifft Bitumen."

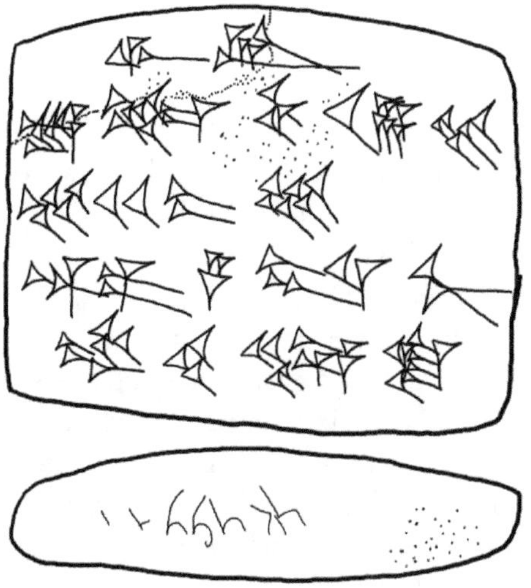

52. PTS 2604

Vs 28 MA.NA ZABAR
a-na 14 GÍN KÙ.BABBAR *a-na*
ṣe-er-pu šá ^{kuš}*du-šu-ú*
ina IGI ^{md}15-GIN-IBILA
A ^{m}NUMUN-*ú-tu*

Rs ^{iti}APIN UD.17.KAM MU.32.KAM
^{d}AG-⸢NÍG⸣.DU-URÙ LUGAL TIN.TIR^{ki}

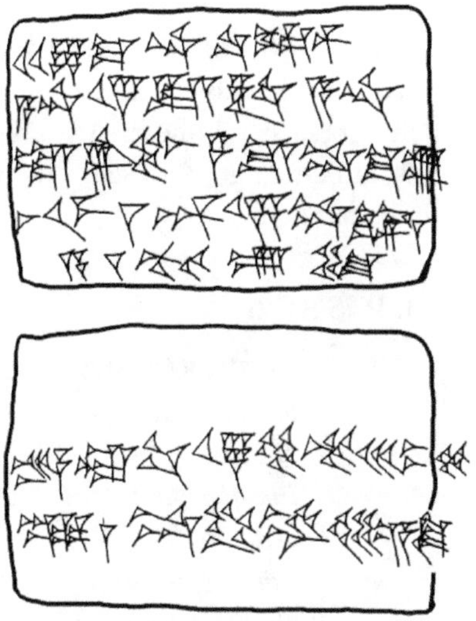

Übersetzung

28 Minen Bronze (im Wert) von 14 Sekel Silber für ein *ṣerpu* (Sack / Tasche$^{?}$) aus gegerbtem Leder sind zur Verfügung von Ištar-mukīn-apli/Zērūtu.
17. Araḫšamnu des 32. Jahres Nebukadnezars, des Königs von Babylon.

Kommentar

Ištar-mukīn-apli/Zērūtu erhielt laut YBC 11658 einmal Eisen vom Tempel, aber wir kennen seine Funktion oder seinen Beruf nicht.
Ṣerpu/ṣirpu ist ein unbekanntes Wort. Es sollte sich um einen Gegenstand aus gegerbtem Leder handeln. Ich nehme an, dass das Wort etymologisch von der semitischen Wurzel *ṣrp* abzuleiten ist, vgl. CAD Ṣ, S. 104 sub *ṣarāpu* B „to dye, to steep (in tanning)". M. Jursa wies mich auf das syrische Wort *ṣerpā* hin, das jedoch einzig im Syrisch-Arabischen Wörterbuch des Bar Bahlul aus dem 10. Jahrhundert

bezeugt ist und dort mit Latein *marsupium* „Tasche" geglichen ist. Ansonsten scheint das Wort in dieser Form nicht bezeugt zu sein. *Marsupium* kommt aus dem Griechischen (*marsipion*) „Tasche, Sack", welches wiederum als Lehnwort *marsupā* „Sack" im Syrischen belegt ist. Nach Krauss 1987: 353 ist das griechische Wort auch ins Hebräische und Aramäische entlehnt worden, wo es in der Pluralform *marṣupīm/n* (mit Ṣade) zunächst in der Mishna Kelim 20: 1 bezeugt ist, wo *marṣupīn* zusammen mit Kissen, Decken, Säcken und Taschen als Überträger von Unreinheit (*midras*) diskutiert werden. Die Auslegung von Rabbi Obadiah ben Abraham von Bertinoro (= Bartenura) aus dem 15. Jahrhundert ist dabei interessant: „*marṣupīn* sind eine Art große Säcke aus Leder, womit man Handelswaren verpackt, die mit Schiffen transportiert werden" (Übersetzung: B. ter Haar Romeny). Das Wort ist dann auch im Mittelhebräischen und Mittelaramäischen bezeugt, z.B. im Midrasch-Traktat Leviticus Rabba 38 als „Sack, Tasche" sowie in Tobit 9: 2 als „Sack" (worin Geld transportiert wurde).[129] Das syrische *marsupā* (mit s) ist sicher aus dem Griechischen entlehnt. Es stellt sich die Frage, wieso die hebräischen und aramäischen Belege ein ṣ aufweisen. Möglicherweise gab es hier eine Interferenz des griechischen Wortes mit der semitischen Wurzel *ṣrp*, die zufällig das gleiche Konsonantengerüst aufweist (mit Metathese und Augmentation mit *ma-*, die beide semitisch erklärbar wären). Von dieser Wurzel ist wohl das vorliegende akkadische (aramäische?) Wort *ṣerpu* abgeleitet sowie syrisch *ṣerpā*, falls dies als seltenes Wort außerhalb Bar Bahluls Wörterbuch existierte. Auffällig ist der sehr hohe Preis von 14 Sekeln Silber für das vorliegende *ṣerpu*. Es könnte sich um einen großen, sehr hochwertig verarbeiteten Sack aus gegerbtem/gefärbten Leder handeln.

53. PTS 3176

Vs 15 GÍN KÙ.BABBAR NÍG.GA ^{d}INNIN UNUG^{ki}
u ^{d}*na-na-a ina* UGU ^{m}AG-ŠEŠ-KAM A-*šú šá*
^{m}*bi-bi-e-a* ^{md}AG-PAP A-*šú šá* ^{m}⸢*za*⸣-[*bi*]-*da-a*
ina qí-it šá ^{iti}KIN *šá* KÙ.BABBAR ⸢*a*$_4$⸣ 15 GÍN
a-na pi-i 76+[(x)] ME SIG$_4^{\text{ḫi.a}}$ *a-na* 1 GÍN
ina ki-si i-man-nu-ú-ma a-na
^{lú}EN^{meš} *pi-qin-e-ti šá* É.AN.NA
i-nam-din-⸢*nu-u*ʾ⸣ *ki-i ina qí-it*
Rd *šá* ^{iti}KIN ⸢*la it-tan*⸣*-nu-u*ʾ
ina a-ma-ri i-kas$_6$*-su-ú*
Rs *i-pe-eḫ-ḫu-ú u i-nam-din-nu-u*ʾ
1-*en pu-ut šá-ni-i na-šu-ú*

129 Ich danke Bas ter Haar Romeny, Margaretha Folmer und Michael Jursa für Hinweise und die Diskussion dieses Wortes.

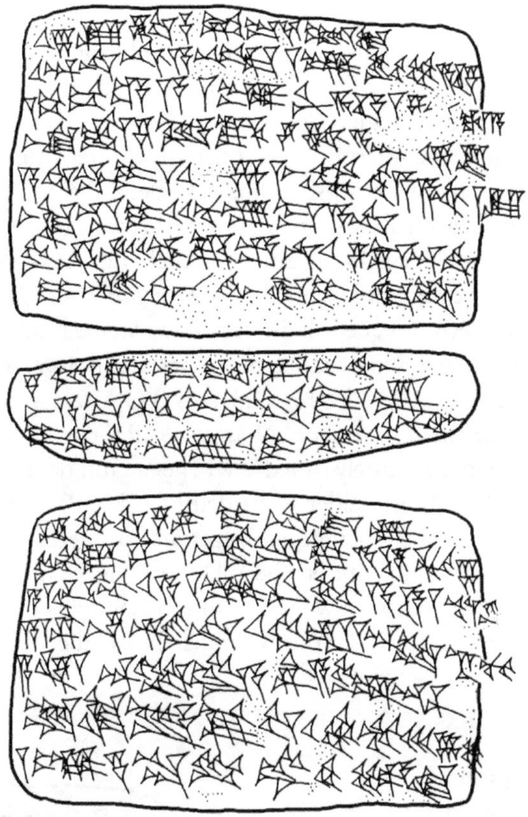

^{lú}*mu-kin-ni* ^{m}*gi-mil-lu* A-*šú šá* ^{m}NUMUN-*iá*
A ^{m}*ši-gu-u-a* ^{md}AG-DÙ-ŠEŠ A-*šú šá* ^{m}ÌR-^{d}[AG]
A ^{m}Ì.SUR-GI.NA *u* ^{lú}UMBISAG ^{md}AMAR.UTU-DUB-NUMUN
A-*šú šá* ^{md}AMAR.UTU-LUGAL-*a-ni* A ^{lú}SANGA-^{d}MAŠ
UNUG^{ki} ^{iti}KIN UD.10.KAM MU.36.KAM
^{md}AG-NÍG.DU-URÙ LUGAL TIN.TIR^{ki}

Übersetzung

15 Sekel Silber, Eigentum Ištars von Uruk und Nanājas, gehen zu Lasten von Nabû-aḫu-ēreš/Bibēa (und) Nabû-nāṣir/Zabidaja. Am Ende des Monats Ulūlu werden sie für diese 15 Sekel Silber je 76[000+] Ziegel pro Sekel (Silber) bei der Mauer zählen und an die Verantwortlichen von Eanna geben. Wenn sie Ende Ulūlu (die Ziegel) nicht übergeben haben, müssen sie sie zu einem Ziegelhaufen aufschlichten, (diesen) sichern und übergeben. Einer bürgt für den anderen.

Zeugen: Gimillu/Zēria/Šigûʾa
Nabû-bān-aḫi/Arad-[Nabû]/Ṣāḫit-ginê
und der Schreiber: Marduk-šāpik-zēri/Marduk-šarrāni/Šangû-Ninurta.
Uruk, den 10. Ulūlu des 36. Jahres Nebukadnezars, des Königs von Babylon.

Kommentar

Es handelt sich hier um einen ‚Werkvertrag' wohl zum Transport von Ziegeln, wofür der Tempel Silber zahlte. Die Ziegel mussten noch im selben Monat zur Baustelle, einer Unterstützungsmauer (*kisû*) einer Terrasse oder der Stadtmauer, geliefert werden. Wenn sie nicht termingerecht liefern konnten, mussten die Ziegellieferanten die Ziegel zu einem Stapel aufschlichten, der dann später Verwendung finden würde. Das CAD A, S. 4b, sub *amaru* A „pile of bricks" gibt mehrere Beispiele für das Aufschlichten von Ziegeln zu einem Stapel. Ein Text, VS 6, 64 weist dieselbe Konstruktion wie der vorliegende auf: *ana amari ikassīma ipeḫḫi ana* [...] *inandin* vom CAD übersetzt mit „he will deliver to [Ezida] the bricks tightly stacked in a pile". *peḫû* bedeutet „to bar, block, caulk, make watertight, fuse, seal, lute, confine, enclose, to store securely" (CAD P, S. 315). Vgl. auch YOS 15, 49 (zitiert in CAD P, S. 317b): *amarī ša ištu ūmi mādūtim peḫû* PN *ussappiḫ* „PN has squandered my piles of bricks which had long been securely stored". Was genau mit dem Ziegelhaufen getan wurde, um ihn zu sichern, wird leider nicht deutlich. Man könnte an Absicherung gegen Diebstahl denken, aber auch gegen Regen in Form einer leichten Abdichtung. Der Grund für die Forderung, die erst bei nicht termingerechter Lieferung noch im Ulūlu eingehalten werden muss, ist wohl die Unterbrechung der Bauarbeiten für die Dattelernte, die im Folgemonat Tašrītu (Oktober/November) begann. In dieser Zeit stieg auch die Regenwahrscheinlichkeit.

54. NCBT 2339

Vs 1 GÍN KÙ.BABBAR ^{md}AG-MU-GIŠ
A ^{md}AMAR.UTU-PAP
4-*ut* ^{md}EN-MU A ^{m}ÌR-*a*
šá a-na a-bat-tu_4 SUM-*nu*
Rs ^{iti}ŠE UD.16.KAM
MU.38.KAM

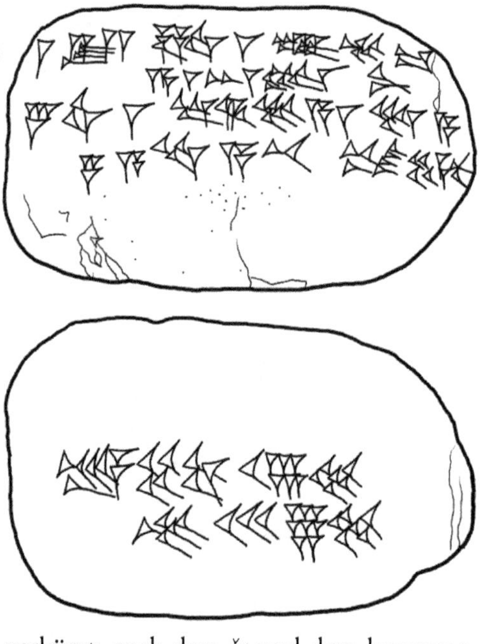

Übersetzung

Ein Sekel Silber (an) Nabû-šumu-līšir/Marduk-nāṣir.
Ein Viertel (Sekel) (an) Bēl-iddin/Ardia,
der wegen Reisig <geschickt wurde>,
gegeben.
16. Addāru des 38. Jahres

Kommentar

Das übliche Formular wurde hier stark verkürzt: nach dem *ša* und dem besorgten Produkt in Zeile 4 steht normalerweise das Verb *šapru* „gesandt".

55. PTS 2287

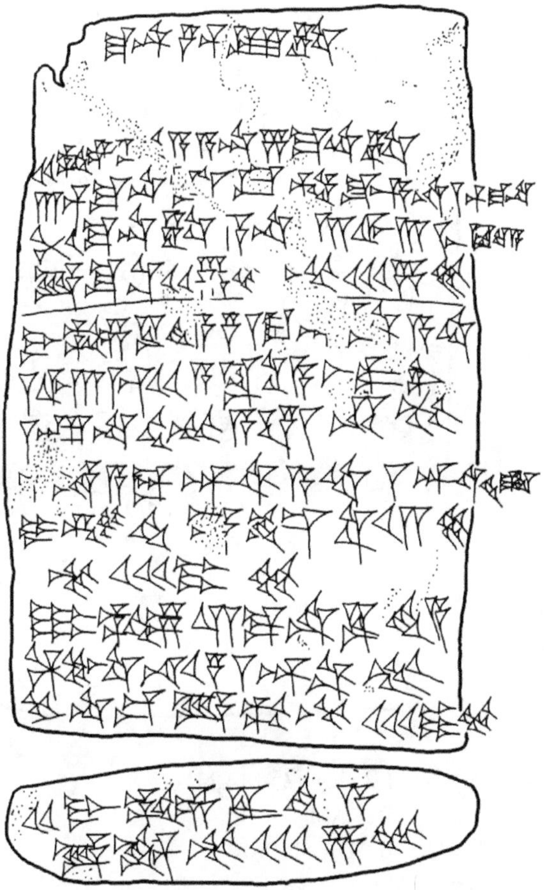

Vs [..] MA.NA *šá* ½ GÍN KÙ.BABBAR
20 GUN ⸢SÍK^{ḫi}⸣$^{\text{.a}}$ *a-na* 5 MA.NA KÙ.BABBAR
3½ MA.NA ⸢x x⸣ ⸢MÁŠ⸣.GAL *a-na* 1½ MA.NA
PAP 10 MA.NA KÙ.BABBAR *a-na* 3 LIM 3 ME ESÍR.ḪÁD.A
^{iti}ŠU UD.⸢29⸣.KAM [M]U.35.KAM
4 GUN SÍK$^{\text{ḫi.a}}$ *šá* ^{m}*lu-*⸢*ṣi-ana-*ZÁLAG⸣ *a-na*
1 LIM 3 ME 80 ESIR.ḪÁD.A *ina pa-ni*
^{m}[^{d}A]G-*na-din*-MU A-*šú šá* ^{m}EN-NUMUN
⸢*šá* KÁ⸣ ÍD-^{d}UTU *a-na* ^{md}UTU-TIN-*iṭ*
i-nam-din ^{iti}NE UD.12.KAM
MU.35.KAM
8 GUN 12 MA.NA SÍK$^{\text{ḫi.a}}$
qa-bu-ut-ti šá ^{md}UTU-MU
^{lú}NA.GAD ^{iti}GU$_4$ MU.36.KAM
uRd 24 GUN SÍK$^{\text{ḫi.a}}$
^{iti}NE MU.36.KAM

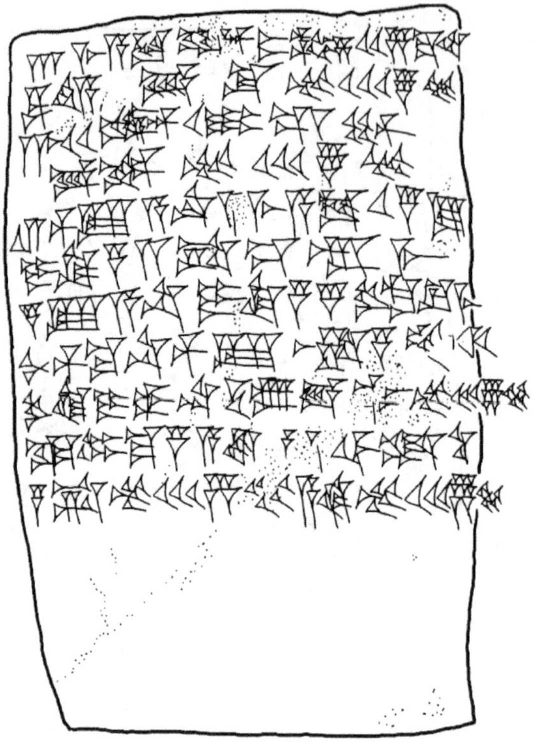

Rs 3 ME ESIR ŠÁM 2 GUN 25 MA.NA
SÍK$^{\text{ḫi.a}}$ ^{iti}ŠU MU.37.KAM
1 ME 20 ŠÁM 18 GUR ŠE.BAR
^{iti}NE MU.37.KAM
12 ½ GÍN *a-na* ⸢2⸣ ME ESIR 14 GÍN
i-di šá 2-*ta* ^{giš}MÁ^{me}
4 GÍN *a-na i-di šá* 4 ^{lú}ḪUN.GÁ^{me}
PAP ½ MA.NA ½ GÍN *ina* KÙ.BABBAR *šá* ⸢*it-ti*⸣
^{lú}*qí-i-pi na-šú-ú* ^{iti}⸢GU$_4$⸣ MU.38.KAM
ZÚ.LUM.MA *šá* A.ŠÀ *šá* ^{m}*ši-rik-tú*
šá TA MU.35.KAM *a-di* MU.38.KAM

Übersetzung

[x] Minen für einen halben Sekel Silber
zwanzig Talente Wolle für fünf Minen Silber
3½ Minen [.....] (vom) Ziegenbock für 1½ Minen - insgesamt zehn Minen Silber für 3300 (Talente) Bitumen. 29. Dûzu, 35. Jahr.
Vier Minen Wolle von Lūṣi-ana-nūri für 1380 (Talente) Bitumen stehen zur Verfügung von Nabû-nādin-šumi/Bēl-zēri, für die Mündung des Šamaš-Kanals wird er es an Šamaš-uballiṭ geben. 12. Abu des 35. Jahres.

Acht Talente, zwölf Minen Wolle (von) der Hürde des Šamaš-iddin, des Viehhalters, Ajjāru des 36. Jahres.
24 Talente Wolle, Monat Abu des 36. Jahres.
300 (Talente) Bitumen, Kaufpreis von zwei Talenten und 25 Minen Wolle, Dûzu des 37. Jahres.
120 (Talente Bitumen), Kaufpreis von 18 Kor Gerste, Abu des 37. Jahres.
12 ½ Sekel für 200 (Talente) Bitumen, 14 Sekel Miete für zwei Boote, vier Sekel als Lohn für vier Lohnarbeiter.
Insgesamt: ½ Mine und ½ Sekel von dem Silber, das mit dem *qīpu* mitgeschickt worden ist. Ajjāru, 38. Jahr.
Datteln vom Feld des Širiktu, vom 35. bis zum 38. Jahr.

Kommentar

Diese Sammelurkunde fasst Ausgaben für mehrere Ankäufe von Bitumen zusammen. Häufig wurde mit Wolle anstelle von Silber bezahlt, aber in Silber abgerechnet.

56. NCBT 138

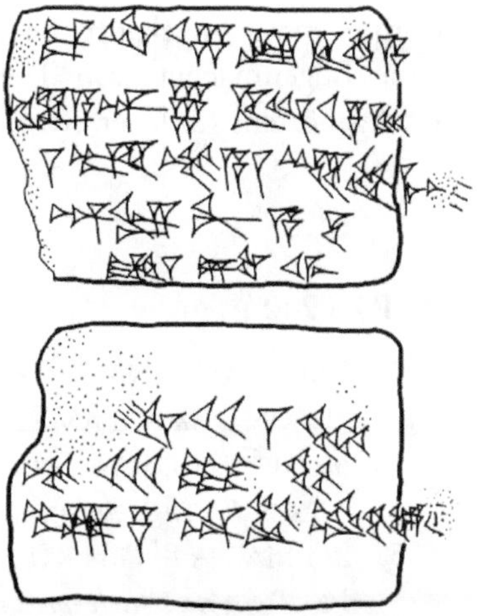

Vs [x] MA.NA 15 GÍN SÍK$^{\text{ḫi.a}}$
ŠÁM 8 *qáp-pat*^{meš}
[..] ^{md}EN-MU A ^{md}EN-ŠEŠ^{me}-⌜MU⌝
[*u* ^{m}]^{d}U.GUR-PAP A-*šú*
it-ta-ši
Rs [^{iti}SI]G$_4$ UD.21.KAM
⌜MU⌝.39.KAM
^{d}AG-NÍG.DU-URÙ LUGAL TIN.TIR$^{\text{⌜ki⌝}}$

Übersetzung

[x] Mine, 15 Sekel Wolle, der Kaufpreis von acht Körben, haben Bēl-iddin/Bēl-aḫḫē-⌜iddin⌝ [und] Nergal-nāṣir, sein Sohn, erhalten (weggetragen). 21.[Simā]nu des 39. Jahres Nebukadnezars, des Königs von Babylon.

Kommentar

Bēl-iddin und sein Sohn, die sonst im Archiv nicht bekannt sind, könnten unabhängige Rohrflechter gewesen sein. Der Tempel kaufte acht Körbe von ihnen und zahlte dafür mit Wolle.

57. PTS 2387

Vs 450 ^{giš}*šil-ta-ḫu*
šá ^{m}*re-mut* ^{lú}U.MUG
a-na 2 GÍN 4-*ut* KÙ.BABBAR
ina NÍG.GA
Rs 1 ^{kuš}*til-lu rak-su* ^{m}AN.GAL-
NUMUN-DÙ IGI-*ir*
^{iti}ZÍZ UD.22.KAM MU.42.KAM

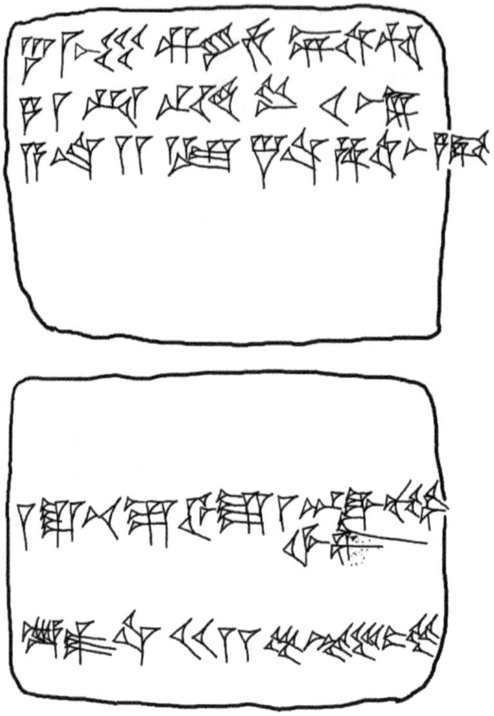

Übersetzung

450 Pfeile von Rēmūt, dem Bogenmacher, für 2¼ Sekel Silber, sind im Tempelbesitz.
Einen geschnürten Köcher hat Ištarān-zēru-ibni abgeliefert.
22. Šabāṭu des 42. Jahres

Kommentar

Bögen und Pfeile wurden vom Eanna-Tempel meist angekauft, da offenbar keine Bogenmacher zum Tempelpersonal gehörten, s. Kleber 2014: 430f.

58. PTS 2424

Vs 1 MA.NA 5 GÍN KÙ.BABBAR *šá* UD.5.KAM
šá ^{iti}KIN *a-na* KI.LAM *šá ḫu-ṣa-bi*
ina ŠU^{II} ^{m}NUMUN-*ú-tu* ^{lú}NAGAR *u* ^{m}*ni-din-tu*$_4$
A ^{m}ŠEŠ^{meš}-*e-šú šu-bu-lu ina lìb-bi*
2/3 MA.NA 8$^{!}$ GÍN KÙ.BABBAR *a-na* NÍG.GA *it-te-eḫ-su*
14 GÍN *a-na* ^{giš}*ḫi-le-pu*
it-tan-nu 3 GÍN *a-na i-di* ^{giš}MÁ
šá ḫu-ṣa-bi ina lìb-bi ú-<*še*>*-el-*⌈*li*⌉
Rs ^{iti}DU$_6$ UD.5.KAM MU.2.KAM ^{d}AG-NÍ.TUK
LUGAL TIN.TIR^{ki}

Übersetzung

Eine Mine, fünf Sekel Silber vom 5. Ulūlu wurden zum Ankauf von Holz (^{giš}*ḫuṣābu*) durch Zērūtu, den Zimmermann und Nidintu/Aḫḫēšu geschickt. Davon sind 2/3 Minen und acht$^{!?}$ Sekel Silber an den Tempelbesitz zurückgeflossen. 14 Sekel haben

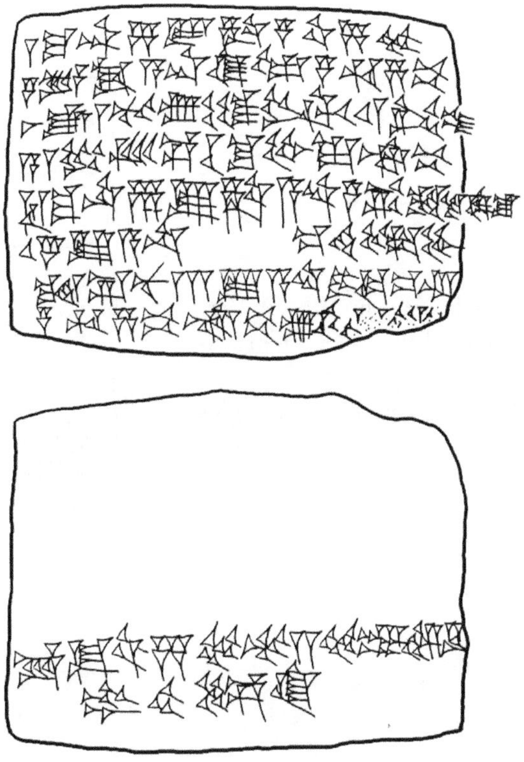

sie für Weidenholz ausgegeben (und) drei Sekel für die Miete des Bootes, in dem sie das Holz transportiert haben.

5. Tašrītu des 2. Jahres Nabonids, des Königs von Babylon.

Kommentar

Der Eanna-Tempel hat einen Zimmermann geschickt, um Holz zu kaufen, was wahrscheinlich in Uruk oder in der Umgebung erhältlich war. Nidintu/Aḫḫēšu war Eannas Mann für Gütertransporte, so z.B. in AnOr 8, 40, YOS 6, 167, PTS 3065 und BM 114610. *Ḫuṣābu* wird in Eanna generisch für „Holz" verwendet (Landsberger 1967a: 50f.), auch wenn es ursprünglich Holz von der Dattelpalme bezeichnete.

65 Sekel Silber wurden um Ankauf und für den Transport des Holzes bereitgestellt, wovon aber nur 17 Sekel ausgegeben wurden. Die an den Tempel zurückfließende Summe sollte also 48 Sekel betragen. Die Oberfläche der Tafel ist leicht porös. Im Bereich der unteren Hasten (Schäfte) der Ziffer, die insgesamt eher den Eindruck einer 6 macht, sind zwei Ansätze von Waagerechten auszumachen.

59. PTS 2984

Vs 1 GÍN KÙ.BABBAR *ina* ŠU^{II}
^{m}ŠEŠ-IGI *a-na*
a-bat-tu$_{4}$ *šá*
ki-i-ri šu-bul
Rs ^{iti}ZÍZ UD.10.KAM MU.2.KAM
^{d}AG-NÍ.TUK LUGAL E^{ki}

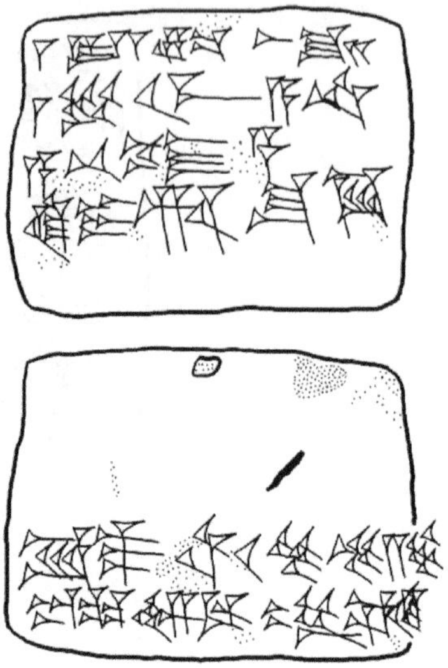

Übersetzung

Ein Sekel Silber steht Aḫu-lūmur zur Verfügung, (der) wegen Reisig für den Ofen ausgeschickt wurde.
10. Šabāṭu des 2. Jahres Nabonids, des Königs von Babylon

Kommentar

Der Mann erhielt einen Sekel Silber, um Brennmaterial zu kaufen.

60. PTS 2510

Vs 1 GUR *a-bat-tu*$_{4}$
a-na ^{md}*na-na-a*-MU
i-din

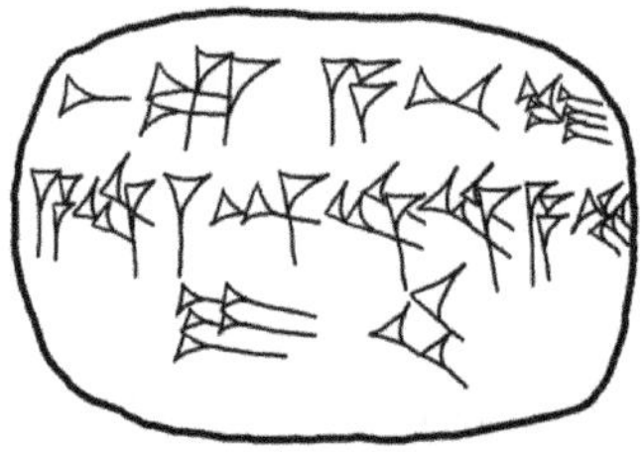

Übersetzung

Gib ein Kor Reisig an Nanāja-iddin!

Kommentar

Briefaufträge wie dieser wurden von Beamten des Tempels ausgestellt und Boten mitgegeben. Reisig wurde öfters gekauft, aber hier handelt es sich nicht unbedingt um einen Kauf. Der Empfänger könnte eine Lieferungsverpflichtung gegenüber dem Tempel gehabt haben, die später abgerechnet wurde. Briefaufträge haben dem Lieferanten vielleicht sogar als Nachweis der Lieferung gedient, siehe MacGinnis 1995: 20f.

5. Kapitel: Vieh und Häute

5.1. Einleitung

Die Viehwirtschaft war das wichtigste ökonomische Standbein des Eanna-Tempels. Die Haltung der großen Herden diente einerseits der Versorgung des Heiligtums mit Opfertieren (vor allem männliche Lämmer), andererseits der Produktion von Wolle für den kommerziellen Verkauf, was die wichtigste Geldeinnahmequelle des Tempels darstellte. Ein kurzer Blick auf die zahlreichen Texte, die die Zusammensetzung von Herden dokumentieren, zeigt, dass es immer einen deutlichen Überhang an weiblichen Tieren gab. Ein großer Teil der männlichen Lämmer wurde für das Opfer eingezogen. Ein kleiner Teil wurde zur Zucht behalten, der Rest der männlichen Jungtiere war der Profit der Viehhalter, die sich als Unternehmer um die Tempelherden kümmerten. Aufgrund dieses Musters klassifizierte M. Kozuh (2014: 7–13) die Eanna-Viehhaltung vorranging als „meat-production" und kritisierte Jursa (2003: 228), der in einem Aufsatz über die Tempelwirtschaft Wolle als das wichtigste Produkt des Eanna bezeichnete. Allerdings lässt eine Herdenzusammensetzung mit einem Überhang an weiblichen Tieren sowohl Fleisch- als auch Wollproduktion zu. Die Beantwortung der Frage des Vorrangs von Fleisch versus Wolle im Falle der Eanna-Schafherden ist in der Tat „of limited value", wie Kozuh (2014: 12) selbst anschließend einräumt, da Eannas Viehwirtschaft beides zum Ziel hatte. Die zahlreichen Herden waren für den Eanna-Tempel aber keinesfalls „sheep that happen to produce large quantities of wool" (Kozuh 2014: 8). Die Frage nach der ökonomischen Bedeutung der Schafzucht sollte nicht „Wolle oder Fleisch" sein und mit Hilfe des Verhältnisses von männlichen und weiblichen Tieren beantwortet werden. Ein Ansatz, der die Gesamtwirtschaft des Landes im Blickpunkt hat, verbindet die Bedeutung der Wirtschaftszweige mit der Frage, welche Produkte der Tempel nur für seinen eigenen Bedarf (wie groß er auch sein mag) produzierte und welche Produkte er auf den Markt brachte. In diesem Sinne – und so ist Jursa 2003 zu verstehen – steht für Eanna die Wollproduktion im Vordergrund. Aus der Sicht des Tempels diente die Fleischproduktion ausschließlich der Deckung des eigenen Bedarfs. Männliche Lämmer wurden nicht verkauft. Gekauft wurden sie nur in Einzelfällen,[130] im Gegensatz zum Ebabbar in Sippar, der auf die gewerbliche Produktion von Datteln spezialisiert war, und dessen Viehwirtschaft häufig nicht genug Opfertiere zur Verfügung stellen

130 Für einige vereinzelte Belege siehe Kleber 2010: 550.

konnte.[131] Eannas weitaus größere Herden waren selbst für dessen größeren Bedarf in der Regel ausreichend. Jungtiere waren außerdem der Gewinnanteil der Viehhalter. Wäre Wolle ein Nebenprodukt einer auf den eigenen Verbrauch ausgerichteten Viehhaltung, hätten weniger Schafe ausgereicht. Den Viehhaltern hätte man anstelle der Tiere Wolle überlassen können. Eanna scheint von den Viehhaltern jedoch den gesamten Ertrag an Wolle gefordert zu haben, was seine kommerzielle Ausrichtung auf die Wollproduktion verdeutlicht. Ankäufe von nicht oder unzureichend selbst produzierten Waren realisierte der Tempel mit dem Silber, das er vor allem durch den Verkauf der Wolle einnahm. Aus diesem Blickwinkel ist Wolle das vorrangige Produkt, das Muster der Herdenzusammensetzung ändert daran nichts.

Der Verkauf von Ziegen und nicht für das Opfer verwendbaren Tieren

Wie eingangs bereits erwähnt, verkaufte der Eanna-Tempel in der Regel keine Schafe, die für die Zucht oder für das Opfer tauglich waren. Das gewöhnliche Tieropfer im Eanna-Tempel bestand vor allem aus männlichen Lämmern oder jungen Hammeln. Pro Tag wurden mindestens neun Stück, an Festtagen bis zum 90 geopfert. Hinzu kamen regelmäßig auch Rinder und Vögel.[132] Die Tiere mussten gesund und äußerlich unversehrt sein, z.B. bestand das Rinderopfer aus Kälbern und jungen Stieren. Kastrierte Ochsen, die z.B. zum Pflügen verwendet wurden, kamen nicht auf den Opfertisch. Junge Ziegenböcke wurden ebenfalls geopfert – sie wurden regelmäßig als *ḫitpu*-Opfer geschlachtet. Das *ḫitpu* fand viermal im Monat statt und scheint mit den Mondphasen in Verbindung zu stehen.[133] In den Herden des Tempels waren aber stets mehr Ziegen als für das *ḫitpu*-Opfer und die Zucht benötigt wurden. Man hielt sie wohl unter anderem für den tempelinternen, nicht-kultischen Fleischverzehr: Ziegen wurden an Arbeiter bei öffentlichen Bauprojekten bzw. an deren Vorgesetze ausgegeben, durchschnittlich ein Ziegenbock pro Monat. Wenn man die *širku*-Truppe in ihrer Standardstärke von 180–210 Mann als Verbraucher annimmt, würde das Fleisch eines gut genährten Böckchens eine Portion von etwa 200g Fleisch pro Mann ergeben.[134] Vermutlich wurde Suppe oder Stew daraus gekocht.[135] Unfruchtbare Schafe oder im Maststall gestorbene Tiere konnten auch als Rationen an Arbeiter ausgegeben werden.[136]

Unter den nachfolgenden Texten sind weitere Zeugen für den Fleischkonsum der einfachen Bevölkerungsschichten. Der Tempel gab für das Opfer untaugliche Tiere, z.B. ältere oder unfruchtbare Schafe und Rinder sowie Tierkadaver (z.B. Nr.

131 Zahlreiche Opfertiere kamen als Geschenke des Königs und von Beamten an den Ebabbar-Tempel, weitere wurden zugekauft, siehe Jursa 2010: 515.
132 Zu den Opferlisten siehe Beaulieu 2003: 41–101.
133 Robbins 1996: 79.
134 Janković 2008: 447–449.
135 Kozuh 2010: 544.
136 Jursa 2010: 539 für Ebabbar; Kozuh 2010: 540 für Eanna.

61 (PTS 2413)) auch gegen Silber an Privatpersonen ab.[137] Ziegenböcke wurden in größerer Anzahl auf einmal veräußert (z.B. Nr. 62 (PTS 2244) und Nr. 63 (BM 114663)), wobei ein Bock anderthalb bis zwei Sekel Silber einbrachte. Aber auch weibliche Tiere (Nr. 70 = PTS 3010) und eine vollständige gemischte Herde von 34 Tieren wurden verkauft (Text 71 = BM 114469). Diese Verkäufe, die bei Schafen so nicht vorkommen, basieren mit Sicherheit darauf, dass die Tempelherden mehr Ziegen produzierten, als zur Reproduktion und zur Bereitstellung der Jungböcke für das *ḫitpu*-Opfer nötig waren. Ziegenhaar wurde zwar verwendet, spielte aber eine eher untergeordnete Rolle. Ziegen stellten somit ein Nebenprodukt der Eanna-Viehwirtschaft dar, das ebenso wie Schafwolle – allerdings in unvergleichlich geringerem Umfang – dem Tempel Silbereinkünfte brachte.[138]

137 Siehe dazu Kleber 2010: 542; 561f. und Kozuh 2010.

138 Zuweilen wurden andere Güter akzeptiert, z.B. Häute oder Gerste, siehe Kleber 2010: 562.

5.2. Editionen
61. PTS 2413

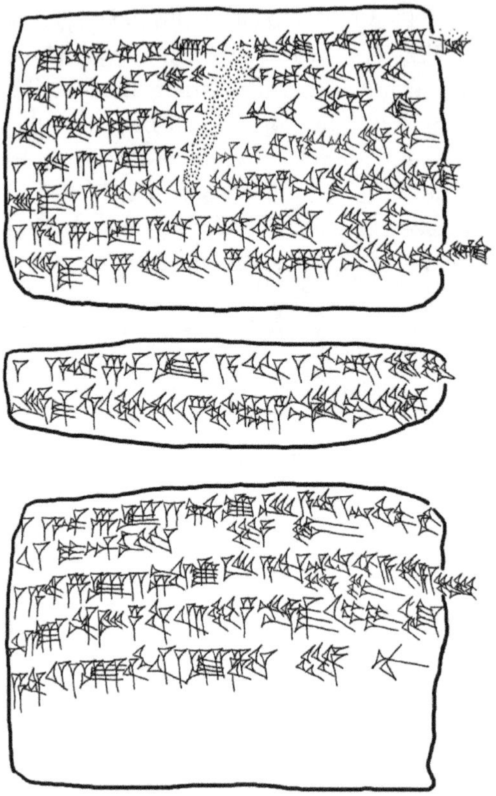

Vs 1 1 UDU.NÍTA šá ina É.GUR₇ᵐᵉ ⌈mi⌉-i-tu a-na 6 GÍN ⌈bit-qa⌉ KÙ.BABBAR
       a-na ᵐᵈUTU-TIN-⌈iṭ⌉ SUM-i[n] ⌈iti⌉ AB UD.23.KAM
       MU.14.KAM ᵈAG-NÍG.DU-[URÙ] [LU]GAL TIN.TIRki
       1 a-na 3 ½ GÍN a-n[a] ᵐᵈU.GUR-⌈MU?⌉-MU SUM-in
   5 itiZÍZ UD.3.KAM MU.⌈14⌉.KAM ᵈAG-NÍG.DU-URÙ LUGAL TIN.TIRki
       1 a-na 5 ½ GÍN a-na ᵐᵈUTU-TIN-iṭ SUM-in
       itiZÍZ UD.5.KAM MU.14.KAM ᵈAG-NÍG.DU-URÙ LUGAL TIN.TIRki
Rd   1 a-na 5 ½ GÍN a-na ᵐDÙ-ᵈINNIN SUM-in
       itiZÍZ UD.10.KAM MU.14.KAM ᵈAG-NÍG.DU-URÙ LUGAL TIN.TIR[ki]
Rs 10 1 a-na 6 GÍN 2-ta KUŠᵐᵉš a-na ᵐᵈUTU-DÙ-ni
       u ᵐI-ᵈAMAR.UTU SUM-in
       1 a-na 5 GÍN 2-ta KUŠᵐᵉš a-na <m>ᵈna-na-a-MU A ᵐMU-URÙ
                                                         SUM-in
       PAP 2 UDU.NÍTAᵐᵉš šá UD.13.KAM šá itiZÍZ mi-i-tu
       a-na 12 GÍN šal-šú 1 GÍN KÙ.BABBAR SUM-nu
                                              °Rasur°

Übersetzung

Ein Hammel, der im *bīt karê* gestorben ist, für 6⅛ Sekel Silber an Šamaš-uballiṭ gegeben. 23. Ṭebētu des 14. Jahres Nebukadnezars, des Königs von Babylon.
Ein (Hammel) für 3 ½ Sekel an Nergal-⌜šumu?⌝-iddin gegeben, 3. Šabāṭu des 14. Jahres Nebukadnezars, des Königs von Babylon.
Einer für 5½ Sekel an Šamaš-uballiṭ gegeben, 5. Šabāṭu des 14. Jahres Nebukadnezars, des Königs von Babylon.
Einer für 5½ Sekel an Ibni-Ištar gegeben. 10. Šabāṭu des 14. Jahres Nebukadnezars, des Königs von Babylon.
Einer für sechs Sekel, zwei Häute an Šamaš-bāni und Na'id-Marduk gegeben.
Einer für fünf Sekel, zwei Häute an Nanāja-iddin/Šumu-uṣur gegeben.
Insgesamt zwei Hammel, die am 13. Šabāṭu gestorben sind für 12⅓ Sekel Silber gegeben.

Kommentar

Das *bīt karê* ist eine Art Produktionszentrum des Eanna-Tempels. Dort befanden sich Werk- und Lagerstätten und es wurde Bier gebraut und Schafe geschoren.
Der Text verzeichnet den Verkauf der im Šabāṭu des 14. Regierungsjahres gestorbenen Hammel an Privatpersonen zum Verzehr des Fleisches. Die Preise sind unerklärlich hoch: Ein Kadaver konnte mehr als sechs Sekel Silber kosten. Selbst wenn es sich um gemästete Schafe handelte, was möglich ist, wäre der Preis viel zu hoch, denn er übersteigt selbst den durchschnittlichen Preis für lebende Schafe.[139] Aus der Zeit Nabonids haben wir mehrfach Preise für Schafskadaver, die alle zwischen einem Drittel und 0.6 Sekel Silber kosten.[140] Unser Text datiert vom 14. Jahr Nebukadnezars. Aus dieser Zeit haben wir nur wenige Texte mit eindeutigen Preisen für Kadaver, die wir vergleichen können.[141] Auffällig ist auch die „Summierung“: nach dem Zeichen PAP folgt nicht die Summe, sondern einfach ein weiter Eintrag. Die Ziffern 1 sind normal geschrieben und auch sonst gibt es keine graphischen Hinweise darauf, dass es sich um Zählhilfen (z.B. für sechs oder zehn Tiere) handelt. Es ist mir unklar, was es mit diesem Text auf sich hat. Die letzte Zeile ist teilweise über Rasur geschrieben und im unten Teil der Rückseite befinden sich Spuren einer durch Auswischen entfernten Zeile.

139 Vgl. die Schafspreise in Tabelle 116 in Jursa 2010: 735–739. Vergleichsweise hohe Preise wurden im Jahre 37 Nbk auch für Entenkadaver gezahlt: 1/3 Sekel Silber (Nr. 68 (YBC 9053)) und ½ Sekel für eine tote Mastente (GC 1, 112). Soviel kostete zur Zeit Nabonids ein Schafskadaver, siehe die folgende Fußnote.

140 Z.B. AnOr 8, 34 (15 Nbn): 0.6 š; YOS 6, 209: 0.5 š; BM 114537: 0.5 bis 0.6 š. Siehe auch Jursa 2010: 539 für Preise aus dem Ebabbar-Archiv und Kleber 2010: 561f. für Eanna.

141 Ein hoher Preis scheint in YOS 17, 196 (aus dem 21. Jahr Nebukadnezars) bezeugt sein: drei Häute (KUŠ) und ein Schafskadaver kosten 10 Sekel Silber. Dieser Text müsste kollationiert werden, vielleicht ist das Zeichen UDU statt KUŠ und bezeichnet lebende Schafe. Die Zahlen im vorliegenden Text sind aber gut lesbar.

62. PTS 2244

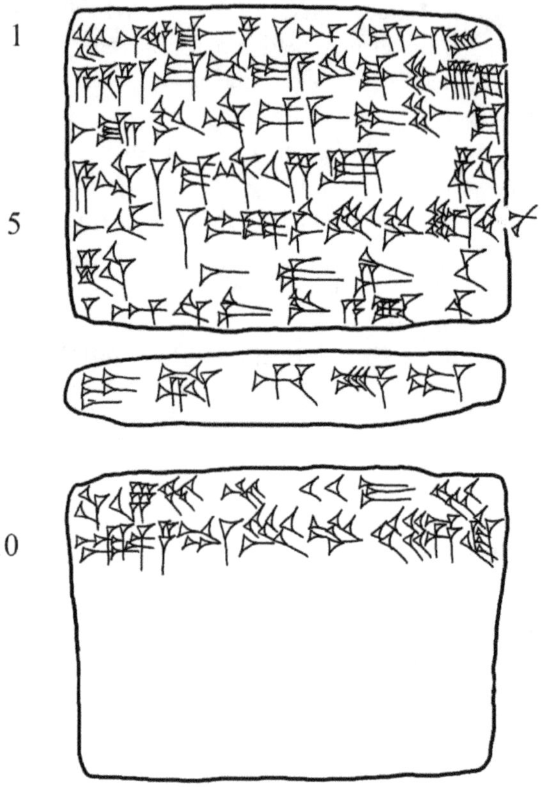

Vs
50 MÁŠ.GAL *šá* ^{md}U.GUR-GI
A-*šú šá* ^{m}*ba-bi-ia* ^{lú}GAL *bu-ú-lu*
ina ŠU^{II} ^{lú}NA.GAD^{me} *i-bu-ku*
a-na 1 MA.NA 15 GÍN KÙ.BABBAR
ina IGI ^{md}AG-DÙ-ŠEŠ ^{lú}*sar-tin-nu*
KÙ.BABBAR *ina pa-ni-šú*
^{md}UTU-DÙ ^{lú}A.KIN-*šú*
i-ta-ši$^{!}$ ^{iti}AB
UD.18.KAM MU.23.KAM
^{d}AG-NÍG.DU-URÙ LUGAL TIN.TIR^{ki}

Übersetzung

Fünfzig ausgewachsene Ziegenböcke, die Nergal-ušallim/Bābia, der Viehvorsteher (*rab būli*) durch die Viehhalter hergebracht hat, sind für eine Mine, 15 Sekel Silber an Nabû-bān-aḫi, den *sartennu* gegeben. Das Silber ist (noch) bei ihm. Šamaš-ibni, sein Bote hat (die Tiere) weggebracht.
18. Ṭebētu des 23. Jahres Nebukadnezars, des Königs von Babylon.

Kommentar

Der *sartennu*, ein hoher Reichsbeamter mit juridischen Aufgaben, benötigte eine große Anzahl von Ziegenböcken, vielleicht zum Verzehr für eine Gruppe von Personen, deren zeitweilige Verpflegung im Verantwortungsbereich des *sartennu* lag. Der Eanna-Tempel ließ die Tiere durch seine Viehvorsteher von den Weiden zum Tempel bringen, wo sie von einem Boten des *sartennu* abgeholt wurden. Die Böcke, von denen jeder 1.5 Sekel Silber kostete, waren bei Abholung noch nicht bezahlt worden.

63. BM 114663

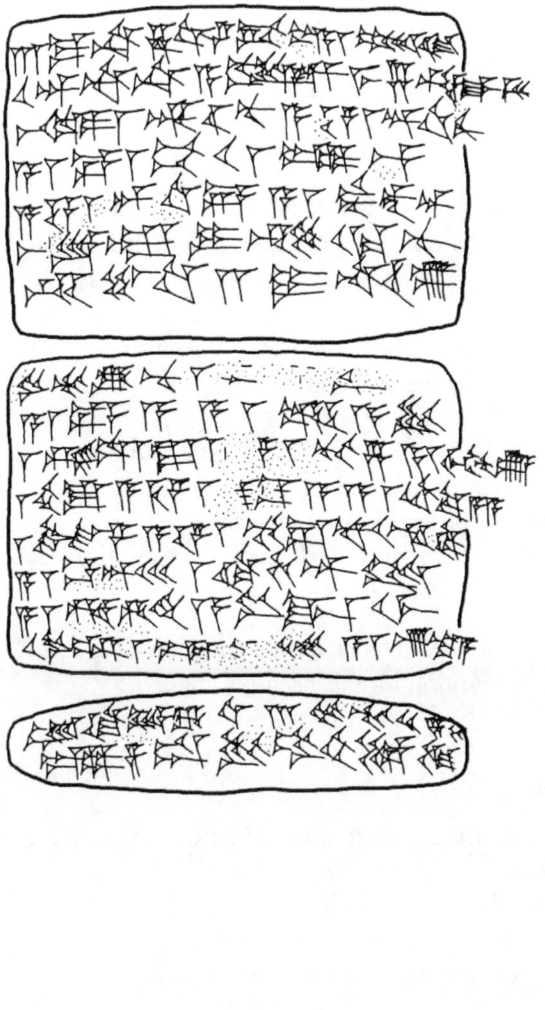

Vs 1   3 MA.NA KÙ.BABBAR NÍG.GA ᵈINNIN UNUG^ki
        u ᵈna-na-a ŠÁM 1 ME 5 MÁŠ.GAL^meš
        ina UGU ᵐEN-šú-nu A-šú šá ᵐᵈUTU-PAP
        A ᵐe-gì-bi u ᵐᵈAG-SUR
     5 A-šú šá ᵐᵈUTU-SIG₁₅ A ᵐár-kát-DINGIR
        ina ^itiAPIN i-nam-di-nu
        1-en pu-ut 2-i na-šu-ú
Rs   ^lúmu-kin-nu ᵐ[ᵈU.GUR]-PAP
        A ᵐKAL-a A ᵐᵈEN-A-URÙ
     10 ᵐgi-mil-lu A-šú šá ᵐNUMUN-iá A ᵐši-gu-ú-a
        ᵐTIN-su A-šú šá ᵐšu-ma-a A ᵐna-ba-a-a
        ᵐSÙḪ-SUR A-šú šá ᵐNUMUN-kit-ti-SI.SÁ
        A ᵐZÁLAG-ᵈ30 ᵐDI.KUD-ᵈAMAR.UTU
        A ᵐre-mut A ^lúGAL-1000
     15 u ^lúUMBISAG ᵐᵈAG-na-din-MU A ᵐṣil-la-a
Rd   UNUG^ki ^itiKIN UD.3.KAM MU.25.KAM
        ᵈAG-NÍG.DU-URÙ LUGAL TIN.TIR^ki

Übersetzung

Drei Minen Silber, Eigentum Ištars von Uruk und Nanājas, Kaufpreis von 105 Ziegenböcken, gehen zu Lasten von Bēlšunu/Šamaš-nāṣir/Egibi und Nabû-ēṭir/Šamaš-udammiq/Arkāt-ilī. Im Monat Araḫšamnu werden sie (das Silber) geben. Einer bürgt für den anderen.

Zeugen: [Nergal]-nāṣir/Aqara/Bēl-aplu-uṣur
              Gimillu/Zēria/Šigûʾa
              Balāssu/Šumaja/Nabaja
              (Ina)-Tēšî-ēṭir/Zēru-kitti-līšir/Nūr-Sîn
              Dajjān-Marduk/Rēmūt/Rab-līmi

und der Schreiber: Nabû-nādin-šumi/Ṣillaja.
Uruk, den 3. Ulūlu des 25. Jahres Nebukadnezars, des Königs von Babylon.

Kommentar

Der Schreiber hat von diesem Kaufvertrag am selben Tag ein Duplikat angefertigt, BM 114461, dessen Edition hier als nächstes folgt.

64. BM 114461

Vs 1   3 MA.NA ⌜KÙ⌝.BABBAR NÍG.GA ᵈINNIN UNUG^⌜ki⌝
        u ᵈna-na-a ŠÁM 1 ME 5 MÁŠ.GAL^meš
        ina muḫ-ḫi ᵐEN-šú-nu A-šú šá ᵐᵈUTU-PAP
        ⌜A⌝ ᵐe-gì-bi u ᵐᵈAG-⌜SUR⌝ A ᵐᵈUTU-SIG₁₅
     5 A ᵐár-kát-DINGIR ina ^itiAPIN i-nam-di-nu

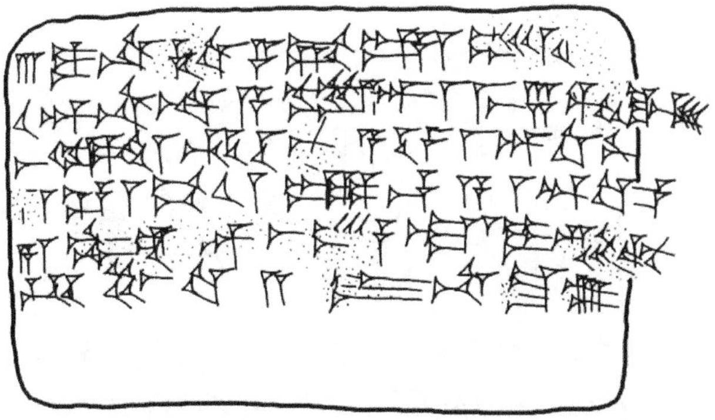

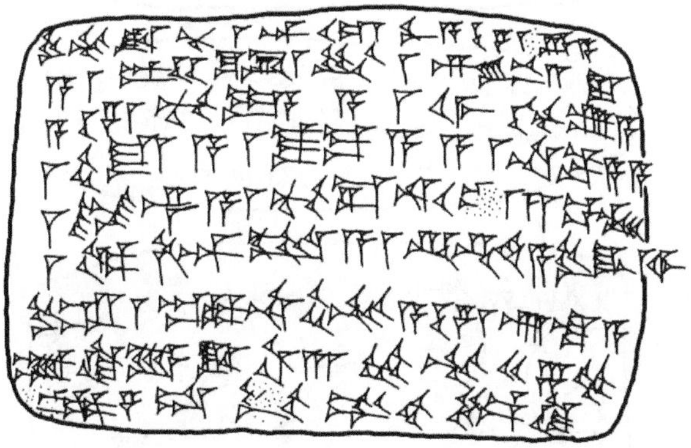

1-*en pu-ut* 2-*i na-šu-ú*

Rs ^{lú}*mu-kin-nu* ^{md}U.GUR-PAP A-*šú šá* ^{m}KAL-*a*

A ^{md}EN-IBILA-URÙ ^{m}*gi-mil-lu*

A-*šú šá* ^{m}NUMUN-*ia* A ^{m}*ši-gu-ú-a*

^{m}TIN-*su* A ^{m}*šu-ma-a* A ^{m}*na-ba-a-a*

^{m}SÙḪ-SUR A ^{m}NUMUN-*kit-ti*-⸢GIŠ⸣ A ^{m}ZÁLAG-^{d}30

^{m}DI.KUD-^{d}AMAR.UTU A ^{m}*re-mut* A ^{lú}GAL–1000

^{lú}UMBISAG ^{md}AG-*na-din*-MU A-*šú šá* ^{m}*ṣil-la-a*

UNUG^{ki} ^{iti}KIN UD.3.KAM MU.25.KAM

^{d}AG-NÍG.DU-⸢URÙ⸣ LUGAL TIN.TIR^{ki}

Kommentar

Der Text ist ein Duplikat des vorangehenden, siehe dort für die Übersetzung.

65. YBC 4120

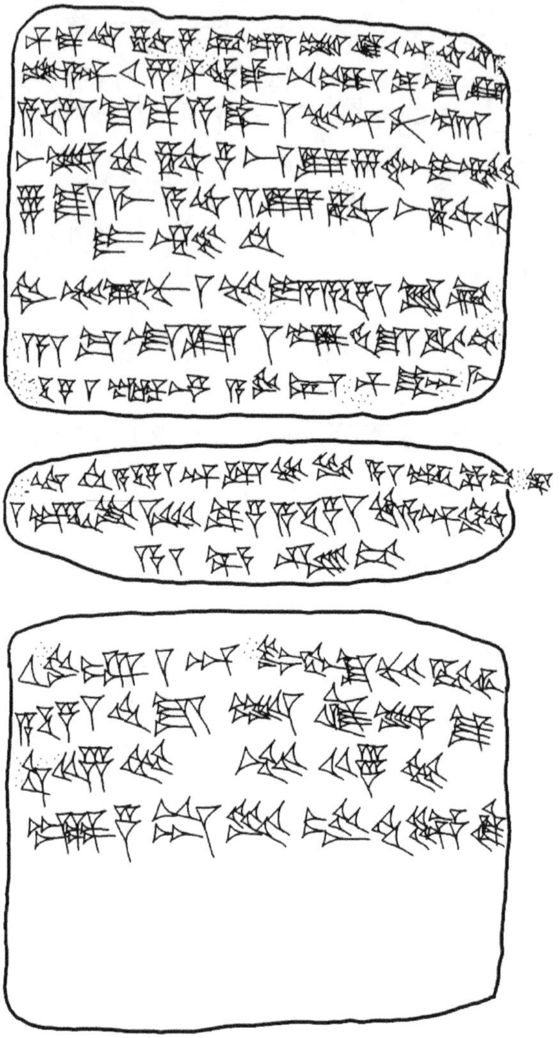

Vs ½ MA.NA KÙ.BABBAR NÍG.GA ^{d}INNIN UNUG^{ki} *u* ^{d}*na-na-*⸢*a*⸣
ŠÁM 15 MÁŠ.GAL *ina* UGU ^{m}*ba-la-ṭu*
A-*šú šá* ^{m}*šu-ma-a* DUMU ^{m}MU-^{d}*pap-sukkal*
ina ^{iti}ŠE KÙ.BABBAR *šá ina* 1 GÍN 6-*u*ʾ *i-nam-din*
8 KUŠ^{me} *a-na* 2 GÍN KÙ.BABBAR *ina* KÙ.BABBAR-*šú*
i-nam-din
^{lú}*mu-kin-nu* ^{m}NUMUN-*ia* A-*šú šá* ^{m}*bul-luṭ*
A ^{m}*ba-la-ṭu* ^{md}AG-TIN-*su-iq-bi*
[A]-*šú šá* ^{md}AG-SUR A ^{lú}É.BAR-BÁRA^{me}

Rd $^{\ulcorner m\urcorner}$*na-din* A-*šú šá* ^{md}URAŠ-MU-URÙ A ^{md}EN-*e-ṭ*[*è*]-*ru*
^{md}EN-ŠEŠ^{meš}-BA-*šá* A-*šú šá* ^{m}KAR-^{d}AMAR.UTU
A ^{m}*e-gi-bi*
Rs *u* ^{lú}UMBISAG ^{md}*in-nin*-NUMUN-GÁL-*ši*
A-*šú šá* ^{m}TIN-*su* UNUG^{ki} ^{iti}ŠU
UD.25.KAM MU.27.KAM
^{d}AG-NÍG.DU-URÙ LUGAL TIN.TIR^{ki}

Übersetzung

Eine halbe Mine Silber, Eigentum der Ištar von Uruk und Nanājas, Kaufpreis von 15 Ziegenböcken, gehen zu Lasten von Balāṭu/Šumaja/Iddin-Papsukkal. Im Monat Addāru wird er das Silber, das auf einen Sekel ein Sechstel (Legierung aufweist), geben. Acht Häute für zwei Sekel Silber wird er von seinem Silber geben.
Zeugen: Zēria/Bulluṭ/Balāṭu
Nabû-balāssu-iqbi/Nabû-ēṭir/Šangû-parakki
Nādin/Uraš-šumu-uṣur/Bēl-eṭēri
Bēl-aḫḫē-iqīša/Mušēzib-Marduk/Egibi
und der Schreiber: Innin-zēru-šubši/Balāssu
Uruk, den 25. Dûzu des 27. Jahres Nebukadnezars, des Königs von Babylon.

Kommentar

Der Käufer der Ziegenböcke kann den Preis einige Monate später zahlen. Zusätzlich wird vereinbart, dass er anstelle von zwei Sekeln Silber – den Preis eines Bocks – auch acht Häute liefern kann.

66. BM 114493

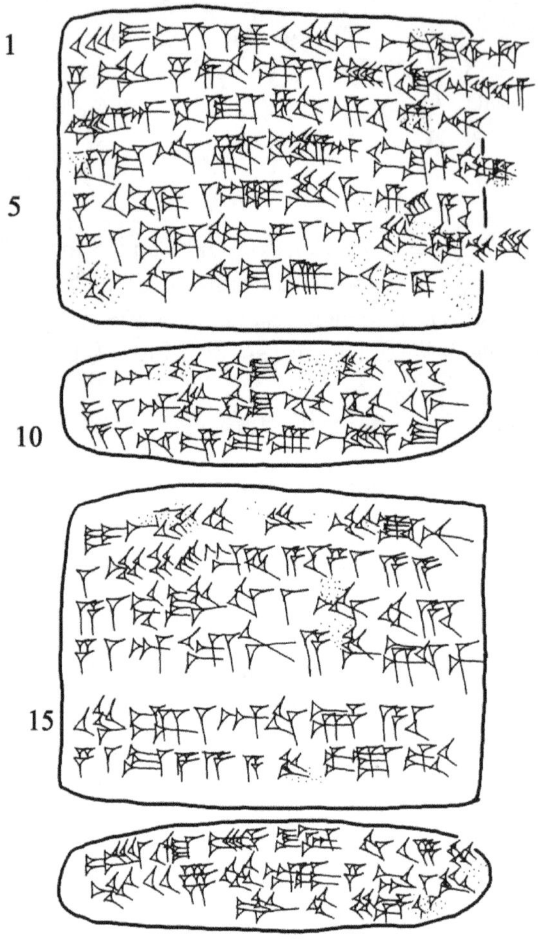

Vs 33 GUR 1 (PI) 4 BÁN ŠE.BAR *ina* ^{giš}*ma-ši-ḫu*
šá LUGAL NÍG.GA ^{d}INNIN UNUG^{ki} *u* ^{d}*na-na-a*
ŠÁM ⅓ GÍN KÙ.BABBAR *re-eḫ-ti*
⅚ MA.NA KÙ.BABBAR ŠÁM ÁB.GAL^{me} SAL.MÁḪ$^{!}$
šá UGU ^{m}AG-ŠEŠ^{me}-GI A-*šú*
šá ^{m}*ka-lum šá* ^{md}*in-nin*-MU-URÙ
pu-ut na-šu-ú ina UGU
Rd ^{md}*in-nin*-[MU]-URÙ A-*šú*
šá ^{md}*in-nin*-NUMUN-GÁL-*ši*
A ^{m}*ḫu-un-zu-ú ina* ^{iti}ŠU

Rs *i-nam-din* ^{lú}*mu-kin-nu*
^{m}*mu-še-zib-*^{d}EN A-*šú šá* ^{m}A-*a*
A ^{m}*ár-rab-tú* ^{m}*na-din* A-*šú*
šá ^{md}U.GUR-PAP ^{lú}UŠ.BAR
u ^{lú}UMBISAG ^{md}UTU-SIG$_{15}$ A-*šú*
šá ^{m}BA-*šá-a* A ^{lú}SIPA-GU$_{4}$
Rd UNUG^{ki} ^{iti}BÁRA UD.15.KAM
MU.28.KAM ^{md}AG-NÍG.DU-URÙ
LUGAL TIN.TIR^{ki}

Übersetzung

33;1.4 Gerste im *mašīḫu*-Maß des Königs, Eigentum der Ištar von Uruk und Nanājas, Kaufpreis von ⅓ Mine Silber, der Rest von ⅚ Mine Silber, der Kaufpreis einer unfruchtbaren erwachsenen Kuh zu Lasten von Nabû-aḫḫē-šullim/Kalum, für die Innin-šumu-uṣur die Bürgschaft übernommen hatte, gehen zu Lasten von Innin-šumu-uṣur/Innin-zēru-šubši/Ḫunzû. Im Monat Dûzu wird er (die Gerste) geben.
Zeugen: Mušēzib-Bēl/Aplaja/Arrabtu
Nādin/Nergal-nāṣir/Išparu
und der Schreiber: Šamaš-udammiq/Iqīšaja/Rēʾi-alpi.
Uruk, den 15. Nisānu des 28. Jahres Nebukadnezars, des Königs von Babylon.

Kommentar

Zeile 4: Zu SAL.MAḪ als unfruchtbares weibliches Tier (Kühe und Schafe), siehe van Driel 1995: 221. Der Preis von fünfzig Sekeln Silber für eine unfruchtbare Kuh ist extrem hoch, selbst wenn es sich um ein gesundes, für das Pflügen noch geeignetes Arbeitstier handelt. Die Rinderpreise, die van Driel (1995: 231f.) angibt, gehen selbst für trainierte Pflugochsen und gemästete Tier nie über dreißig Sekel hinaus. Ein Vergleichspreis für eine unfruchbare Kuh kommt vom Text YOS 6, 58 (3 Nbn): Der Käufer bezahlte vier Sekel Silber. Die vorliegende Tafel weist zwar ein paar Salzverkrustungen beim Zeichen für ⅚ in Zeile 4 auf, aber die Ziffer ist doch lesbar. Auch die Ziffer ⅓, d.h. zwanzig Sekel, in Zeile 3 ist deutlich zu erkennen. Der Gerstepreis von 0.6 Sekel pro Kor ist als Preis während oder als antizipierter Preis kurz vor der Ernte nicht auffällig.

67. PTS 2529

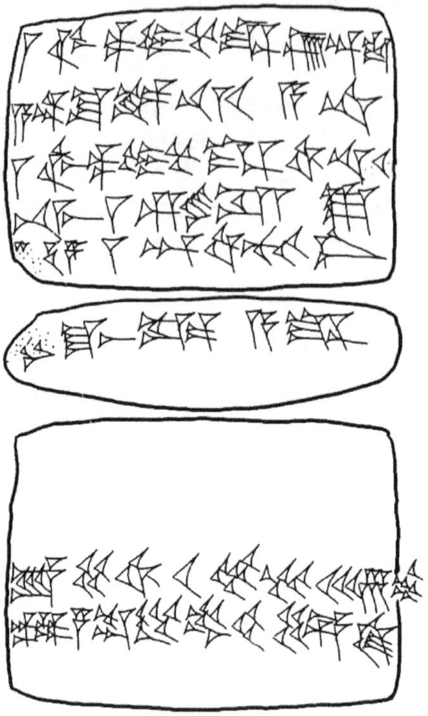

Vs 1   1 ˢᵃˡANŠE.KUR.RA *sa-an-da*   1
       a-na šu-pel-ti a-na
       1 ˢᵃˡANŠE.KUR.RA BABBAR-*ti*
       ina IGI ᵐ*gi-mil-lu*
   5 ⌈A⌉-*šú šá* ᵐᵈUTU-NUMUN-DÙ
Rd   ˡúGAL *ka-a-ra*
       ⁱᵗⁱŠE UD.10.KAM MU.36.KAM   5
       ᵈAG-NÍG.DU-URÙ LUGAL TIN.TIRᵏⁱ

Übersetzung

Eine rote Stute im Austausch gegen eine weiße Stute steht zur Verfügung von Gi-millu/Šamaš-zēru-ibni, dem Hafenvorsteher (*rab kāri*).
10. Addāru des 36. Jahres Nebukadnezars, des Königs von Babylon.

Kommentar

Es geht hier um einen Tausch, nicht um einen Kauf. Das Adjektiv *sāndu* < *sāmtu* ist die feminine Form von *sāmu* „rot".

68. YBC 9053

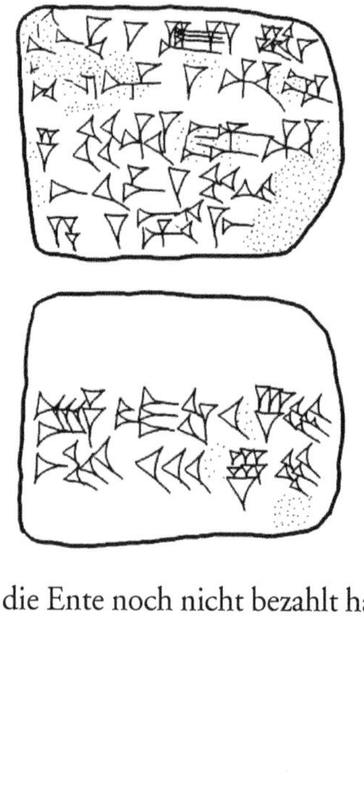

Vs 1   ⌈*šal*⌉-*šú* 1 GÍN KÙ.BABBAR
       ⌈ŠÁM⌉ 1 *pag-ra*
       šá UZ.TURᵐᵘšᵉⁿ
       ina IGI ᵐ*nad-n*[*a-a*]
   5 A ᵐ*am-me-*[*ni-ìl*]?
Rs   ⁱᵗⁱGAN UD.14.KAM
       MU.37.KAM

Übersetzung

⅓ Sekel Silber, der Kaufpreis für einen Entenkadaver steht zur Verfügung von Nadnaja/Amme[ni-il]?.
14. Kislīmu des 37. Jahres.

Kommentar

Wahrscheinlich bedeutet *ina pān* hier, dass Nadnaja die Ente noch nicht bezahlt hat, das Silber also noch „bei ihm" ist.

69. NCBT 1255

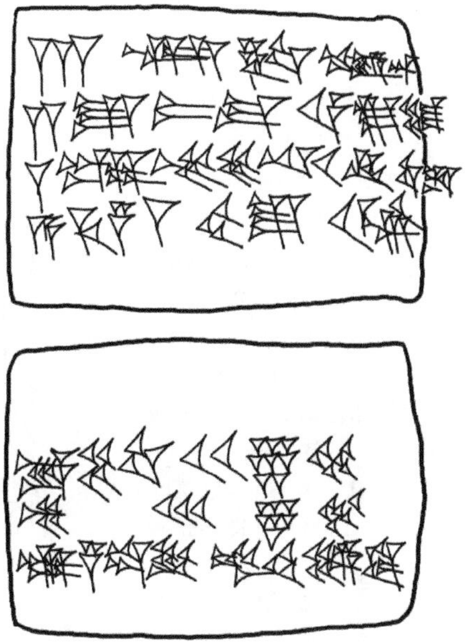

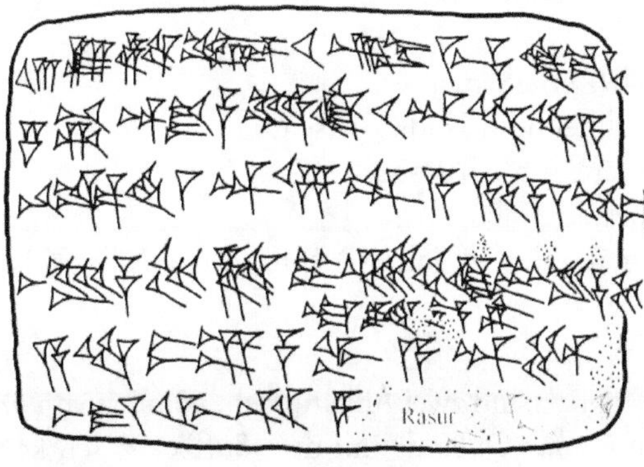

Vs 1 3 GÍN KÙ.BABBAR ŠÁM
    2 KUŠ TAB.BA *pat-lu-tu*
    ^{md}AG-*mu-še-ti-iq-ud-da*
    A-*šú šá* ^mTIN-*su* IGI-*ir*
Rs 5 ^{iti}ŠE UD.28.KAM
    MU.37.KAM
    ^dAG-NÍG.DU-URÙ LUGAL TIN.TIR^{ki}

Übersetzung

Drei Sekel Silber, der Kaufpreis von zwei zerknitterten? gegerbten Häuten, hat (der Tempel) von Nabû-mušētiq-uddê/Balāssu empfangen.
28. Addāru des 37. Jahres Nebukadnezars, des Königs von Babylon.

Kommentar

In Zeile 2 steht vielleicht *patlu* „intertwined, convoluted" (CAD P, S. 278), hier möglicherweise Häute, die nicht glatt und gerade, sondern verschrumpelt oder gar aneinanderklebend / ineinander verdreht abgeliefert wurden.

70. PTS 3010

Vs 1 13 GÍN KÙ.BABBAR ŠÁM 10 ÙZ^{me} *šá ḫur-ba-šú*
    NÍG.GA ^dGAŠAN *šá* UNUG^{ki} *u* ^d*na-na-a*
    ina muḫ-ḫi ^{md}15-GIN-A A-*šú šá* ^mNUMUN-GIŠ
    ina ^{iti}ŠE KÙ.BABBAR *i-nam-din ki-i ina* ^{iti}ŠE
  5   *la it-tan-ni*
    a-na 2 GUR 2 PI *a*₄ ŠE.BAR
    ina ma-ši-ḫu {*šá*}

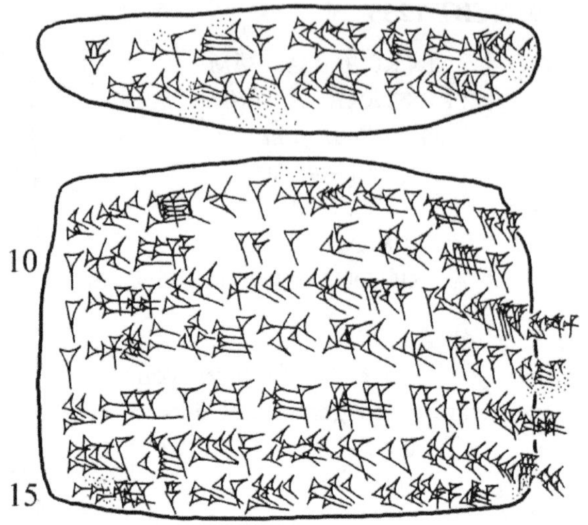

Rd *šá* ^{d}GAŠAN *šá* UNUG^{ki}
i-nam-di[*n*]
e-lat ra-šu-tu šá UGU-*šú*
Rs ^{lú}*mu-kin-nu* ^{m}*gi-mil-lu*
A-*šú šá*
^{m}NUMUN-*ia* A ^{m}*ši-gu-ú-a*
^{md}AG-ŠEŠ^{meš}-MU A-*šú šá*
^{m}*nad-na-a* A-{*šú šá*}
^{lú}UŠ.BAR
^{md}*in-nin*-NUMUN-GÁL-*ši*
A-*šú šá* $^{m⌜}$TIN-*su*⌝
^{lú}UMBISAG ^{m}*ba-la-ṭu* A-*šú šá*
^{m}ÌR-^{d}AG
UNUG^{ki} ^{iti}SIG$_{4}$ UD.11.KAM
MU.39.KAM
^{d}AG-NÍG.DU-URÙ
LUGAL TIN.TIR^{ki}

Übersetzung

Dreizehn Sekel Silber, der Kaufpreis von zehn Ziegen mit Winterhaar$^{?}$, Eigentum der Herrin von Uruk und Nanājas, gehen zu Lasten von Ištar-mukīn-apli/Zēru-līšir. Im Monat Addāru wird er das Silber geben. Wenn er es im Monat Addāru nicht gegeben haben wird, muss er (pro Sekel Silber) 2;2 Gerste im *mašīḫu*-Maß der Herrin von Uruk geben. Ausgenommen ist das (frühere) Guthaben (des Tempels) zu seinen Lasten.

Zeugen: Gimillu/Zēria/Šigû'a
Nabû-aḫḫē-iddin/Nadnāja/Išparu
Innin-zēru-šubši/Balāssu.
Schreiber: Balāṭu/Arad-Nabû.
Uruk, den 11. Simānu des 39. Jahres Nebukadnezars, des Königs von Babylon.

Kommentar

Z. 1: *ḫur-ba-šú*: Möglich sind zwei Ableitungen, nämlich von *ḫarbāšu*, das jB „Frost" bedeutet und von *ḫarbu* „Ödland" mit dem Suffix *-šú*. Ich kenne keine Parallele in ähnlichem Kontext. Handelt es sich bei „Ziegen des Frostes" um Ziegen mit Winterhaar?[142] Bei „Ziegen von seinem Ödland" könnte es sich um die Angabe des Ortes handeln, wo die Ziegen gehalten werden, falls der Käufer die Herde bereits in Pacht auf einem Stück Privatland hielt.
Ištar-mukīn-apli zahlte 1,3 Sekel Silber für eine Ziege.

142 Vorschlag M. Jursa.

Übersetzung

Einen weißen Esel, der die Markierung eines Joches auf seiner rechten Flanke hat, gehörig dem Zēria/Zabudā, hat (dieser) an Pir'u/Kūnaja für 15 Sekel Silber, dem festgelegten Kaufpreis gegeben. Die Garantie gegen einen Kläger und Vindikanten trägt Zēria.

Zeugen:	Silim-Bēl/[.....]
	Kīnaja/[......]-ja
	Šamaš-[............]lū
	[............................]
und der Schreiber:	[...]-šarri/Nabû-nādin/[.............].

Sīḫu, den 21. Šabāṭu des Akzessionsjahres [..... Nabo]nids (?), des Königs von Babylon.

Kommentar

Die beiden Protagonisten sind mir sonst nicht bekannt. Der Text stammt sicher aus Uruk und gehört einem Privatarchiv an. Ob die Markierung eine abgeheilte Verletzung durch ein Joch darstellt oder eine Brandmarkung in Form eines Joches ist unklar. Der Esel könnte auch einen Wagen gezogen haben. Im dritten Jahrtausend wurden Esel auch zum Pflügen eingesetzt, für das erste Jahrtausend gibt es dafür keine Belege.[143]

143 Weszeli 1996: 463. Siehe dort auch im Allgemeinen zu babylonischen Eseln und ihren Preisen.

74. BM 114522

1

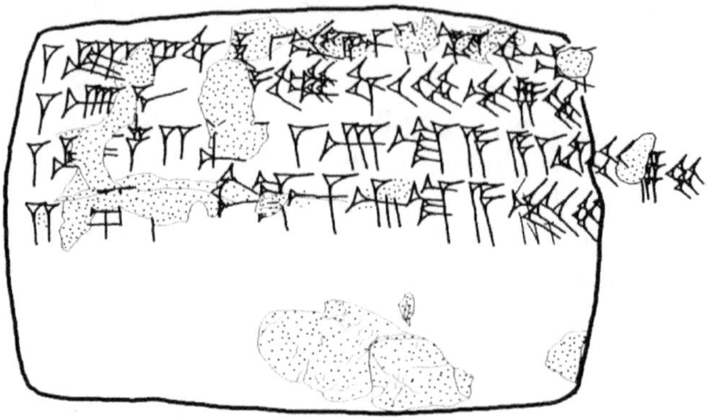

Vs 1 1 GÍN 4-*ut* ⸢KÙ.BABBAR⸣ ŠÁM ⸢2⸣$^{?}$ U$_{8}$.SAL.⸢MÁḪ⸣
^{m}ABGAL ⸢^{iti}⸣SIG$_{4}$ UD.10.KAM MU.8.KAM
1 ⸢GÍN⸣ *šá* 2 ⸢KI.MIN⸣$^{?}$ ^{m}*ṣil-la-a* A ^{m}*na-din* ⸢UD⸣.9.KAM
2 ⸢GÍN⸣ [*šá* 1]$^{?}$ ÁB.GAL ^{m}*ṣil-la-a* MU.10.KAM

Übersetzung

1 ¼ Sekel Silber, Kaufpreis von ⸢zwei⸣ unfruchtbaren Schafen: Apkallu, 10. Simānu des 8. Jahres.
Ein Sekel für 2 ⸢ditto⸣ Ṣillaja/Nādin, 9. ⸢Tag⸣.
Zwei Sekel [für eine] Kuh: Ṣillaja, 10. Jahr.

Kommentar

Der Text verzeichnet Silbereinnahmen aus dem Verkauf von unfruchtbaren weiblichen Tieren, die dann wohl geschlachtet wurden. Man würde anzunehmen, dass die drei Verkäufe am 9. und 10. Simānu stattfanden und dass MU „Jahr" in Zeile 4 versehentlich für UD „Tag" geschrieben wurde. Es ist aber nicht auszuschließen, dass statt ⸢UD⸣ am Ende von Zeile 3 das Zeichen ⸢MU⸣ zu ergänzen ist.
Ṣillaja/Nādin ist zusammen mit Apkallu auch in PTS 3424 bezeugt, ein Text aus dem 8. Jahr Nabonids. Der vorliegende Text wird daher ebenfalls aus Nabonids Regierungszeit stammen.

6. Kapitel: Gewänder und Baumwolle

6.1. Einleitung

Der Eanna-Tempel produzierte zwar viel Wolle, unterhielt aber keine größere Textilherstellung jenseits der Herstellung der Göttergewänder, Decken und Vorhänge, die für den Kult benötigt wurden.[144] Die Weber des Tempels (Pfründner und Tempelabhängige) konnten jedoch in der Zeit, in der sie nicht mit der Herstellung der kultischen Textilien beschäftigt waren, ab und zu auch Textilien für den nicht-kultischen Eigenbedarf des Tempels herstellen (Payne 2010: 121). Tempelabhängige (*širkus*) erhielten eine Jahresration an Wolle, die in ihren Privathaushalten zu Kleidungsstücken verarbeitet wurden. Weibliche Tempelabhängige, vielleicht solche ohne Familie, konnten ebenfalls für die Herstellung von KUR.ra-Gewändern, einer Art Überwurf, in Heimarbeit herangezogen werden. Die nicht-kultische Textilproduktion hatte jedenfalls einen sehr geringen Umfang und war ausschließlich für den Eigenbedarf des Tempels bestimmt. Daher verkaufte der Tempel in der Regel keine Kleidungsstücke. Insofern bildet Nr. 76 (PTS 2635), wo ein KUR.ra-Gewand verkauft wird, eine Ausnahme. Wir kennen den Hintergrund dieser Transaktion nicht.

Ein außergewöhnlicher Text mit einer geographischen Verbindung zum Meerland ist Nr. 77 (PTS 2655). Der Tempel veräußerte sieben purpurfarbene Gewänder, die ursprünglich zwei im Dienste des Königs stehenden Männern gehörten, die zum Zeitpunkt des Verkaufs bereits verstorben waren, nämlich ein früherer Generalpächter (Šumu-ukīn) und der frühere *qīpu* Sîn-iddin. Purpur hat im Babylonien des 6. Jahrhunderts v. Chr. bereits königliche Würden repräsentiert. Der Käufer ist der *rab bābi*, ein hoher Funktionär der Verwaltung des Meerlandes, der mit dem Eanna-Tempel enge geschäftliche Beziehungen unterhielt.

Der dritte hier publizierte Text, Nr. 75 (PTS 2679), gehört zu einer kleinen Gruppe von neubabylonischen Texten, die das Wort *kiṭinnû* erwähnen. Stefan Zawadzki (2006: 26ff.) hat vorgeschlagen, dieses Wort, das früher als „Leinenstoff" oder „Leinengewand" interpretiert wurde, mit „Baumwolle" zu identifizieren. Da meistens das Zeichen TIN, ab und zu auch DI, aber nie TI verwendet wird, sollten wir *kiṭinnû* (anstatt *kitinnû*) lesen.[145] Das arabische Wort *quṭn* „Baumwolle", dessen Ursprung unklar ist, ist wahrscheinlich etymologisch verwandt. Vielleicht haben das

144 Zu Textilien im Kultgebrauch des Ebabbar-Tempels siehe Zawadzki 2006 und 2013, zu den Textilhandwerkern in Eanna siehe Payne 2007.

145 Kleber 2011: 88.

Arabische *quṭn* und das Akkadische *kitinnû* eine gemeinsame fremde Basis. Im Akkadischen können wir nicht *q* lesen, da zwei emphatische Konsonanten nicht in einer Wurzel vorkommen (GAG § 51).[146] Das akkadische Wort *kiṭinnû* scheint erstmalig im 6. Jahrhundert belegt zu sein. Baumwollstoff kam bereits im 4. Jahrtausend über Handelsbeziehungen in den Vorderen Orient,[147] Baumwolle als Rohmaterial und die Pflanze selbst wohl erst viel später. Der assyrische König Sanherib pflanzte aus Indien stammende Bäume in Assyrien an, darunter auch ein *sindû*-Baum und „Bäume, die Wolle tragen" (*iṣṣê nāš šipāti*), aus der Kleidung hergestellt wurde. Es wird sich um den in Indien heimischen, bis zu sechs Meter hoch werdenden Baumwoll-Strauch handeln. Sanheribs Versuch scheint aber nicht erfolgreich gewesen zu sein, denn in einer späteren Version der Inschrift wurde der Wollbaum durch Gerste ersetzt.[148] Baumwolle wurde in der Achämenidenzeit bereits in größerem Stil auf Tilmun (Bahrain) angebaut. Möglicherweise erfolgte ein Anbau in kleinerem Umfang auch in Südbabylonien, denn in *Dar.* 533, einem Text aus der Regierungszeit Darius I., kommt *kiṭinnû* einmal in einer Liste von Zehnteinnahmen nach Gerste und Emmer vor. Der hier publizierte Text zeigt, dass der Eanna-Tempel Baumwolle auch verkaufen konnte. Obwohl das keinesfalls die Regel war – der Beleg ist insofern bislang einzigartig – lassen dieser und andere Belege, z.B. Briefe mit dem Auftrag, *kiṭinnû* an den König zu liefern,[149] darauf schließen, dass Baumwolle vorrangig im Süden Babyloniens erhältlich war. Im vorliegenden Text Nr. 75 (PTS 2679) wurde *kiṭinnû* für Silber verkauft. Der Eanna-Tempel kaufte Fernhandelsware aus dem Meerland über dieselben Kanäle (auch personell), wie der Königspalast in Babylon. Nur selten wurde gekaufte Fernhandelsware wieder verkauft (z.B. Karneol). Interessant ist in diesem Zusammenhang auch der Beleg für $^{(gada)}$*gan-da-ra-sa-nu*, vielleicht „gandharisches Leinengewand", in GC 2, 361: 8 und 20. Möglicherweise haben wir hier einen Beleg für den Handel mit Textilien mit der Indus-Region.[150]

146 Unklar bleibt allerdings der lange vokalische Auslaut, der in zwei Belegen nicht geschrieben wurde, s. Kleber 2011: 89.
147 Bezeugt im 4. Jahrtausend in Jordanien, siehe Zawadzki 2006: 27.
148 Frahm 1997: 227f.
149 YOS 3, 68 und YOS 21, 40.
150 Siehe Potts 2007 dazu und generell für Kontakte mit Indien.

6.2. Editionen

75. PTS 2679

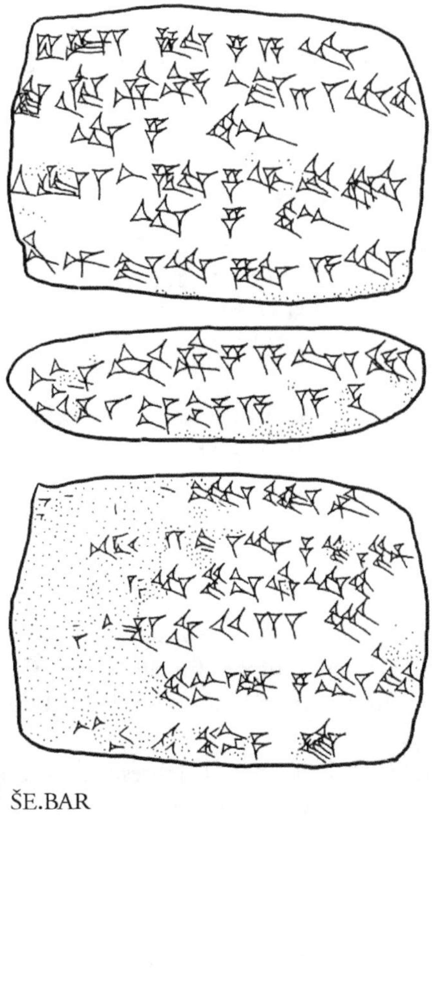

Vs 1 ⅓ GÍN KÙ.BABBAR *šá a-na*
ki-ṭi-né-e ina ŠU^{II} ^{m}*na-din*
na-šá-ʾa
10 GÍN *ina* KÙ.BABBAR *šá* IGI
^{lú}ŠÀ.TAM
na-šá-ʾa
PAP ½ MA.NA KÙ.BABBAR *a-na*
uRd *la-bi-ni šá a-gur-ru*
ina IGI ^{m}ZÁLAG-*e-a* A-*šú*
Rs ⸢*šá* ^{m}⸣[*bu*]-*ne-ne*-DÙ
[...........]-*ti* 2$^{?}$ ⸢*ma*$^{?}$⸣-*na šá*$^{?}$ *mu*$^{?!}$ ⸢*šá*$^{?}$⸣ ŠE.BAR
[...........]-*na* ŠE.GIŠ.Ì *na-din*
$^{\text{[iti]}}$⸢KIN⸣ UD.23.KAM
[MU.x].KAM ^{d}AG-NÍG.DU-URÙ
⸢LUGAL⸣ TIN.TIR^{ki}

Übersetzung

Zwanzig Sekel Silber, die für Baumwolle durch Nādin hergebracht wurden.
Zehn Sekel vom Silber, das zur Verfügung des *šatammu* (waren), sind hergebracht.
Insgesamt stehen eine halbe Mine Silber zur Herstellung von Brandziegeln zur Verfügung von Nūrea/[Bu]nene-ibni.
[.......................] zwei Minen$^{?}$ für ⸢....⸣ von Gerste für [............] Sesam gegeben.
23.Ulūlu des [xx. Jahres] Nebukadnezars, des Königs von Babylon.

Kommentar

Z. 10: Die schlecht erhaltenen Zeichen dieser Zeile machen eine Lesung schwierig und unsicher. Nur das ŠE.BAR am Ende der Zeile ist deutlich zu erkennen.

Der Tempel hat Baumwolle verkauft und dafür zwanzig Sekel Silber eingenommen, deren Eingang in die Kasse verbucht wurde. Außerdem kamen weitere zehn Sekel herein, die der Verwalter des Tempels geschickt hatte. Die Einnahmen wurden sofort weitergeleitet, und zwar als Bezahlung der Herstellung („Streichen") von Ziegeln, die gebrannt werden sollten.

76. PTS 2635

Vs 2 GÍN 4-*ut* LÁ KÙ.BABBAR
ŠÁM 1 ^{túg}KUR.RA
^{m}ŠU A ^{md}AG-MU-MU
ma-ḫi-ir
Rs
^{i}[^{ti}K]IN.II.KAM UD.1.KAM
MU.41.KAM
oRd ^{d}AG-NÍG.D[U]-⸢URÙ⸣
LUGAL TIN.TIR^{ki}

Übersetzung

Zwei Sekel minus ¼ (Sekel) Silber (d.h. 1,75 Sekel), den Kaufpreis für ein KUR.ra-Gewand, hat (der Tempel) von Gimillu/Nabû-šumu-iddin erhalten.
1. Schalt-Ulūlu des 41. Jahres Nebukadnezars, des Königs von Babylon.

77. PTS 2655

Vs ⸢2⸣$^{?}$ ⸢^{túg}*šir*⸣-*a-am*^{meš} 1 ^{túg}KUR.RA
[...........] *šá* ^{m}MU-GIN A ^{m}EN-NUMUN
2 ^{túg}⸢KUR⸣.RA^{meš} 2 ^{túg}*šir-a-am šá* SÍK.SAG
šá ^{md}30-MU ^{lú}*qí-i-pi*
1 ^{túg}*ba-šá-nu šá* SÍK.SAG *er-bi*
⸢PAP⸣ 6$^{!}$ ½ MA.NA SÍK.SAG *a-na* 1½ MA.NA KÙ.BABBAR
⸢*ki*⸣-*i* KA 4 GÍN ⸢SÍK⸣.SAG *a-na* 1 GÍN
⸢*a-na*⸣ ^{m}*mu-še-zib*-^{d}EN A ^{md}AG-*ú-še-zib*
⸢^{lú}⸣GAL KÁ
[...........] GUR *ka-si-ia re-ḫi-it ka-si-ia*
⸢*šá ina*⸣ UGU ^{md}AG-*ik-ṣur* A ^{md}U.GUR-MU-DÙ
[...........] *a-na* ⅓ 5 GÍN KÙ.BABBAR *ina* IGI ^{m}KAR-^{d}EN A ^{lú}GAL KÁ
[x x]+⸢4⸣$^{?}$ UDU.NÍTA *šá ú-ru-ú ina* ŠU^{II} ^{m}*a-a-ga-a-šú*
[.....] ⸢*na-aḫ*⸣-*lap-tu*$_4$ ^{sík}ḪÉ.ME.DA

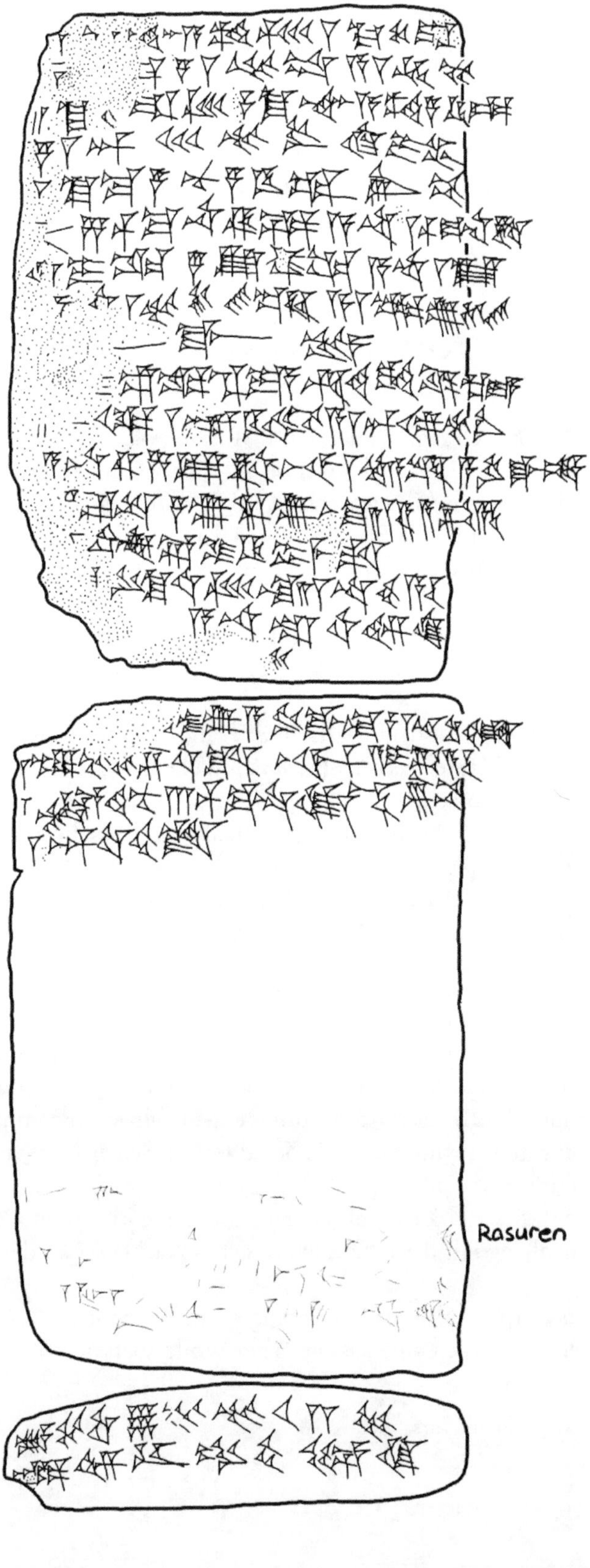
Rasuren

[...........] ^{lú}AZLAG^{meš} *ina* ŠU^{II} ^{m}*na-din* A-*šú*
[...........] *a-na* ^{uru}UD.IM.KI
[.................................] ⸢x⸣
Rs [......... *re*]-*ṣu-ú-a* ^{lú}*qal-la šá* ^{md}UTU-TIN-*iṭ*
^{md}AG-⸢*mu*⸣-*še-tíq-ud-da ina* IGI ^{m}*a-i-ga-a-šú*
1 *mu-šaḫ-ḫi-nu* 3 ½ MA.NA KI.LÁ-*šú er-bi*
^{md}UTU-TIN-*iṭ*
(3 Zeilen radiert)
^{iti}ŠE UD.9.KAM MU.12.KAM
oRd ^{d}AG-NÍ.TUK LUGAL TIN.TIR^{ki}

Übersetzung

1) ⸢Zwei⸣? *šir'am*-Obergewänder, ein KUR.ra-Gewand [........] von Šumu-ukīn/Bēl-zēri, zwei KUR.ra-Gewänder, zwei *šir'am*-Obergewänder aus Purpurwolle von Sîn-iddin, dem *qīpu*; ein *bašānu*-Gewand aus Purpurwolle, Einnahme (*erbu*): Insgesamt 6! ½ Minen Purpurwolle für 1 ½ Minen Silber, entsprechend (dem Einheitenpreis von) vier Sekel Purpurwolle pro Sekel (Silber) an Mušēzib-Bēl, Sohn des Nabû-ušēzib, des *rab bābi*.

10) [x] Kor Cuscuta, der Restbetrag der Cuscuta zu Lasten von Nabû-ikṣur/Nergal-šumu-ibni, [.....] steht für 25 Sekel Silber zur Verfügung von Mušēzib-Bēl, dem Sohn des *rab bābi*.

13) [x]+4? Hammel aus dem Maststall zu Händen von Ajjigāšu.
[.....] *naḫlaptu*-Mantel aus roter (*tabarru*)-Wolle [...] der Wäscher durch Nādin/[PN] zur Stadt Isin [gebracht?].

18) [Ištar?]-rēṣu'a, der Sklave von Šamaš-uballiṭ (und) Nabû-mušētiq-uddê stehen zur Verfügung von Ajjigāšu.

20) Ein Ofen von 3 ½ Minen Gewicht, Eintrittsgabe (*erbu*) von Šamaš-uballiṭ.

22) 9. Addāru des 12. Jahres Nabonids, des Königs von Babylon.

Kommentar

Z. 1: Am Anfang der Zeile ist nur ein Keil zu sehen, wegen dem Determinativ MEŠ ist aber eine ⸢2⸣ anzunehmen. Ein *šir'am* kann einen Linothorax (Leinenpanzer) bezeichnen, aber auch ein einfaches Obergewand, eine Art Tunika.

Z. 2: Šumu-ukīn/Bēl-zēri ist der frühere Generalpächter Eannas, dessen Besitz von Eanna eingezogen wurde, um die Schulden aus seiner Generalpacht zu begleichen. Šumu-ukīn ist ungefähr um 10 Nabonid gestorben;[151] er war zum Zeitpunkt des Ausstellens dieser Urkunde also bereits tot. Seine kostbaren Gewänder könnten im Zusammenhang mit der Übertragung seines Nachlasses an den Tempel gekommen sein.

Z. 3: Zu Purpur vgl. die Ausführungen im Abschnitt 2.1.2.10 oben. Man ging normalerweise davon aus, dass gefärbte Wolle sparsam eingesetzt wurde, eher für

151 Hackl, Jankovic, Jursa 2011: 178.

vielfarbige Gewandsäume oder Stickereien. Nur die Göttin Šarrat-Sippar trug blaue Purpurgewänder.[152] Wie Landsberger (1967: 160, Fn. 106) überzeugend auslegte, bedeutete *birmu* nicht „bunter Gewandsaum", sondern wohl „farbiges (Gewand)", also komplett aus farbiger Wolle gewebt und nicht unbedingt „vielfarbig". Die hier genannten Gewänder werden gewogen, daher könnten sie gänzlich aus Rotpurpurwolle (SÍK.SAG) gewebt sein. Die Gewänder sind leicht (weniger als 500g pro Gewand), es wird sich daher um sehr fein gewebte, dünne Gewänder gehandelt haben.
Z. 4: Sîn-iddin war *qīpu* von Eanna bis zum Ende der Regierungszeit Amēl-Marduks.[153] Auch er war zum Zeitpunkt des Verkaufs seiner Gewänder bereits verstorben.
Z. 5–6: Nach dem Transliterieren und Zeichnen wurde die Tafel nochmals anhand eines Fotos kollationiert: Es handelt sich um eine 5, keine 6. Wegen der Angabe des Einheitenpreises der SAG-Wolle als vier Sekel Wolle pro Sekel Silber erwartet man hier aber 6½ Minen.
Z. 10: Zu *kasû* als Gewürz für Bier, s. Stol 1994: 175–179. Cuscuta wurde auch zum Färben eingesetzt (vgl. die Färberanleitung in Leichty 1979). Die noch zu liefernde Cuscuta wurde ebenfalls an den Sohn des *rab bābi* verkauft.
Z. 13: Ajjigāšu ist ein Höfling, der das Amt des königlichen Schatzmeisters (*ša ina muḫḫi quppi ša šarri*) in Eanna innehatte (s. Kleber 2008: 37).

Der Text verzeichnet sehr verschiedene, nicht unmittelbar im Zusammenhang stehende Vorgänge. Mehreren Einträgen gemeinsam ist die Verbindung zum Meerland: nämlich durch den *rab bābi*, der ein hochrangiger Funktionär des Meerlandes war, sowie möglicherweise der Höfling und königliche Schatzmeister des Tempels Ajjigāšu, der in anderen Texten im Zusammenhang (z.B. Text Nr. 31 in Kleber 2008) mit dem *rab bābi* und dem Meerland genannt wird.

Die ersten Einträge des Textes sind überaus interessant: Der Tempel verkauft die Gewänder aus Rotpurpurwolle von zwei verstorbenen königlichen Beamten, zum einen ein Gewand (KUR.ra) und einen Mantel des früheren Generalpächters Šumu-ukīn, dessen Besitz durch den Tempel eingezogen wurde, nachdem er als Generalpächter bankrott gegangen war, zum anderen zwei Ober- und Untergewänder des früheren *qīpu* Sîn-iddin. Zusammen mit einem *ma/bašānu*-Gewand, das als vielleicht als Eintrittsgeschenk (*erbu*) an den Tempel kam, werden diese Gewänder an Mušēzib-Bēl, den Sohn des *rab bābi* von Madakalšu, Nabû-ušēzib, verkauft. Interessant ist die Tatsache, dass zwei Verstorbene, die im königlichen Auftrag am Tempel arbeiteten, Purpurgewänder besaßen und dass der Sohn des *rab bābi* diese Gewänder kauft. Der Text sagt nicht, dass Eanna im Gegenzug andere Handelswaren erwartet; bezahlt wird mit Silber. Zum Rotpurpur als Statussymbol königlicher Macht, siehe die Ausführungen oben im Abschnitt „Purpurwolle" (2.1.2.10).

152 Zawadzki 2006: 197f.
153 Kleber 2008: 31.

7. Die Wolltexte

7.1. Einleitung

Das vorliegende Kapitel enthält die Erstedition von zahlreichen Texten, die den Verkauf von Wolle durch den Eanna-Tempel dokumentieren. Die Publikation dieser Texte war besonders dringlich, da Daten aus diesen Texten in vorangegangenen Studien ausgewertet wurden, die Texte selbst aber noch unpubliziert waren. Das Woll-Dossier zeigt besonders gut die voranschreitende Monetisierung der Gesellschaft des 6. Jahrhunderts. Wolle war Eannas ‚cash crop', d.h. die Viehhaltung diente, neben der Versorgung des Heiligtums mit Opferschafen, vor allem der Produktion von Schafswolle, die für Silber verkauft wurde. Silbereinnahmen waren deutlich das Ziel dieser Verkäufe. Seltener wurde Sesam, ein Produkt, das der Tempel regelmäßig zukaufte, als Gegenleistung stipuliert. Gerste als Zahlungsmittel akzeptierte der Tempel meist nur subsidiär, regelmäßig in dem Falle, wenn der Schuldner den Betrag am Ende der Kreditlaufzeit (meist das Ende des Jahres) in Silber nicht zahlen konnte.

Der Wollhandel erstreckte sich auf alle drei räumlichen Ebenen: lokaler Einzelhandel mit Selbstverbrauchern und kleinen Weiterverkäufern, überregionaler Handel, sowohl durch Eanna selbst (z.B. durch Beamte auf Baustellen, die Silber oder andere Waren brauchten) als auch mit professionellen Unternehmern sowie Ausgaben von Wolle als Geschäftseinlage für den Ankauf von Fernhandelsprodukten.

Im Folgenden werde ich die Ergebnisse aus Kleber 2008: 237–253 (Lieferung der Wolle an Paläste) und Kleber 2010a: 595–616 (Wollhandel von Eanna) kurz zusammenfassen, aktualisieren und anschließend auf die Problematik des abrupten Preisverfalls von Wolle in den Jahren 565 bis 562 eingehen.

Der Wollhandel des Eanna-Tempels

Der größte Teil Wolle, die der Tempel jährlich produzierte wurde an den Königspalast in Babylon sowie an die Paläste königlicher Beamter verkauft. Dort fand die Textilproduktion statt, die wahrscheinlich insbesondere durch weibliche Angehörige der jeweiligen Haushalte getragen wurde. Die großen Mengen können nicht nur für den Eigenbedarf dieser institutionellen Haushalte bestimmt gewesen sein.[154] Die Paläste produzierten mit Sicherheit einen Teil der auch jenseits Mesopotamiens sehr gefragten babylonischen Gewänder. Sowohl die Stadt Babylon, als auch das Meerland waren Drehscheiben des internationalen Handels. Der hier publizierte Text BM 114431

154 Z.B. erhielt ein Funktionär des Meerlandes einmal 1000 Talente = ca. 30 Tonnen. Siehe dazu Kleber 2008: 237–253.

gehört zu den institutionellen Transaktionen, vielleicht auch YBC 9151. Beide Texte weisen prosopographische Verbindungen zur Verwaltung des Meerlandes auf.

Der Eanna-Tempel verkaufte schätzungsweise 20% der produzierten Wolle an professionelle Großhändler, die überregional agierten.[155] Mehrfach handelte es sich in diesen Fällen um Lieferungskäufe, d.h. die Händler schossen das Geld vor und ließen die Wolle später durch Boten in Uruk abholen. Unter den hier publizierten Texten gehören sicher PTS 2409[156] und 2630 sowie möglicherweise PTS 2755 zu dieser Gruppe. In den meisten Fällen wissen wir nichts weiter über die Händler, da sie als Außenstehende nicht regelmäßig im Eanna-Archiv auftauchen. Es gibt aber zwei Ausnahmen:

1. Der Wollkäufer Nabû-aḫḫē-bulliṭ/Aplaja wird sowohl in Eremitage 15474 und im Brief YOS 21, 132 genannt. Beide Texte wurden in der Stadt Tyros an der levantinischen Küste geschrieben, wo zu dieser Zeit eine Truppe des Eanna-Tempels stationiert war.[157] In beiden Fällen geht es um Lieferungskäufe: Nabû-aḫḫē-bulliṭ zahlte Silber an den *qīpu* von Eanna und stellte einen Verpflichtungsschein über Wolle zu Lasten des *qīpu* aus. Da unterschiedliche Beträge genannt werden – 19½ Minen in Eremitage 15474 und 15 Minen in dem Brief – wird es sich um zwei verschiedene Transaktionen handeln. Der Preis der Wolle wird nicht exakt angegeben, sondern auf den „Marktpreis von Uruk“ verwiesen. In beiden Transaktionen soll ein Bote des Käufers später die Wolle in Uruk abholen. Wir können davon ausgehen, dass Nabû-aḫḫē-bulliṭ ein Händler war.
2. Die zweite Ausnahme betrifft Nabû-mušētiq-uddê/Bēl-upaḫḫir/Ša-alāli. Er ist einer der beiden Käufer der Wolle im Text Kleber 2008, Nr. 12 (= YBC 9151, 27 Nbk) und er taucht auch in NCBT 170 auf. In YBC 9151, einem Pränumerando-Kaufvertrag, der am Nebukadnezar-Kanal ausgestellt wurde, legte man fest, dass die Wolle einige Monate später in einem Speicher an einem Kanal in der Nähe von Sippar ausgezahlt werden sollte. Laut NCBT 170 erhielt derselbe Mann Rationen für einige Tempelabhängige (*širkus*), die zu Arbeiten ins Meerland geschickt wurden. Es ist daher nicht auszuschließen, dass es sich bei Nabû-mušētiq-uddê um einen Funktionär handelt, der im Auftrag der Meerlandadministration zusammen mit Eanna für königliche Bauarbeiten zuständig war. Die Wolle könnte er im Auftrag des Palastes in Madakalšu gekauft haben. Damit würde diese Transaktion in den Bereich des inter-institutionellen Handels fallen.

155 Das ist die „intermediate commercial scale“-Gruppe mit Ankäufen im Wert von ein bis zehn Minen Silber, siehe Kleber 2010a: 608.

156 Bei dieser Transaktion aus dem 9. Jahre Nabopolassars wurde die Wolle mit Gerste bezahlt. Der zweite Eintrag betrifft einen Ankauf von Gold, für das der Händler Wolle erhielt.

157 Edition von Eremitage 15474 in Czechowicz 2002. Zu beiden Texten im Kontext des Dossiers siehe Kleber 2008: 147–149 mit Fußnote 423, die eine deutsche Übersetzung des Eremitage-Textes enthält.

Die meisten Texte betreffen jedoch den Einzelhandel. Die Käufer sind Privatleute, zum Teil Tempelangehörige, die ihren eigenen Bedarf deckten, sowie Kleinhändler. Einmal sind drei Aufseher (*rab ešerti*) von Tempelbauern als Abnehmer von relativ großen Mengen bezeugt. Wahrscheinlich verkauften sie die Wolle in den Dörfern an die ländliche Bevölkerung weiter.[158] Die Gesamtmenge der im Einzelhandel vertriebenen Wolle machte nur einen sehr kleinen Teil des Wollgeschäfts des Tempels aus.[159] Das Dossier zeigt aber eindrucksvoll, dass Silber das vorherrschende Zahlungsmittel auch für kleine Ankäufe bei der durchschnittlichen Stadtbevölkerung geworden war. Die Form des Geschäfts ist in der Regel ein Kreditkauf, bei dem der Tempel die Wolle aushändigte und der Käufer zu einem späteren Zeitpunkt, meistens am Ende des Jahres, den vereinbarten Silberpreis zahlt. Das Formular (Verpflichtungsschein) ist standardisiert (mit kleinen Varianten):

> x Silber ŠÁM y MA.NA SÍK$^{\text{ḫi.a}}$ NÍG.GA ^{d}INNIN (oder: ^{d}GAŠAN *šá*) UNUG^{ki} *u* ^{d}*na-na-a ina* UGU Käufer *ina* ^{iti}Monatsname KÙ.BABBAR *šá ina* 1 GÍN *bit-qa* (oder: 6-*u*ʾ) *i-nam-din ki-i la it-tan-nu* z GUR ŠE.BAR *ina ma-ši-ḫu šá* ^{d}GAŠAN *šá* UNUG^{ki} *ina* É.AN.NA *i-nam-din*
>
> x Silber, der Kaufpreis von y Minen Wolle, Eigentum der Ištar (oder: der Herrin) von Uruk und Nanājas, gehen zu Lasten des Käufers. Im Monat … wird er das Silber, das pro Sekel ein Achtel (oder: ein Sechstel) (Legierung) aufweist geben. Wenn er es nicht gegeben haben wird, muss er z Kor Gerste im *mašīḫu*-Maß der Herrin von Uruk in Eanna geben.

Aufgrund der Regelmäßigkeit des Formulars war in der nachfolgenden Edition die Ergänzung von teilweise stark beschädigten Textteilen möglich. Die Tabelle 7 unten gibt einen Überblick über die Wollkurse in den hier edierten Texten. Sie enthält ein paar Korrekturen bei Textdatierungen gegenüber der Tabelle 92 und den Fußnoten 3227–3232 in Kleber 2010a: 599–604. Die Korrekturen haben die Preisentwicklung, die in Kleber 2010a beschrieben wurde, nochmals schärfer akzentuiert: Es gibt nun zwischen der dritten und fünften Dekade der Regierung Nebukadnezars überhaupt keine ‚Ausreißer' mehr. Alle Preise, wohl dem „Marktwert von Uruk" entsprechend, sind standardisiert.

Während in der Regierungszeit Nabopolassars und in den ersten beiden Dekaden Nebukadnezars der Wollkurs noch schwanken konnte (zwischen zwei und drei Minen Wolle pro Sekel Silber), scheint spätestens im 35. Regierungsjahr Nebukadnezars der Wollpreis fixiert worden zu sein, zunächst auf drei Minen pro Sekel. Kurz vor dem Ende des 36. Jahres, nämlich im Addāru, stieg der Kurs auf 3.5 Sekel, um ab dem ersten Monat des 37. Jahres auf vier Minen pro Sekel zu steigen. Das Silber sollte maximal zu einem Sechstel legiert sein. Der Preis blieb bis zum Ende des 39. Jahres stabil.

158 Zu diesem Dossier, siehe Kleber 2010a: 609f.
159 In etwa 2%, siehe Kleber 2008: 238 und 2010: 608.

Wiederum im letzten Kalendermonat, dem Addāru 39 Nbk, stieg der Kurs auf 4,5 Minen, um im folgenden Jahr auf sechs Minen pro Sekel weiter zu steigen. Gleichzeitig änderte sich die Silberqualität – ab nun verlangte man Silber mit maximal einem Achtel Verunreinigung. Es scheint sich hier ein Muster abzuzeichnen: Der letzte Kalendermonat Addāru war in den überwiegenden Fällen das Fälligkeitsdatum der Wollverkäufe auf Kredit und Abrechnungsmonat im Tempel. Offenbar war zu diesem Zeitpunkt eine Preissenkung im darauffolgenden Jahr bereits absehbar. Im 42. Jahr war eine erneute Preissenkung (der Kurs stieg auf acht Minen pro Sekel) bereits früher, zwischen dem 9. und dem 11. Monat Šabāṭu durchgesetzt. Im 43. Jahr wurde Wolle einmal zum Tiefstpreis mit einem Kurs von 10 Minen pro Sekel verkauft. Anschließend versiegt das Wolleinzelhandels-Dossier: für die Regierungszeit Nabonids sind nur vereinzelte Preise bekannt. Die Kurse liegen meistens bei vier Minen mit einigen Ausnahmen von drei bis fünf Minen pro Sekel. Zum Vergleich: In Sippar wurde noch in der Regierungszeit Nabonids Wolle zu fünf bis 6.5 Minen pro Sekel gehandelt.[160]

Datum	**Regierungszeit**	**Kurs in Minen pro Sekel**	**Silberqualität**
617–570	9 Npl–17 Nbk	1,25 bis 3	?
570	ab Nisānu 35 Nbk	3	⅙ Legierung
568	im Addāru 36 Nbk	3,5	⅙ Legierung
568	ab Nisānu 37 Nbk	4	⅙ Legierung
565	im Addāru ⌜39⌝ Nbk	4,5	nicht angegeben
565	ab 40 Nbk	6	⅛ Legierung
562	ab Šabāṭu 42 Nbk	8	⅛ Legierung
562	Abu 43 Nbk	10	⅛ Legierung
559	1 Ner	5	?
555–539	Nbn	3 bis 5, meist 4	?

Tabelle 6: Entwicklung des Wollkurses in Uruk

Die Preisentwicklung geht insofern mit dem Preistrend aller Waren in dieser Zeit konform, als dass in Babylonien in den Jahren um 560 herum ein allgemeiner Niedrigstand der Preise erreicht wird, was mit Sicherheit ein Resultat der Expansion des Imperiums ist.[161] Die niedrigen Gerstepreise dieser Zeit[162] weisen aber auch auf gute Ernten, was zu klimatischen Bedingungen passt, die langfristig eine positive Herdenentwicklung ermöglichen. Doch der starke Preisverfall in den neun Jahren zwischen 565 und 563 lässt sich damit nicht erklären. Herden können nur langsam wachsen, daher ist ein innerbabylonischer ‚supply shock' ausgeschlossen. Auch die

160 Jursa 2010: 617.
161 Siehe Jursa 2010, Kapitel 5.8., besonders das Preisdiagramm auf S. 746.
162 Vgl. die Preiskurve in Jursa 2010: 450.

Steigerung in der Silberqualität von ⅙- zu ⅛-Legierung ist so geringfügig, dass sie für die Preisgestaltung bedeutungslos bleibt. Könnte es sich – insbesondere angesichts der sehr standardisierten Kurse – um eine Manipulation handeln, z.B. dass der Palast als Hauptabnehmer dem Tempel die Kurse aufoktroyierte? Ich halte das für unwahrscheinlich, da z.B. in YOS 21, 132 und Eremitage 15474 von einem „Marktpreis von Uruk" (KI.LAM *šá* UNUG^{ki}) die Rede ist, zu welchem der Käufer Wolle erhalten soll. Ist es möglich, dass mit Beute und Tributen aus den westlichen, östlichen und nordöstlichen Gebieten des Reiches viel Schafwolle nach Babylonien kam? Wir wissen leider nicht genau, was sich außenpolitisch in diesen Jahren ereignete, aber das Ende der vierten und der Beginn der fünften Dekade von Nebukadnezars Regierung war sicher die Zeit der größten Erfolge. Auch wenn der Versuch, Ägypten zu erobern, scheiterte und die Expedition im Jahre 567 ‚nur' Beute aus Ägypten brachte, so war doch zu dieser Zeit die Levante vollständig unter Kontrolle gebracht. Falls es in den Jahren eine Unterwerfung der viehzüchtenden arabischen Stämme in der südlichen Levante und an der Grenze zu Ägypten gegeben hat, ist es nicht ausgeschlossen, dass der Palast durch Beute und Tribute plötzlich über größere Wollmengen verfügte und dadurch weniger vom Eanna-Tempel kaufte. Tatsächlich stammen die Texte über die großen, an den Palast gelieferten Wollmengen aus der Zeit davor und danach.[163] Genau aus dieser Zeit, den neun Jahren zwischen 35 und 43 Nbk, stammt aber das große Dossier über den Einzelhandel mit Wolle. Nach dem Abbruch dieses Dossiers stieg der Wollpreis (bzw. sank der Kurs pro Sekel Silber) wieder (in der Regierungszeit Nabonids). Dass das Einzelhandelsdossier in diese Zeit datiert, wird einerseits dem Überlieferungszufall zuzuschreiben sein. Andererseits schließt dieser Befund nicht aus, dass der Palast in dieser Zeit weniger Wolle gekauft haben könnte. Die normalerweise an den Palast verkauften Mengen sind so groß, dass selbst eine relativ gesehen kleine Senkung der Abnahmemengen zu einem Überschuss an Wolle beim Tempel führte. Das Lagern von Wolle ist platzraubend.[164] Wahrscheinlich war man froh, überschüssige Wolle möglichst in großen Mengen zu verkaufen, auch wenn dies eine Verkleinerung des Gewinns pro Gewichtseinheit gegenüber den früheren Preisen bedeutete. Der Eanna-Tempel hat wahrscheinlich nach der Jahresendabrechnung zu Beginn eines jeden Jahres die Kurse selbst festgelegt. Das deutet sich in der zweimaligen „vorausschauenden" Kurssteigerung um jeweils 0,5 m/š im Monat Addāru

163 Die Texte datieren zwischen 12 und 23 Nbk und setzen danach erst wieder in der Regierungszeit Neriglissars und Nabonids ein, siehe Kleber 2008: 229–243. Zu manchen Zeiten scheint Wolle sogar knapp und der Palast daran interessiert gewesen zu sein, die gesamte produzierte Menge zu erhalten, vgl. den Brief BIN 1, 14, in dem der Briefschreiber die Eanna-Beamten auffordert, die „ganze Wolle an den Palast" zu geben und keine Wolle anderweitig zu verkaufen. Siehe Kleber 2008: 238

164 Wolle konnte vorübergehend in den Höfen des Tempels lagern oder überdacht in anderen Teilen des Heiligtums und in anderen Tempeln, siehe Kleber 2010a: 595 mit Fn. 3211 und 3212.

an. Vielleicht ist das die beste Erklärung für den so merkwürdigen Preisverfall, der zu keinem anderen ökonomischen Szenario passt. Als wahrscheinlich größter Wollproduzent und Verkäufer in Uruk war der Kurs des Tempels bestimmend für den Marktpreis.

Die folgende Übersicht umfasst nur die hier neu publizierten Texte.

NBC 4819	–	–	Verkauf von Wolle	–
NBC 4827	–	–	Ausgaben von Wolle	3,16 m/š und 3 m/š
PTS 2324	–	–.08.–	Ausgabe von Wolle	–
PTS 2851	–	–	Einnahme von Silber aus dem Verkauf von Wolle und weitere Einnahmen	–
PTS 3004	–	–	Ausgaben von Wolle	–
NCBT 953	–	00.04.01	Silber aus dem Verkauf von Wolle	–
PTS 2962	–	(02.04.03)	Einnahme von Silber aus dem Verkauf von Wolle	–
PTS 2476	–	01.10.26	Einnahme von Silber aus dem Verkauf von Wolle	–
PTS 2803	–	10.03.16	Ausgabe von Wolle (kein Handel)	–
PTS 2409	Npl	09.07.23	Verkauf von Wolle (Lieferungskauf) gegen Gerste, Ankauf von Gold gegen Wolle	(1,25 m/š und 1,82 m/š)
PTS 2048	Npl	16.01.04	Einnahme von Silber aus dem Verkauf von Wolle	2,58 m/š
NCBT 890	(Nbk)	–	Lieferung von Wolle	–
NCBT 859	Nbk	05.06a.07	Einnahme von Silber aus dem Verkauf von Wolle	–
PTS 2797	Nbk	06.06.07	Ausgabe von Wolle (Verkauf)	3 m/š
PTS 2755	Nbk	06.04.21	Auszahlung von Wolle (aus einem Lieferungskauf?)	–
NCBT 388	[Nbk]	12.04.26	Einnahme von Silber aus dem Verkauf von Wolle, die auf dem Land geschoren wurde	–
PTS 2843	Nbk	13.08.06	Übergabe eines Esels und Silber anstelle von geschuldeter Wolle	–
PTS 2932	Nbk	14.06.24	Ausgabe von Silber an einen Händler von Wolle	–
PTS 2630	Nbk	17.02.04	Ausgabe von Wolle in Erfüllung eines Lieferungskaufes	⌜2⌝,5 m/š
NCBT 481	Nbk	18.02.18	Einnahme von Silber, unter anderem aus dem Verkauf von Wolle	–
PTS 2898	Nbk	20.12.19	Kreditierung des Kaufpreises von Wolle	–
PTS 2659	Nbk	22.11.05	Ankauf von Gerbersumach, Bezahlung mit Wolle	–
PTS 2324	Nbk	24.08.–	Ausgabe von Wolle durch den Tempel (kein Handel)	–
YBC 9316	Nbk	33.02.25	Kreditierung des Kaufpreises von Wolle, die mit Gerste bezahlt werden soll	2,4 m/Kor bzw. 0,416 Kor/m
NCBT 191	Nbk	34.04.16	Kreditierung des Kaufpreises von Wolle und Gerste	–
YBC 9149	Nbk	34.06.16	Kreditierung des Kaufpreises von Wolle und Datteln, die mit Gerste bezahlt werden sollen	–
NCBT 172	Nbk	35.01.26	Kreditierung des Kaufpreises von Wolle	3 m/š
PTS 2383	Nbk	35.05.24	Kreditierung des Kaufpreises von Wolle, die mit Gerste bezahlt werden soll	> 1,6 m/Kor

BM 114622	Nbk 35.06.21	Kreditierung des Kaufpreises von Wolle, die mit Gerste bezahlt werden soll	1,75 m/Kor
YBC 9176	Nbk 35.11.27	Kreditierung des Kaufpreises von Wolle	3 m/š (⅙)
YBC 9171	Nbk 36.06.10	Kreditierung des Kaufpreises von Wolle und Lieferungskauf von Sesam	3 m/š
PTS 2245	Nbk 36.09.21	Kreditierung des Kaufpreises von Wolle	3 m/š (⅙)
PTS 3174	Nbk 36.11.30	Kreditierung des Kaufpreises von Wolle	3 m/š (⅙)
PTS 2427	Nbk 36.12.21	Kreditierung des Kaufpreises von Wolle	3,5 m/š (⅙)
NCBT 626	Nbk 37.01.12	Kreditierung des Kaufpreises von Wolle	4 m/š (⅙)
PTS 3082	Nbk 37.05.06	(Datum +) Kreditierung des Kaufpreises von Wolle	– (⅙)
NCBT 98	Nbk 37.05.19	Kreditierung des Kaufpreises von Wolle	4 m/š (⅙)
BM 114507	Nbk 37.10.04	Kreditierung des Kaufpreises von Wolle	[4 m/š] (⅙)
PTS 2405	Nbk 37.11.[x]	Kreditierung des Kaufpreises von Wolle	– (⅙)
YBC 9320	Nbk 37.12.19	Kreditierung des Kaufpreises von Wolle	4 m/š (⅙)
NCBT 105	Nbk 38.[x].19	Kreditierung des Kaufpreises von Wolle	4 m/š (⅙)
PTS 2969	Nbk 38.01.19	Kreditierung des Kaufpreises von kardierter Wolle, die mit Gerste bezahlt werden soll	5 m/Kor bzw. 0,2 Kor/m
YBC 9215	Nbk 38.01.19	Kreditierung des Kaufpreises von kardierter Wolle	4 m/š (⅙)
YBC 9211	Nbk 38.06.21	Kreditierung des Kaufpreises von Wolle	4 m/š (⅙)
YBC 9253	Nbk 38.06.26	Kreditierung des Kaufpreises von Wolle	4 m/š (⅙)
PTS 2738	Nbk 38.07.14	Kreditierung des Kaufpreises von Wolle	4 m/š (⅙)
PTS 2697	Nbk 38.08.06	Kreditierung des Kaufpreises von Wolle	– (⅙)
PTS 2432	Nbk 39.02.28	Einnahme von Silber aus dem Verkauf von Wolle, Ausgabe von Silber für Wein	–
PTS 2746	Nbk 39.02.17	Kreditierung des Kaufpreises von Wolle	4 m/š (⅙)
PTS 3055	Nbk 39.05.11	Kreditierung des Kaufpreises von Wolle	4 m/š (⅙)
YBC 9217	Nbk 39.05.11	Kreditierung des Kaufpreises von Wolle	4 m/š (⅙)
PTS 2896	Nbk 39.05.15	Kreditierung des Kaufpreises von Wolle	
YBC 9530	Nbk 39.05.19	Kreditierung des Kaufpreises von Wolle	4 m/š (⅙)
YBC 9517	Nbk 39.06.19	Kreditierung des Kaufpreises von Wolle	4 m/š (⅙)
PTS 2859	Nbk 39.07.21	Kreditierung des Kaufpreises von Wolle	4 m/š (⅙)
PTS 2873	Nbk [3?]9.12.30	Kreditierung des Kaufpreises von Wolle	4,5 m/š
PTS 2213	Nbk 40.10.12	Kreditierung des Kaufpreises von Wolle	6 m/š (⅛)
PTS 3439	Nbk 41.05.11	Kreditierung des Kaufpreises von Wolle	6 m/š (⅛)
PTS 2143	Nbk 41.06.02	Kreditierung des Kaufpreises von Wolle	6 m/š (⅛)
PTS 2456	Nbk 41.10.16	Kreditierung des Kaufpreises von Wolle	6 m/š (⅛)
PTS 3015	Nbk 41.10.23	Kreditierung des Kaufpreises von Wolle	6 m/š (⅛)
BM 114505	Nbk 42.07.13+	Kreditierung des Kaufpreises von Wolle	6 m/š (⅛)
PTS 2627	Nbk 42.08.04	Kreditierung des Kaufpreises von Wolle, für die mit Sesam bezahlt werden soll	–
PTS 2448	Nbk 42.08.15	Kreditierung des Kaufpreises von Wolle	6 m/š (⅛)
YBC 9137	Nbk 42.11.12	Kreditierung des Kaufpreises von Wolle	8 m/š (⅛)
PTS 2171	Nbk 42.11.25	Kreditierung des Kaufpreises von Wolle	8 m/š (⅛)

BM 114431	Nbk	43.01.14	Kreditierung des Kaufpreises von Wolle und Kauf von Gerste	– (⅛)
YBC 9146	Nbk	43.05.03	Kreditierung des Kaufpreises von Wolle	10 m/š (⅛)
PTS 2116	Nbk	43.05.05	Verpflichtungsschein über Seile und *ḫaliptu* als Kaufpreis von Wolle	–
PTS 3319	Ame	01.08.08	Ausgabe von Wolle	–
PTS 2899	[Nbn]	03.01.12	Einnahme von Silber aus dem Verkauf von Wolle, Ausgabe zum Ankauf von Gold	–
PTS 2502	[Nbn]?	03.04.23	Silber aus dem Verkauf von Wolle	zw. 3⅓ und 5 m/š
BM 114510	Nbn	03.05.10	Kreditierung des Kaufpreises von Wolle, die mit Sesam bezahlt werden soll	je 13⅓ *qû* Sesam/m Wolle bzw. 0,075 m Wolle /*qû* Sesam
BM 114519	Nbn	[..].05.18	Kreditierung des Kaufpreises von Wolle, dies mit Sesam bezahlt werden soll	
PTS 3040	Nbn	04.[..].10	Kreditierung des Kaufpreises von Wolle, die mit Sesam bezahlt werden soll	
BM 114433	Nbn	04.11.23	Kreditierung des Kaufpreises von Wolle, die mit Gerbersumach bezahlt werden soll	2,5 m Sumach/ m Wolle bzw. 0,4 m Wolle/m Sumach
PTS 2592	Nbn	08.01.22	Einnahme von Silber aus dem Verkauf von Wolle	–
BM 114615	Nbn	09.05.28	Kreditierung des Kaufpreises von Wolle, die mit Datteln bezahlt werden soll	2 Kor/š
PTS 2303	Nbn	10.08.17	Eingang von Silber aus dem Verkauf von Wolle in Takritennu (Tikrit)	–

Tabelle 7: Katalog der hier publizierten Texte mit Wollkursen

7.2. Editionen

78. PTS 2409

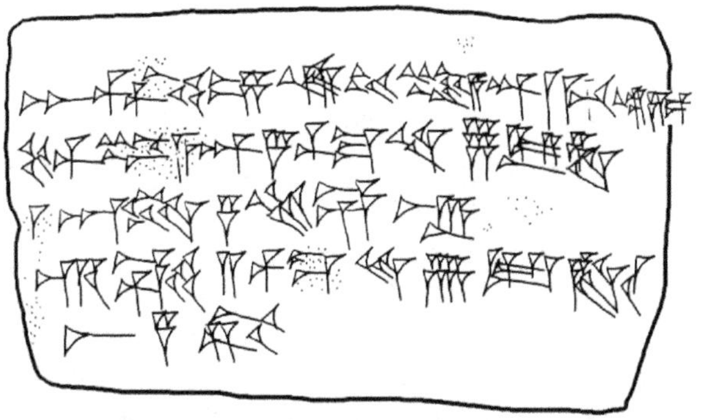

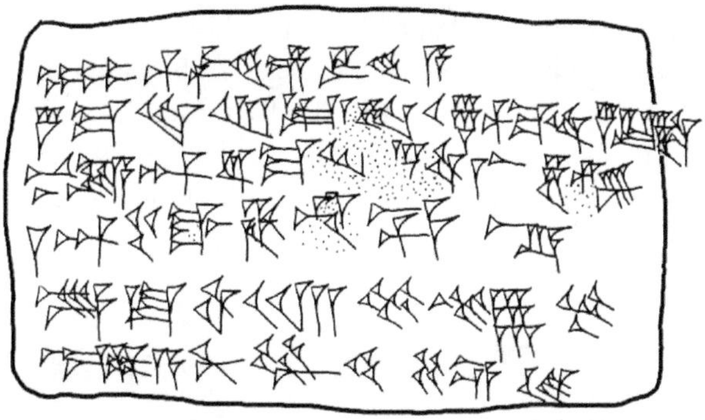

Vs 2 ½ GUN *ina lìb-bi* ŠÁM 1 ME 71 GUR 3 (PI) 2 BÁN
ŠE.BAR ŠÁM 4 ½ MA.NA 8 GÍN KÙ.BABBAR
^{md}AMAR.UTU-GAR-MU *e-ṭir*
re-e-ḫi 2 ½ MA.NA 8 GÍN KÙ.BABBAR-*šú*
ina NÍG.GA

Rs 8 ½ GUN SÍK$^{ḫi.a}$
4 MA.NA ⅔ GÍN KÙ.BABBAR *u* 7 ½ MA.NA 4 GÍN KÙ.BABBAR
ŠÁM ⅔ MA.⌜NA⌝ 4-*ut* LÁ KÙ.SIG$_{17}$
^{md}KUR.GAL-*ḫa-ri e-ṭir*
^{iti}DU$_6$ UD.23.KAM MU.9.KAM
^{d}AG-A-PAP LUGAL TIN.TIR^{ki}

Übersetzung

2 ½ Talente (Wolle) vom Kaufpreis von 171;3.2 Gerste, die der Kaufpreis von 4 ½ Minen, acht Sekeln Silber (ist), hat Marduk-šākin-šumi ausbezahlt erhalten. Der Rest, 2 ½ Minen, acht Sekel – sein Silber – ist (noch) im Besitz (des Tempels).
8 ½ Talente Wolle, (in Wert von) 4 ⅔ Minen Silber und 7 ½ Minen, vier Sekel Silber, den Kaufpreis von ⅔ Minen weniger ¼ (Sekel) Gold (= 39 ¾ Sekel), hat Amurru-ḫār ausbezahlt erhalten.
23. Tašrītu des 9. Jahres Nabopolassars, des Königs von Babylon.

Kommentar

Der Text verzeichnet zwei verschiedene Transaktionen: Die erste betrifft den Pränumerando-Kauf eines ungenannten Produktes vom Tempel – mit Sicherheit Wolle. Der Käufer Marduk-šākin-šumi hatte Gerste im Wert von 4½ Minen und acht Sekeln an den Tempel geliefert. Diese Gerstemenge überstieg aber den Wert der ausgegebenen 2½ Talente Wolle, die wahrscheinlich zwei Minen Silber Wert war. Daher schuldete der Tempel ihm noch 2½ Minen und acht Sekel, was in Zeile 4 vermerkt wird.

Die zweite Transaktion betrifft ebenfalls Wolle. In Zeile 7 ist der erste Silberbetrag wahrscheinlich der Wert der Wolle in Silber. Dieser Text ist der früheste Text aus der Zeit des neubabylonischen Reiches, der Wollpreise nennt. Der Kurs von 1,82 Minen Wolle pro Sekel Silber passt zu den hohen Preisen aus der Zeit Nabopolassars (siehe Kleber 2010a: 603 mit Fn. 3226). Das Verhältnis von Wolle zu Silber in der ersten Transaktion entspräche gar 1,25 Minen pro Sekel, der bislang teuerste Preis. Der zweite Silberbetrag ist der Kaufpreis des Goldes. Der Lieferant des Goldes und Käufer der Wolle ist Amurru-ḫār, der dem Namen und dem Kontext nach aus dem Meerland stammen könnte. Das Gold-Silber-Verhältnis liegt bei etwa 11,5: 1.

79. PTS 2048

Vs 6 MA.NA 4 GÍN KÙ.BABBAR {*ina* ŠÁM}
KÁ-*ti-i* 14⅔ MA.NA 3 GÍN 4-*ut*
KÙ.BABBAR *ina* ŠÁM 38 GUN SÍK$^{ḫi.a}$
ina lìb-bi a-na 12⅚ MA.NA KÙ.BABBAR
^{m}*na-din* IGI-*ir*
1 MA.NA 15 GÍN KÙ.BABBAR *ina* ŠÁM
2 GUN 45 MA.NA SÍK$^{ḫi.a}$
uRd *šá it-ti-i* 3 MA.NA ⅓ GÍN KÙ.BABBAR
10 GÍN KÙ.SIG$_{17}$ *šá a-na* ^{m}*ṣil-la-a* SUM.NA
Rs ^{m}*na-din* IGI-*ir*
⅚ MA.NA 5 GÍN *re-ḫi-it* SÍK$^{ḫi.a}$
šá ina muḫ-ḫi ^{lú}RIG$_{7}^{me}$ *et-qa*
IGI-*ir ina* IGI ^{lú}RIG$_{7}^{me}$ *gab-bi*
^{m}NUMUN-*tú* ^{m}ŠEŠ-MU ^{m}NÍG.BA-*iá*
^{md}AG-*ú-še-zib u* ^{md}EN-DÙ ^{lú}SAG$^{!?}$
oRd ^{iti}BÁRA UD.4.KAM MU.16.KAM
^{d}AG-A-PAP LUGAL TIN.TIR^{ki}

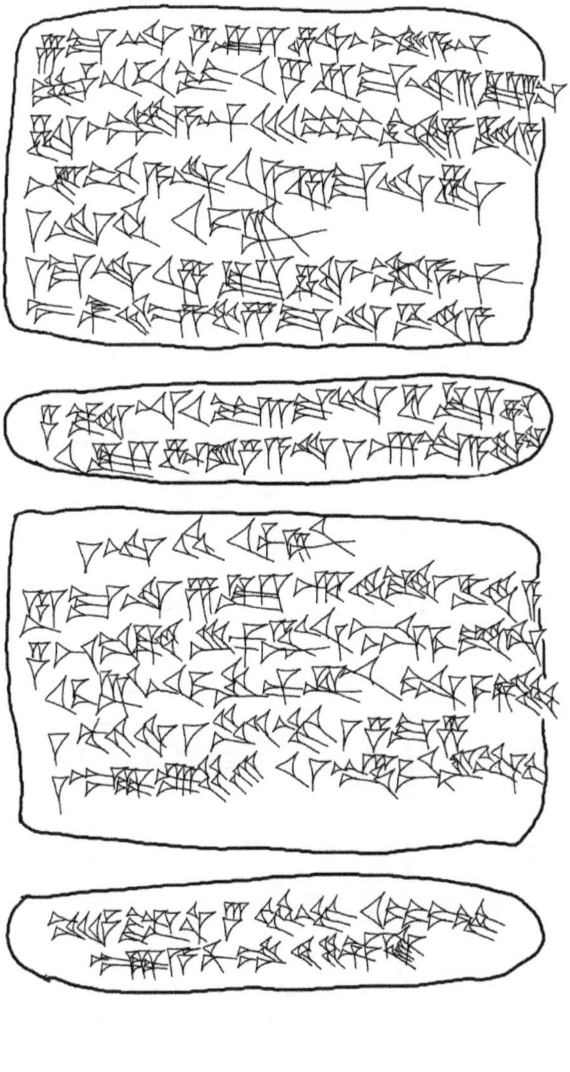

Übersetzung

Sechs Minen, vier Sekel Silber, Rest von 14⅔ Minen und 3¼ Sekel Silber, vom Kaufpreis von 38 Talenten Wolle. Davon hat (der Tempel) von Nādin Silber für 12⅚ Minen (Wolle) in Empfang genommen.
Eine Mine, 15 Sekel Silber vom Kaufpreis von zwei Talenten und 45 Minen Wolle, zusätzlich zu 3⅓ Minen Silber (und) zehn Sekeln Gold, die an Ṣillaja gegeben sind, hat (der Tempel) von Nādin in Empfang genommen.
55 Sekel, (für?) den Rest der Wolle, die zu Lasten der *širku*s verzollt wurde, wurden (von Eanna) empfangen. (Sie steht) zur Verfügung der aller (folgender) *širkus*: Zērūtu, Aḫu-iddin, Qīštia, Nabû-ušēzib und Bēl-ibni, dem Höfling?.
4. Nisānu des 16. Jahres Nabopolassars, des Königs von Babylon.

Kommentar

Der Tempel verkaufte 38 Talente (= ca. 1140 kg) Wolle. Meistens handelte es sich (insbesondere beim Einzelverkauf) um Kreditkäufe, d.h. meistens erfolgte die Zahlung des Silbers später. Hier wird Buch geführt über bereits erfolgte Zahlungseingänge: zweimal wurde von einem gewissen Nādin eine Teilmenge bezahlt. Außerdem wurden ihm 3 ⅓ Minen Silber und zehn Sekel Gold gutgeschrieben, die ein gewisser Ṣillaja empfangen hatte.

Z. 15: Die Lesung SAG ist sehr unsicher. Es gab tempelabhängige Höflinge (Kleber 2008: 47f.), aber ein Bēl-ibni war bislang nicht bezeugt.

80. NCBT 890

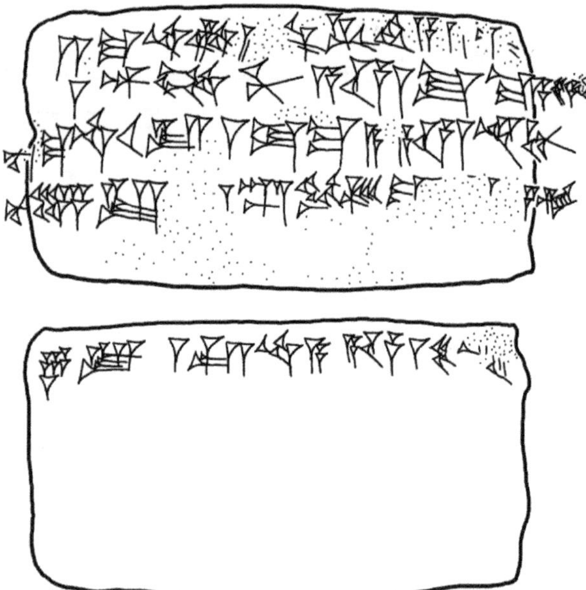

Vs 2 MA.NA KÙ.BABBAR ⸢*a-na*⸣ SÍK$^{ḫi.a}$ ⸢x x x⸣
^{md}AMAR.UTU-PAP A-*šú šá* ^{m}*šu-ma-a* SUM.NA
PAP 1 MA.NA 10 GÍN ^{m}*šu-ma-a* A-*šú šá* ^{m}EN-*šú-nu*
PAP 55 GÍN [$^{?}$] ⸢^{m}⸣^{d}INNIN-ŠEŠ^{meš}-SU [A-*šú šá*] ⸢^{md}INNIN⸣-GI
Rs 7 GÍN ^{m}*ib-na-a* A-*šú šá* ^{m}*bu*-⸢*u*-x⸣

Übersetzung

Zwei Minen Silber für Wolle […] wurden an$^{?}$ /hat$^{?}$ Marduk-nāṣir/Šumaja gegeben.
Summe: Eine Mine, zehn Sekel: Šumaja/Bēlšunu.
Summe: 55 Sekel: Ištar-aḫḫē-erība/Ištar-ušallim.
Sieben Sekel Ibnaja/Bu-[.......].

Kommentar

Der Hintergrund dieses Textes sowie die Transaktionsrichtung sind unklar. Es könnte sich um die Summierung von Außenständen von Viehhaltern handeln. Leider bleibt uns der Beruf der Männer verborgen. War Marduk-nāṣir/Šumaja ein Viehhalter, der Außenstände an Wolle zunächst in Silber beglichen hatte (so in NCBT 859), dann aber doch noch Wolle lieferte? Oder war er ein Kleinhändler, der Wolle vom Tempel quasi in Kommission übernahm und das Recht hatte, nicht verkaufte Wolle wieder an den Tempel zurück zu verkaufen? Das wäre ungewöhnlich und entspräche nicht dem, was wir sonst über den Einzelhandel mit Wolle wissen. Möglich wäre auch, dass die Verbalform hier ausnahmsweise eine Zahlung an den Tempel bezeichnet (vgl. GC 2, 219, cf. Jursa 2005: 46). In diesem Falle würde es sich doch um einen Verkauf von Wolle durch den Tempel handeln.

81. BM 114505

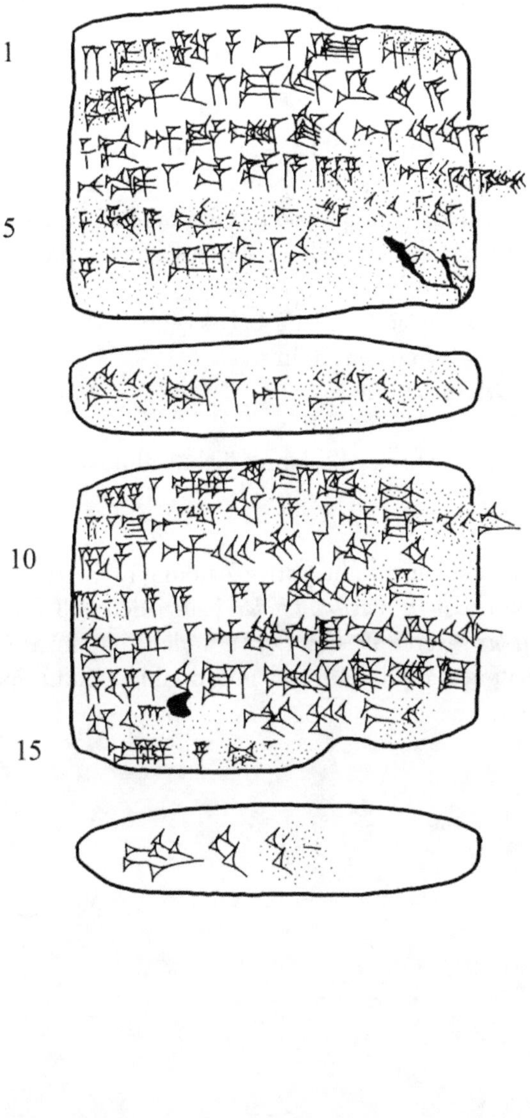

Vs 2 GÍN KÙ.BABBAR *šá ina* 1 GÍN *bít-qa*
ŠÁM 12 MA.NA SÍK$^{ḫi.a}$
NÍG.GA ^{d}GAŠAN *šá* UNUG^{ki} *u* ^{d}*na-na-a*
ina UGU ^{m}ZÁLAG-*e-a* A-*šú šá* ^{md}*na-na-a*-ŠEŠ-MU
šá ŠUK$^{ḫi.a}$ ⸢LUGAL *ina* ^{iti}ŠE KÙ.BABBAR⸣
šá ina 1 ⸢GÍN *bít-qa*⸣ [*i-nam-din*]
Rd ^{lú}*mu-kin*$_{7}$ ^{md}⸢AMAR.UTU-MU-MU⸣
Rs A-*šú šá* ^{md}AG-TIN-*su-iq-bi*
A ^{m}ŠU-^{d}*na-na*-⸢*a*⸣ ^{m}AN.GAL-⸢NUMUN-DÙ⸣
A-*šú šá* ^{md}30-MU ^{m}*na-din*
A-*šú šá* ^{m}A-*a* A ^{m}ŠEŠ-ʾ*u*-⸢*ú*⸣-[*tú*]
^{lú}UMBISAG ^{md}*in-nin*-NUMUN-GÁL-*ši*
A-*šú šá* ^{m}TIN-*su* UNUG ^{ki} ^{iti}DU$_{6}$
UD.13+[(x) KAM] MU.42.⸢KAM⸣
^{d}AG-NÍG.DU-[URÙ]
Rd LUGAL TIN.TI[R^{ki}]

Übersetzung

Zwei Sekel Silber mit einem Achtel Legierung, der Kaufpreis von zwölf Minen Wolle, Eigentum der Herrin von Uruk und Nanājas, gehen zu Lasten von Nūrea/Nanāja-aḫu-iddin, der (Beamte zuständig für die) „Ration des Königs" (*ša kurummat šarri*). Im Monat Addāru wird er das Silber, das auf einen Sekel ein Achtel Legierung (aufweist) geben.

Zeugen: Marduk-šumu-iddin/Nabû-balāssu-iqbi/Gimil-Nanāja
Ištarān-zēru-ibni/Sîn-iddin
Nādin/Aplaja/Aḫûtu.

Schreiber: Innin-zēru-šubši/Balāssu

Uruk, den 13.[+(x)] Tašrītu des 42. Jahres Nebukadnezars, des Königs von Babylon.

Kommentar

Hier fehlt die Klausel über die alternative Zahlung in Gerste nach der Ernte, wahrscheinlich weil Nūrēa als *ša kurummat šarri* auf jeden Fall Zugang zu Silber hatte. Die *ša kurummat šarri* waren Pächter des Pfründeneinkommens des Königs. Sie verkauften die Einnahmen aus den Pfründen und zahlten dafür Silber an den König.

82. PTS 2476

Vs ½ MA.NA ⸢5 GÍN KÙ.BABBAR ŠÁM⸣ [x MA.NA]
SÍK$^{\text{ḫi.a}}$ *šá ina* ^{iti}GU$_4$ ^{m}NUMUN-*tú*
A-*šú šá* ^{m}*za-bi-da-a ma-ḫir*
2 GÍN *šá* ^{m}NUMUN-*tú ina* ^{iti}⸢APIN⸣
ina ŠÁM 5 MA.NA SÍK$^{\text{ḫi.a}}$
ma-ḫir
Rs 15 GÍN KÙ.BABBAR *šá* 4 ERÍN^{me} *ina* ⸢x⸣-*tu*
šá É ^{lú}*qí-i-pi* ⸢*maḫ-ru*⸣-*ʾu*
2½ GÍN ^{md}UTU-SU ^{lú}*pu-ṣa-a-a* IGI-*ir*
^{iti}AB UD.26.KAM MU.1.KAM

Übersetzung

Eine halbe Mine, fünf Sekel Silber, den Kaufpreis von [x Minen] Wolle, hat (der Tempel) von Zērūtu/Zabidaja im Ajjāru erhalten.
Zwei Sekel, die (der Tempel) im Araḫšamnu von Zērūtu vom Kaufpreis von fünf Minen Wolle erhalten hat.
Fünfzehn Sekel Silber, die (der Tempel) von vier Arbeitern im ⸢x-*tu*⸣ des Hauses des *qīpu* erhalten hat.
2½ Sekel hat (der Tempel) von Šamaš-erība, dem Leinenweber, erhalten.
26. Ṭebētu des 1. Jahres.

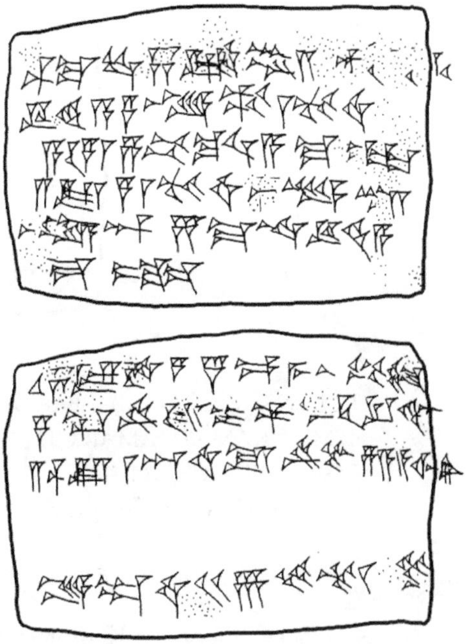

Kommentar

Verschiedene Personen, die Wolle beim Tempel gekauft hatten, haben nun ihre Außenstände beglichen. Der vorliegende Text vermerkt den Eingang dieser Silberzahlungen. Die letzten beiden Silbereinnahmen könnten freilich auch andere Zahlungen darstellen, die nicht aus Wollverkäufen resultierten.

83. NCBT 859

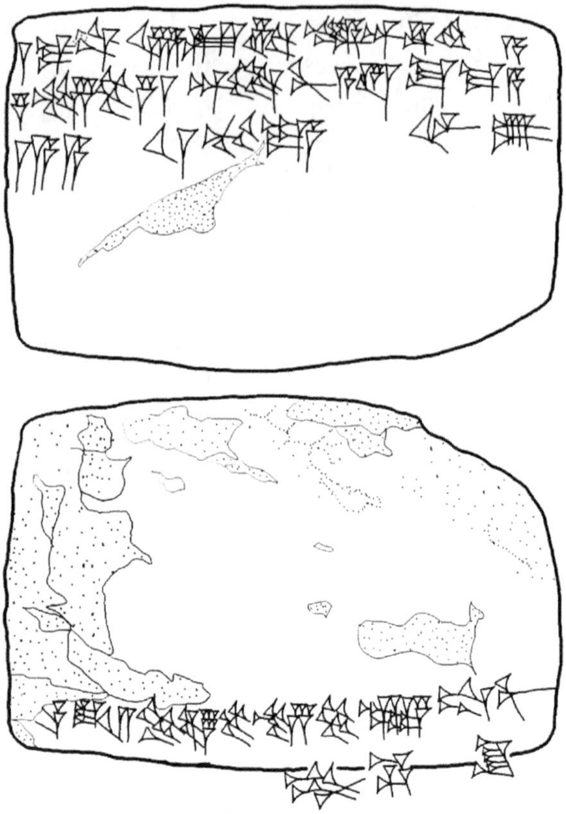

Vs 1 MA.NA 18 GÍN KÙ.BABBAR ŠÁM SÍK$^{\text{ḫi.a}}$
šá MU.5.KAM *šá* ^{md}AMAR.UTU-PAP A-*šú šá* ^{m}*šu-ma-a*
^{m}A-*a u* ^{m}NUMUN-*ia* IGI-*ú*
Rs ⸢iti⸣ KIN.II.KAM UD.7.KAM MU.5.KAM ^{md}AG-NÍG.DU-PAP
LUGAL E^{ki}

Übersetzung

Eine Mine, 18 Sekel Silber, der Kaufpreis der Wolle des 5. Jahres, hat (der Tempel) von Marduk-nāṣir/Šumaja, Aplaja und Zēria empfangen.
7. Schalt-Ulūlu des 5. Jahres Nebukadnezars, des Königs von Babylon.

Kommentar

Auf den ersten Blick scheint es sich um einen regulären Verkauf von Wolle an drei Männer zu handeln. Allerdings ist die Angabe „des 5. Jahres" ungewöhnlich – sie weist eher auf Viehhalter, die Wolle an den Tempel zu geben haben. Wenn diese nicht genug Wolle abliefern, können sie auch in Silber zahlen. Aber auch diese Interpretation ist unsicher, denn laut Nr. 80 (oben, NCBT 890) erhielt Marduk-nāṣir/Šumaja scheinbar Silber für Wolle. Der Tempel kaufte aber keine reguläre Wolle, sondern verkaufte sie.

84. PTS 2797

Vs 30 MA.NA SÍ⸢K^{hi}⸣.[a]
ŠÁM 10 GÍN KÙ.B[ABBAR]
ina IGI ^{m}⸢x⸣-*si* $^{?}$-⸢x⸣-[.....]
A-*šú šá* ^{m}*ba-la-ṭ*[*u* ....]
KÙ.BABBAR *nu-uḫ-ḫi-it*-[*tu*$_{4}^{?}$]
Rd ^{md}EN-MU *i-nam-din*
Rs ^{iti}KIN UD.7.KAM
MU.6.KAM ^{d}AG-NÍG.DU-PAP
LUGAL TIN.TIR^{ki}

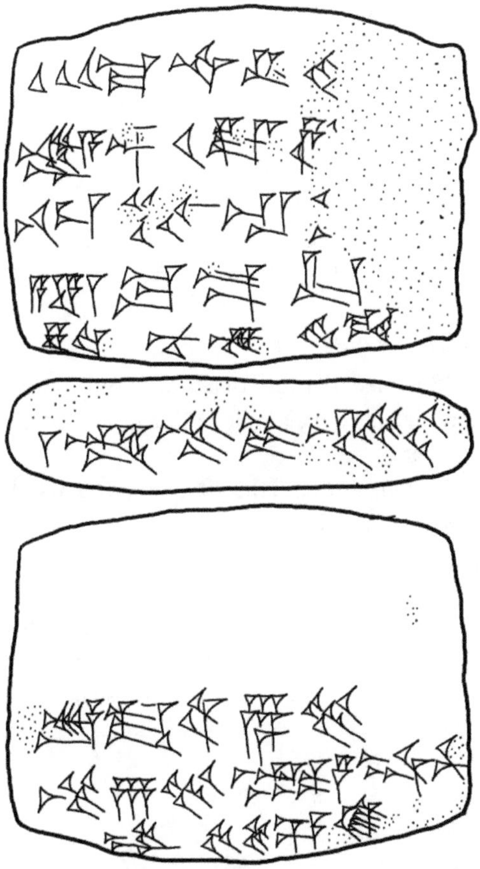

Übersetzung

30 Minen Wolle, Kaufpreis von zehn Sekel Sil[ber], stehen zur Verfügung von ⸢x x x⸣/Balāṭu. Das Silber von *nuḫḫutu*-Qualität wird Bēl-iddin bezahlen.
7. Ulūlu des 6. Jahres Nebukadnezars, des Königs von Babylon.

Kommentar

Das Dokument ist ungewöhnlich, da ‚Kaufpreis' hier die Wolle ist, nicht wie gewöhnlich das Silber. Der Tempel kaufte keine reguläre Wolle. Hier muss ‚Kaufpreis' vielleicht ausnahmsweise aus der Sicht des Käufers verstanden werden. In diesem Fall hätte der Sohn des Balāṭu Wolle auf Kredit gekauft und verhandelt, dass Bēl-iddin später dafür Silber an den Tempel zahlen wird.

85. PTS 2755

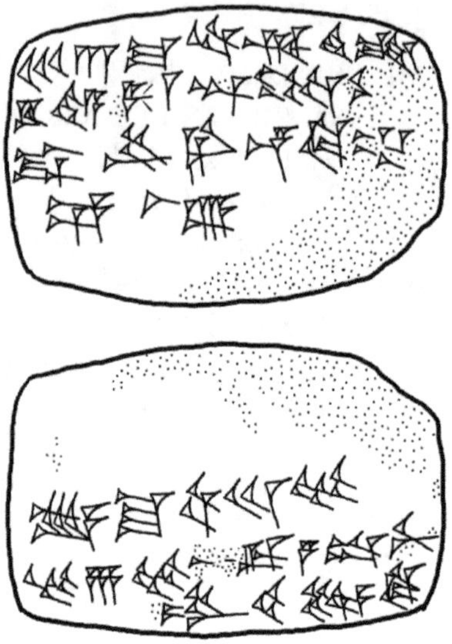

Vs 33 MA.NA *re-ḫi-it*
SÍK$^{\text{ḫi.a}}$ *šá* ^{md}AMAR.UTU-PAP
DUMU ^{lú}Ì.SUR-SÁ.DUG$_4$
e-ṭir
Rs ^{iti}ŠU UD.21.KAM
MU.6.KAM ⌜^{d}AG⌝-NÍG.DU-PAP
LUGAL TIN.TIR^{ki}

Übersetzung

33 Minen, der Rest der Wolle von Marduk-nāṣir (aus der Familie) Ṣāḫit-ginê sind ausgezahlt.
21. Dûzu des 6. Jahres Nebukadnezars, des Königs von Babylon.

Kommentar

Der kleine Text notiert die Auszahlung eines relativ großen Wollbetrags, den Marduk-nāṣir noch beim Tempel guthatte. Es könnte sich hier um die Auszahlung von Wolle aus einem Lieferungskauf handeln.

86. NCBT 388

Vs ⌜4 MA.NA⌝ [x GÍN] ⌜KÙ.BABBAR⌝
šá SÍK$^{\text{ḫi.a}}$ *šá ina* EDIN *gaz-za* ^{m}NUMUN-*iá*
^{md}AG-NUMUN-DÙ ^{m}ŠEŠ[^{meš}]-*šá-a ù*
^{m}⌜{*ú*}-*ba-la-ṭu*⌝$^{?}$ *a-di* 1 MA.NA KÙ.BABBAR
šá ^{m}ÌR-^{d}INNIN.NA A$^{!}$-*šú šá* ^{m}*ku-na-a pu-ut*
Rd ⌜*na*⌝-*šu-ú maḫ-ru*
Rs 5 MA.NA ⅓ 1 GÍN KÙ.BABBAR *ki-i*
SÍK$^{\text{ḫi.a}}$-*šú-nu re-e-ḫi* ^{m}EN-*šú-nu*
A-*šú šá* ^{m}NÍG.DU *pu-ut na-ši*
^{iti}ŠU UD.26.KAM MU.12.KAM
[KN LUGAL TIN.TIR]^{ki}

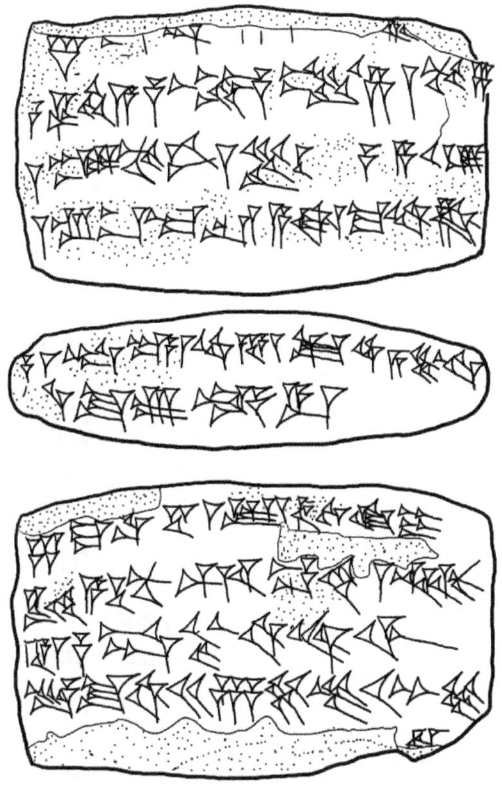

Übersetzung

Vier Minen und [x] Sekel Silber für die Wolle, die in der Steppe geschoren wurde, hat (der Tempel) von Zēria, Nabû-zēru-ibni, Aḫḫēšaja und ⸢Balāṭu⸣? erhalten – inklusive der einen Mine Silber, für die Arad-Innin/Kūnaja bürgte. Für 5 ⅓ Minen und einem Sekel Silber, entsprechend ihren Wollaußenständen, bürgte Bēlšunu/ Kudurru. 26. Dûzu des 12. Jahres [Nabopolassars *oder*: Nebukadnezars, des Königs von Babylon].

Kommentar

Wenn Herden nicht rechtzeitig zur Schur beim Tempel sein konnten, schoren die Hirten die Wolle auf der Weide. Der Wert der Wolle wurde dann in Silber an den Tempel bezahlt. Daneben haben die vier Viehhalter noch weitere Außenstände, für die Arad-Innin/Kūnaja bürgte. Dieser Mann ist mehrfach in Texten aus der Regierungszeit Nabopolassars und dem Beginn der Regierungszeit Nebukadnezars belegt (z.B. GC 2, 74 (7 Npl) und GC 1, 12 (9 Nbk)), daher können wir nicht entscheiden, welcher der beiden Königsnamen zu ergänzen ist.

87. PTS 2843

Vs 1 ANŠE *a-na* 1/3 GÍN
15 GÍN KÙ.BABBAR *ḫa-a-ṭu*
PAP ½ MA.NA 5 GÍN KÙ.BABBAR
ina SÍK$^{\text{ḫi.a}}$-*šú šá* MU.11.KAM
u MU.12.KAM <*šá*> *ina* EDIN
ig-zu-uz ^{m}AD-*ia-di-ia*
A ^{m}*ʾa-a-da-ʾa*
Rs IGI-⸢*ir*⸣
^{iti}APIN UD.6.KAM MU.13.KAM
^{d}AG-NÍG.DU-URÙ LUGAL TIN.TIR^{ki}

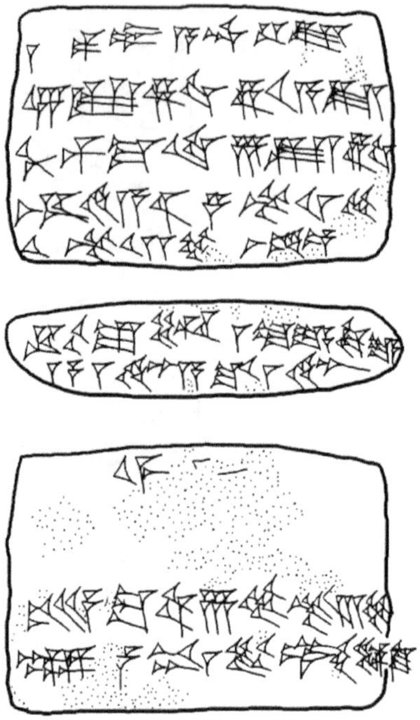

Übersetzung

Einen Esel für zwanzig Sekel (Silber), 15 Sekel Silber (in Form von) Rohmaterial, ingesamt eine halbe Mine und fünf Sekel Silber von seiner (dem Tempel geschuldeten) Wolle des 11. und 12. Jahres, die er in der Steppe geschoren hat, hat (der Tempel) von ʾAb-jadaʿ/Aj-jadaʿ erhalten.
6. Arahšamnu des 13. Jahres Nabonids, des Königs von Babylon.

Kommentar

Ein Hirte von Tempelherden hatte zwei Jahre lang seine Herde nicht zur Schafschur zum Tempel gebracht und schuldete dementsprechend den Wollertrag von zwei Jahren. Offenbar hat er die Wolle verkauft, denn er zahlte nicht mit Wolle, sondern teils in Silber und teils durch die Übergabe eines Esels im Wert von einer Drittelmine Silber. Der Text bezeugt damit nicht unmittelbar den Wollhandel des Tempels, sondern zeugt davon, dass die Rückzahlung von ausstehenden Schulden flexibel ausgehandelt werden konnte. Der Tempel bevorzugte sowieso Silber, daher war das eigenständige Verkaufen der Wolle durch den Hirten kein Vergehen.
Z. 6f.: Der westsemitische Name ist wohl als „Ab (Der Vater) hat erkannt" zu deuten, der Vatersname mit derselben Verbalwurzel als „Aja hat erkannt".

88. PTS 2932

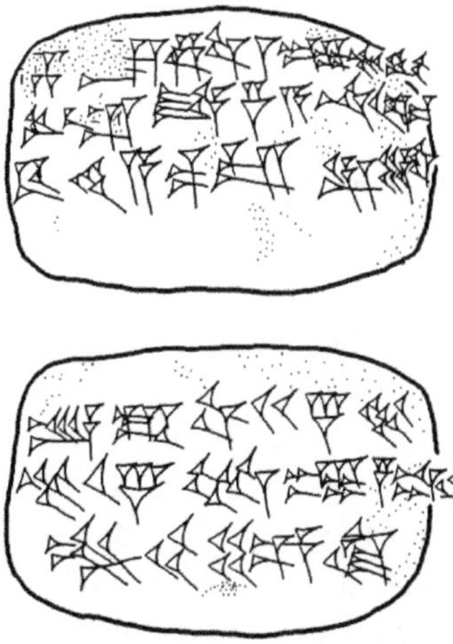

Vs ⸢5 GÍN⸣ KÙ.BABBAR ^{md}AG-MU-URÙ
^{lú}DAM.GÀR *šá a-na* UGU
SÍK$^{ḫi.a}$ *šap-ru* SUM.NA

Rs ^{iti}KIN UD.24.KAM
MU.14.KAM ^{md}AG-NÍG.DU-URÙ
LUGAL TIN.TIR^{ki}

Übersetzung

Fünf Sekel Silber sind an Nabû-šumu-uṣur, den Händler, der wegen Wolle geschickt wurde, gegeben. 24. Ulūlu des 14. Jahres Nebukadnezars, des Königs von Babylon.

Kommentar

Z. 1: Die Zahl ist leicht beschädigt, möglich wäre auch die Lesung 6, 15 oder 16.
Der Text ist einer der wenigen aus dem Eanna-Archiv, die den Beruf des Händlers explizit nennen. Dass professionelle Händler von Eanna Wolle kauften, ist auch aus den gehandelten Mengen zu erschließen (Kleber 2010a: 605ff.).

89. PTS 2630

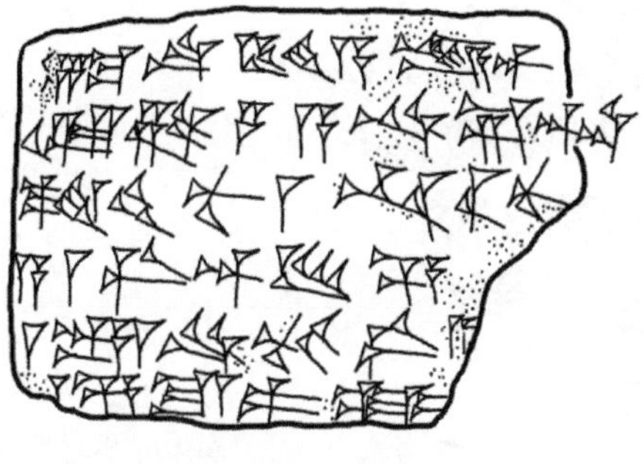

Vs ⸢2⸣5 MA.NA SÍK$^{ḫi.a}$ ŠÁM
10 GÍN KÙ.BABBAR *šá a-na* É.AN.NA
id-din-nu ^{m}EN-*šú-nu*
A ^{m}DÙ-DINGIR^{meš} *e-*[*ṭir*]
^{md}INNIN.NA-NUMUN-DÙ A [.........]

^{m}*e-zu-pa-šìr* [................]
Rd ^{lú}A.KIN [........ $^{meš?}$]
Rs ^{iti}GU$_4$ UD.4.KAM MU.17.KA[M]
^{d}AG-NÍG.DU-URÙ
oR LUGAL TIN.TIR^{ki}

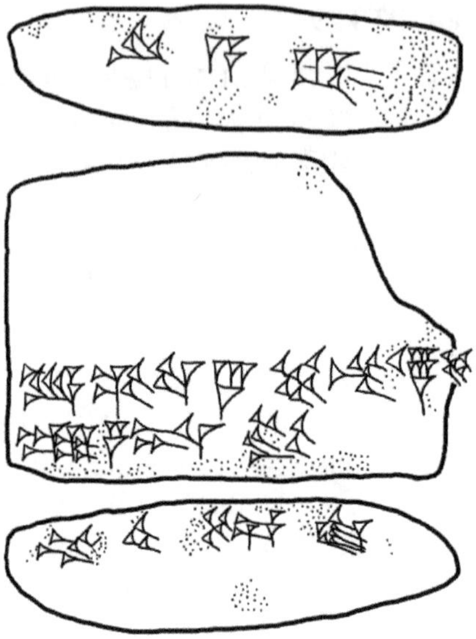

Übersetzung

⸢2⸣5 Minen Wolle, Kaufpreis von zehn Sekel Silber, die er an Eanna gegeben hat, hat Bēlšunu/Ibni-ilī beza[hlt erhalten]. Innin-zēru-ibni/[PN] (und) Ezu-pāšir [..] sind die Boten.
4. Ajjāru des 17. Jahres Nebukadnezars, des Königs von Babylon.

Kommentar

Es handelt sich hier um einen Lieferungskauf. Bēlšunu/Ibni-ilī hatte zehn Sekel Silber an einen Eanna-Vertreter bezahlt. Der Text bestätigt nun die Abholung der Wolle durch zwei Boten Bēlšunus.

90. NCBT 481

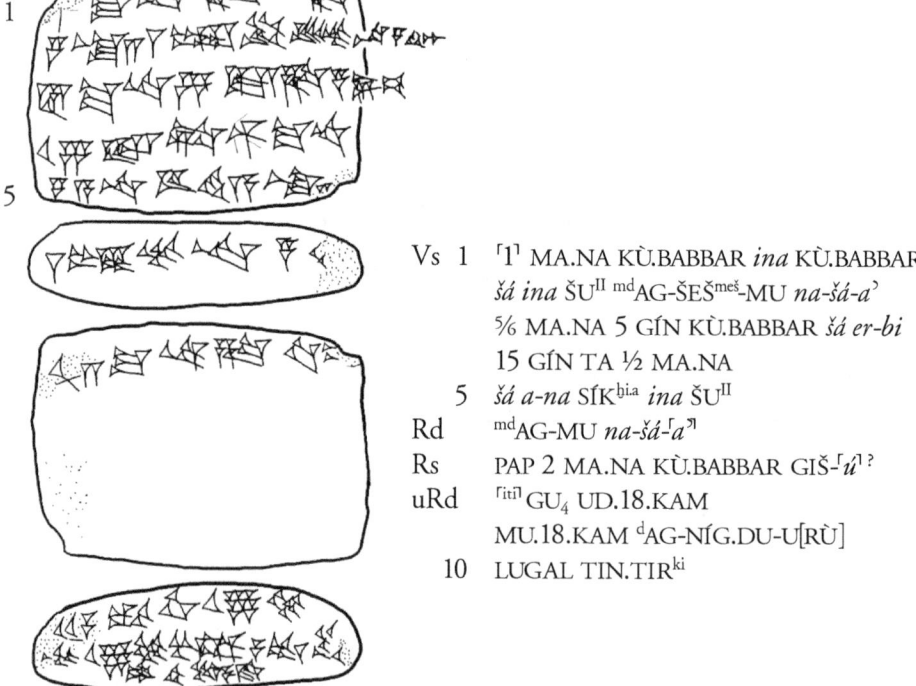

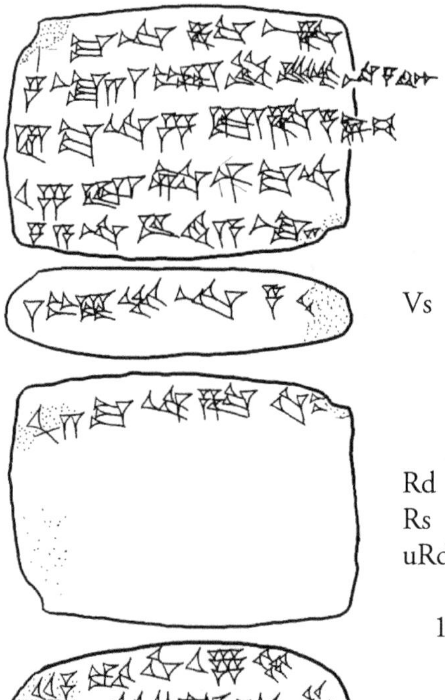

Vs ⸢1⸣ MA.NA KÙ.BABBAR *ina* KÙ.BABBAR
šá ina ŠU^{II} ^{md}AG-ŠEŠ^{meš}-MU *na-šá-a*ʾ
⅚ MA.NA 5 GÍN KÙ.BABBAR *šá er-bi*
15 GÍN TA ½ MA.NA
šá a-na SÍK$^{hi.a}$ *ina* ŠU^{II}
Rd ^{md}AG-MU *na-šá-*⸢*a*⸣ʾ
Rs PAP 2 MA.NA KÙ.BABBAR GIŠ-⸢*ú*⸣$^{?}$
uRd ⸢iti⸣GU$_4$ UD.18.KAM
MU.18.KAM ^{d}AG-NÍG.DU-U[RÙ]
LUGAL TIN.TIR^{ki}

Übersetzung

Eine Mine Silber vom Silber, das durch Nabû-aḫḫē-iddin hergebracht wurde; 55 Sekel Silber von den Tempeleintrittsgaben; 15 Sekel von der halben Mine, die Nabû-iddin für Wolle hergebracht hat. Insgesamt hat (der Tempel) zwei Minen (von ihnen) erhalten.
18. Ajjāru des 18. Jahres Nebukadnezars, des Königs von Babylon.

Kommentar

Dieser Text listet vom Tempel eingenommenes Silber auf, darunter auch Einkommen aus dem Verkauf von Wolle. Das Zeichen in Zeile 3 ist deutlich ⅚ (= 50 Sekel). Wenn die Summe korrekt sein soll, müsste hier jedoch ⅔ (= 40 Sekel) stehen. Entweder der Schreiber hat das falsche Zeichen verwendet, oder bei der Berechnung der Summe das Zeichen als ⅔ verlesen.

91. PTS 2873

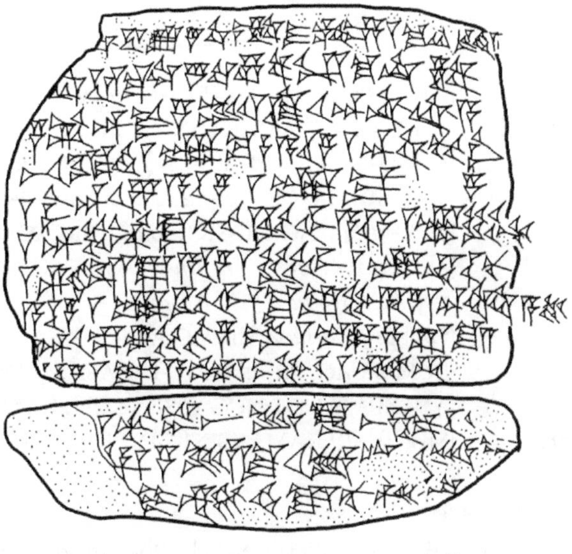

Vs [1 MA.N]A 1/3 GÍN 4-*ut* LÁ KÙ.BABBAR 3 GUN 1 MA.NA SÍK$^{\text{ḫi.a}}$
[*a*]-*na* 2/3 MA.NA 4-*ut* KÙ.BABBAR PAP 2 MA.NA KÙ.BABBAR
NÍG.GA ^{d}GAŠAN *šá* UNUG^{ki} *u* ^{d}*na-na-a*
ina muḫ-ḫi ^{md}AG-BA-*šá* A-*šú šá* ^{md}UTU-NUMUN-DÙ
^{m}DÙ-^{d}15 A-*šú šá* ^{md}AG-BA-*šá*
^{md}*in-nin*-NUMUN-GÁL-*ši* A-*šú šá* ^{md}AG-ŠEŠ-MU
^{m}*gi-mil-lu* A-*šú šá* ^{m}ŠEŠ-IGI ^{md}AG-EN-*šú-nu*
A-*šú šá* ^{md}AG-GÁL-*ši* ^{m}*šu-zu-bu* A-*šú šá* ^{md}*na-na-a*-KAM
^{md}U.GUR-*ú-še-zib šá* LUGAL ^{md}AG-*ṣa-bit*-ŠU^{II}
A-*šú šá* ^{m}*ia-a-il-tap-pu u* ^{m}*nam-ri*-[x x]
Rd [A-*šú šá*] ^{md}MU-GIN *ina* ^{iti}KIN *ina* KÙ.BABBAR-*šú* ⸢x⸣
[x x] RU *šá* ^{iti}DU$_6$ *u* ^{iti}⸢APIN⸣$^{?}$ *u* ^{iti}⸢GAN⸣$^{?}$
[x x] *i-nam-ḫi-su-nu* 1-*en* ⸢*pu*⸣-*ut*

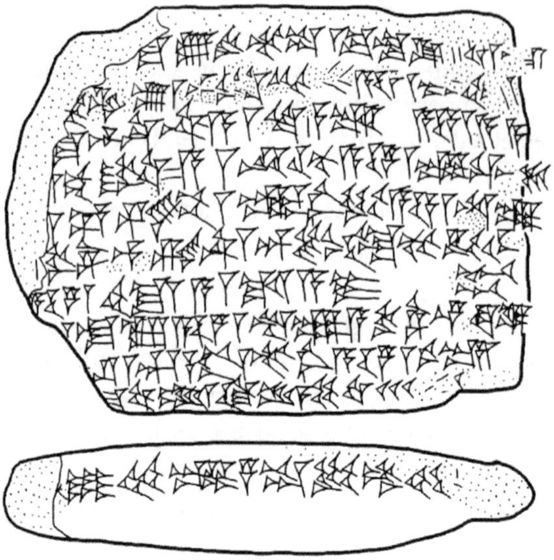

Rs [2-*i na-š*]*u-ú* ^{lú}*mu-kin*$_{7}$ ^{m}*ba-la-ṭu* ⌜A-*šú šá*⌝ ^{m}⌜xx⌝
[^{m}M]U-GI *ú* ^{m}⌜^{d}AMAR.UTU⌝-MU-[MU] A-*šú šá* ^{m}⌜^{d}AG-TIN-*su*⌝-[E]
[A ^{m}]ŠU-^{d}*na-na-a* ^{m}KAR-^{d}EN A-*šú šá* ^{m}A-*a*
^{m}*ár-rab-tú* {A} ^{m}EN-*šú-nu* A-*šú šá* ^{md}AG-PAP^{me}-MU
[A] ^{m}*e-gi-bi* ^{md}AG-DÙ-ŠEŠ A-*šú šá* ^{m}ÌR-^{d}AG
[A] ^{lú}Ì-SUR-GI.NA ^{md}*in-nin*-NUMUN-GÁL-*ši*
A-*šú šá* ^{m}TIN-*su* A ^{m}*da-a-i-qu*
[^{m}*ba*]-*la-ṭu* A-*šú šá* ^{m}ÌR-^{d}AG A ^{lú}Ì-SUR-SÁ.DUG$_{4}$
[^{lú}UMBIS]AG ^{md}*a-num*-MU-DÙ A-*šú šá* ^{m}DÙ-^{d}INNIN
[A ^{lú}AZLA]G UD.UNUG^{ki} ^{iti}ŠE UD.30.⌜KAM⌝
oRd [MU.20]+19.KAM ^{d}AG-NÍG.DU-URÙ LUGAL TIN.[TIR^{ki}]

Übersetzung

1 ⅓ Mine minus ein Viertel Sekel Silber (und) drei Talente, eine Mine Wolle im Wert von ⅔ Minen und ein Viertel Sekel Silber, insgesamt zwei Minen Silber, Eigentum der Herrin von Uruk und Nanājas, gehen zu Lasten von Nabû-iqīša/Šamaš-zēru-ibni, Ibni-Ištar/Nabû-iqīša, Innin-zēru-šubši/Nabû-aḫu-iddin, Gimillu/Aḫu-lūmur, Nabû-bēlšunu/Nabû-ušabši, Šūzubu/Nanāja-ēreš, Nergal-ušēzib, „der des Königs", Nabû-ṣābit-qātī/Jāʾ-iltappu und Namrī-[x]/Šumu-ukīn. Im Monat Ulūlu … von seinem Silber [x x x], im Monat Tašrītu, Araḫšamnu und Kislīmu werden sie abziehen. Einer bürgt für den anderen.

Zeugen: Balāṭu/[x x x]/[x]
Šumu-ukīn und Marduk-šumu-iddin/Nabû-balāssu-iqbi/Gimil-Nanāja
Mušēzib-Bēl/Aplaja/Arrabtu
Bēlšunu/Nabû-aḫḫē-iddin/Egibi
Nabû-bān-aḫi/Arad-Nabû/Ṣāḫit-ginê

Innin-zēru-šubši/Balāssu/Dā'iqu
Balāṭu/Arad-Nabû/Ṣāḫit-ginê
Schreiber: Anu-šumu-ibni/Ibni-Ištar/[Ašlāku][165]
Larsa, den 30. Addāru des [3]?9. Jahres Nebukadnezars, des Königs von Babylon.

Kommentar

Es handelt sich hier um einen Verpflichtungsschein über Silber zu Lasten von mehreren Personen, die vom Tempel einen Kredit in Form von Silber und Wolle erhalten hatten. Die Wolle wird in Form von Silber (zurück)bezahlt, es handelt sich also dabei auch um einen Wollverkauf mit einem Kurs von 4,5 Minen Wolle pro Sekel Silber. Aufgrund des Wollpreises ist anzunehmen, dass der Text in das Jahr 39 datiert.
Z. 9: *ša šarri* „der des Königs" soll wohl ausdrücken, dass Nergal-ušēzib im Dienste des Königs steht.

92. PTS 2530

Vs 1 3-*ta* 4-*ut*^{me} KÙ.BABBAR
šá 1½ MA.NA SÍK$^{ḫi.a}$
^{m}BA-*šá-a* A ^{md}EN-DÙ
GIŠ
Rs 5 ^{iti}DU$_6$ UD.1.KAM MU.20.KAM
^{d}AG-NÍG.DU-URÙ
LUGAL TIN.TIR^{ki}

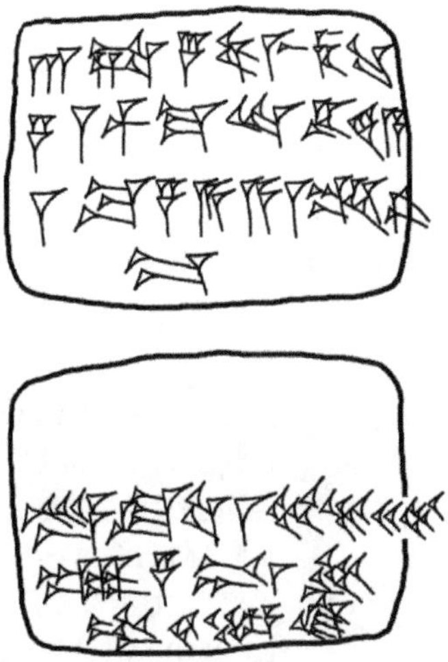

Übersetzung

Iqīšaja/Bēl-ibni erhielt ¾ Sekel Silber für 1½ Minen Wolle.
1. Tašrītu des 20. Jahres Nebukadnezars, des Königs von Babylon.

Kommentar

Dieser Text ist kein Wollverkauf, sondern ein Wollkauf von Seiten des Tempels, was ungewöhnlich ist. Der Tempel kaufte nur gefärbte Wolle, die zur Verzierung der Göttergewänder benötigt wurde. Die hier gekaufte Wolle ist teuer (zwei Minen pro Sekel) und die verkaufte Menge ist sehr klein. Wenn der Tempel Wolle verkaufte, waren geringe Mengen an Wolle nicht teurer als große Mengen (Kleber 2010a: 605). Obwohl der Text dies nicht angibt, muss es sich hier um spezielle Wolle gehandelt haben, möglicherweise um bereits versponnene oder um in anderer Weise behandelte Wolle.

165 Der Schreiber ist mit vollständig erhaltenem Familiennamen z.B. in PTS 3012 bezeugt.

93. PTS 2898

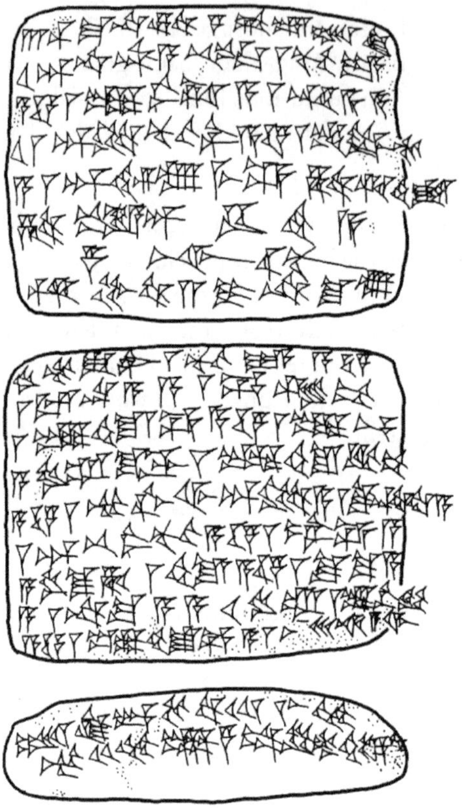

Vs 3 ½ MA.NA KÙ.BABBAR NÍG.GA ^{d}INNIN UNUG^{ki}
u ^{d}*na-na-a ina* UGU ^{m}NUMUN-*ia*
A-*šú šá* ^{md}AG-DÙ-*uš* A ^{md}EN$^{!}$-*a-a*
u ^{md}AMAR.UTU-NUMUN-DÙ A-*šú šá* ^{md}EN-ŠEŠ^{me}-MU
A ^{md}IŠKUR-*šam-me-e* KÙ.BABBAR *re-ḫi-it*
KÙ.BABBAR ŠÁM SÍK$^{\text{ḫi.a}}$
šá ina IGI-*šú-nu*
1-*en pu-ut* 2-*i na-šu-ú*

Rs ^{lú}*mu-kin-ni* ^{m}NUMUN-*ia* A-*šú šá*
^{m}*ib-na-a* A ^{m}*e-gi-bi*
^{md}AG-TIN-*su*-E A-*šú šá* ^{md}AG-SUR
A ^{lú}SANGA-BÁRA ^{md}AG-TIN-*su-iq-bi*
A-*šú šá* ^{m}*mu-šal-lim*-^{d}AMAR.UTU A ^{m}ŠU-^{d}*na-na-a*
^{md}IDIM-DÙ-NUMUN A-*šú šá* ^{m}*tab-né-e-a*
A ^{lú}ŠU.ḪA ^{m}TIN-*su* A-*šú šá* ^{m}*šu-ma-a*
A ^{m}*na-ba-a-a u* ^{lú}UMBISAG ^{md}AG-DÙ-ŠEŠ
A-*šú šá* ^{md}AG-TIN-*su*-E A $^{\text{m⌜d⌝}}$30-TI-ÉR

oRd UNUG^{ki} ^{iti}ŠE UD.20 1-LÁ.KAM
MU.20.KAM ^{d}AG-NÍG.DU-URÙ LUGAL TIN.TIR$^{\text{⌜ki⌝}}$

Übersetzung

3½ Minen Silber, Eigentum der Ištar von Uruk und Nanājas, gehen zu Lasten von Zēria/Nabû-īpuš/Bēlaja und von Marduk-zēru-ibni/Bēl-aḫḫē-iddin/Adad-šamê. Das Silber ist der Rest von dem Silberbetrag, der der Kaufpreis der Wolle ist, die sich bei ihnen befindet. Einer bürgt für den anderen.

Zeugen: Zēria/Ibnaja/Egibi
Nabû-balāssu-iqbi/Nabû-ēṭir/Šangû-parakki
Nabû-balāssu-iqbi/Mušallim-Marduk/Gimil-Nanāja
Ea-bān-zēri/Tabnēa/Bā'iru
Balāssu/Šumaja/Nabaja

Schreiber: Nabû-bān-aḫi/Nabû-balāssu-iqbi/Sîn-lēqi-unninni.

Uruk, den 19. Addāru des 20. Jahres Nebukadnezars, des Königs von Babylon.

Kommentar

Der Text ist ein Verpflichtungsschein über Silber aufgrund eines Kreditkaufs von Wolle, aber das Formular weicht hier vom üblichen ab. Wahrscheinlich wurde zunächst ein Schuldschein im regulären Wollkredit-Formular ausgestellt, der wie üblich im Addāru fällig wurde. Am 19. Addāru, dem Ausstellungstag dieser Urkunde, zahlten die Käufer aber nur einen Teilbetrag und handelten eine spätere Zahlung des Restes aus. Über diesen Rest wurde nun neuer Verpflichtungsschein ausgestellt, der dem Formular der Silberschuldscheine folgt. Der Rest ist mit 3,5 Minen Silber sehr hoch, es muss sich also um eine große Wollmenge jenseits des privaten Verbrauchs gehandelt haben.

94. PTS 2659

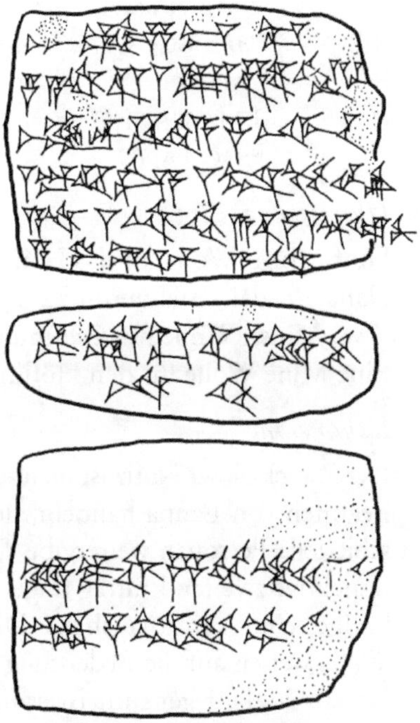

Vs 2 GUN ^{giš}ḪAB
šá a-na 1/3 1 GÍN KÙ.BABBAR {⸢ŠÁM⸣}
ina ŠÁM SÍK$^{\text{ḫi.a}}$ *šá ina* IGI-*šú*
^{md}EN-DÙ A ^{m}GIN-NUMUN IGI-*ir*
a-na ^{m}*na-din* A-*šú šá* ^{md}U.GUR-PAP
A ^{lú}UŠ.BAR *a-na*
Rd ^{sík}*ta-kil-<ti>-šu šá* ^{iti}ŠE
Rs *na-din*
^{iti}ZÍZ UD.5.KAM MU.2⸢2.KAM⸣
^{d}AG-NÍG.DU-URÙ LUGAL T[IN.TIR^{ki}]

Übersetzung

Zwei Talente *ḫūratu* (Sumach?) für 21 Sekel Silber, vom Kaufpreis der Wolle, die (schon) zur seiner Verfügung steht, hat (der Tempel) von Bēl-ibni/Mukīn-zēri empfangen. (Der Sumach) ist an Nādin/Nergal-nāṣir/

Išparu für die rote Wolle des Monats Addāru gegeben.
5. Šabāṭu des 22. Jahres Nebukadnezars, des Königs von Babylon.

Kommentar

Z. 1: Zu ^{giš}ḪAB = *ḫūratu* „Sumach“ (*Rhus coriaria*, die Rinde eignet sich zum Rotfärben von Wolle), siehe Landsberger (1967: 170f.), der dort als Identifikation von *ḫūratu* neben Sumach auch einen aus Galle gewonnenen Farbstoff erwägt.
Z. 9: Beim Tagesdatum sind statt 22 auch 21 oder 23 möglich.

Bēl-ibni hatte vom Tempel Wolle auf Kredit gekauft. Das noch geschuldete Silber wird nun um den Wert des gelieferten Färbemittels reduziert. Nādin, der Empfänger des Färbemittels, trug nicht nur den Familiennamen ‚Weber‘, sondern war tatsächlich ein Weber von Göttergewändern (PTS 3471). Die Angabe „für den Monat Addāru“ zeigt an, dass es um Wolle im Zusammenhang mit einem Ritual, bzw. um Göttergewänder für eine Zeremonie, ging. Der Addāru war ein besonderer Festmonat in Eanna, in dem auch ein Bekleidungsritual stattfand (s. Beaulieu 2003: 37f. und 80).

95. PTS 2324

Vs	5 MA.NA SÍK$^{\text{ḫi.a}}$
	a-na É *ina* ŠU^{II}
	^{f}*ana*-UGU-^{d}*na-na-a-tak-lak*
	^{iti}APIN MU.24
	2 MA.NA SÍK$^{\text{ḫi.a}}$ *a-na*
Rd	^{m}*ana*-UGU-^{d}AG-*tak-lak*
Rs	^{iti}APIN
	1 MA.NA SÍK$^{\text{ḫi.a}}$ *a-na*
	^{lú}SAG ^{iti}APIN

1

5

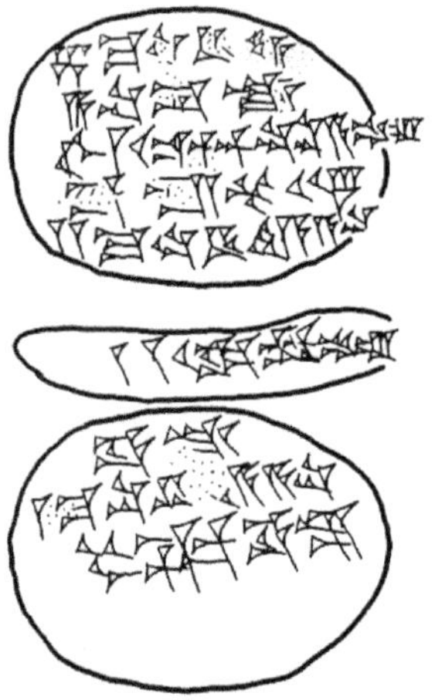

Übersetzung

Fünf Minen Wolle für das Haus durch Ana-muḫḫi-Nanāja-taklāk, Araḫšamnu, 24. Jahr.
Zwei Minen Wolle für Ana-muḫḫi-Nabû-taklāk. Monat Araḫšamnu.
Eine Mine Wolle für den Höfling (*ša rēši*). Monat Araḫšamnu.

Kommentar

Der Zweck dieser Notiz ist nicht eindeutig. Es könnte sich um eine private Notiz eines Beamten von Eanna handeln, der Wolle, die er vom Tempel erhalten hat, an verschiedene Personen weitergibt. Die weibliche und die männliche Person im ersten, respektive zweiten Eintrag tragen typische Sklavennamen; vielleicht waren sie Angehörige seines Privathaushalts. Die zahlreichen Transaktionen von kleinen Mengen Wolle weisen auf die Bedeutung der Produktion von Textilien in Privathaushalten. Da ein 24. Jahr genannt ist, muss der Text aus der Regierungszeit Nebukadnezars stammen.

96. YBC 9316

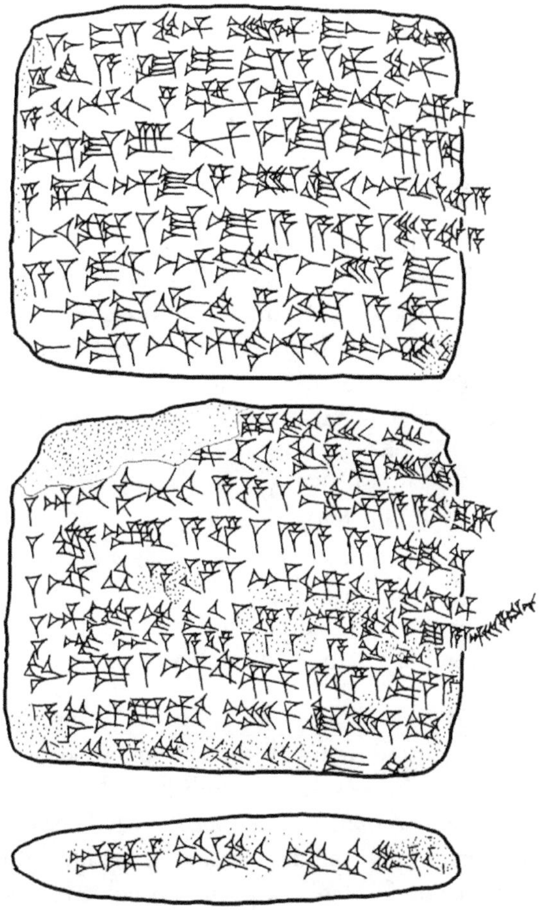

Vs 1 ME GUR ŠE.BAR ŠÁM 4 GUN
SÍK$^{\text{ḫi.a}}$ 66 GUR 3 (PI) 2 BÁN ŠE.BAR
a-tar-ti šá al-la i-na 1 GUR 1 BÁN
iš-šu-ú PAP 166 GUR 3 (PI) 2 BÁN
NÍG.GA ^{d}GAŠAN *šá* UNUG^{ki} *u* ^{d}*na-na-a*
ina UGU ^{m}*šu-la-a* A-*šú šá* ^{m}SUM-*na-a*
A ^{m}DA-^{d}AMAR.UTU *ina* ^{iti}ŠU
ina ^{giš}*ma-ši-ḫi šá ka-a-ru*
ina ^{URU}*na-gi-ti i-nam-din*

Rs [^{lú}*mu-kin-nu* ^{m}]^{d}AG-ŠEŠ^{meš}-MU
[A-*šú šá* ^{m}*šá*-^{d}A]G-*šú-u* ^{lú}GAR.UMUŠ UNUG^{ki}
^{md}IDIM-DÙ-NUMUN A-*šú šá* ^{m}*tab-né-e-a* A ^{lú}ŠU.ḪA
^{m}KAR-^{d}EN A-*šú šá* ^{m}A-*a* A ^{m}*ár-rab-tú*
^{m}*na-din* A-*šú šá* ^{md}U.GUR-PAP A ^{lú}UŠ.BAR
^{md}AMAR.UTU-MU-URÙ ⸢A-*šú šá*⸣ ^{md}EN-ŠEŠ^{me}-SU A ^{md}30-*šá-du-nu*

^{m}MU-GIN A-*šú šá* ^{m}⸢A-*a* A ^{lú}ŠITIM⸣
^{lú}UMBISAG ^{md}UTU-SIG$_{15}$ A-*šú šá* ^{m}BA-*šá-a*
⸢A⸣ ^{lú}SIPA-GU$_{4}$ UNUG^{ki} ^{iti}GU$_{4}$
⸢UD.25.KAM MU.33.KAM⸣
Rd ^{d}AG-NÍG.DU-URÙ LUGAL TIN.TIR$^{⸢ki⸣}$

Übersetzung

100 Kor Gerste, der Kaufpreis von vier Talenten Wolle (und) 66;3.2 Gerste, dem Extra (Zins?), von einem *sūtu* zusätzlich pro Kor, das er gebracht hat, insgesamt 166;3.2 (Gerste), Eigentum der Herrin von Uruk und Nanājas, gehen zu Lasten von Šulaja/Iddinaja/Ileʾi-Marduk. Im Monat Dûzu wird er (die Gerste) im *mašīḫu*-Maß des Hafens in der Stadt Nagītu geben.

Zeugen: Nabû-aḫḫē-iddin/Ša-Nabû-šū, der Governeur (*šākin ṭēmi*) von Uruk
Ea-bān-zēri/Tabnēa/Bāʾiru
Mušēzib-Bēl/Aplaja/Arrabtu
Nādin/Nergal-nāṣir/Išparu
Marduk-šumu-uṣur/Bēl-aḫḫē-erība/Sîn-šadûnu
Šumu-ukīn/Aplaja/Itinnu

Schreiber: Šamaš-udammiq/Iqīšaja/Rēʾi-alpi.

Uruk, den 25. Ajjāru des 33. Jahres Nebukadnezars, des Königs von Babylon.

Kommentar

Im Hintergrund steht ein Verkauf von Wolle gegen Gerste sowie die Rückzahlung eines Gerstebetrages. Ungewöhnlich ist, dass die Gerste nicht – wie in den Verpflichtungsscheinen stipuliert – im *mašīḫu*-Maß der Herrin von Uruk in Eanna zu zahlen war, sondern im Maß des Hafens der Stadt Nagītu. Vielleicht war der Schuldner in einer Mission für den Tempel unterwegs, z.B. einem Bauprojekt in Nagītu.
Z. 9: Zur Ortschaft Nagītu, wohl im südöstlichen Babylonien, siehe Zadok 1985: 233.

97. NCBT 191

Vs 4 MA.NA KÙ.BABBAR *ù* 16 GUR [ŠE.BAR]
NÍG.GA ^{d}GAŠAN *šá* UNUG^{ki} *u* ^{d}*n*[*a-na-a*]
re-ḫe-et ú-ìl-tì^{meš} *šá* 1 LIM GUR ⸢ŠE⸣.BAR
ù 10 MA.NA KÙ.BABBAR ⸢14 GUN 44 MA.NA⸣ SÍK$^{ḫi.a}$
ina UGU ^{md}UTU-NUMUN-DÙ A-*šú šá* ^{md}AG-TIN-*iṭ*
ina ^{iti}GAN *i-nam-*[*din ú*]*-ìl-tì*$^{m[eš]}$
maḫ-re-e-ti šá [*ina* UG]U
^{md}UTU-NUMUN-DÙ ⸢x x x x⸣
uRd *ḫe-pat*

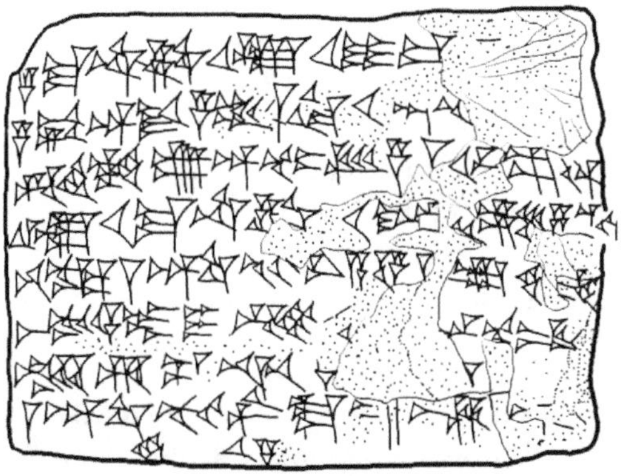

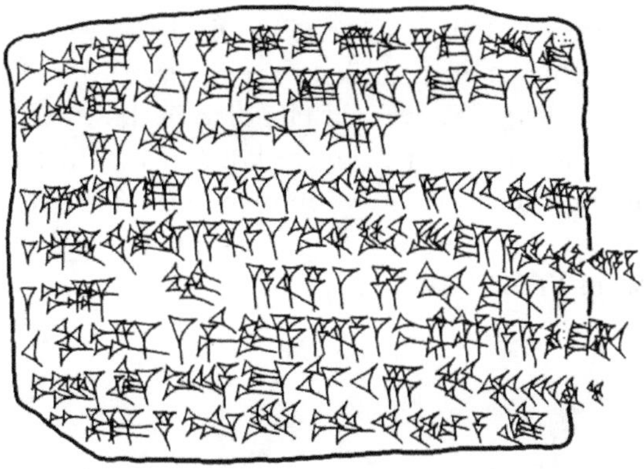

ina GUB-*zu šá* ^{m}*šá*-^{d}AG-*šu-ú* ^{lú}GAR.UMUŠ UNUG^{ki}
^{lú}*mu-kin-nu* ^{m}*ba-la-ṭu* A-*šú šá* ^{m}*šu-ma-a*
A ^{m}MU-^{d}*pap-sukkal*
^{m}*gi-mil-lu* A-*šú šá* ^{m}NUMUN-*ia* A ^{m}*ši-gu-ú-a*
^{md}EN-TIN-*iṭ* A-*šú šá* ^{md}EN-ŠEŠ^{meš}-SU A ^{lú}MUN$^{ḫi.a}$-*šú*
^{md}AG-KAM A-*šú šá* ^{m}*za-bi-da-a*
u ^{lú}UMBISAG ^{m}DÙ-*ia* A-*šú šá* ^{m}*tab-né-e-a* A ^{lú}ŠU.ḪA
UNUG^{ki} ^{iti}ŠU UD.16.KAM MU.⌜34?⌝.KAM
oRd ^{d}AG-NÍG.DU-URÙ LUGAL TIN.TIR^{ki}

Übersetzung

Vier Minen Silber und 16 Kor [Gerste], Eigentum der Herrin von Uruk und Nanājas, der Rest der Verpflichtungsscheine über 1000 Kor Gerste und zehn Minen Silber (sowie) 14 Talente, 44 Minen Wolle, gehen zu Lasten von Šamaš-zēru-ibni/Nabû-uballiṭ. Im Monat Kislīmu wird er bezahlen. Die früheren Verpflichtungsscheine zu Lasten von Šamaš-zēru-ibni .... sind ungültig gemacht (zerbrochen).

In Anwesenheit von Ša-Nabû-šū, Gouverneur (*šākin ṭēmi*) von Uruk.
Zeugen: Balāṭu/Šumaja/Iddin-Papsukkal
Gimillu/Zēria/Šigûʾa
Bēl-uballiṭ/Bēl-aḫḫē-erība/Ša-Ṭābtišu
Nabû-ēreš/Zabidaja
und der Schreiber: Bānia/Tabnēa/Bāʾiru
Uruk, den 16. Dûzu des 34.? Jahres Nebukadnezars, des Königs von Babylon.

Kommentar

Die großen Mengen an Gerste, Silber und Wolle, über die der Tempel Šamaš-zēru-ibni Kredit gab, sind bemerkenswert. Er konnte offenbar nur einen Teil der Gesamtsumme zum vereinbarten Zeitpunkt zahlen, daher wurde nun ein Verpflichtungsschein über den restierenden Betrag ausgestellt. Die Anwesenheit des *šākin ṭēmi* von Uruk deutet auf eine Involvierung anderer staatlicher Institutionen in die Transaktion, oder aber Šamaš-zēru-ibni war ein Händler, in dessen Unternehmungen der *šākin ṭēmi* persönlich investiert hatte. Leider können wir die Stellung Šamaš-zēru-ibnis und seine Funktion nicht näher bestimmen, wir wissen allenfalls, dass er kein Tempelangehöriger war. Im Jahre 29 stiftete er dem Tempel zwei Rinder als Eintrittsgeschenk (*erbu*, in YBC 9601).

98. YBC 9149

Vs 32 GUR ŠE.BAR ŠÁM
30 MA.NA SÍK$^{ḫi.a}$ *ù* 10 GUR ZÚ.LUM.MA
NÍG.GA ^{d}INNIN UNUG^{ki} *u* ^{d}*na-na-a*
ina muḫ-ḫi ^{m}ŠEŠ-*šú-nu* A-*šú šá* ^{m}ÌR-^{d}IDIM
[*ina*] ⸢^{iti}SIG$_{4}$⸣ ŠE.BAR *ga-mir-ti*
[*ina mašīḫi šá*]$^{?}$ É.AN.NA
[*ina* É.AN.NA]$^{?}$ *i-nam-din*
[*ina* GUB-*zu šá* ^{md}A]G-LUGAL-URÙ
oRd [^{lú}SAG.LUGAL$^{?}$]
Rs ⸢^{lú}*mu-kin*⸣-*nu* ^{m}*gi-mil-lu*
A-*šú šá* ^{m}NUMUN-*ia* A ^{m}*ši-gu-ú-a*
^{md}AG-DÙ-ŠEŠ A-*šú šá* ^{m}DÙ-*a* A ^{m}*é-kur-za-kir*
^{md}AG-NUMUN-GIN A-*šú šá* ^{md}AG-I A ^{lú}x x
u ⸢^{lú}UMBISAG⸣ ^{md}AG-GIN-A A-*šú šá*
^{m}É.AN.NA-*li-pi-ú-ṣur*
A ^{md}30-TI-ÉR UNUG^{ki}
uRd ⸢^{iti}KIN UD⸣.16.KAM MU.34.KAM
^{d}AG-NÍG.DU-URÙ LUGAL TIN.TIR^{ki}

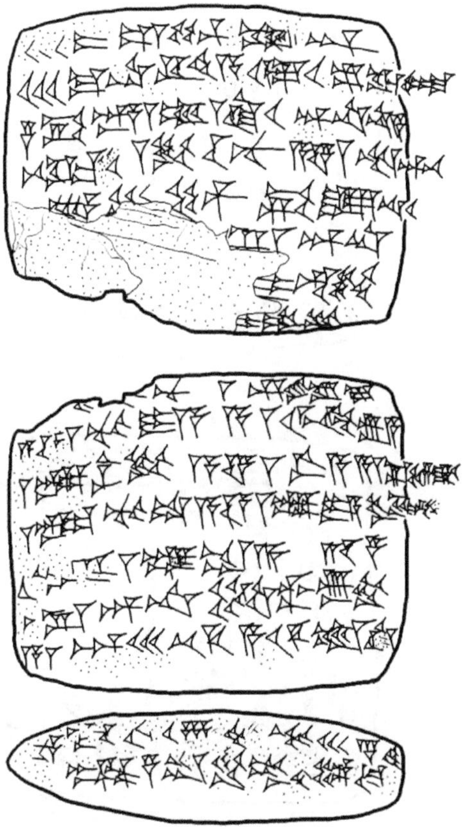

Übersetzung

32 Kor Gerste, der Kaufpreis von 30 Minen Wolle und zehn Kor Datteln, Eigentum der Ištar von Uruk und Nanājas, gehen zu Lasten von Aḫušunu/Arad-Ea. Im Monat Simānu wird er die gesamte Gerste [im *mašīḫu*-Maß] von Eanna [in Eanna] geben. [In Anwesenheit von Nabû]-šarru-uṣur, [des Höflings].

Zeugen: Gimillu/Zēria/Šigû'a
Nabû-bān-aḫi/Ibnaja/Ekur-zākir
Nabû-zēru-ukīn/Nabû-nā'id/⌜x x⌝

und der Schreiber: Nabû-mukīn-apli/Ajakku-līpi-uṣur/Sîn-lēqi-unninni.

Uruk, den 16. Ulūlu des 34. Jahres Nebukadnezars, des Königs von Babylon.

Kommentar

Z. 9: In der Regierungszeit Nebukadnezars wurde Nabû-šarru-uṣur als Höfling in Eanna eingeführt. Erst später, unter Nabonid, erhielt er den Titel des *bēl piqitti*, siehe Frame 1991, Jankovic 2005 und Kleber 2008: 11 und 16.

99. BM 114622

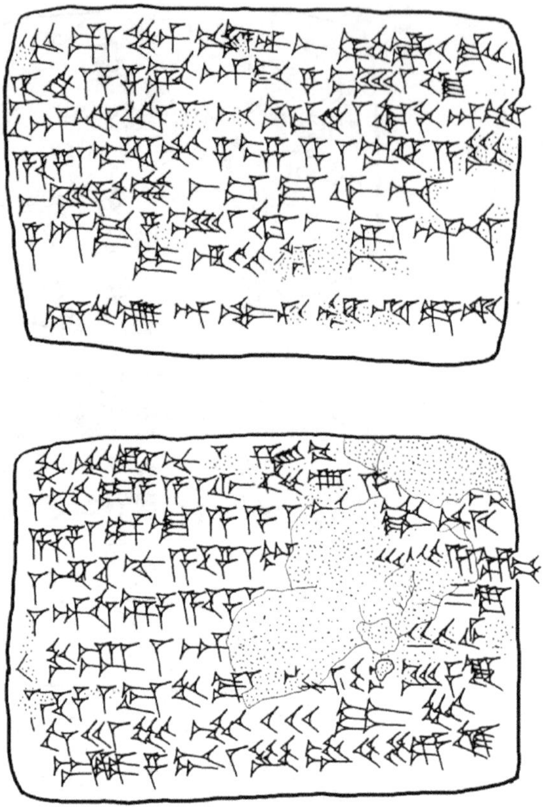

Vs ⌈40⌉ GUR ŠE.BAR ŠÁM 1 GUN 10 MA.⌈NA⌉
SÍK$^{ḫi.a}$ NÍG.GA ^{d}⌈GAŠAN *šá* UNUG⌉^{ki}
u ^{d}*na-na-*⌈*a*⌉ *ina muḫ-ḫi* ^{m}DI.KUD-^{d}AMAR.UTU
A-*šú šá* ^{md}EN-MU-GAR-*un* A ^{md}EN-A-URÙ
ina ^{iti}SIG$_{4}$ *ina* ^{giš}*ma-ši-ḫu*
šá ^{d}GAŠAN *šá* UNUG^{ki} *ina* É.AN.NA
i-nam-di-nu
e-lat ú-ìl-tì^{meš} *maḫ-re-e-ti*
Rs ^{lú}*mu-kin-nu* ^{m}*gi-mi*[*l-lu* A-*šú šá*]
^{m}NUMUN-*ia* A ^{m}*ši-gu-ú-a* ^{m}[KAR-^{d}EN]
A-*šú šá* ^{m}*ap-la-a* A ^{m}⌈*ár*⌉-*rab-ti*
^{m}EN-*šú-nu* A-*šú šá* ^{md}[AG-ŠEŠ]$^{⌈meš⌉}$-⌈MU⌉ A ^{m}*e-gì-bi*
^{md}UTU-SIG$_{15}$ A-*šú šá* ^{m}[BA-*šá-a* A ^{lú}SI]PA
u ^{lú}UMBISAG ^{md}[INNIN-NUMUN]-⌈GÁL⌉-*ši*
A-*šú šá* ^{m}*ba-laṭ-su* UNUG^{ki} ^{iti}KIN
UD.21.KAM MU.35.KAM
^{d}AG-NÍG.DU-URÙ LUGAL TIN.TIR^{ki}

Übersetzung

40 Kor Gerste, der Kaufpreis von einem Talent und zehn Minen Wolle, Eigentum der Herrin von Uruk und Nanājas, gehen zu Lasten von Dajjān-Marduk/Bēl-šumu-iškun/Bēl-aplu-uṣur. Im Monat Simānu wird er (die Gerste) im *mašīḫu*-Maß der Herrin von Uruk in Eanna geben. Nicht betroffen sind frühere Verpflichtungsscheine.

Zeugen: Gimillu/Zēria/Šigûʾa
[Mušēzib-Bēl]/Aplaja/Arrabtu
Bēlšunu/[Nabû-aḫḫē]-iddin/Egibi
Šamaš-udammiq/Iqīšaja/Rēʾu

und der Schreiber: [Innin-zēru]-šubši/Balāssu.

Uruk, den 21. Ulūlu des 35. Jahres Nebukadnezars, des Königs von Babylon.

Kommentar

Die Namen wurden auf der Basis von zahlreichen Belegen für die in Frage kommenden Personen ergänzt, z.B. Mušēzib-Bēl/Aplaja/Arrabtu nach GC 262; Šamaš-udammiq/Iqīšaja/Rēʾu (Rēʾi-alpi) nach GC 1, 236 und 237 und Innin-zēru-šubši/Balāssu nach GC 1, 261.

100. PTS 2383

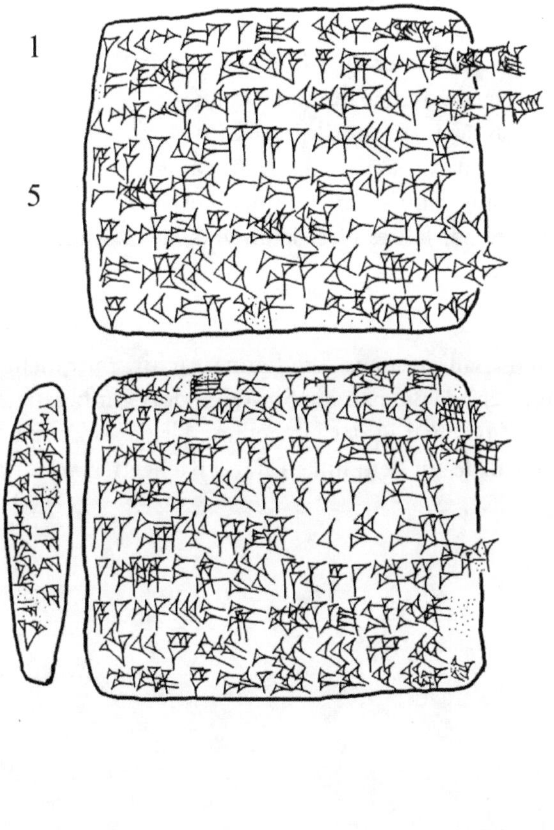

Vs 82 GUR 1 (PI) 4 BÁN ŠE.BAR ŠÁM
2 GUN SÍK$^{\text{ḫi.a}}$ NÍG.GA ^{d}GAŠAN UNUG^{ki}
u ^{d}*na-na-a ina muḫ-ḫi* ^{md}AG-GI
A-*šú šá* ^{m}TIN-*su* A ^{md}30-*tab-ni*
ina ^{iti}GU$_4$ *ina* ^{giš}*ma-ši-ḫu*
šá ^{d}GAŠAN *šá* UNUG^{ki} *ina* ^{uru}*kur-bat*
i-nam-din e-lat ú-ìl-tì
šá 20 GUR ŠE.BAR *maḫ-ri-ti*
Rs ^{lú}*mu-kin-nu* ^{md}AMAR.UTU-SU
A-*šú šá* ^{md}EN-MU A ^{m}*ši-gu-ú-a*
^{md}UTU-SIG$_{15}$ A-*šú šá* ^{m}BA-*šá-a* A ^{lú}SIPA
^{md}AG-DÙ-ŠEŠ A-*šú šá* ^{m}DÙ-*a*
A ^{m}*é-kur-za-kir u* ^{lú}UMBISAG
^{md}AG-*tab-ni*-URÙ A-*šú šá* ^{md}EN-DÙ-*uš*
A ^{md}30-*tab-ni* UNUG^{ki} ^{iti}NE
UD.24.KAM MU.35.KAM
^{md}AG-NÍG.DU-URÙ LUGAL TIN.TIR^{ki}
liRd ^{md}U.GUR-DÙ A-*šú šá*
{A-*šú šá*} ^{md}*na-na-a*-DÙ

Übersetzung

82;1.4. Gerste, Kaufpreis von zwei Talenten Wolle, Eigentum der Herrin von Uruk und Nanājas, gehen zu Lasten von Nabû-ušallim/Balāssu/Sîn-tabni. Im Monat Ajjāru wird er sie im *mašīḫu*-Maß der Herrin von Uruk in Kurbat geben. Ausgenommen ist der Verpflichtungsschein über die früheren zwanzig Kor Gerste.

Zeugen: Marduk-erība/Bēl-iddin/Šigûʾa
Šamaš-udammiq/Iqīšaja/Rēʾu
Nabû-bān-aḫi/Ibnaja/Ekur-zākir
und der Schreiber: Nabû-tabni-uṣur/Bēl-īpuš/Sîn-tabni
Uruk, den 24. Abu des 35. Jahres Nebukadnezars, des Königs von Babylon.
Nergal-ibni/Nanāja-ibni

Kommentar

Der Schuldner Nabû-ušallim ist aus dem Eanna-Archiv sonst nicht bekannt, könnte aber aus Uruk stammen, da die Familie Sîn-tabni dort gut bezeugt ist.
Z. 6: Kurbat ist eine Ortschaft in der Umgebung Uruks, s. Zadok 1985: 203.
Z. 18f.: Der Zeuge wurde auf dem linken Rand nachgetragen.

101. NCBT 172

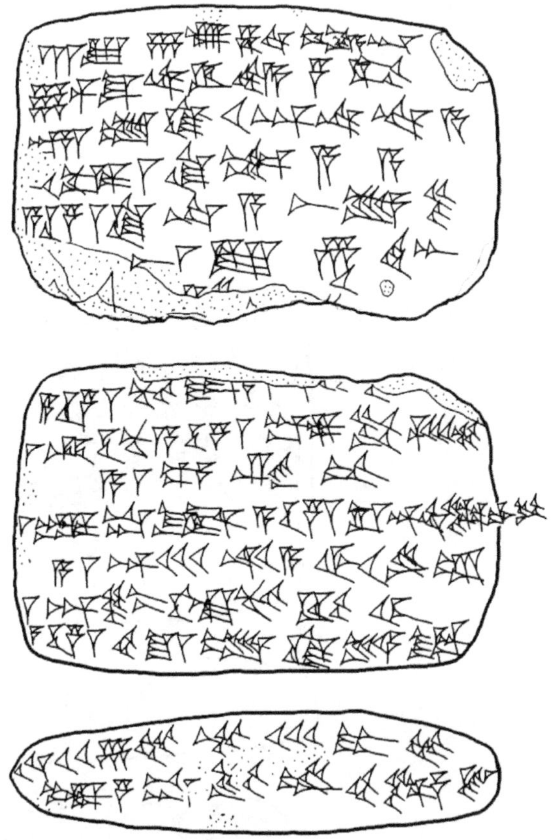

Vs 1 3 GÍN 6-*ú* KÙ.BABBAR ŠÁM
9 ½ MA.NA SÍK$^{\text{ḫi.a}}$ NÍG.GA
^{d}INNIN UNUG^{ki} *u* ^{d}*na-na-a*
ina UGU ^{m}*ki-ne-a-a*
5 A-*šú šá* ^{m}*ki-na-a ina* ^{iti}ŠE
[KÙ.BABBAR *šá*] *ina* 1 GÍN 6-*u*ʾ
[*i-na*]*m-*⌜*din*⌝

Rest der Vorderseite und Rand verloren

Rs 1′ A-*šú šá* ^{m}NUMUN-*ia* A ^{m}[..................]
^{m}EN-*šú-nu* A-*šú šá* ^{md}AG-ŠEŠ^{meš}-MU
A ^{m}*e-gi-bi*
^{md}AG-GIN-IBILA A-*šú šá* ^{m}É.AN.NA-*li-pi*-URÙ
5′ A ^{md}30-TI-ÉR *u* ^{lú}UMBISAG
^{md}*in-nin*-NUMUN-GÁL-*ši*
⌜A⌝-*šú šá* ^{m}TIN-*su* UNUG^{ki} ^{iti}BÁRA

Rd UD.26.KAM MU.35.KAM
^{d}AG-NÍG.DU-U[RÙ] LUGAL TIN.TIR^{ki}

Übersetzung

3 ⅙ Sekel Silber, Kaufpreis von 9 ½ Minen Wolle, Eigentum Ištars von Uruk und Nanājas, gehen zu Lasten von Kīnēaja/Kīnaja. Im Monat Addāru wird er [das Silber], das ein Sechstel (Legierung) aufweist, [geben].

Rs.:
[PN]/Zēria/[PN]
Bēlšunu/Nabû-aḫḫē-iddin/Egibi
Nabû-mukīn-apli/Ajakku-līpi-uṣur/Sîn-lēqi-unninni
und der Schreiber Innin-zēru-šubši/Balāssu
Uruk, den 26. Nisānu des 35. Jahres Nebukadnezars, des Königs von Babylon

Kommentar

Das Woll-Silber-Verhältnis war mit ca. drei Minen pro Sekel Silber in dieser Zeit noch relativ hoch, vgl. auch die anderen Preise in Kleber 2010a: 603.

102. YBC 9176

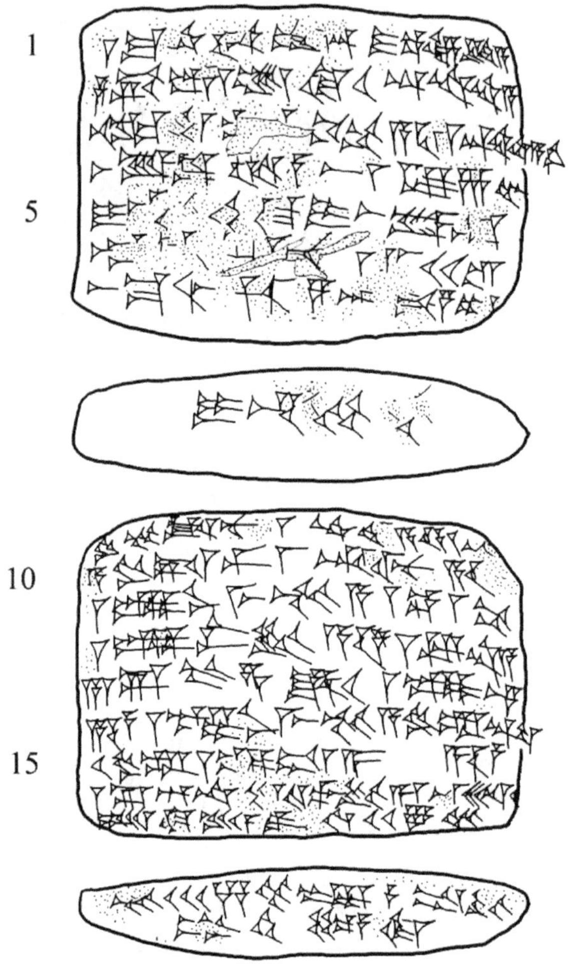

Vs 1 MA.⸢NA KÙ.BABBAR ŠÁM⸣ 3 GUN SÍK$^{\text{ḫi.a}}$
NÍG.GA ^{d}INNIN UNUG^{ki} *u* ^{d}*na-na-a*
ina muḫ-⸢ḫi ^{m}*ú-pa⸣-qu* A-*šú šá* ^{md}*na-na-a*-DÙ
ina ^{iti}⸢APIN KÙ.BABBAR⸣ *šá ina* 1 GÍN 6-*u*ʾ
i-⸢nam-din ki⸣-i ina ⸢^{iti}APIN⸣
⸢*la it-tan-nu*⸣ 120 GUR [ŠE.BAR]
ina ⸢*ma-ši-ḫu*⸣ *šá* ⸢^{d}GAŠAN⸣ *šá* UN[UG^{ki}]
uRd *i-⸢nam-din*⸣
Rs ^{lú}*mu-kin-nu* ^{m}*na-din* A-*šú šá* ^{m}⸢x⸣-[x]
A ^{lú}UŠ.BAR ^{m}EN-*šú-nu* A-*šú* [*šá*]
^{md}AG-PAP^{me}-MU A ^{m}*e-gì-bi*
^{md}AG-DÙ-ŠEŠ A-*šú šá* ^{m}*ib-na-a*
A ^{m}*é-kur-za-kir* ^{md}AG-SUR
A-*šú šá* ^{md}AG-PAP^{me}-MU A ^{lú}SANGA-^{d}UTU
u ^{lú}UMBISAG ^{md}⸢AG⸣-GIN-A A-*šú šá*
^{m}É.AN.NA-⸢*li*⸣-*pi*-URÙ A ^{md}30-TI-[ÉR]
UNUG^{ki} ^{iti}ZÍZ UD.27.KAM
oRd MU.35.KAM ^{d}AG-NÍG.DU-URÙ
LUGAL TIN.TIR^{ki}

Übersetzung

Eine Mine Silber, Kaufpreis von drei Talenten Wolle, Eigentum der Ištar von Uruk und Nanājas, gehen zu Lasten von [Upā]qu/Nanāja-ibni. Im Monat Araḫšamnu wird er das Silber, das ein Sechstel (Legierung aufweist), geben. Wenn er es im Araḫšamnu nicht gegeben haben wird, muss er 120 Kor Gerste im *mašīḫu*-Maß der Herrin von Uruk geben.

Zeugen: Nādin/[...]/Išparu
Bēlšunu/Nabû-aḫḫē-iddin/Egibi
Nabû-bān-aḫi/Ibnaja/Ekur-zākir
Nabû-ēṭir/Nabû-aḫḫē-iddin/Šangû-Šamaš
und der Schreiber: Nabû-mukīn-apli/Ajakku-līpi-uṣur/Sîn-lēqi-unninni
Uruk, den 27. Šabāṭu des 35. Jahres Nebukadnezars, des Königs von Babylon.

Kommentar

Z. 3: Die Ergänzung des Schuldnernamens erfolgte auf der Basis von Jursa, Iraq 59, 7 (38 Nbk).

Z. 9: Der Vatersname des Nādin aus der Familie Išparu könnte entweder Nadnāja sein (vgl. BIN 1, 146) oder Nergal-nāṣir (belegt z.B. in PTS 2105).

103. YBC 9171

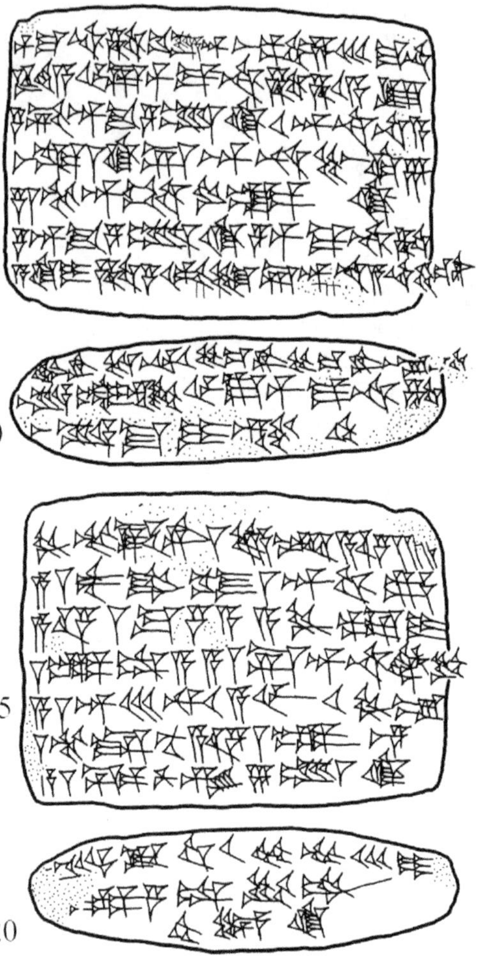

Vs ½ MA.NA KÙ.BABBAR ŠÁM 1 GUN 30 MA.NA
SÍK$^{hi.a}$ *ù* ½ MA.NA KÙ.BABBAR *ḫa-a-ṭu*
NÍG.GA ^{d}GAŠAN *šá* UNUG^{ki} *u* ^{d}*na-na-a*
ina UGU ^{m}KI-É.AN.NA-*bu-di-iá*
A$^{!}$ ^{m}MU-^{d}AMAR.UTU ^{lú}*šir-ki*
šá ^{d}GAŠAN *šá* UNUG^{ki} *šá* ½ MA.NA KÙ.BABBAR
a-ki-i KÙ.BABBAR *šá ul-tu* É.AN.NA *a-na* ŠE.GIŠ.Ì
in-né-ṭe$_{4}$-ru$^{!}$ (Text: TI) ŠE.GIŠ.Ì {ŠE.GIŠ.Ì} *ina* É.AN.NA
uRd *ina* ^{iti}SIG$_{4}$ *i-nam-din ù* ½ MA.NA KÙ.BABBAR
ina ^{iti}ŠU *i-nam-din*

Rs ^{lú}*mu-kin-ni* ^{m}KAR-^{d}EN A-*šú šá* ^{m}A-*a*
A ^{m}*ár-rab-tu*$_4$ ^{md}UTU-SIG$_{15}$
A-*šú šá* ^{m}BA-*šá-a* A ^{lú}SIPA-*i*
^{md}AG-GIN-A A ^{m}É.AN.NA-*lip*-URÙ
A ^{md}30-TI-ÉR ^{lú}UMBISAG
^{m}*mu-ra-nu* A-*šú šá* ^{md}AG-SUR
A ^{m}*sag-gil-iá* UNUG^{ki}
oRd ^{iti}KIN UD.10.KAM MU.36.KAM
^{d}AG-NÍG.DU-URÙ LUGAL
TIN.TIR^{ki}

Übersetzung

Eine halbe Mine Silber, der Kaufpreis von einem Talent und dreißig Minen Wolle, und eine halbe Mine Silber *in bar*, Eigentum der Herrin von Uruk und Nanājas, gehen zu Lasten von Itti-Ajakki-būdia/Iddin-Marduk, dem *širku* der Herrin von Uruk. Für eine halbe Mine Silber – entsprechend dem Silber, das aus Eanna für Sesam ausbezahlt wurde, soll er im Monat Simānu Sesam in Eanna geben. Und die (andere) halbe Mine Silber muss er im Monat Dûzu geben.

Zeugen: Mušēzib-Bēl/Aplaja/Arrabtu
Šamaš-udammiq/Iqīšaja/Rēʾu
Nabû-mukīn-apli/Ajakku-līpi-uṣur/Sîn-lēqi-unninni

Schreiber: Mūrānu/Nabû-ēṭir/Saggilaja

Uruk, den 10. Ulūlu des 36. Jahres Nebukadnezars, des Königs von Babylon.

Kommentar

Der Tempelabhängige (*širku*) Itti-Ajakki-būdia erhält vom Tempel Wolle und eine halbe Mine Rohsilber. Mit dem Silber soll er Sesam kaufen. Die Wolle, bzw. davon hergestellte Gewänder, sollen wahrscheinlich verkauft werden – mit der Rückzahlung des Silbers hat er zehn Monate Zeit.

Z. 2: *ḫāṭu* bezeichnet hier entweder eine Art „Rohsilber“ von minderer Qualität als das normale Silber, das zum Bezahlen üblich war, oder aber „cash“, ausbezahltes „Bargeld“. Dass nicht der Sesam geschuldet wurde, sondern das Silber, liegt wohl daran, dass hier zwei Transaktionen unterschiedlicher Natur in einem Dokument abgehandelt wurden. Der Einkauf des Sesams ist ein Auftrag des Tempels an Itti-Ajakki-būdia. Falls er keinen Sesam kauft oder weniger, kann er das Silber, so wie er es bekommen hat, an den Tempel zurückgeben. Die Wolle jedoch hat er gekauft, wahrscheinlich, um in Heimarbeit Gewänder herstellen zu lassen.

Z. 5: Die Tafel zeigt eindeutig ein *šá* anstelle des A in Zeile 5.

Z. 8: Das TI muss wohl ein Schreibfehler für *ru* sein: *ša* ... *inneṭeru* „welches ... ausbezahlt wurde“, darauf folgt eine Dittographie der Zeichenfolge für „Sesam“.

104. PTS 2245

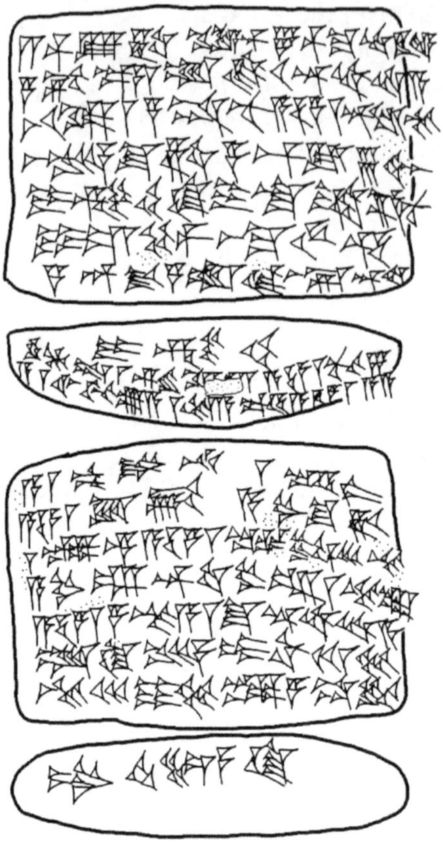

Vs 2 ½ GÍN KÙ.BABBAR ŠÁM 7 ½ MA.NA SÍK$^{\text{ḫi.a}}$
NÍG.GA ^{d}INNIN UNUG^{ki} *u* ^{d}*na-na-a*
ina UGU ^{m}*šá-du-nu* A-*šú šá* ^{md}U.GUR-MU
ina ^{iti}ŠU KÙ.BABBAR *šá ina* 1 GÍN 6-*u*ʾ
i-nam-din ki-i la it-tan-nu
6 GUR ŠE.BAR *ina ma-ši-ḫu*
šá ^{d}GAŠAN *šá* UNUG^{ki} *ina* É.AN.NA
uRd *i-nam-din*
Rs ^{lú}*mu-kin*$_{7}$ ^{m}*gi-mil-*⸢*lu*⸣ A-*šú šá* ^{m}NUMUN-*iá*
A ^{m}*ši-gu-ú-a* ^{m}KAR$^{!}$-^{d}EN A-*šú šá* ^{m}A-*a*
A ^{m}*ár-rab-ti* ^{md}EN-DÙ
A-*šú šá* ^{m}*bul-luṭ* A ^{lú}ŠU.ḪA
^{md}AG-SUR A-*šú šá* ^{md}AG-ŠEŠ^{meš}-MU
A ^{lú}SANGA-^{d}UTU ^{lú}UMBISAG ^{m}MU-^{d}AG
A-*šú šá* ^{m}GAR-MU A ^{m}ŠU-^{d}*na-na-a*
UNUG^{ki} ^{iti}GAN UD.21.KAM
MU.36.KAM ^{d}AG-NÍG.DU-URÙ
oRd LUGAL TIN.TIR^{ki}

Übersetzung

2½ Sekel Silber, Kaufpreis von 7½ Minen Wolle, Eigentum Ištars von Uruk und Nanājas, gehen zu Lasten von Šadûnu/Nergal-iddin. Im Monat Dûzu wird er das Silber, das ein Sechstel (Legierung) aufweist, geben. Wenn er es (bis dahin) nicht gegeben haben wird, muss er sechs Kor Gerste im *mašīḫu*-Maß der Herrin von Uruk in Eanna geben.

Zeugen: Gimillu/Zēria/Šigû'a
Mušēzib-Bēl/Aplaja/Arrabtu
Bēl-ibni/Bulluṭ/Bā'iru
Nergal-ēṭir/Nabû-aḫḫē-iddin/Šangû-Šamaš

Schreiber: Iddin-Nabû/Šākin-šumi/Gimil-Nanāja

Uruk, den 21. Kislīmu des 36. Jahres Nebukadnezars, des Königs von Babylon.

105. PTS 2427

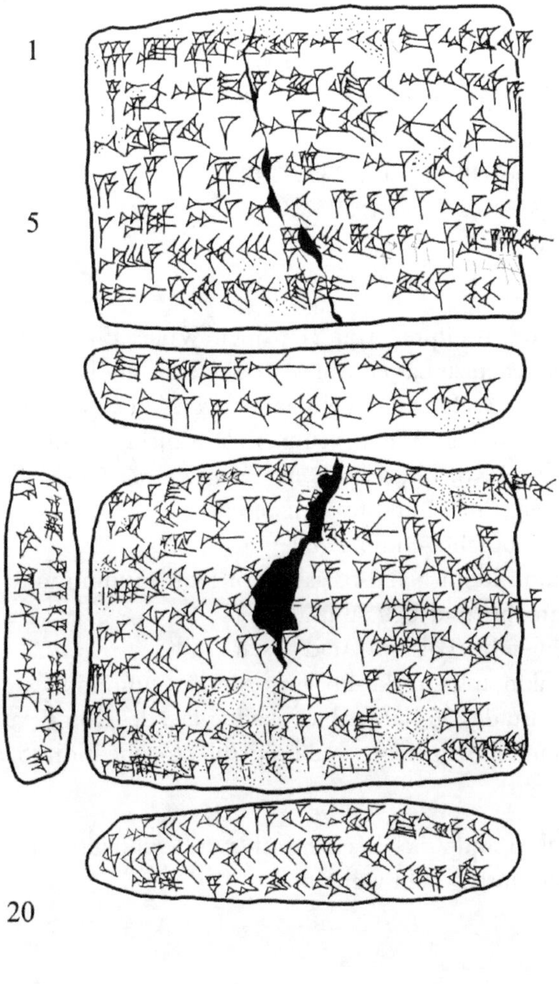

Vs 6 GÍN KÙ.BABBAR ŠÁM 21 MA.NA SÍK$^{ḫi.a}$
NÍG.GA ^{d}GAŠAN *šá* UNUG^{ki} *u* ^{d}*na-na-a*
ina muḫ-ḫi ^{md}AMAR.UTU-NUMUN-DÙ
A-*šú šá* ^{m}*ta-qiš-*^{d}*gu-la*
^{md}AG-GIN-NUMUN A-*šú šá* ^{md}IDIM-[DÙ$^{?}$]
ina ^{iti}ŠE MU.37.KAM KÙ.BABBAR *šá ina* 1 GÍN 6-*u*ʾ
i-nam-di-nu ki-i ina ^{iti}ŠE
uRd *la it-tan-nu a-na*
2 GUR 4 PI ŠE.BAR *ina ma-ši-ḫu*
Rs *šá* ^{d}GAŠAN *šá* UNUG^{ki} *ina* É.AN.N[A *i-n*]*am-di-nu*
1-*en pu-ut* 2-*i na-ši*
^{lú}*mu-kin-nu* ^{md}EN-*šú-nu* A-*šú šá*
^{md}AG-ŠEŠ^{me}-MU A ^{m}*e-gi-bi*
^{md}UTU-MU-MU [A]-*šú šá* ^{md}AG-TIN-*su*-E
A ^{md}30-TI-ÉR ^{md}AG-DÙ-ŠEŠ
A-*šú šá* ^{m}ÌR-^{d}EN [A] ^{lú}Ì.SUR-SÁ.DUG$_{4}$
^{md}⸢*in-nin*⸣-NUMUN-TIL A-*šú šá* ^{m}TIN-*su* ⸢A ^{m}ÌR$^{?}$⸣-^{d}INNIN
^{md}AG-GIN-A A-*šú šá* ^{m}É.AN.NA-*li-pi*-URÙ
oRd [A] ^{md}30-TI-ÉR UNUG^{ki} ^{iti}ŠE
UD.21.KAM MU.36.KAM
^{d}AG-NÍG.DU-URÙ LUGAL TIN.TIR^{ki}
liRd ^{md}AG-SUR A-*šú šá* ^{md}AG-PAP^{me}-MU
A ^{lú}É.BAR-^{d}MAŠ

Übersetzung

Sechs Sekel Silber, der Kaufpreis von 21 Minen Wolle, Eigentum der Herrin von Uruk und Nanājas, gehen zu Lasten von Marduk-zēru-ibni/Taqīš-Gula (und) Nabû-mukīn-zēri/Ea-[ibni]. Das Silber, das ein Sechstel Legierung aufweist, werden sie im Addāru des Jahres 37 zahlen. Wenn sie im Addāru nicht bezahlt haben, müssen sie (pro Sekel Silber) zwei Kor und vier *pānu* Gerste im *mašīḫu*-Maß der Herrin von Uruk in Eanna geben. Einer bürgt für den anderen.

Zeugen: Bēlšunu/Nabû-aḫḫē-iddin/Egibi
Šamaš-šumu-iddin/Nabû-balāssu-iqbi/Sîn-lēqi-unninni
Nabû-bān-aḫi/Arad-Bēl/Sāḫiṭ-ginê
Innin-zēru-šubši/Balāssu/[Arad$^{?}$]-Ištar
Nabû-mukīn-apli/Ajakku-līpi-uṣur/Sîn-lēqi-unninni.

Uruk, den 21. Addāru des 36. Jahres Nebukadnezars, des Königs von Babylon.
(auf dem linken Rand hinzugefügt): Nabû-ēṭir/Nabû-aḫḫē-iddin/Šangû-Ninurta.

Kommentar

Unterhalb von Zeile 6 sind Zeichen einer früheren Beschreibung der Tafel zu sehen, die nicht vollständig ausgewischt wurden.

106. PTS 3174

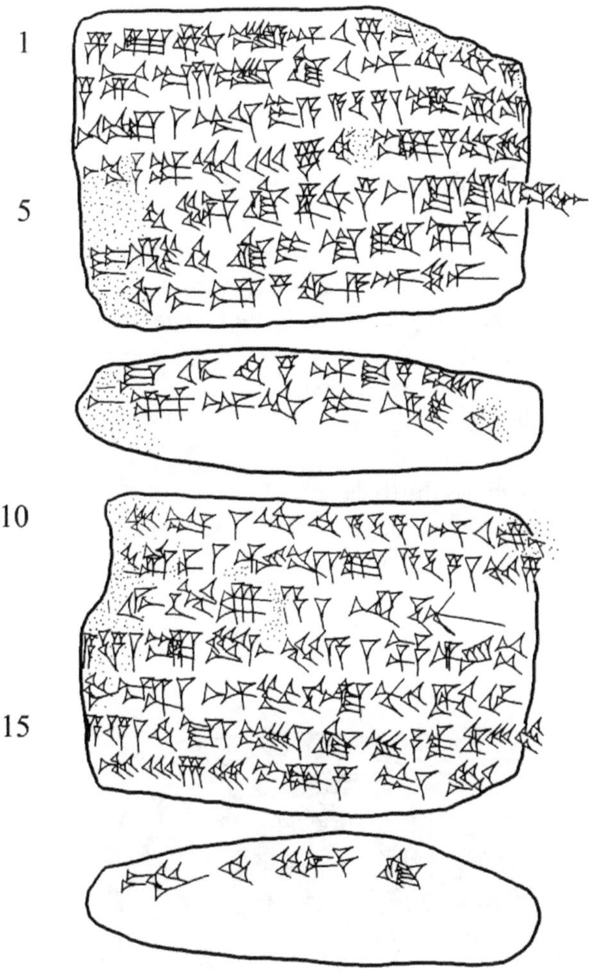

Vs 5 GÍN KÙ.BABBAR ŠÁM 15 ⌈MA⌉.[NA SÍK$^{ḫi.a}$]
NÍG.GA ^{d}INNIN UNUG^{ki} *u* ^{d}*na-na-a*
ina UGU ^{m}ÌR-⌈*ia*⌉ A-*šú šá* ^{md}AG-*ga-mil*
ina ^{iti}AB MU.37.⌈KAM⌉ ^{d}AG-NÍG.DU-URÙ
[LUGAL] TIN.TIR^{ki} KÙ.BABBAR *šá ina* 1 GÍN *su-ud-du-u*ʾ
i-nam-din ki-i la it-tan-nu
[*a*]-*na* 2 GUR 4 PI a_4 ŠE.BAR
[*ina*] *ma-ši-ḫi šá* ^{d}⌈GAŠAN⌉ *šá* UNUG[^{ki}]
uRd *ina* É.AN.NA *i-nam*-⌈*din*⌉
Rs [^{lú}]*mu-kin*$_7$ ^{m}*na-din* A-*šú šá* ^{md}U.GUR-⌈PAP⌉
[A] ⌈^{lú}⌉ UŠ.BAR ^{m}*gi-mil-lu* A-*šú šá* ^{m}NUMUN-*iá*
[A ^{m}]*ši-gu-ú-a* ^{m}EN-*šú-nu*
⌈A⌉-*šú šá* ^{m}AG-ŠEŠ^{me}-MU A ^{m}*e-gi-bi*
^{lú}UMBISAG ^{md}*in-nin*-NUMUN-GÁL-*ši*

A-*šú šá* ^{m}TIN-*su* UNUG^{ki} ^{iti}ZÍZ UD.30.KAM
MU.36.KAM ^{d}AG-NÍG.DU-URÙ

oRd LUGAL TIN.TIR^{ki}

Übersetzung

Fünf Sekel Silber, Kaufpreis von 15 Mi[nen Wolle], Eigentum Ištars von Uruk und Nanājas, stehen zu Lasten von Ardia/Nabû-gamil. Im Monat Ṭebētu des 37. Jahres Nebukadnezars, des Königs von Babylon, wird er das Silber, das ein Sechstel (Legierung) aufweist, geben. Wenn er es (dann) nicht gegeben haben sollte, muss er (pro Sekel Silber) zwei Kor und vier *pānu* Gerste im *mašīḫu*-Maß der Herrin von Uruk in Eanna geben.

Zeugen: Nādin/Nergal-nāṣir/Išparu
Gimillu/Zēria/Šigû'a,
Bēlšunu/Nabû-aḫḫē-iddin/Egibi

Schreiber: Innin-zēru-šubši/Balāssu

Uruk, den 30. Šabāṭu des 36. Jahres Nebukadnezars, des Königs von Babylon.

107. PTS 3082

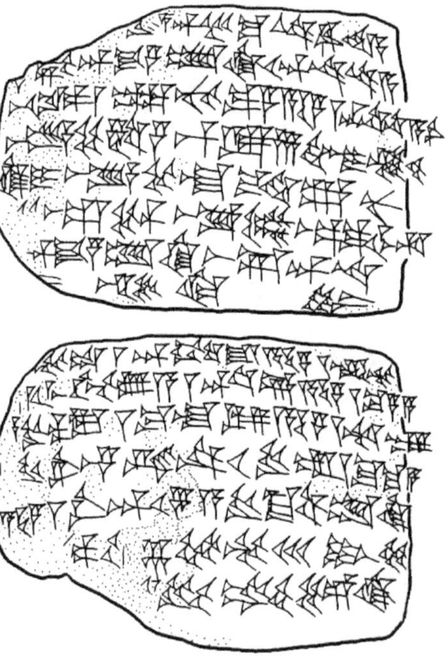

Vs [... KÙ.BABBAR Š]ÁM 40 MA.NA SÍK$^{ḫi.a}$
⸢NÍG.GA⸣ ^{d}GAŠAN *šá* UNUG^{ki} *u* ^{d}*na-na-a*
ina UGU ^{md}AG-NUMUN-BA-*šá* A-*šú šá* ^{md}*na-na-a*-DÙ
ina ^{iti}ŠE KÙ.BABBAR *šá ina* 1 GÍN 6-*u*ʾ *i-nam-din*
ki-i ina ^{iti}ŠE *la it-tan-nu*
⸢21⸣ GUR ŠE.BAR *ina* ^{iti}SIG$_{4}$ *ina* ^{giš}*ma-ši-ḫu*
[*šá*] ^{d}GAŠAN *šá* UNUG^{ki} *ina* É.AN.NA
[*i*]-*nam-di-in*
Rs [^{lú}]*mu-kin*$_{7}$ ^{md}AMAR.UTU-SU A-*šú šá* ^{md}EN-MU
⸢A⸣ ^{m}*ši-gu-ú-a* ^{md}UTU-SIG$_{15}$ A-*šú šá* ^{m}BA-*šá-a*
⸢A⸣ ^{lú}SIPA ^{m}*ba-la-ṭu* A-*šú šá* ^{m}ÌR-^{d}AG
[A] $^{⸢lú⸣}$Ì-SUR-GI.NA *u* ^{lú}UMBISAG ^{m}*šu-ma-a*
A-*šú šá* ^{m}DÙ-^{d}15 A ^{lú}AZLAG UNUG^{ki}
[^{iti}N]E UD.[(x+)]6.KAM MU.37.KAM
[^{d}AG-NÍG.DU]-URÙ LUGAL TIN.TIR^{ki}

Übersetzung

[x Sekel Silber], Kaufpreis von 40 Minen Wolle, Eigentum der Herrin von Uruk und Nanājas, gehen zu Lasten von Nabû-zēru-iqīša/Nanāja-ibni. Im Monat Addāru wird er das Silber, das ein Sechstel (Legierung) aufweist, geben. Wenn er es im Addāru nicht gegeben haben wird, muss er 21 Kor Gerste im Monat Simānu, im *mašīḫu*-Maß der Herrin von Uruk, in Eanna geben.

Zeugen: Marduk-erība/Bēl-iddin/Šigûʾa
Šamaš-udammiq/Iqīšaja/Rēʾu
Balāṭu/Arad-Nabû/Ṣāḫit-ginê
und der Schreiber: Šumaja/Ibni-Ištar/Ašlāku.
Uruk, den [x]+6. Abu des 37. Jahres Nebukadnezars, des Königs von Babylon.

108. PTS 2405

Vs [x GÍN KÙ.BABBAR ŠÁM x MA].NA SÍK[$^{ḫi.a}$]
⸢NÍG.GA⸣[^{d}GAŠAN/INNIN (*šá*) UNUG^{ki}] ⸢*u*⸣ ^{d}*na-na-a*
[*ina* UGU ^{md}*in-nin*]-NUMUN-GÁL-*ši*
[A-*šú šá* ... A ^{lú}]Ì.SUR-GI.NA
⸢*ina*⸣ [^{iti}x KÙ.BABBAR *šá ina* 1 GÍN] ⸢6⸣-*ú i-nam-din*
[*ki-i la it*]-⸢*tan-ni*⸣
[.................................. x GUR ŠE.BAR]
uRd [......................]⸢x x *ina*⸣ É.AN.NA *i*-⸢*nam*⸣-*din*
e-lat ú-ìl-tì^{meš} *maḫ-ri-ta*
Rs ^{lú}*mu-kin-nu* ^{md}AG-DÙ-ŠEŠ A-*šú šá*
^{m}ÌR-^{d}AG A ^{lú}Ì.SUR-GI.NA
^{m}*tab-né-e-a* A [............] x x x

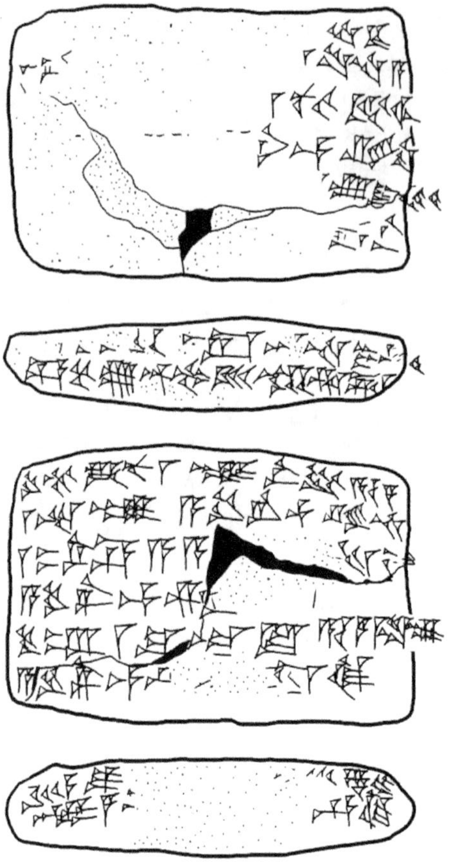

A ^{lú}Ì.SUR-⸢GI⸣.[NA ....]
^{lú}UMBISAG ^{m}*ba-la-ṭu* A-*šú šá* ^{m}ÌR-^{d}AG
A ^{lú}Ì.SUR-⸢GI⸣.[NA ....] ⸢UNUG⸣^{ki}
uRd ^{iti}ZÍZ [UD.x.KAM MU].37.KAM
^{d}AG-NÍG.[DU-URÙ LUGAL TIN.T]IR^{ki}

Übersetzung

[x Sekel Silber], der ⸢Kaufpreis⸣ von [x Mi]nen Wolle, [Eigentum der Herrin/Ištar von Uruk und] Nanājas, [gehen zu Lasten von] Innin-zēru-šubši/[......]/Ṣāḫit-ginê. [Im Monat x wird er das Silber, das ein Sechs]tel (Legierung aufweist), geben. [Wenn er es nicht gi]bt, [muss er x] Kor Gerste in Eanna geben. Ausgenommen sind frühere Verpflichtungsscheine.

Zeugen: Nabû-bān-aḫi/Arad-Nabû/Ṣāḫit-ginê
Tabnēa/[....]/ Ṣāḫit-ginê
Schreiber: Balāṭu/Arad-Nabû/Ṣāḫit-ginê
Uruk, [..]. Šabāṭu des 37. Jahres Nebukad[nezars, des Königs von Babylon].

Kommentar

Aufgrund der Zeichenspuren und des festen Formulars kann man den stark beschädigten Text recht gut ergänzen. Der Text gehört zum Archiv der Familie Ṣāḫit-ginê aus Uruk. Insbesondere der hier als Zeuge fungierende Nabû-bān-aḫi und der Schreiber Balāṭu sind häufig in Texten aus dem Eanna-Archiv bezeugt (z.B. GC 1, 261; 398 und YOS 6, 10).

109. NCBT 626

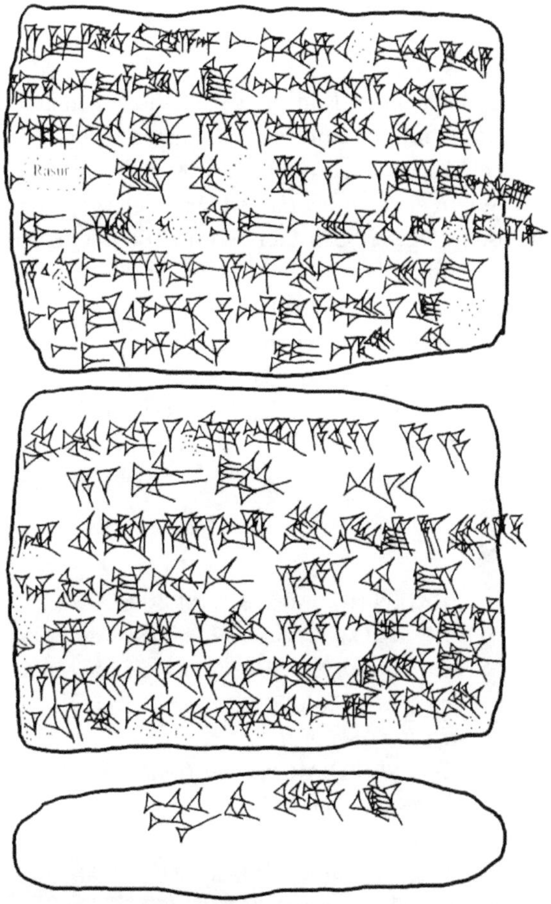

Vs ⅓ GÍN KÙ.BABBAR ŠÁM 1 GUN ⸢20⸣ MA.NA SÍK$^{\text{ḫi.a}}$
⸢NÍG⸣.GA ^{d}GAŠAN *šá* UNUG^{ki} *u* ^{d}*na-na-a ina* UGU
^{md}AG-MU-GIN A-*šú šá* ^{md}EN-ŠEŠ^{meš}-SU
°(Rasur)° *ina* ^{iti}ŠE °(Rasur?)° KÙ.BABBAR *šá ina* 1 GÍN *su-uʾ-du-ú*
i-nam-⸢din ki⸣-i ina ^{iti}ŠE KÙ.BABBAR ⸢*la it-tan*⸣-*ni*
a-na <GÍN> 2 GUR 2 PI a_4 ŠE.BAR *ina* ^{iti}ŠU
ina ^{giš}*ma-ši-ḫu šá* ^{d}GAŠAN *šá* UNUG^{ki}
ina É.AN.NA *i-nam-din*

Rs ^{lú}*mu-kin*$_{7}$ ^{m}KAR-^{d}EN A-*šú šá* ^{m}A-*a*
A ^{m}*ár-rab-ti*
^{m}EN-TIN-*iṭ* A-*šú šá* ^{md}EN-ŠEŠ^{meš}-SU A ^{m}MUN$^{\text{ḫi.a}}$-*šú*
^{md}*gu-la*-NUMUN-PAP A-*šú šá* ^{m}TIN-*su*
$^{\text{⸢lú⸣}}$UMBISAG ^{md}AG-DÙ-ŠEŠ A-*šú šá* ^{md}AG-TIN-*su*-E
A ^{md}30-TI-ÉR UNUG^{ki} ^{iti}BÁRA
⸢UD⸣.12.KAM MU.37.KAM ^{d}AG-NÍG.DU-URÙ
Rd LUGAL TIN.TIR^{ki}

Übersetzung

Zwanzig Sekel Silber, Kaufpreis von einem Talent, zwanzig Minen Wolle, Eigentum der Herrin von Uruk und Nanājas, gehen zu Lasten von Nabû-šumu-ukīn/Bēl-aḫḫē-erība. Im Monat Addāru wird er das Silber, das ein Sechstel (Legierung) aufweist, geben. Wenn er es im Monat Addāru nicht gegeben haben wird, muss er pro (Sekel) zwei Kor und zwei Seah Gerste im Monat Dûzu im *mašīḫu*-Maß der Herrin von Uruk in Eanna geben.

Zeugen: Mušēzib-Bēl/Aplaja/Arrabtu
Bēl-uballiṭ/Bēl-aḫḫē-erība/Ša-ṭābtišu
Gula-zēru-uṣur/Balāssu
Schreiber: Nabû-bān-aḫi/Nabû-balāssu-iqbi/Sîn-lēqi-unninni
Uruk, den 12. Nisānu des 37. Jahres Nebukadnezars, des Königs von Babylon.

110. BM 114507

Vs [5$^{?}$ G]ÍN KÙ.BABBAR ŠÁM 20 MA.NA
SÍK$^{\text{ḫi.a}}$ NÍG.GA ^{d}GAŠAN *šá* ⸢UNUG^{ki}⸣ *u* ^{d}*na-na-a*
ina muḫ-ḫi ^{md}U.GUR-GI A-*šú šá* ^{m}*šá-rid* A ^{m}LUGAL)-⸢x⸣
ina ^{iti}ŠU KÙ.BABBAR *šá ina* 1 GÍN 6-*ú i-nam-din*
ki-i ina ^{iti}ŠU *la it-tan-ni*
12 GUR ŠE.BAR *ina ma-ši-ḫu šá*
^{d}GAŠAN *šá* UNUG^{ki} *ina* É.AN.NA
uRd *i-nam-din*
Rs ⸢^{lú}*mu-kin-nu*⸣ [^{md}AMAR.UTU]-MU-MU
A-*šú šá* ^{md}AG-TIN-*su*-E A ^{m}ŠU-^{d}*na-na-*⸢*a*⸣
^{m}⸢KAR⸣-^{d}EN A-*šú šá* ^{m}[A]-⸢*a*⸣ ⸢DUMU⸣
^{m}*ár-rab-ti* ^{m}*gi-mil-lu*
A-*šú šá* ^{m}NUMUN-*ia* A ^{m}*ši-gu-ú-a*
^{md}*in-nin*-NUMUN-<GÁL>-*ši* A-*šú šá*
{A-*šú šá*} ^{m}TIN-*su* ^{lú}UMBISAG ^{m}*na-din* A-*šú*
oRd [*šá*] ^{m}ÌR-^{d}EN A ^{lú}Ì.SUR-GI.NA
[UNU]G^{ki} ^{iti}AB UD.4.KAM MU.⸢37.KAM⸣
[^{d}AG]-NÍG.DU-URÙ LUGAL TIN.TIR^{ki}
liRd ^{m}NUMUN-*iá* A ^{md}AMAR.UTU-
⸢x-x⸣

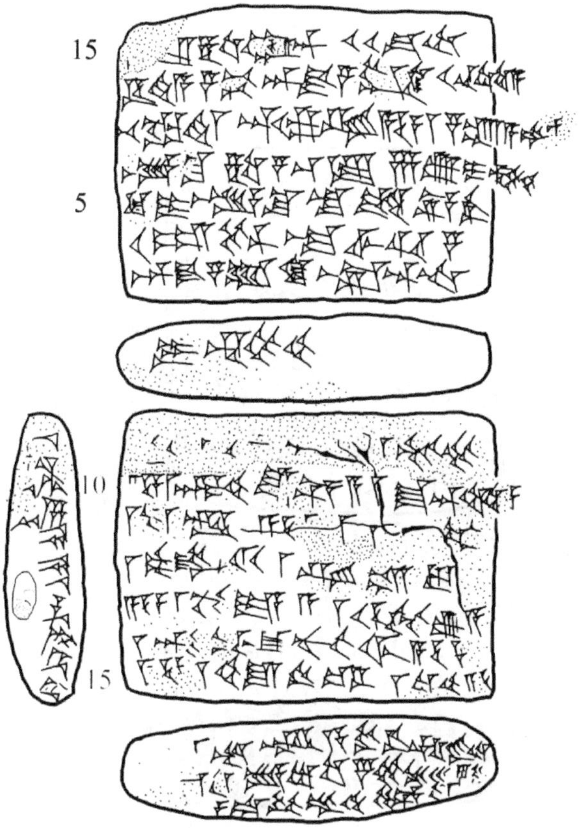

Übersetzung

[Fünf?] Sekel Silber, der Kaufpreis von zwanzig Minen Wolle, Eigentum der Herrin von Uruk und Nanājas, gehen zu Lasten von Nergal-ušallim/Šarēdu/Šarru-[arazu?]. Im Monat Dûzu wird er das Silber, das ein Sechstel Legierung (aufweist), geben. Wenn er es im Dûzu nicht gegeben haben wird, muss er zwölf Kor Gerste im *mašīḫu*-Maß der Herrin von Uruk in Eanna geben.

Zeugen: Marduk-šumu-iddin/Nabû-balāssu-iqbi/Gimil-Nanāja
Mušēzib-Bēl/Aplaja/Arrabtu
Gimillu/Zēria/Šigûʾa
Innin-zēru-šubši/Balāssu

Schreiber: Nādin/Arad-Bēl/Ṣāḫit-ginê

Uruk, den 4. Ṭebētu des 37. Jahres Nebukadnezars, des Königs von Babylon.

(auf linkem Rand nachgetragen): Zēria/Marduk-[......]

Kommentar

Auf der Basis des festen Wollpreises von vier Minen pro Sekel Silber im 37. Jahr Nebukadnezars (Kleber 2010a: 603) kann der Wert der Wolle als fünf Sekel Silber angesetzt werden. Der Gerstepreis würde dann 2,4 Kor/Sekel betragen, wie in anderen gleichartigen Texten aus dem 37. Regierungsjahr (NCBT 98; 626 und FLP 1547).

111. NCBT 98

Vs 3 GÍN KÙ.BABBAR ŠÁM 12 MA.NA
SÍK$^{\text{ḫi.a}}$ NÍG.GA ^{d}GAŠAN *šá* UNUG^{ki}
u ^{d}*na-na-a ina* UGU ^{md}AG-GI
A-*šú šá* ^{md}EN-KAM A ^{md}30-TI-ÉR
ina ^{iti}ŠE KÙ.BABBAR *šá ina* 1 GÍN 6-*u*ʾ
i-nam-din ki-i ina ^{iti}ŠE *la it-tan-nu*
7 GUR 1 PI ŠE.BAR *ina* ^{iti}SIG$_4$
Rd *ina* ^{giš}*ma-ši-ḫu šá* ^{d}GAŠAN *šá* UNUG^{ki}
ina É.AN.NA *i-nam-din*
Rs ^{lú}*mu-kin*$_7$ ^{md}AMAR.UTU-MU-MU A-*šú*
šá ^{md}AG-TIN-*su*-E A ^{m}ŠU-^{d}*na-na-a*
^{m}KAR-^{d}EN A-*šú šá* ^{m}A-*a* A ^{m}*ár-rab-tú*
^{md}UTU-SIG$_{15}$ A-*šú šá* ^{m}BA-*šá-a* A ^{lú}SIPA
u ^{lú}UMBISAG ^{m}*šu-ma-a* A-*šú šá* ^{m}DÙ-^{d}INNIN
A ^{lú}AZLAG UNUG^{ki} ^{iti}NE UD.20 1-LÁ.KAM
MU.37.KAM ^{d}AG-NÍG.DU-URÙ
LUGAL TIN.TIR^{ki}

Übersetzung

Drei Sekel Silber, Kaufpreis von zwölf Minen Wolle, Eigentum der Herrin von Uruk und Nanājas, gehen zu Lasten von Nabû-ušallim/Bēl-ēreš/Sîn-lēqi-unninni. Im Monat Addār wird der das Silber, das ein Sechstel Legierung hat, bezahlen. Wenn er es im Addāru nicht gegeben haben wird, muss er 7;1.0 Gerste im Monat Simānu im *mašīḫu*-Maß der Herrin von Uruk in Eanna geben.

Zeugen: Marduk-šumu-iddin/Nabû-balāssu-iqbi/Gimil-Nanāja
Mušēzib-Bēl/Aplaja/Arrabtu
Šamaš-udammiq/Iqīšaja/Rēʾu
und der Schreiber: Šumaja/Ibni-Ištar/Ašlāku
Uruk, den 19. Abu des 37. Jahres Nebukadnezars, des Königs von Babylon.

112. YBC 9320

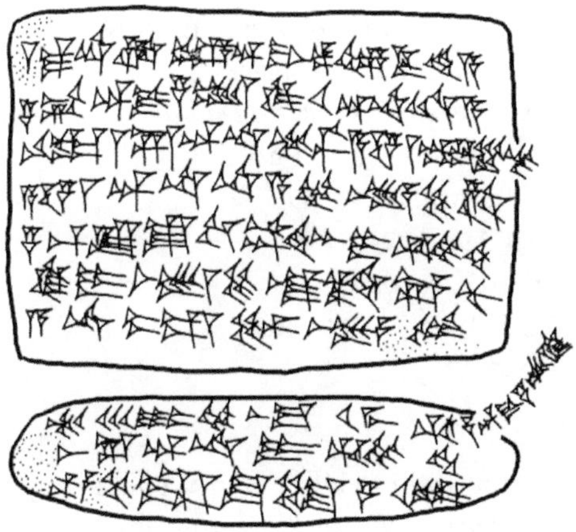

Vs 1 MA.NA KÙ.BABBAR ŠÁM 4 GUN SÍK$^{ḫi.a}$
NÍG.GA ^{d}GAŠAN *šá* UNUG^{ki} *u* ^{d}*na-na-a*
ina UGU ^{m}É.AN.NA-MU-DÙ A-*šú šá* ^{md}AG-ŠEŠ-MU
A-*šú šá* ^{md}*na-na-a*-KAM *ina* ^{iti}ŠE KÙ.BABBAR
šá ina 1 GÍN *su-ud-du-u*ʾ *i-nam-din*
ki-i ina ^{iti}ŠE *la it-tan-nu*
a-na <GÍN> 2 GUR ŠE.BAR *ina* ^{iti}SIG$_4$
uRd MU.38.KAM *ina ma-ši-ḫu šá* ^{d}GAŠAN *šá* UNUG^{ki}
ina É.AN.NA *i-nam-din*
e-lat ra-šu-tu šá UGU

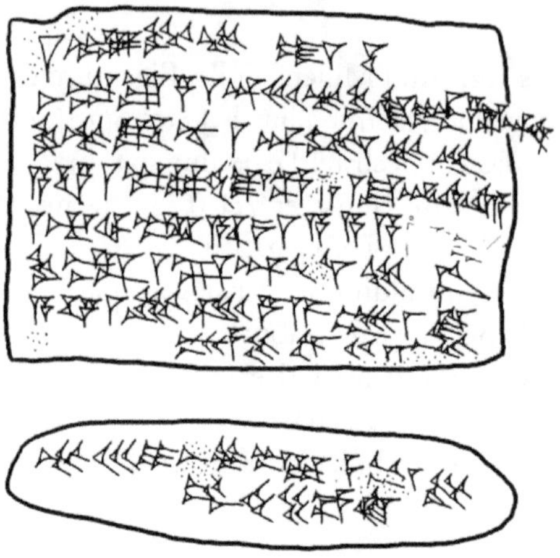

Rs ^{md}AG-ŠEŠ-MU AD-*šú*
ina GUB-*zu šá* ^{md}30-MU ^{lú}*qí-i-pi šá* É.AN.NA
^{lú}*mu-kin-nu* ^{md}AMAR.UTU-MU-MU
A-*šú šá* ^{md}AG-TIN-*su*-E A ^{m}ŠU-^{d}*na-na-a*
^{m}*si-lim*-^{d}EN A-*šú šá* ^{m}A-*a* A °Rasur°
^{lú}UMBISAG ^{m}É.AN.NA-MU-DÙ
A-*šú šá* ^{m}ŠEŠ^{meš}-*šá-a* UNUG^{ki}
^{iti}ŠE UD.20 1-LÁ.KAM
oRd MU.37.KAM ^{d}AG-NÍG.DU-URÙ
LUGAL TIN.TIR^{ki}

Übersetzung

Eine Mine Silber, Kaufpreis von vier Talenten Wolle, Eigentum der Herrin von Uruk und Nanājas, gehen zu Lasten von Ajakku-šumu-ibni/Nabû-aḫu-iddin/Nanāja-ēreš. Im Monat Addāru wird er das Silber, das ein Sechstel (Legierung) aufweist, geben. Wenn er es im Addāru nicht gegeben haben wird, muss pro <Sekel> zwei Kor Gerste im Monat Simānu des 38. Jahres im *mašīḫu*-Maß der Herrin von Uruk in Eanna geben. Nicht (davon) betroffen ist Guthaben (des Tempels) zu Lasten von Nabû-aḫu-iddin, seines Vaters.

In Anwesenheit von Sîn-iddin, dem *qīpu* von Eanna.

Zeugen: Marduk-šumu-iddin/Nabû-balāssu-iqbi/Gimil-Nanāja
Silim-Bēl/Aplaja

Schreiber: Ajakku-šumu-ibni/Aḫḫēšaja

Uruk, den 19. Addāru des 37. Jahres Nebukadnezars, des Königs von Babylon.

Kommentar

Z. 3–4: Nanāja-ēreš war sicher nicht der Familienname des Schuldners, sondern der Vatersname seines Vaters.

113. PTS 2697

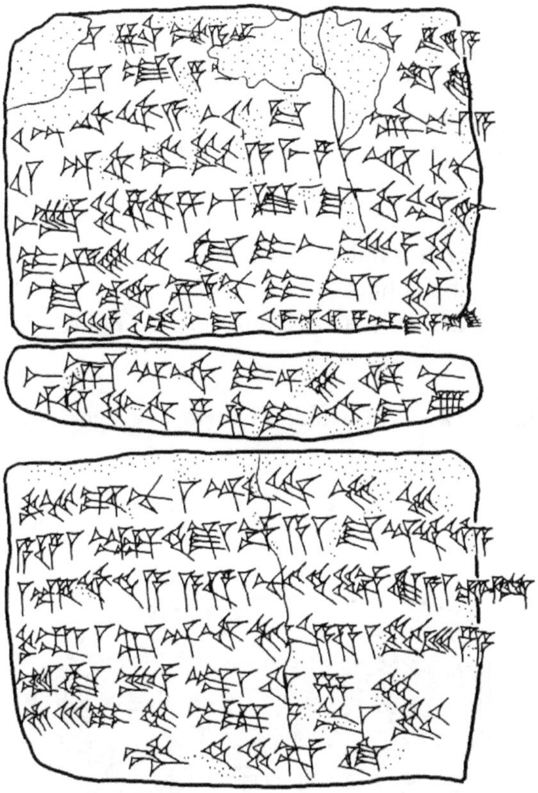

Vs [x GÍ]N KÙ.BABBAR ŠÁM [xx MA].NA SÍK$^{\text{ḫi.a}}$
[*ni*]-⸢*ip*⸣-*ṣi* NÍG.[GA ^{d}GAŠAN *šá*] UNUG^{ki}
u ⸢^{d}⸣ *na-na-a ina* ⸢UGU⸣ [^{m}]*muk*-⸢*ka*⸣-*a*
u ^{md}UTU-LUGAL-URÙ A^{me} *šá* ^{m}EN-⸢*šú*⸣-*nu*
ina ^{iti}ŠE KÙ.BABBAR *šá ina* 1 GÍN *su-ud-du-u'*
i-nam-din ki-i ina ^{iti}ŠE
la it-tan-nu 6 GUR ŠE.BAR
ina ^{iti}SIG$_{4}$ *ina ma-ši-ḫu šá* ^{d}GAŠAN *šá* UNUG^{ki}
Rd *ina* É.AN.NA *i-nam-di-nu*
1-*en pu-ut ša-ni-i na-šu-ú*
Rs ^{lú}*mu-kin-nu* ^{md}AMAR.UTU-MU-MU
A-*šú šá* ^{md}AG-TIN-*su*-E A ^{m}ŠU-^{d}*na-na-a*
^{md}EN-*na-din*-A A-*šú šá* ^{m}NUMUN-TIN.TIR^{ki} A ^{m}DA-^{d}AMAR.UTU
^{lú}UMBISAG ^{m}É.AN.NA-MU-DÙ A-*šú šá* ^{m}ŠEŠ^{meš}-*šá-a*
UNUG^{ki} ^{iti}APIN UD.6.KAM
MU.38.KAM ^{d}AG-NÍG.DU-URÙ
LUGAL TIN.TIR^{ki}

Übersetzung

[x Se]kel Silber, Kaufpreis von [x Mi]nen [kar]dierter Wolle, Eigentum der Herrin von Uruk und Nanājas, gehen zu Lasten von Mukkēa und von Šamaš-šarru-uṣur, den Söhnen von Bēlšunu. Im Monat Addāru werden sie das Silber, das ein Sechstel (Legierung) aufweist, geben. Wenn sie es im Addāru nicht gegeben haben werden, müssen sie sechs Kor Gerste im Simānu im *mašīḫu*-Maß der Herrin von Uruk in Eanna geben. Einer bürgt für den anderen.

Zeugen: Marduk-šumu-iddin/Nabû-balāssu-iqbi/Gimil-Nanāja
Bēl-nādin-apli/Zēr-Bābili/Ileʾi-Marduk.

Schreiber: Ajakku-šumu-ibni/Aḫḫēšaja

Uruk, den 6. Araḫšamnu des 38. Jahres Nebukadnezars, des Königs von Babylon.

Kommentar

Z. 3: Die Schreibung ^{m}*mu-ka-a* für Mukkēa ist selten bezeugt, z.B. in GC 2, 98: 11 und YOS 19, 84: 11.

114. NCBT 105

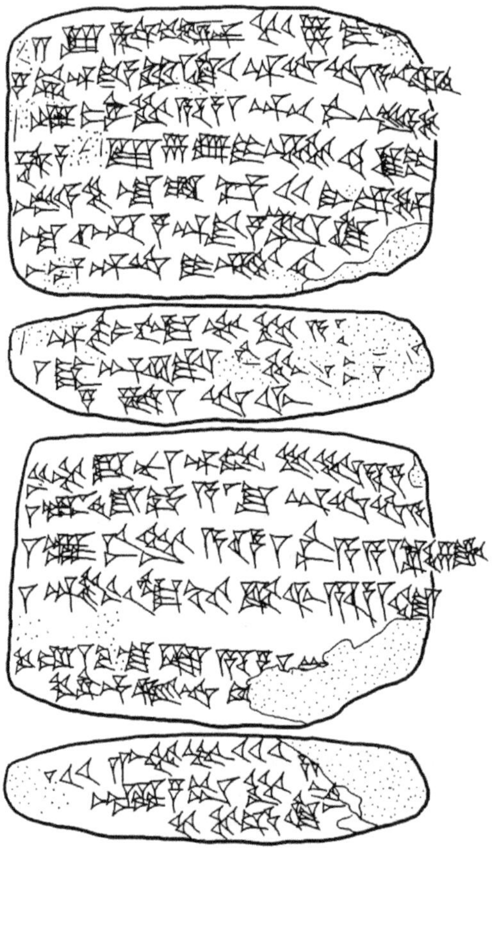

Vs 12 GÍN KÙ.BABBAR ŠÁM 48 MA.N[A SÍK$^{ḫi.a}$]
NÍG.GA ^{d}GAŠAN *šá* UNUG^{ki} *u* ^{d}*na-na-a ina muḫ-ḫi*
^{md}AG-*tab-ni*-URÙ A-*šú šá* ^{md}IDIM-DÙ *ina* ^{iti}ŠE
KÙ.BABBAR *šá* ⸢*ina* 1⸣ GÍN 6-*ú i-nam-din ki-i*
ina ^{iti}ŠE *la it-tan* 24 GUR ŠE.BAR
ina ma-ši-ḫu šá ^{d}GAŠAN *šá* UNUG^{ki}
ina É.AN.NA *i-nam-din*
uRd ^{md}*in-nin*-MU-URÙ A-*šú* [*šá*]
^{m}DUMU-^{d}EN-*da*-⸢*ni*⸣ *pu*-[*ut*] ⸢*e-ṭer*⸣$^{?}$
šá KÙ.BABBAR *na-ši*
Rs ^{lú}*mu-kin-nu* ^{md}AMAR.UTU-MU-MU A-*šú šá*
^{md}AG-TIN-*su*-E A ^{m}ŠU-^{d}*na-na-a*
^{m}AG-DÙ-ŠEŠ A-*šú šá* ^{m}DÙ-*a* A ^{m}*é-kur-za-kir*
^{md}*in-nin*-NUMUN-GÁL-*ši* A-*šú šá* ^{m}TIN-*su*
^{lú}UMBISAG ^{m}*ba-la-ṭu* A-*šú šá* ^{m}[ÌR-^{d}AG A]
^{lú}Ì.SUR-GI.NA UNU[G^{ki} ^{iti}x]
oRd [U]D.20 1-LÁ.KAM MU.3⸢8⸣.[KAM]
^{d}AG-NÍG.DU-URÙ LUGAL
TIN.TIR^{ki}

Übersetzung

Zwölf Sekel Silber, Kaufpreis von 48 Minen [Wolle], Eigentum der Herrin von Uruk und Nanājas, gehen zu Lasten von Nabû-tabni-uṣur/Ea-ibni. Im Monat Addāru wird er das Silber, das ein Sechstel (Legierung) aufweist, geben. Wenn er im Addāru das Silber nicht gegeben haben wird, muss er 24 Kor Gerste, (gemessen) im *mašīḫu*-Maß der Herrin von Uruk, in Eanna geben. Innin-šumu-uṣur/Mār-bēl-dān bürgt für die Bezahlung des Silbers.

Zeugen: Marduk-šumu-iddin/Nabû-balāssu-iqbi/Gimil-Nanāja
Nabû-bān-aḫi/Ibnaja/Ekur-zākir
Innin-zēru-šubši/Balāssu

Schreiber: Balāṭu/[Arad-Nabû]/Ṣāḫit-ginê

Ur[uk], den 19. […] des 38. Jahres Nebukadnezars, des Königs von Babylon.

Kommentar

Die Ergänzung des Schreibernamens erfolgte auf der Basis von anderen Belegstellen für diesen Mann, z.B. GC 1, 398 und YOS 6, 10.

115. PTS 2969

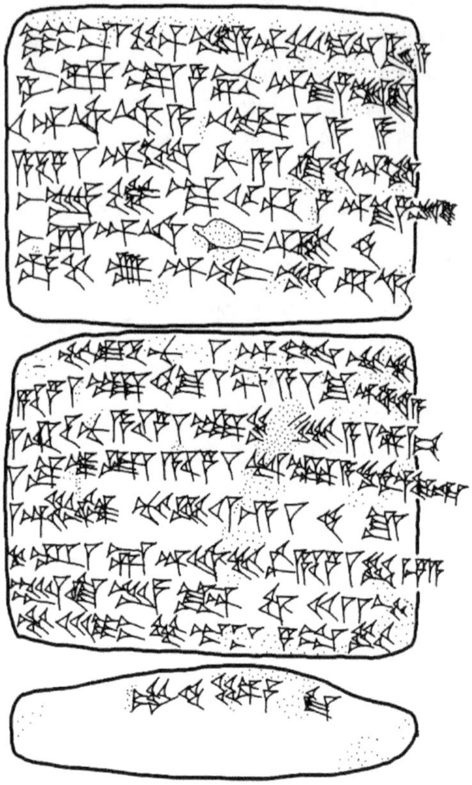

Vs 8 GUR ŠE.BAR ŠÁM 40 MA.NA SÍK$^{\text{ḫi.a}}$
ni-ip-ṣi NÍG.GA ^{d}GAŠAN *šá* UNUG^{ki}
u ^{d}*na-na-a ina* UGU ^{m}A-*a*
A-*šú šá* ^{md}AMAR.UTU-PAP A ^{m}*ki-din*-^{d}AMAR.UTU
ina ^{iti}SIG$_4$ *ina ma-ši-ḫu šá* ^{d}GAŠAN *šá* UNUG^{ki}
ina É.AN.NA ⌜*i*⌝-*nam-din*
e-lat ú-ìl-tì maḫ-ri-ti
Rs [^{lú}]*mu-kin-nu* ^{md}AMAR.UTU-MU-MU
A-*šú šá* ^{md}AG-TIN-*su*-⌜E⌝ A ^{m}ŠU-^{d}*na-na-a*
^{m}EN-*šú-nu* A-*šú šá* ^{md}AG-ŠE[Š^{m}]^{eš}-MU A ^{m}*e-gì-bi*
^{m}*ba-la-ṭu* A-*šú šá* ^{m}ÌR-^{d}AG A ^{lú}Ì.SUR-SÁ.DUG$_4$
^{md}*in-nin*-NUMUN-GÁL-*ši* A ^{m}TIN-*su*
^{lú}UMBISAG ^{m}É.AN.NA-MU-DÙ A-*šú šá* ^{m}ŠEŠ^{me}-*šá-a*
UNUG^{ki} ^{iti}BÁRA UD.20-1-LÁ.KA[M]
MU.38.KAM $^{<m>}$⌜AG⌝-NÍG.DU-URÙ
oRd LUGAL TIN.TIR^{ki}

Übersetzung

Acht Kor Gerste, Kaufpreis von 40 Minen kardierte Wolle, Eigentum der Herrin von Uruk und Nanājas, gehen zu Lasten von Aplaja/Marduk-nāṣir/Kidin-Marduk. Im Monat Simānu wird er sie im *mašīḫu*-Maß der Herrin von Uruk in Eanna geben. Ausgenommen ist ein früherer Verpflichtungsschein.

Zeugen: Marduk-šumu-iddin/Nabû-balāssu-iqbi/Gimil-Nanāja
Bēlšunu/Nabû-aḫḫē-iddin/Egibi
Balāṭu/Arad-Nabû/Ṣāḫit-ginê
Innin-zēru-šubši/Balāssu

Schreiber: Ajakku-šumu-ibni/Aḫḫēšaja

Uruk, 19. Nisānu des 38. Jahres Nebukadnezars, des Königs von Babylon.

Kommentar

Z. 2: Zu „geschlagener" – wohl kardierter Wolle, siehe Hartman und Oppenheim 1950: 51, fn. 73. Durch das Kardieren wird Rohwolle für das Spinnen vorbereitet.

Der Verpflichtungsschein resultiert aus einem Wollverkauf, weicht aber insofern vom üblichen Formular ab, dass hier direkt Gerste anstelle von Silber als Bezahlung ausgehandelt wird. Es gibt zu wenige Belege für kardierte Wolle, und da der Gerstepreis schwankt, ist die Berechnung des Preises in Silber nicht möglich.

116. YBC 9215

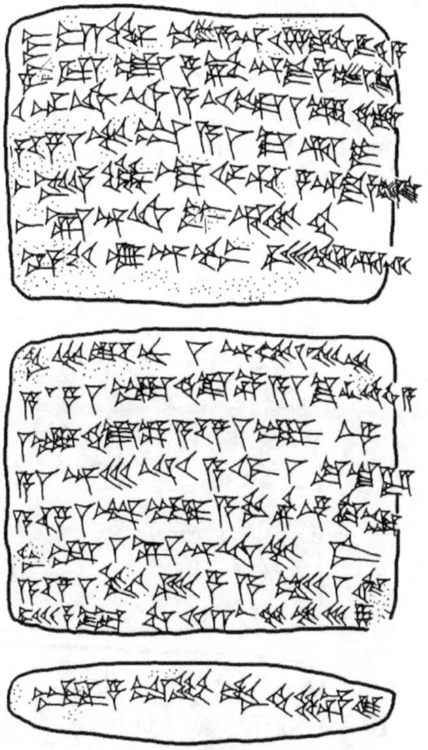

Vs　1　3 GUR ŠE.BAR ŠÁM 15 MA.NA SÍK^(ḫi.a)
　　　　ni-ip-ṣi NÍG.GA ^dGAŠAN šá UNUG^ki
　　　　u ^dna-na-a ina UGU ^mdEN-TIN-iṭ
　　　　⌜A-šú⌝ šá ^mMU-GIN A ^mku-ri-i
　　5　ina ^itiSIG₄ ina ma-ši-ḫu šá ^dGAŠAN šá UNUG^ki
　　　　ina É.AN.NA i-nam-din
　　　　e-lat ú-ìl-tì^meš maḫ-re-ti
Rs　　　^lúmu-kin-nu ^mdAMAR.UTU-MU-MU
　　　　A-šú šá ^mdAG-TIN-su-E A ^mŠU-^dna-na-a
　　10　^mdAG-TIN-su-E A-šú šá ^mdAG-SUR
　　　　A ^md30-TI-ÉR ^mba-la-ṭu
　　　　A-šú šá ^mÌR-^dAG A ^lúÌ.SUR-SÁ.DUG₄
　　　　⌜lú⌝UMBISAG ^mÉ.AN.NA-MU-DÙ
　　　　A-šú šá ^mŠEŠ^meš-šá-a UNUG^ki
　　15　^itiBÁRA UD.20 1-LÁ.KAM MU.38.[KAM]
Rd　　　^dAG-NÍG.DU-URÙ LUGAL TIN.TIR^ki

Übersetzung

Drei Kor Gerste, der Kaufpreis von 15 Minen kardierter Wolle, Eigentum der Herrin von Uruk und Nanājas, gehen zu Lasten von Bēl-uballiṭ/Šumu-ukīn/Kurî. Im Monat Simānu wird er (die Gerste) im *mašīḫu*-Maß der Herrin von Uruk in Eanna geben. Nicht betroffen sind frühere Verpflichtungsscheine.
Zeugen:　Marduk-šumu-iddin/Nabû-balāssu-iqbi/Gimil-Nanāja
　　　　　Nabû-balāssu-iqbi/Nabû-ēṭir/Sîn-lēqi-unninni
　　　　　Balāṭu/Arad-Nabû/Ṣāḫit-ginê
Schreiber: Ajakku-šumu-ibni/Aḫḫēšaja
Uruk, den 19. Nisānu des 38. Jahres Nebukadnezars, des Königs von Babylon.

117. PTS 2738

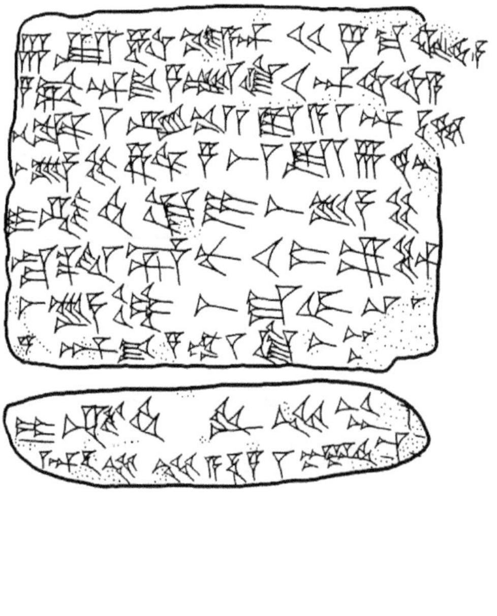

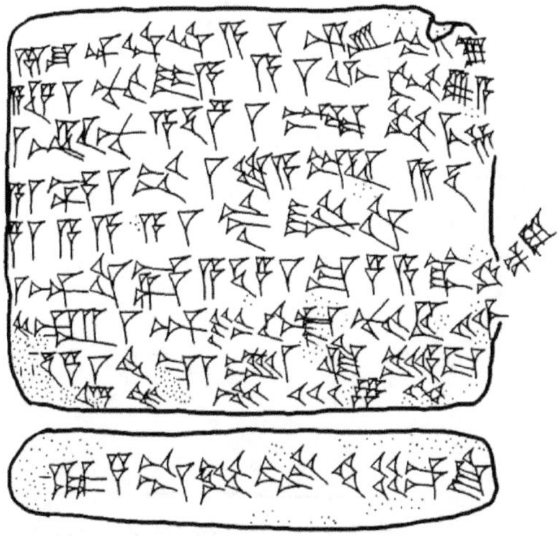

Vs 6 GÍN KÙ.BABBAR ŠÁM 24 MA.NA SÍK$^{ḫi.a}$
NÍG.GA ^{d}GAŠAN *šá* UNUG^{ki} *u* ^{d}*na-na-a*
ina UGU ^{m}*gi-mil-lu* A ^{md}ŠÚ-KAM
ina ^{iti}ŠE KÙ.BABBAR *šá ina* 1 GÍN 6-*u*ʾ
i-nam-din ki-i ina ^{iti}ŠE
la it-tan-nu 12 GUR ŠE.BAR
ina ^{iti}SIG$_4$ *ina ma-ši-*⸢*ḫu*⸣
šá ^{d}GAŠAN *šá* UNUG^{ki} *ina* É.[AN.NA]
Rd *i-nam-din* ^{lú}*mu-*⸢*kin*$_7$⸣
Rs ^{md}ŠÚ-MU-MU A-*šú šá* ^{md}AG-TIN-*su*-⸢E⸣
A ^{m}ŠU-^{d}*na-na-a* ^{m}*gi-mil-lu*
A-*šú šá* ^{m}NUMUN-*ia* A ^{m}*ši-gu-ú-a*
^{m}EN-*šú-nu* A-*šú šá* ^{md}AG-ŠEŠ^{me}-MU
A ^{m}*e-gì-bi* ^{m}KAR-^{d}EN A-*šú*
šá ^{m}A-*a* A ^{m}*ár-rab-tú*
^{md}UTU-SIG$_{15}$ A-*šú šá* ^{m}BA-*šá-a* DUMU ^{lú}SIPA
^{lú}UMBISAG ^{md}*in-nin*-NUMUN-GÁL-*ši*
[A-*š*]*ú šá* ^{m}TIN-*su* UNUG^{ki} ^{iti}DU$_6$
[UD].14.KAM MU.38.KAM
liRd ⸢^{d}⸣AG-NÍG.DU-URÙ LUGAL TIN.TIR^{ki}

Übersetzung

Sechs Sekel Silber, der Kaufpreis von 24 Minen Wolle, Eigentum der Herrin von Uruk und Nanājas, gehen zu Lasten von Gimillu/Marduk-ēreš. Im Addāru wird er das Silber, das ein Sechstel Legierung hat, bezahlen. Wenn er es im Addāru nicht bezahlt haben wird, muss er im Monat Simānu zwölf Kor Gerste im *mašīḫu*-Maß der Herrin von Uruk in Eanna geben.

Zeugen: Marduk-šumu-iddin/Nabû-balāssu-iqbi/Gimil-Nanāja
Gimillu/Zēria/Šigû'a
Bēlšunu/Nabû-aḫḫē-iddin/Egibi
Mušēzib-Bēl/Aplaja/Arrabtu
Šamaš-udammiq/Iqīšaja/Rē'u
Schreiber: Innin-zēru-šubši/Balāssu.
Uruk, 14. Tašrītu des 38. Jahres Nebukadnezars, des Königs von Babylon.

118. YBC 9211

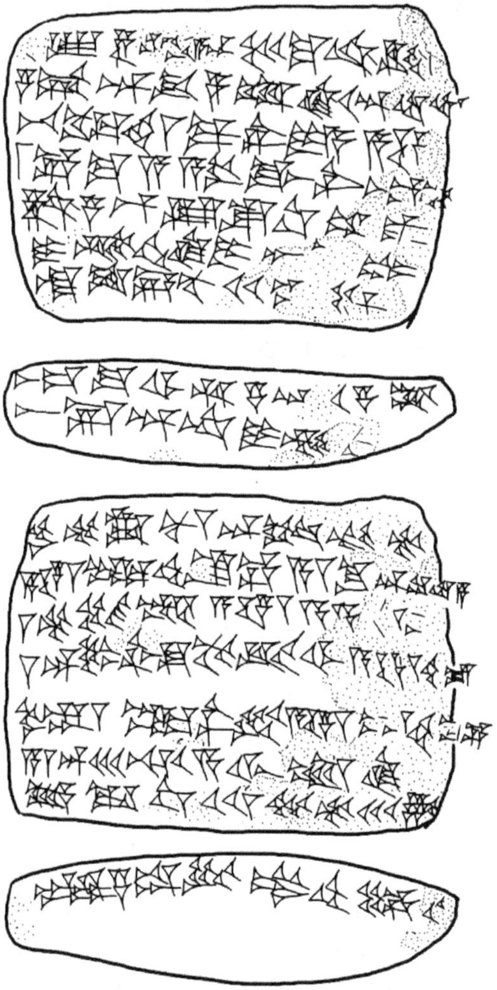

Vs ⸢10⸣ GÍN KÙ.BABBAR ŠÁM 40 MA.NA SÍK$^{ḫi.[a]}$
NÍG.GA ^{d}GAŠAN *šá* UNUG^{ki} *u* ^{d}*na-na-*[*a*]
ina muḫ-ḫi ^{m}*ba-ni-ia* A-*šú šá*
^{m}*kal-ba-a* A ^{lú}GAL-DÙ *ina* ⸢^{iti}SIG$_4$⸣
KÙ.BABBAR *šá ina* 1 GÍN *su-ud-du-ú*
i-nam-din ki-i ina ⸢^{iti}SIG$_4$⸣
la it-tan-nu 20 ⸢GUR ŠE⸣.BAR
ina ^{giš}*ma-ši-ḫu šá* ^{d}⸢GAŠAN⸣ *šá* UNU[G^{ki}]

uRd *ina* É.AN.NA *i-nam-*⸢*din*⸣

Rs ^{lú}*mu-kin-nu* ^{md}AMAR.UTU-MU-MU
A-*šú šá* ^{md}AG-TIN-*su*-E A ^{m}ŠU-^{d}*na-na-a*
^{m}*mu-še-zib*-^{d}EN A-*šú šá* ^{m}A-*a* ⸢A ^{m}*ár*⸣-[*rab-tú*]
^{md}*in-nin*-NUMUN-GÁL-*ši* A-*šú šá* ^{m}TIN-*su*
^{lú}UMBISAG ^{md}AG-DÙ-ŠEŠ A-*šú šá* ^{md}⸢AG⸣-TIN-*su*-E
A ^{md}30-TI-ÉR UNUG^{ki}
^{iti}KIN UD.21.KAM MU.38.K[AM]

oRd ^{d}AG-NÍG.DU-URÙ LUGAL TIN.TIR^{ki}

Übersetzung

Zehn Sekel Silber, der Kaufpreis von vierzig Minen Wolle, Eigentum der Herrin von Uruk und Nanājas, gehen zu Lasten von Bānia/Kalbaja/Rab-banê. Im Monat Simānu wird er das Silber, das ein Sechstel Legierung aufweist, geben. Wenn er im Monat Simānu nicht bezahlt haben wird, muss er zwanzig Kor Gerste im *mašīḫu*-Maß der Herrin von Uruk in Eanna geben.

Zeugen: Marduk-šumu-iddin/Nabû-balāssu-iqbi/Gimil-Nanāja
Mušēzib-Bēl/Aplaja/[Arrabtu]
Innin-zēru-šubši/Balāssu.

Schreiber: Nabû-bān-aḫi/Nabû-balāssu-iqbi/Sîn-lēqi-unninni

Uruk, den 21. Ulūlu des 38. Jahres Nebukadnezars, des Königs von Babylon.

Kommentar

Z. 12: Die Ergänzung des Familiennamens erfolgte auf der Basis zahlreicher Belegstellen für diesen Zeugen, z.B. GC 1, 231.

119. YBC 9253

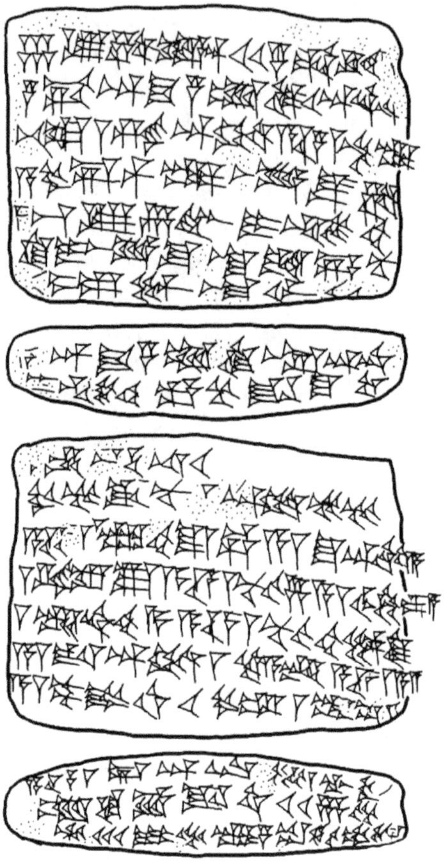

Vs 1 6 GÍN KÙ.BABBAR
ŠÁM 24 MA.NA SÍK$^{\text{ḪI.⸢A⸣}}$
2 NÍG.GA ^{d}GAŠAN *šá* UNUG^{ki}
u ^{d}*na-na-*[*a*]
3 *ina* UGU ^{m}GI-^{d}AMAR.UTU
A-*šú šá* ^{m}MU-^{d}AG
4 A ^{lú}É.BAR-^{d}AG *ina* ^{iti}ŠU
KÙ.BABBAR
5 *šá ina* 1 GÍN 6-*u*ʾ *i-nam-din*
6 *ki-i ina* ^{iti}ŠU *la it-tan-nu*
7 ⸢12⸣ GUR ŠE.BAR *ina ma-ši-*⸢*ḫi*⸣
uRd ⸢*šá*⸣ ^{d}GAŠAN *šá* UNUG^{ki}
ina É.AN.NA
9 ⸢*i*⸣*-nam-din e-lat ra-šu-tú*
Rs 10 ⸢*maḫ-ri*⸣*-ti*
11 ^{lú}*mu-kin-nu* ^{md}AMAR.UTU-
MU-MU
12 A-*šú šá* ^{md}AG-TIN-*su*-E A
^{m}ŠU-^{d}*na-na-a*
13 ^{m}*gi-mil-lu* A-*šú šá* ^{m}NUMUN-*iá*
A ^{m}*ši-gu-ú-a*
14 ^{md}EN-*na-din*-A A-*šú šá*
^{m}NUMUN-TIN.TIR^{ki}
15 A ^{m}DA-^{d}AMAR-UTU ^{m}KAR-^{d}EN
A-*šú šá* ^{m}A-*a*
16 A ^{m}*ár-rab-tú u* ^{lú}UMBISAG
^{md}⸢AG-GIN-A⸣
17 A-*šú šá* ^{m}É.AN.NA-*li-pi*-⸢URÙ⸣
oRd UNUG^{ki} ^{iti}KIN UD.26.KAM
MU.38.KAM ^{d}AG-NÍG.DU-URÙ
LUGAL TIN.TI[R^{ki}]

Übersetzung

Sechs Sekel Silber, Kaufpreis von 24 Minen Wolle, Eigentum der Herrin von Uruk und Nanājas, stehen zu Lasten von Mušallim-Marduk/Iddin-Nabû/Šangû-Nabû. Im Monat Dûzu wird er das Silber, das ein Sechstel Legierung aufweist, bezahlen. Wenn er es im Dûzu nicht bezahlt haben wird, muss er zwölf Kor Gerste im *mašīḫu*-Maß der Herrin von Uruk in Eanna geben. Früheres Guthaben (des Tempels gegen ihn) sind nicht betroffen.

Zeugen: Marduk-šumu-iddin/Nabû-balāssu-iqbi/Gimil-Nanāja
Gimillu/Zēria/Šigû'a
Bēl-nādin-apli/Zēr-Bābili/Ile'i-Marduk
Mušēzib-Bēl/Aplaja/Arrabtu
und der Schreiber: Nabû-mukīn-apli/Ajakku-līpi-uṣur
Uruk, den 26. Ulūlu des 38. Jahres Nebukadnezars, des Königs von Babylon.

120. PTS 3055

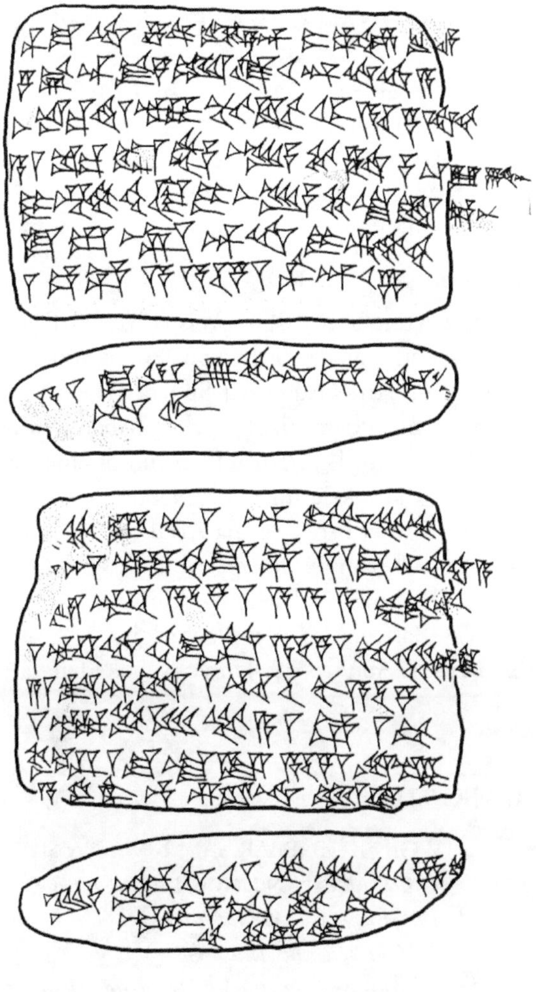

Vs 1 ½ MA.NA KÙ.BABBAR ŠÁM 2 GUN ⌈SÍK^{ḫi.a}⌉
NÍG.GA ^dGAŠAN *šá* UNUG^{ki} *u* ^dna-na-a
ina muḫ-ḫi ^{md}AG-NUMUN-GÁL-*ši* A-*šú šá* ^mna-din
A ^mka-nik-KÁ *ina* ^{iti}ŠE KÙ.BABBAR *šá* 1 GÍN 6-*u'*
5 *i-nam-din ki-i ina* ^{iti}ŠE *la it-*⌈*tan-nu*⌉
60 GUR *ina* É.AN.NA *i-nam-din*
^mZÁLAG-*e-a* A-*šú šá* ^mDÙ-^d15
⌈A⌉ ^mku-ru-ú pu-ut e-ṭè-[ri]
na-ši
Rs 10 [^{lú}] *mu-*⌈*kin*⌉-*nu* ^{md}AMAR.UTU-MU-MU
[A-*šú šá*] ^{md}AG-TIN-*su*-E A ^mŠU-^dna-na-a
⌈^mKAR⌉-^dEN A-*šú šá* ^mA-*a* A ^már-rab-ti
^{md}EN-*na-din*-IBILA A-*šú šá* ^mNUMUN-TIN.TIR^{ki}
A ^mDA-^dAMAR.UTU ^mEN-*šú-nu* A-*šú šá*
15 ^{md}AG-ŠEŠ^{meš}-MU A ^me-gì-bi
^{lú}UMBISAG ^mba-la-ṭu A-*šú šá* ^mÌR-^dAG
A ^{lú}Ì-SUR-GI.NA UNUG^{ki}
oRd ^{iti}NE UD.11.KAM MU.39.KAM
^dAG-NÍG.DU-URÙ LUGAL
20 TIN.TIR^{ki}

Übersetzung

Eine halbe Mine Silber, Kaufpreis von zwei Talenten Wolle, Eigentum der Herrin von Uruk und Nanājas, gehen zu Lasten von Nabû-zēru-šubši/Nādin/Kānik-bābi. Im Monat Addāru wird er das Silber, das ein Sechstel (Legierung) aufweist, geben. Wenn er es im Addāru nicht gegeben haben wird, muss er 60 Kor (Gerste) in Eanna geben. Nūrea/Ibni-Ištar/Kurû übernimmt eine Zahlbürgschaft.

Zeugen: Marduk-šumu-iddin/Nabû-balāssu-iqbi/Gimil-Nanāja
         Mušēzib-Bēl/Aplaja/Arrabtu
         Bēl-nādin-apli/Zēr-Bābili/Ile'i-Marduk
         Bēlšunu/Nabû-aḫḫē-iddin/Egibi
Schreiber: Balāṭu/Arad-Nabû/Ṣāḫit-ginê
Uruk, den 11. Abu des 39. Jahres Nebukadenezars, des Königs von Babylon.

121. YBC 9217

Vs 1 2 GÍN KÙ.BABBAR ŠÁM 8 MA.NA SÍK^{ḫi.a}
NÍG.GA ^dINNIN UNUG^{ki} *u* ^dna-na-a
ina muḫ-ḫi ^{mr}LÚ-^d⌈*na*⌉-*na-a*
A-*šú šá* ^mza-⌈kir⌉ *ina* ⌈^{iti}ŠE⌉
5 KÙ.BABBAR *šá ina* 1 GÍN *su-ud-du-ú*

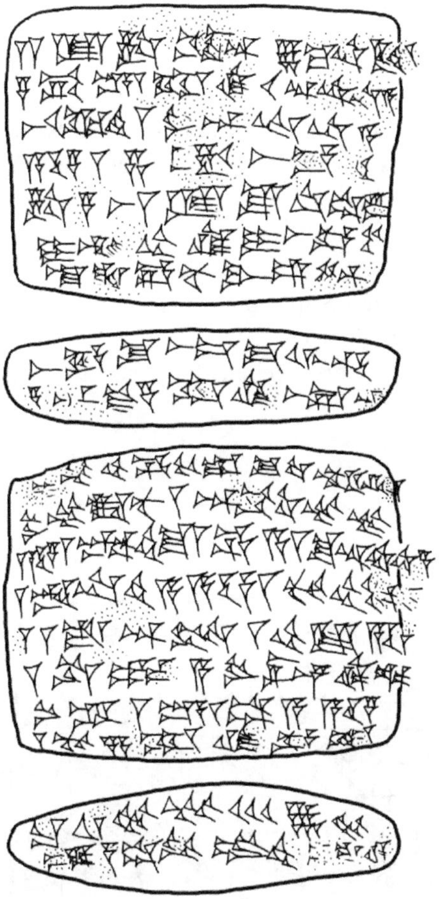

i-nam-din ki-i ina ^{iti}ŠE
la it-tan-nu 4 GUR ŠE.BAR
uRd *ina* ^{iti}ŠU *ina* ^{giš}*ma-ši-ḫu*
⸢*šá* ^{d}GAŠAN *šá* UNUG⸣ ^{ki} *ina* É.AN.[NA]
Rs ⸢*i-nam*⸣*-din e-lat ra-šu-tú maḫ-ri-*⸢*tú*⸣
^{lú}*mu-kin-nu* ^{md}AMAR.UTU-MU-MU
A-*šú šá* ^{md}AG-TIN-*su*-E A ^{m}ŠU-^{d}*na-na-a*
^{md}EN-*na-din*-A A-*šú šá* ^{m}NUMUN-TIN.⸢TIR^{ki}⸣
⸢A⸣ ^{m}DA-^{d}AMAR.UTU ^{m}TIN-*ṭu* A-*šú šá*
^{m}ÌR-^{d}AG A ^{lú}Ì.SUR-SÁ.DUG$_{4}$
^{lú}UMBISAG ^{md}INNIN-GIN-A A-*šú šá*
^{m}NUMUN-*iá* UNUG^{ki} ^{iti}NE
Rd UD.11.KAM MU.39.KAM
^{d}AG-NÍG.DU-URÙ LUGAL TIN.⸢TIR^{ki}⸣

Übersetzung

Zwei Sekel Silber, der Kaufpreis von acht Minen Wolle, Eigentum der Ištar von Uruk und Nanājas, gehen zu Lasten von Amēl-Nanāja/Zākir. Im Monat Addāru muss er das Silber, das ein Sechstel (Legierung aufweist), geben. Wenn er es im Addāru nicht gegeben haben wird, muss er vier Kor Gerste im Monat Dûzu im *mašīḫu*-Maß der Herrin von Uruk in Eanna geben. Nicht betroffen ist früheres Guthaben.

Zeugen: Marduk-šumu-iddin/Nabû-balāssu-iqbi/Gimil-Nanāja
Bēl-nādin-apli/Zēr-Bābili/Ile'i-Marduk
Balāṭu/Arad-Nabû/Ṣāḫit-ginê

Schreiber: Ištar-mukīn-apli/Zēria

Uruk, den 11. Abu des 39. Jahres Nebukadnezars, des Königs von Babylon.

122. PTS 2746

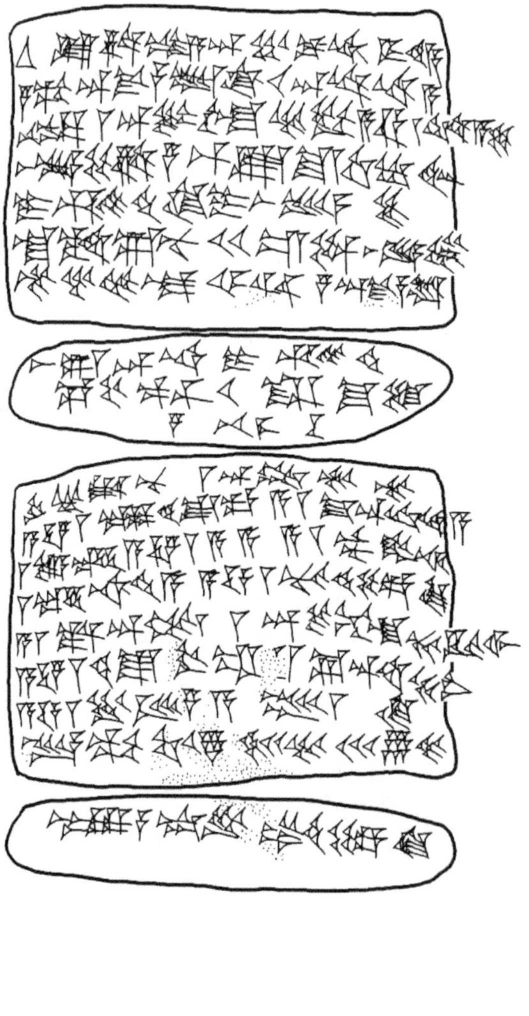

Vs 10 GÍN KÙ.BABBAR ŠÁM 50 MA.NA SÍK$^{\text{ḫi.a}}$
NÍG.GA ^{d}GAŠAN *šá* UNUG^{ki} *u* ^{d}*na-na-a*
ina UGU ^{md}*in-nin*-MU-URÙ A-*šú šá* $^{m<d>}$*na-na-a*-KAM
ina ^{iti}ŠE KÙ.BABBAR *šá ina* 1 GÍN *su-ud-du-u*ʾ
i-nam-din ki-i ina ^{iti}ŠE
la it-tan-nu 20 GUR ŠE.BAR *ina* ^{iti}SIG$_4$
MU.40.KAM *ina ma-ši-ḫu šá* ^{d}GAŠAN *šá* UNUG[^{ki}]
Rd *ina* É.AN.NA *i-nam-din*
e-lat ^{giš}BÁN *u ra-šu-tu*
šá ina IGI-*šú*
Rs ^{lú}*mu-kin-nu* ^{md}AMAR.UTU-MU-MU
A-*šú šá* ^{md}AG-TIN-*su*-E A ^{m}ŠU-^{d}*na-na-a*
^{m}KAR-^{d}EN A-*šú šá* ^{m}A-*a* A ^{m}*ár-rab-ti*
^{md}EN-*na-din*-A A-*šú šá* ^{m}NUMUN-TIN.TIR^{ki}
A ^{m}DA-^{d}AMAR.UTU ^{md}*in-nin*-NUMUN-GÁL-*ši*
A-*šú šá* ^{m}TIN-*su* ^{lú}UMBISAG ^{m}É.AN.NA-MU-DÙ
A-*šú šá* ^{m}ŠEŠ^{meš}-*šá-a* UNUG^{ki}
^{iti}GU$_4$ UD.17.KAM MU.39.KAM
^{d}AG-NÍG.DU-URÙ LUGAL TIN.TIR^{ki}

Übersetzung

Zehn Sekel Silber, Kaufpreis von 50 Minen Wolle, Eigentum der Herrin von Uruk und Nanājas, gehen zu Lasten von Innin-šumu-uṣur/Nanāja-ēreš. Im Monat Addāru wird er das Silber, das ein Sechstel (Legierung) hat, bezahlen. Wenn er es im Addāru nicht bezahlt haben wird, muss er zwanzig Kor Gerste im Monat Simānu des 40. Jahres im *mašīḫu*-Maß der Herrin von Uruk in Eanna geben. (Hiervon) nicht betroffen sind der Pachtzins und Guthaben (des Tempels bei ihm), die noch bei ihm sind (d.h. die noch nicht zurückgezahlt sind).

Zeugen: Marduk-šumu-iddin/Nabû-balāssu-iqbi/Gimil-Nanāja
Mušēzib-Bēl/Aplaja/Arrabtu
Bēl-nādin-apli/Zēr-Bābili/Ileʾi-Marduk
Innin-zēru-šubši/Balāssu

Schreiber: Ajakku-šumu-ibni/Aḫḫēšaja

Uruk, 17. Ajjāru des 39. Jahres Nebukadnezars, des Königs von Babylon.

123. PTS 2896

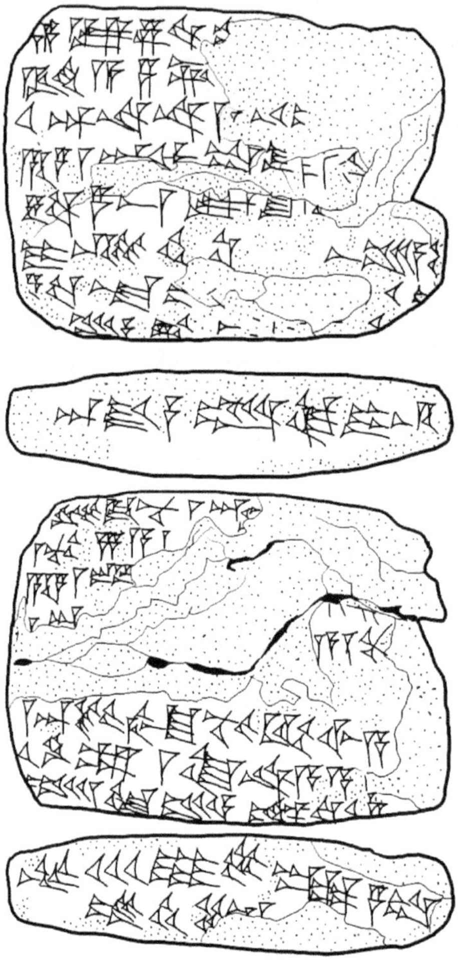

Vs 5 GÍN KÙ.BABBAR Š[ÁM 20$^{?}$ MA.NA]
SÍK$^{ḫi.a}$ NÍG.GA [^{d}GAŠAN *šá* UNUG^{ki}]
u ^{d}*na-na-*⸢*a*⸣ *ina* U[GU ^{m}...]
A-*šú šá* ^{md}IGI.DU-⸢IBILA-URÙ⸣ [*ina* ^{iti}ŠE$^{?}$]
KÙ.BABBAR *šá ina* 1 GÍN *su-*[*ud-du-u*$^{?}$]
i-nam-din ⸢*ki*⸣-[*i*] *ina* ^{iti}⸢ŠE$^{?}$⸣
KÙ.BABBAR *la* ⸢*it*⸣-[*tan-nu*] 10 G[UR ŠE.BAR]
[*ina*] ⸢ITI⸣.GU$_{4}$ *ina* ⸢^{giš}⸣[*ma-ši-ḫu šá*]
uRd ^{d}GAŠAN *šá* UNUG^{ki} *i-na*[*m-din*]
Rs ^{lú}*mu-kin-nu* ^{md}AM[AR.UTU-x-x A-*šú šá*]
^{m}NUMUN-*iá* A ^{m}[..............................]
A-*šú šá* ^{md}A[G-x-x ......]
^{md}[..]
[.................................] A ^{m}⸢PAP⸣-[....]
^{md}*in-nin*-NUMUN-GÁL-*ši* A [...]
u ^{lú}UMBISAG ^{m}*ki-na-a* A [.................]
UNUG^{ki} ^{iti}NE UD.15$^{?}$.[KAM]
oRd MU.39.KAM ^{d}AG-NÍG.DU-[URÙ]
LUGAL TIN.TI[R^{ki}]

Übersetzung

Fünf Sekel Silber, [Kaufpreis von zwanzig$^{?}$ Minen] Wolle, Eigentum [der Herrin von Uruk] und Nanājas, gehen zu La[sten von PN]/Nergal-aplu-⸢uṣur⸣. Das Silber, das ein Se[chstel] (Legierung) hat, wird er [im Monat Addāru] geben. [Wenn er] das Silber im Monat Add[āru] nicht ge[geben haben wird, muss er zehn Kor Gerste] im Monat Ajjāru [im *mašīḫu*-Maß der] Herrin von Uruk ge[ben.]

Zeugen: Marduk-[...]/Zēria/[FamN]
[PN]/Nabû$^{?}$-[...]
[PN]/Innin-zēru-šubši/[...]
und der Schreiber Kīnaja/[......]

Uruk, den 15$^{?}$. Abu des 39. Jahres Nebukadnezars, des Königs von Babylon

Kommentar

Dieser schlecht erhaltene Verpflichtungsschein über Silber aus einem Wollverkauf kann aufgrund des bekannten Formulars gut rekonstruiert werden. Die verkaufte Menge ist nicht erhalten, aber da der Wollpreis zu dieser Zeit bei vier Minen pro Sekel lag, kann man in zwanzig Minen annehmen. In den meisten Fällen soll die Bezahlung der Wolle im Addāru erfolgen, was gut zu den Zeichenspuren in Zeile 6 passt. In der Klausel, die die Zahlung in Gerste im Erntemonat nennt, wird in den meisten Fällen ein Kurs von zwei Sekeln Silber pro Kor Gerste gefordert.

Z. 10: Der erste Zeuge könnte Marduk-erība/Zēria/Balāṭu sein, der als Schreiber in PTS 2466 (36 Nbk) belegt ist.

124. YBC 9530

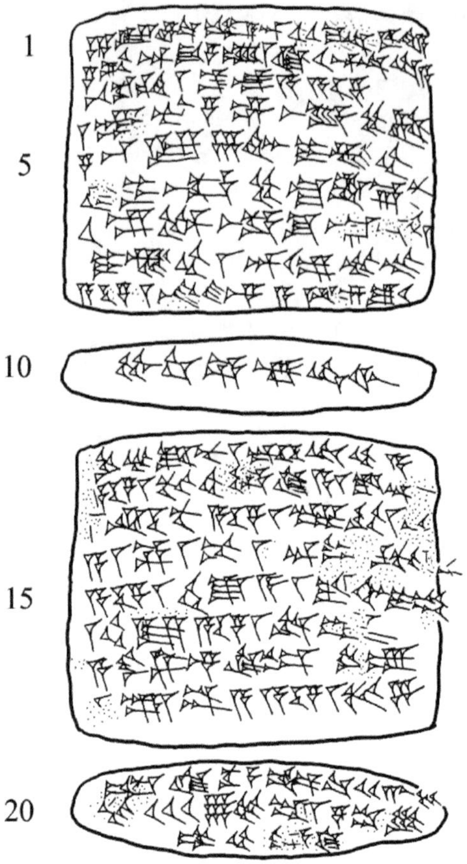

Vs 5 GÍN KÙ.BABBAR ŠÁM 20 MA.NA SÍK$^{\text{ḫi.a}}$
NÍG.GA ^{d}GAŠAN *šá* UNUG^{ki} *u* ^{d}*na-na-a*
ina muḫ-ḫi ^{m}*šu-la-a* A-*šú šá*
^{md}AG-MU-GAR-*un ina* ^{iti}ŠE KÙ.BABBAR
šá ina 1 GÍN 6-*u*ʾ *i-nam-din*
ki-i ina ^{iti}ŠE *la it-tan-nu*
10 GUR ŠE.BAR *ina* ^{iti}ŠU *ina* É.AN.NA
i-nam-din ^{md}U.GUR-MU-MU
A-*šú šá* ^{m}*ina*-SÙḪ-SUR A ^{m}*ḫu-un-zu-u*
uRd *pu-ut e-ṭer na-ši*
Rs ^{lú}*mu-kin-nu* ^{md}EN-*na-din*-A
A-*šú šá* ^{md}NUMUN-TIN.TIR^{ki} A ^{m}DA-^{d}[AMAR.UTU]
^{m}EN-*šú-nu* A-*šú šá* ^{md}AG-ŠEŠ^{me}-MU
A ^{m}*e-gì-bi* ^{md}⌜*in-nin*⌝-NUMUN-⌜GÁL⌝-[*ši*]
A-*šú šá* ^{m}TIN-*su* A ^{m}*da*-ʾ-*i-qu*
^{m}TIN-*ṭu* A-*šú šá* ^{m}ÌR-^{d}AG

A ^{lú}Ì.SUR-SÁ.DUG$_4$ ^{lú}UMBISAG
^{md}INNIN-GIN-A A-*šú šá* ^{m}NUMUN-*iá*
oRd UNUG^{ki} ^{iti}NE UD.20 1-LÁ.KAM
MU.39.KAM ^{d}AG-NÍG.DU-URÙ
LUGAL TIN.TIR^{ki}

Übersetzung

Fünf Sekel Silber, der Kaufpreis von zwanzig Minen Wolle, Eigentum der Herrin von Uruk und Nanājas, gehen zu Lasten von Šulaja/Nabû-šumu-iškun. Im Monat Addāru wird er das Silber, das ein Sechstel (Legierung aufweist), geben. Wenn er es im Addāru nicht gegeben haben wird, muss er zehn Kor Gerste im Monat Dûzu in Eanna geben. Nergal-šumu-iddin/Ina-tēšî-ēṭir/Ḫunzû übernimmt die Zahlbürgschaft.

Zeugen: Bēl-nādin-apli/Zēr-Bābili/Ile'i-Marduk
Bēlšunu/Nabû-aḫḫē-iddin/Egibi
Innin-zēru-šubši/Balāssu/Dā'iqu
Balāṭu/Arad-Nabû/Ṣāḫit-ginê

Schreiber: Ištar-mukīn-apli/Zēria

Uruk, den 19. Abu des 39. Jahres Nebukadnezars, des Königs von Babylon.

125. YBC 9517

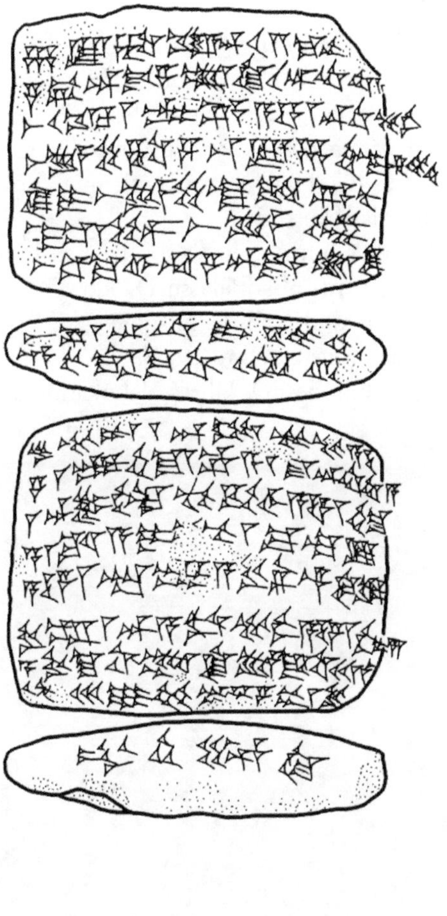

Vs 6 GÍN KÙ.BABBAR ŠÁM 12 MA.⸢NA⸣ [SÍK$^{ḫi.a}$]
NÍG.GA ^{d}GAŠAN *šá* UNUG^{ki} *u* ^{d}*na-na-*⸢*a*⸣
ina UGU ^{md}AG-SIG$_{15}$ A-*šú šá* ^{md}UTU-NUMUN-DÙ
ina ^{iti}ŠE KÙ.BABBAR *šá ina* 1 GÍN 6-*u*ʾ *i-nam-din*
ki-i ina ^{iti}ŠE *la it-tan-nu*
⸢6⸣ GUR ŠE.BAR *ina* ^{iti}SIG$_{4}$
ina ^{giš}*ma-ši-ḫu šá* ^{d}GAŠAN *šá* UNUG^{ki}
ina É.AN.NA *i-nam-din*
Rd *e-lat ra-šu-tú maḫ-ri-*[*tú*]
Rs ^{lú}*mu-kin*$_{7}$ ^{md}AMAR.UTU-MU-MU A-*šú*
šá ^{md}AG-TIN-*su*-E A ^{m}ŠU-^{d}*na-na-a*
^{md}*in-nin*-NUMUN-GÁL-*ši* A-*šú šá* ^{m}TIN-*su*
A ^{m}*da-a-i-*⸢*qu*⸣ ^{m}*ba-la-ṭu*
A-*šú šá* ^{m}ÌR-^{d}AG A ^{lú}Ì.SUR-SÁ.DUG$_{4}$
^{lú}UMBISAG ^{md}*a-num*-MU-DÙ A-*šú šá* ^{m}DÙ-^{d}INNIN
A ^{lú}AZLAG UNUG^{ki} ^{iti}KIN UD.20 1-LÁ.[KAM]
⸢MU⸣.39.KAM ^{d}⸢AG⸣-NÍG.DU-URÙ
Rd LUGAL TIN.TIR^{ki}

Übersetzung

Sechs Sekel Silber, Kaufpreis von zwölf Minen Wolle, Eigentum der Herrin von Uruk und Nanājas, gehen zu Lasten von Nabû-udammiq/Šamaš-zēru-ibni. Im Monat Addāru wird er das Silber, das ein Sechstel (Legierung aufweist), geben. Wenn er es im Addāru nicht gegeben haben wird, muss er sechs Kor Gerste im Monat Simānu im *mašīḫu*-Maß der Herrin von Uruk in Eanna geben. Frühere Guthaben (des Tempels) sind nicht betroffen.

Zeugen: Marduk-šumu-iddin/Nabû-balāssu-iqbi/Gimil-Nanāja
Innin-zēru-šubši/Balāssu/Dāʾiqu
Balāṭu/Arad-Nabû/Ṣāhiṭ-ginê
Schreiber: Anu-šumu-ibni/Ibni-Ištar/Ašlāku
Uruk, den 19. Ulūlu des 39. Jahres Nebukadnezars, des Königs von Babylon.

126. PTS 2859

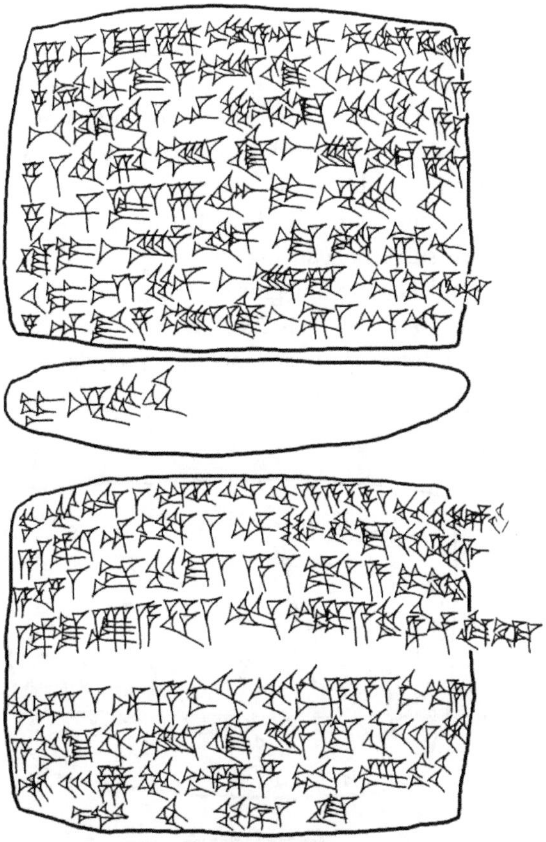

Vs 7 ½ GÍN KÙ.BABBAR ŠÁM ½ GUN SÍK$^{\text{ḫi.a}}$
NÍG.GA ^{d}GAŠAN *šá* UNUG^{ki} *u* ^{d}*na-na-a*
ina muḫ-ḫi ^{md}*in-nin*-MU-URÙ A-*šú*
šá ^{m}DÙG.GA-UNUG^{ki} *ina* ^{iti}NE KÙ.BABBAR
šá ina 1 GÍN 6-*u*ʾ *i-nam-din*
ki-i ina ^{iti}NE *la it-tan-nu*
15 GUR ŠE.BAR *ina* ^{iti}KIN *ina* ^{giš}*ma-ši-ḫu*
šá ^{d}GAŠAN *šá* UNUG^{ki} *ina* É.AN.NA
uRd *i-nam-din*
Rs ^{lú}*mu-kin*$_{7}$ ^{md}EN-*na-din*-A A-*šú šá* ^{m}NUMUN-TIN.TIR$^{⌜\text{ki}⌝}$
A ^{m}DA-^{d}AMAR.UTU ^{md}*in-nin*-NUMUN-GÁL-*ši*
A-*šú šá* ^{m}*ba-laṭ-su* A ^{m}*da-a-i-qu*
^{m}*ba-la-ṭu* A-*šú šá* ^{m}ÌR-^{d}AG A ^{lú}Ì.SUR-SÁ.DUG$_{4}$
(eine Zeile frei)
^{lú}UMBISAG ^{md}*a-num*-MU-DÙ A-*šú šá* ^{m}DÙ-^{d}INNIN
A ^{lú}AZLAG UNUG^{ki} ^{iti}DU$_{6}$ UD.21.KAM
MU.39.KAM ^{d}AG-NÍG.DU-*ú-ṣur*
LUGAL TIN.TIR^{ki}

Übersetzung

7 ½ Sekel Silber, Kaufpreis eines halben Talentes Wolle, Eigentum der Herrin von Uruk und Nanājas, stehen zu Lasten von Innin-šumu-uṣur/Ṭāb-Uruk. Im Monat Abu wird er das Silber, das ein Sechstel (Legierung aufweist), bezahlen. Wenn er im Monat Abu nicht bezahlt haben wird, muss er 15 Kor Gerste im Monat Ulūlu im *mašīḫu*-Maß der Herrin von Uruk in Eanna geben.

Zeugen: Bēl-nādin-apli/Zēr-Bābili/Ile'i-Marduk
Innin-zēru-šubši/Balāssu/Dā'iqu
Balāṭu/Arad-Nabû/Ṣāḫit-ginê

Schreiber: Anu-šumu-ibni/Ibni-Ištar/Ašlāku

Uruk, den 21. Tašrītu des 39. Jahres Nebukadnezars, des Königs von Babylon.

127. PTS 2432

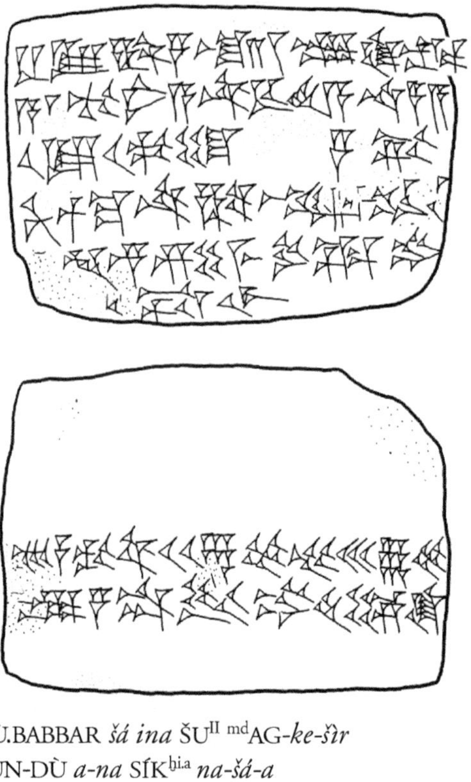

Vs ⅓ GÍN KÙ.BABBAR *šá ina* ŠU^{II} ^{md}AG-*ke-šìr*
A ^{m}NUMUN-DÙ *a-na* SÍK$^{ḫi.a}$ *na-šá-a*
10 GÍN *ul-tu* NÍG.GA
PAP ½ MA.NA KÙ.BABBAR *ina* ŠÁM GEŠTIN-*šú*
[^{md}E]N-SUR-ZI^{me} ^{lú}SAG LUGAL
[*it*]-*ta-ši*

Rs ^{iti}GU$_4$ UD.28.KAM MU.39.KAM
^{d}AG-NÍG.DU.URÙ LUGAL TIN.TIR^{ki}

Übersetzung

⅓ Mine Silber, die durch Nabû-kēšir/Zēru-ibni für Wolle hergebracht ist, zehn Sekel aus dem Tempelbesitz: Insgesamt eine halbe Mine Silber vom Kaufpreis seines Weins, hat Bēl-ēṭir-napšāti, der königliche Höfling erhalten.
28. Ajjāru des 39. Jahres Nebukadnezars, des Königs von Babylon.

Kommentar

Diese Ein- und Ausgabennotiz verzeichnet zwei Käufe: zum einen den Verkauf von Wolle im Wert von zwanzig Sekeln Silber sowie den Ankauf von Wein, den ein königlicher Höfling besorgt hatte. Die dafür ausgegebenen 30 Sekel Silber deuten auf eine große Menge oder auf besonders hochwertigen Wein.

128. PTS 2213

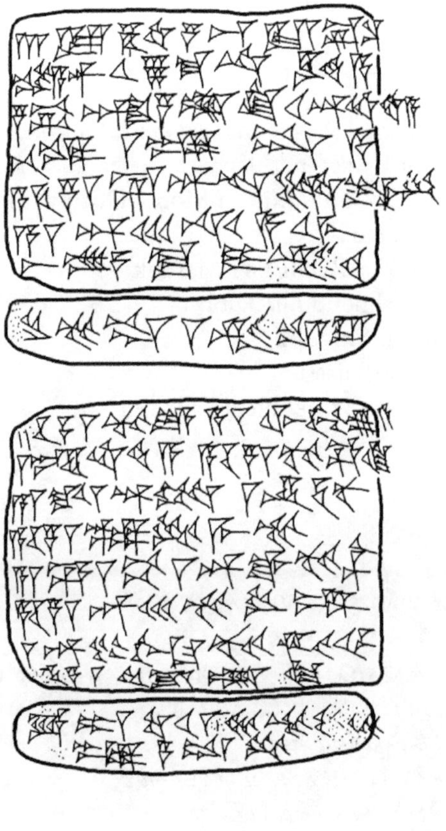

Vs 3 GÍN KÙ.BABBAR *šá ina* 1 GÍN *bit-qa*
ŠÁM 18 MA.NA SÍK$^{ḫi.a}$
NÍG.GA ^{d}GAŠAN *šá* UNUG^{ki} *u* ^{d}*na-na-a*
ina UGU ^{md}AG-GIN-A
A-*šú šá* ^{m}É.AN.NA-*li-i-pi*-URÙ
A ^{md}30-TI-ÉR
ina ^{iti}ŠU *i-nam-din*
uRd ^{lú}*mu-kin*$_{7}$ ^{m}*gi-mil-lu*
Rs ⸢A⸣-*šú šá* ^{m}NUMUN-*ia* A ^{m}*ši-gu-ú-a*
^{md}EN-*na-din*-A A-*šú šá* ^{m}NUMUN-E^{ki}
A ^{m}DA-^{d}AMAR.UTU ^{m}EN-*šú-nu*
A-*šú šá* ^{md}AG-ŠEŠ^{me}-MU
A ^{m}*e-gì-bi* ^{m}AN.GAL-NUMUN-DÙ
A-*šú šá* ^{md}30-MU ^{lú}UMBISAG
^{md}*in-nin*-NUMUN-GÁL-*ši*
A-*šú šá* ^{m}TIN-*su* UNUG^{ki}
oRd ^{iti}AB UD.12.KAM MU.40.KAM
^{d}AG-NÍG.DU-URÙ

Übersetzung

Drei Sekel Silber, das ein Achtel (Legierung) aufweist, Kaufpreis von 18 Minen Wolle, Eigentum der Herrin von Uruk und Nanājas, stehen zu Lasten von Nabû-mukīn-apli/Ajakku-līpi-uṣur/Sîn-lēqi-unninni. Im Monat Dûzu wird er (das Silber) geben.

Zeugen: Gimillu/Zēria/Šigû'a
Bēl-nādin-apli/Zēr-Bābili/Ile'i-Marduk
Bēlšunu/Nabû-aḫḫē-iddin/Egibi
Ištarān-zēru-ibni/Sîn-iddin
Schreiber: Innin-zēru-šubši/Balāssu
Uruk, den 12. Ṭebētu des 40. Jahres Nebukadnezars.

129. PTS 2143

Vs 5 GÍN KÙ.BABBAR ŠÁM 30 MA.NA SÍK$^{ḫi.a}$
NÍG.GA ^{d}GAŠAN *šá* UNUG^{ki} *u* ^{d}*na-na-a*
ina muḫ-ḫi ^{md}AMAR.UTU-⸢NUMUN$^{?}$-MU$^{?}$⸣ A-*šú šá* ^{m}⸢ÌR⸣-^{d}AG
A ^{m}*na-bu-tu ina* $^{⸢iti⸣}$DU$_{6}$ ⸢KÙ.BABBAR⸣
šá ina 1 GÍN *bit-qa i-nam-din*
Rs ^{lú}*mu-kin-nu* ^{md}UTU-SIG$_{15}$ A-*šú šá* ^{m}BA-*šá-a*
A ^{lú}SIPA ^{m}[^{d}]EN-*na-din*-A A-*šú šá*
^{m}NUMUN-TIN.TIR^{ki} A ^{m}DA-^{d}AMAR.UTU

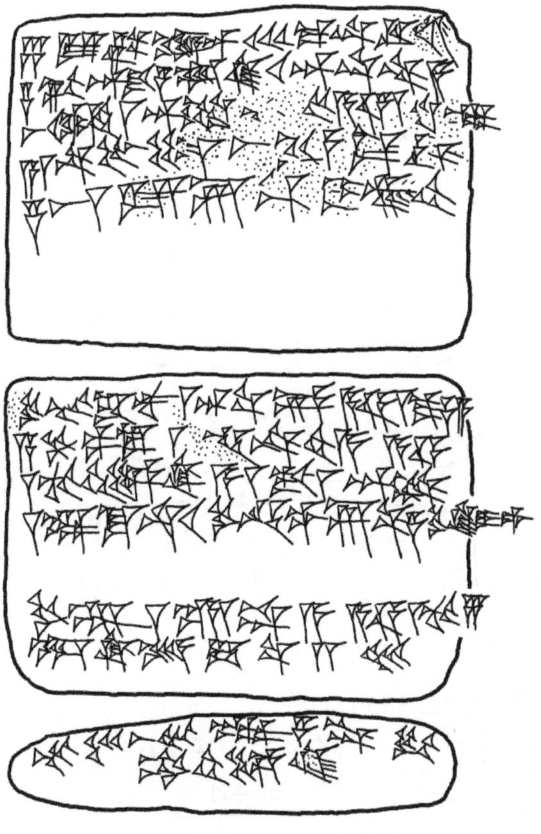

^{md}AG-*tukul-ti* ^{lú}EN *pi-qit-tú šá* ^{lú}*qí-i-pi*
^{lú}UMBISAG ^{md}INNIN-GIN-A A-*šú šá* ^{m}NUMUN-*iá*
UNUG^{ki} ^{iti}KIN UD.2.KAM
MU.41.KAM ^{d}AG-NÍG.DU-URÙ
LUGAL TIN.TIR^{ki}

Übersetzung

Fünf Sekel Silber, der Kaufpreis von 30 Minen Wolle, Eigentum der Herrin von Uruk und Nanājas, stehen zu Lasten von Marduk-⸢zēru?-iddin?⸣/Arad-Nabû/Nabūtu. Im Monat Tašrītu wird er das Silber, das ein Achtel (Legierung) aufweist, geben.

Zeugen: Šamaš-udammiq/Iqīšaja/Rēʾu
Bēl-nādin-apli/Zēr-Bābili/Ileʾi-Marduk
Nabû-tukultī, der Beauftragte des *qīpu*

Schreiber: Ištar-mukīn-apli/Zēria

Uruk, den 2. Ulūlu des 41. Jahres Nebukadnezars, des Königs von Babylon.

130. PTS 3439

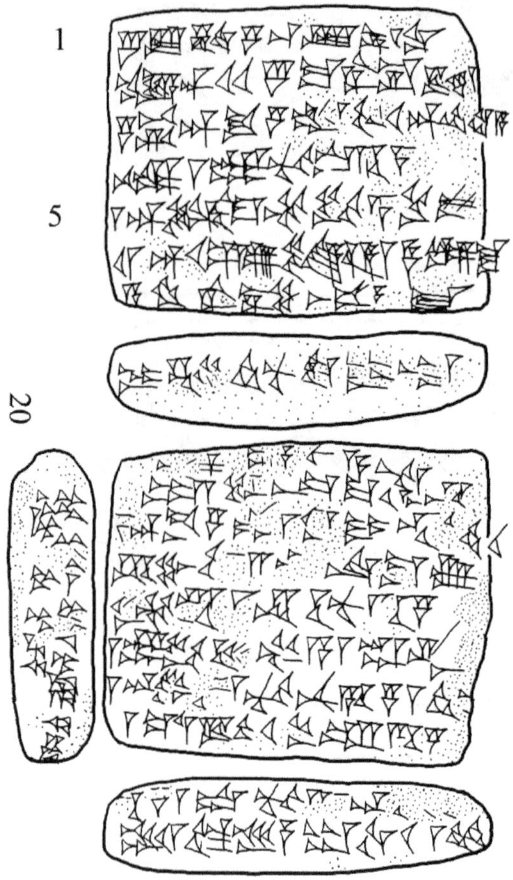

Vs 4 GÍN KÙ.BABBAR *šá ina* 1 GÍN *bit-qa*
ŠÁM 24 *ma-né-e* SÍK⸢$^{\text{ḫi.a}}$⸣
NÍG.GA ^{d}GAŠAN *šá* ⸢UNUG^{ki}⸣ *u* ^{d}*na-na-a*
ina UGU ^{md}AG-NUMUN-GIN A-*šú šá*
^{md}*in-nin*-MU-URÙ A ^{lú}⸢ŠITIM$^{?}$⸣
u ^{md}U.GUR-*ú-še-zib* A-*šú šá* ^{m}*šá*-^{d}AG-*šu*
A ^{lú}Ì.DU$_{8}$ *ina* ⸢^{iti}ŠU⸣ (oder: DU$_{6}$)
uRd *i-nam-din-nu* ⸢*ki-i la*⸣
Rs ⸢*it-tan-nu*⸣ *a-na* [GÍN$^{?}$]
⸢2$^{?}$ GUR ŠE.BAR⸣ *ina* ⸢^{giš}⸣*ma-ši-*⸢*ḫu*⸣
šá ^{d}GAŠAN ⸢UNUG^{ki}⸣ *i-*⸢*nam*⸣*-din-nu*
1-*en pu-*⸢*ut* 2-*i*⸣ *na-šu-ú*
⸢^{lú}*mu-kin*⸣ ^{md}EN-*šú-nu* A-*šú šá*
^{md}AG-ŠEŠ⸢^{meš}-MU⸣ A ^{md}AG-⸢GI⸣
^{md}⸢*in-nin*⸣-NUMUN-TIL A-*šú šá* ^{m}TIN-*s*[*u*]

^{m}*ta-ri-*⸢*bi*⸣ ^{lú}UMBISAG A-*šú šá*
oRd {A-*šú šá*} ^{m}GIN-NUMUN ⸢A ^{md}30$^{?}$⸣-[x]
UNUG^{ki} ^{iti}AB UD.11.KAM
liRd MU.⸢41.KAM⸣ ^{md}AG-NÍG.DU-<URÙ>
[LUGAL] TIN.TIR$^{\langle ki\rangle}$

Übersetzung

Vier Sekel Silber, das ein Achtel Legierung aufweist, Kaufpreis von 24 Minen Wolle, Eigentum der Herrin von Uruk und Nanājas, stehen zu Lasten von Nabû-zēru-ukīn/Innin-šumu-uṣur/⸢Itinnu$^{?}$⸣ und von Nergal-ušēzib/Ša-Nabû-šū/Atû. Im Monat Dûzu (oder Tašrītu) werden sie (das Silber) geben. Wenn sie es nicht gegeben haben werden, müssen sie [pro Sekel] ⸢zwei$^{?}$⸣ Kor Gerste im *mašīḫu*-Maß der Herrin von Uruk geben. Einer bürgt für den anderen.

Zeugen: Bēlšunu/Nabû-aḫḫē-iddin/Nabû-ušallim
Innin-zēru-šubši/Balāssu

Schreiber: Tarību/Mukīn-zēri/Sîn-[lēqi-unninni$^{?}$]

Uruk, den 11. Ṭebētu des 41. Jahres Nebukadnezars, des Königs von Babylon.

131. PTS 2456

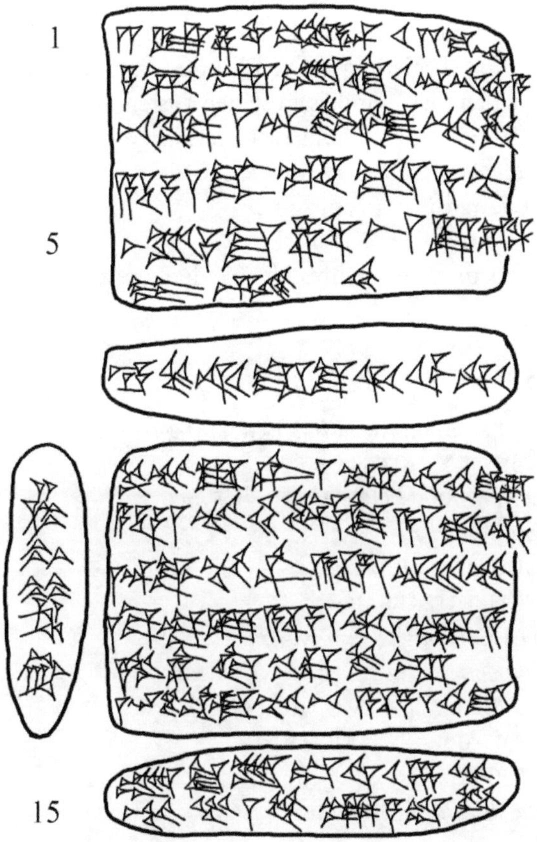

Vs	2 GÍN KÙ.BABBAR ŠÁM 12 MA.NA <SÍK$^{hi.a}$>
	NÍG.GA ^{d}INNIN UNUG^{ki} *u* ^{d}*na-na-a*
	ina UGU ^{md}*in-nin*-MU-URÙ
	A-*šú šá* ^{m}DUMU-^{d}EN-*da-a-nu*
	ina ^{iti}ŠU KÙ.BABBAR *ina* 1 GÍN *bit-qa*
	i-nam-din
uRd	*e-lat-ti ra-šu-ti* IGI-*ti*
Rs	^{lú}*mu-kin-ni* ^{md}EN-*na-din*-IBILA
	A-*šú šá* ^{m}NUMUN-TIN.TIR^{ki} A ^{m}DA-^{d}ŠÚ
	^{m}AN.GAL-NUMUN-DÙ A-*šú šá* ^{md}30-MU
	^{m}*ba-la-ṭu* A-*šú šá* ^{m}ÌR-^{d}AG A
	šá ^{lú}Ì-<SUR>-SÁ.DUG$_{4}$ ^{lú}UMBISAG
	^{md}*in-nin*-NUMUN-TIL A-*šú šá* ^{m}TIN-*su*
oRd	UNUG^{ki} ^{iti}AB UD.16.⌜KAM⌝
	MU.41.KAM ^{d}AG-NÍG.DU-URÙ
liRd	LUGAL TIN.TIR^{ki}

Übersetzung

Zwei Sekel Silber, Kaufpreis von zwölf Minen <Wolle>, Eigentum Ištars von Uruk und Nanājas, gehen zu Lasten von Innin-šumu-uṣur/Mār-Bēl-dajjān. Er wird das Silber, das ein Achtel (Legierung aufweist), im Monat Dûzu zahlen. Ausgenommen ist früheres Guthaben (des Tempels zu seinen Lasten).

Zeugen:	Bēl-nādin-apli/Zēr-Bābili/Ile'i-Marduk
	Ištarān-zēru-ibni/Sîn-iddin
	Balāṭu/Arad-Nabû/Ṣāḫit-ginê
Schreiber:	Innin-zēru-šubši/Balāssu

Uruk, den 16. Ṭebētu des 41. Jahres Nebukadnezars, des Königs von Babylon.

132. PTS 3015

Vs	⌜5⌝ GÍN KÙ.BABBAR *šá ina* 1 GÍN *bit-qa*
	ŠÁM 30 $^{(sup.\ Ras.)}$ MA.NA SÍK$^{hi.a}$
	NÍG.GA ^{d}GAŠAN *šá* UNUG^{ki} *u* ^{d}*na-na-a*
	ina muḫ-ḫi ^{F}*ṣi-ra-a*
	DUMU.SAL-*su šá* ^{m}*mar-duk*
	ina ^{iti}DU$_{6}$ KÙ.BABBAR *a*$_{4}$ 5 GÍN
	šá ina 1 GÍN *bit-qa ta-nam-din*
Rs	^{lú}*mu-kin-ni* ^{m}*ba-la-ṭu*
	A-*šú šá* ^{m}*šu-ma-a* A ^{m}MU-^{d}*pap-sukkal*
	^{md}AG-DÙ-ŠEŠ A-*šú šá* ^{m}ÌR-^{d}AG
	A ^{lú}Ì.SUR-*gi-né-e*
	^{m}*ba-la-ṭu* A-*šú šá* ^{m}ÌR-^{d}AG

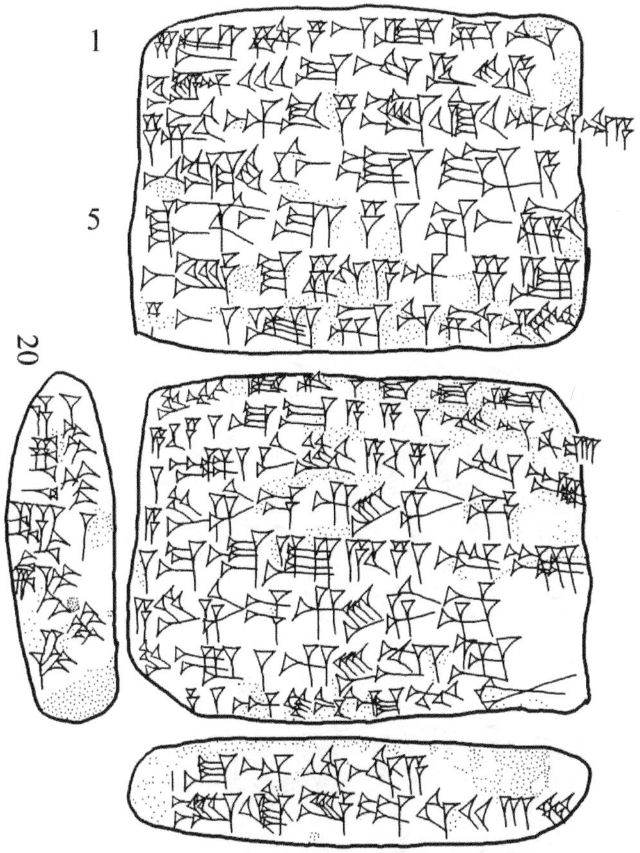

A ^{lú}Ì.SUR *gi-né-e*
^{lú}UMBISAG ^{m}*gi-mil-lu*
[A-*šú*] *šá* ^{md}*in-nin*-NUMUN-DÙ
oRd [A] $^{⌜\text{m}⌝}$ŠU-^{d}*na-na-a*
UNUG^{ki} ^{iti}AB UD.23.KAM
liRd MU.41.KAM
^{d}AG-NÍG.DU-URÙ LUGAL
E^{ki}

Übersetzung

Fünf Sekel Silber, das ein Achtel Legierung aufweist, Kaufpreis von 30 Minen Wolle, Eigentum der Herrin von Uruk und Nanājas, gehen zu Lasten von Ṣīraja, der Tochter von Marduk. Im Monat Tašrītu wird sie diese fünf Sekel Silber mit einem Achtel (Legierung) geben.

Zeugen: Balāṭu/Šumaja/Iddin-Papsukkal
Nabû-bān-aḫi/Arad-Nabû/Ṣāḫit-ginê
Balāṭu/Arad-Nabû/Ṣāḫit-ginê

Schreiber: Gimillu/Innin-zēru-ibni/Gimil-Nanāja

Uruk, den 23. Ṭebētu des 41. Jahres Nebukadnezars, des Königs von Babylon.

Kommentar

Dies ist meines Wissens der erste Beleg für einen aus dem Wollgeschäft resultierenden Verpflichtungsschein, bei dem eine Frau Schuldnerin, bzw. Käuferin der Wolle ist.

133. PTS 2627

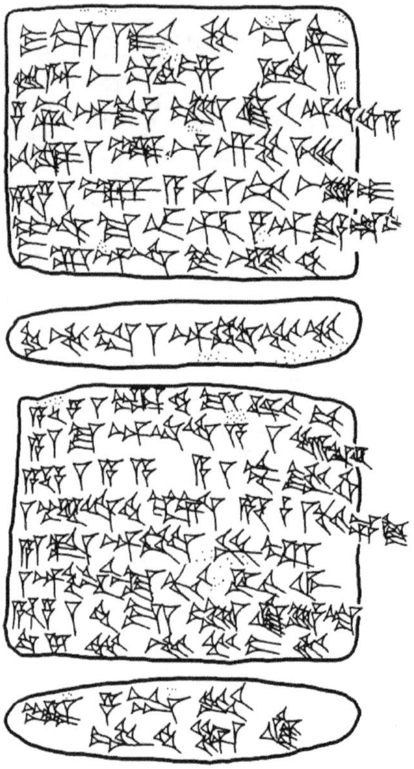

Vs 3 GUR 1 (PI) ⸢4⸣ BÁN ŠE.GIŠ.Ì
ŠÁM 1 GUN SÍK$^{ḫi.a}$
NÍG.GA ^{d}GAŠAN UNUG^{ki} *u* ^{d}*na-na-a*
ina UGU ^{md}AG-SUR-ZI^{meš}
A-*šú šá* ^{md}AG-*a-qa-bi ina* ^{iti}GAN
i-na ma-ši-ḫu šá ^{d}GAŠAN *šá* UNUG$^{\ulcorner ki\urcorner}$
ina É.AN.NA *i-nam-din*

uRd ^{lú}*mu-kin*$_7$ ^{md}AMAR.UTU-MU-MU
Rs A-*šú šá* ^{md}AG-TIN-*su-iq-bi*
A ^{m}ŠU-^{d}*na-na-a* ^{m}KAR-^{d}EN
A-*šú šá* ^{m}A-*a* A ^{m}*ár-rab-tú*
^{md}EN-*na-din*-IBILA A-*šú šá* ^{m}NUMUN-E^{ki}
A ^{m}DA-^{d}AMAR.UTU ^{lú}UMBISAG
^{md}*in-nin*-NUMUN-GÁL-*ši*
A-*šú šá* ^{m}TIN-*su* UNUG^{ki} ^{iti}APIN
UD.4.KAM MU.42.KAM
oRd ^{d}AG-NÍG.DU-URÙ
LUGAL TIN.TIR^{ki}

Übersetzung
3;1.4 Sesam, der Kaufpreis von einem Talent Wolle, Eigentum der Herrin von Uruk und Nanājas, gehen zu Lasten von Nabû-ēṭir-napšāti/Nabû-ʿaqab. Im Monat Kislīmu wird er ihn im *mašīḫu*-Maß der Herrin von Uruk in Eanna geben.
Zeugen: Marduk-šumu-iddin/Nabû-balāssu-iqbi/Gimil-Nanāja
Mušēzib-Bēl/Aplaja/Arrabtu
Bēl-nādin-apli/Zēr-Bābili/Ileʾi-Marduk
Schreiber: Innin-zēru-šubši/Balāssu
Uruk, den 4. Araḫšamnu des 42. Jahres Nebukadnezars, des Königs von Babylon.

Kommentar
Z. 1: Die 4 BÁN könnten auch 5 BÁN sein, da der untere hintere Teil des Zeichens leicht beschädigt ist.
Z. 5: Zu keilschriftlich bezeugten Namen mit der Wurzel ʿqb, siehe Zadok 1977: 117f.

Eanna produzierte meistens nicht genügend Sesam, um seinen eigenen Bedarf zu decken und war darum auf Ankäufe angewiesen.[166] Hier wurde Sesam direkt mit Wolle bezahlt, was ein weiterer Hinweis darauf ist, dass Wolle zu einem bestimmten Zeitpunkt einen festen Preis hatte. Der Wollkurs stieg im 42. Jahr Nebukadnezars von sechs auf acht Minen pro Sekel Silber.[167] Das Talent hatte also einen Silberwert von 7,5 bis zehn Sekeln. Die Sesamkurse schwankten zwischen drei und 7,5 Sekeln pro Kor Sesam in den Jahren 37 bis 40 Nebukadnezar.[168] Den genauen Preis kann man daher hier nicht berechnen.

166 Kleber 2010: 551.
167 Kleber 2010a: 603.
168 Jursa 2010: 452.

134. PTS 2448

Vs 3 GÍN KÙ.BABBAR ŠÁM 18 MA.NA
SÍK$^{ḫi.a}$ NÍG.GA ^{d}GAŠAN *šá* UNUG^{ki} *u* ^{d}*na-na-a*
ina UGU ^{md}INNIN-NUMUN-DÙ A-*šú šá* ^{m}GAR-MU
A ^{m}ŠU-^{d}*na-na-a ina* ^{iti}ŠE
KÙ.BABBAR *a*$_{4}$ 3 GÍN *šá ina* 1 GÍN *bit-qa*
i-nam-din
Rs ^{lú}*mu-kin*$_{7}$ ^{m}KAR-^{d}EN A-*šú šá* ^{m}A-*a*
A ^{m}*ár-rab-tú* ^{md}*in-nin*-NUMUN-GÁL-*ši*
A-*šú šá* ^{m}TIN-*su*
^{lú}UMBISAG ^{md}*a-num*-MU-DÙ A-*šú*
šá ^{m}DÙ-^{d}INNIN A ^{lú}AZLAG UNUG^{ki}
Rd ^{iti}APIN UD.15.KAM MU.42.KAM
^{d}AG-NÍG.DU-URÙ LUGAL TIN.TIR^{ki}

Übersetzung

Drei Sekel Silber, der Kaufpreis von 18 Minen Wolle, Eigentum der Herrin von Uruk und Nanājas, gehen zu Lasten von Ištar-zēru-ibni/Šākin-šumi/Gimil-Nanāja. Er wird drei Sekel Silber, die ein Achtel (Legierung) aufweisen, im Addāru geben.

Zeugen: Mušēzib-Bēl/Aplaja/Arrabtu
Innin-zēru-šubši/Balāssu

Schreiber: Anu-šumu-ibni/Ibni-Ištar/Ašlāku

Uruk, den 15. Araḫšamnu des 42. Jahres Nebukadnezars, des Königs von Babylon.

135. YBC 9137

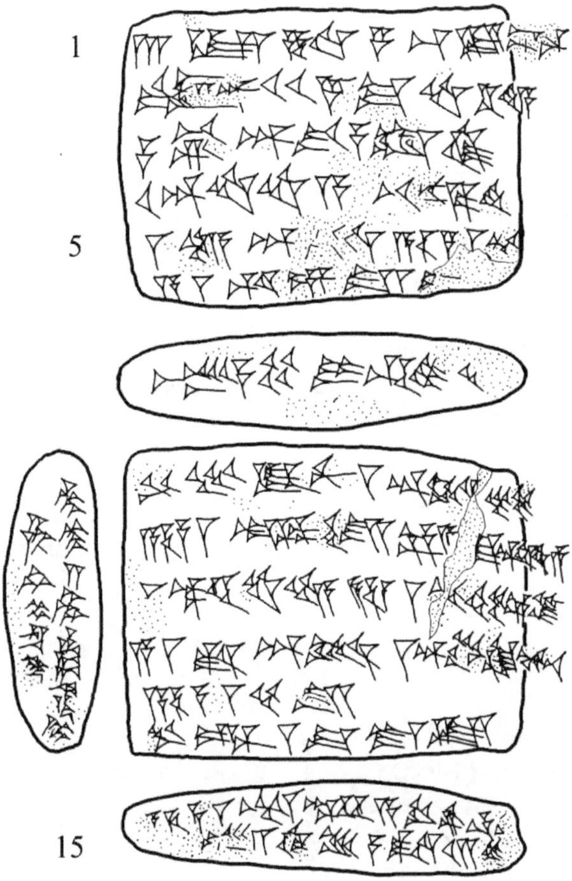

Vs 3 GÍN KÙ.BABBAR *šá ina* 1 GÍN ⸢*bit*⸣-*qa*
⸢ŠÁM⸣ 24 MA.NA SÍK$^{\text{hi.a}}$
NÍG.GA ^{d}GAŠAN *šá* UNUG^{ki}
u ^{d}*na-na-a ina muḫ-ḫi*
^{m}KAR-^{d}⸢AMAR.UTU⸣ A-*šú šá* ^{m}NUMUN-[*tú*]
A ^{m}*ḫu-un-zu*-⸢*ú*⸣
uRd *ina* ^{iti}ŠE *i-nam-di*[*n*]
Rs ^{lú}*mu-kin-nu* ^{md}AMAR.UTU-MU-MU
A-*šú šá* ^{md}AG-TIN-*su*-E A [^{m}]ŠU-^{d}*na-na-a*
^{md}EN-*na-din*-A A-*šú šá* ^{md}NU[MUN]-TIN.TIR^{ki}
A ^{m}DA-^{d}AMAR.UTU ^{md}*in-nin*-NUMUN-TIL
A-*šú šá* ^{m}TIN-*su*
^{lú}UMBISAG ^{m}*ba-la-ṭu*

oRd A-*šú šá* ^{m}ÌR-^{d}AG$^{!}$ (Text: ^{d}EN) A ^{lú}Ì.SUR-G[I.NA]
UNUG^{ki} ^{iti}ZÍZ UD.12.KAM
liRd MU.42.KAM ^{d}AG-NÍG.DU-URÙ
LUGAL TIN.TIR^{ki}

Übersetzung

Drei Sekel Silber, das ein Achtel (Legierung aufweist), der Kaufpreis von 24 Minen Wolle, Eigentum der Herrin von Uruk und Nanājas, gehen zu Lasten von Mušēzib-Marduk/Zērūtu/Hunzû. Im Monat Addāru wird er (das Silber) geben.
Zeugen: Marduk-šumu-iddin/Nabû-balāssu-iqbi/Gimil-Nanāja
Bēl-nādin-apli/Zēr-Bābili/Ile'i-Marduk
Innin-zēru-šubši/Balāssu
Schreiber: Balāṭu/Arad-Nabû/Ṣāḫit-ginê
Uruk, den 12. Šabāṭu des 42. Jahres Nebukadnezars, des Königs von Babylon.

Kommentar

Balāṭu/Arad-Nabû/Ṣāḫit-ginê ist als Schreiber sehr oft im Eanna-Archiv bezeugt (z.B. hier in Text 44, 91, 107, 108, 114–116), aber einen Mann namens Balāṭu/Arad-Bēl/Ṣāḫit-ginê ist dagegen sonst nicht bezeugt. Ich nehme daher an, dass es sich um eine Verschreibung handelt.

136. PTS 2171

Vs 15 GÍN KÙ.BABBAR *šá ina* 1 GÍN *bit-qa*
ŠÁM 2 GUN SÍK$^{ḫi.a}$ NÍG.GA
^{d}GAŠAN *šá* UNUG^{ki} *u* ^{d}*na-na-a*
ina muḫ-ḫi ^{md}AG-*mu-še-ti-iq-ud-da*
A-*šú šá* ^{m}TIN-*su ina* ^{iti}ŠE KÙ.BABBAR
šá ina 1 GÍN *bit-qa i-nam-din*
e-lat ra-šu-tu IGI-*ti*
Rs ^{lú}*mu-kin-nu* ^{md}AMAR.UTU-MU-MU
A-*šú šá* ^{md}AG-TIN-*su*-E A ^{m}ŠU-^{d}*na-na-a*
^{md}EN-*na-din*-A A-*šú šá* ^{m}NUMUN-TIN.TIR^{ki}
A ^{m}DA-^{d}AMAR.UTU
^{m}AN.GAL-NUMUN-DÙ A-*šú šá* ^{md}30-MU
^{lú}UMBISAG ^{m}*ba-la-ṭu* A-*šú šá*
^{m}ÌR-^{d}AG A ^{lú}Ì-SUR-GI.NA
uRd UN[UG]^{ki} ^{iti}ZÍZ UD.25.KAM
MU.42.KAM
liRd ^{d}AG-NÍG.DU-URÙ
LUGAL TIN.TIR^{ki}

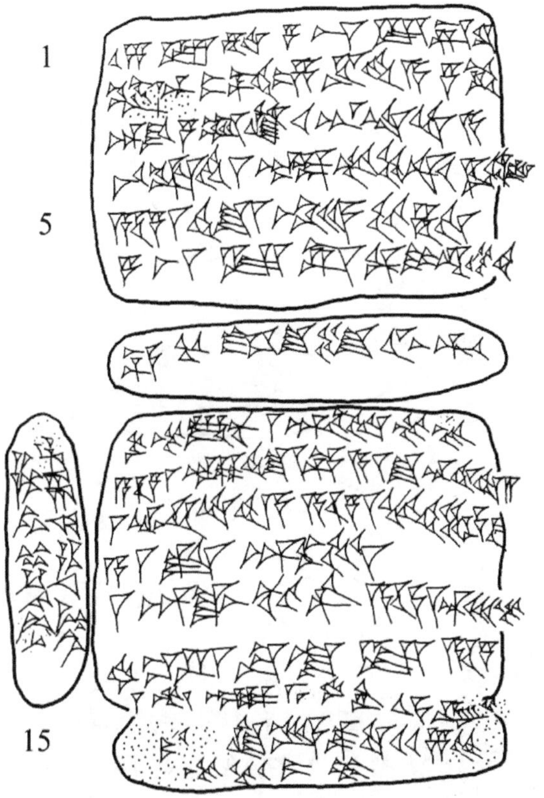

Übersetzung

15 Sekel Silber, das ein Achtel (Legierung aufweist), Kaufpreis von zwei Talenten Wolle, Eigentum der Herrin von Uruk und Nanājas, stehen zu Lasten von Nabû-mušētiq-uddê/Balāssu. Im Monat Addāru wird er das Silber mit einem Achtel (Legierung) geben. Ausgenommen ist früheres Guthaben (des Tempels).

Zeugen: Marduk-šumu-iddin/Nabû-balāssu-iqbi/Gimil-Nanāja
Bēl-nādin-apli/Zēr-Bābili/Ile'i-Marduk
Ištarān-zēru-ibni/Sîn-iddin

Schreiber: Balāṭu/Arad-Nabû/Ṣāḫit-ginê

Uruk, den 25.Šabāṭu des 42. Jahres Nebukadnezars, des Königs von Babylon.

Kommentar

Der Käufer, Nabû-mušētiq-uddê/Balāssu/Damiqu, ist ein Pfründner am Eanna-Tempel und häufig im Archiv bezeugt (z.B. NCBT 798 Pfründenkontext; YOS 6, 130). Dieser Standard-Verpflichtungsschein über einen Wollverkauf gehört sicherlich genuin zum Eanna-Archiv, aber im es sind auch etliche Texte bekannt, die zum Privatarchiv des Käufers zu zählen sind (s. Jursa 2005: 142).

137. YBC 9146

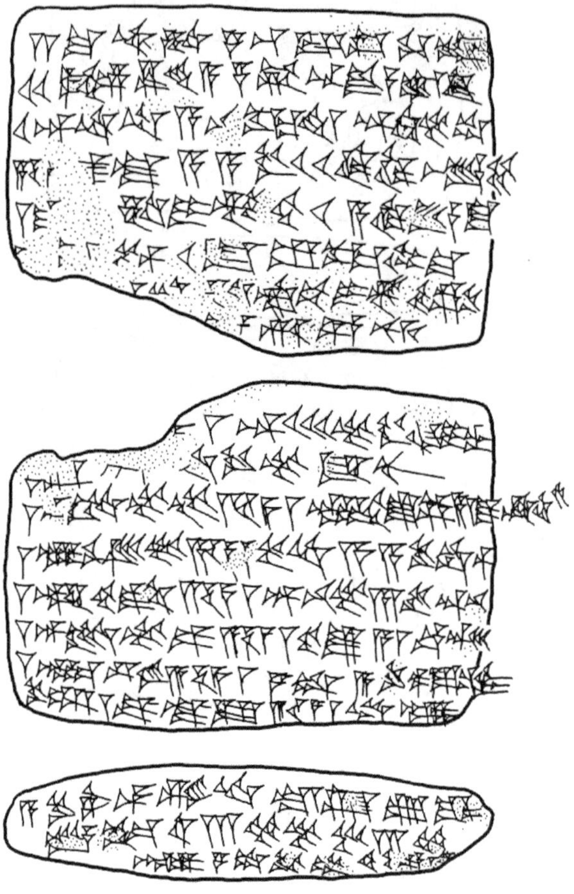

Vs 2 MA.NA KÙ.BABBAR *šá ina* 1 GÍN *bit-qa* ŠÁM
20 GUN SÍK$^{ḫi.a}$ NÍG.GA ^{d}GAŠAN *šá* UNUG^{ki}
u ^{d}*na-na-a ina muḫ-ḫi* ^{d}ḪAR$^{!}$-MU-DU
A-*šú šá* ^{m}[*š*]*u-la-a* A ^{lú}*man-di-di ina* ^{iti}ŠE
1 M[A.NA] KÙ.BABBAR *i-nam-din u a-di* ^{iti}DU$_{6}$
[x] ⸢GUR⸣ ŠE.BAR *u* 60-*šu* GUR ZÚ.LUM.MA
[*ku-um* 1 M]A.NA ⸢KÙ.BABBAR⸣ *ina lìb-bi i-nam-din e-lat*
[*ú-ìl-tì*^{meš} *ma*]*ḫ-re-e-ti*

Rs [*ina* GUB-*zu š*]*á* ^{md}30-MU ^{lú}*qí-i-pi*
⸢*šá* É.AN.NA⸣ ^{lú}*mu-kin-nu*
^{md}AMAR.UTU-MU-MU A-*šú šá* ^{md}AG-TIN-*su*-E A ^{m}ŠU-^{d}*na-na-a*
^{md}AG-PAP^{meš}-MU A-*šú šá* ^{m}*nad-na-a* A ^{lú}UŠ.BAR
^{md}EN-TIN-*iṭ* A-*šú šá* ^{md}IDIM-MU A ^{m}LÚ-^{d}IDIM
^{md}AMAR.UTU-MU-GIŠ A-*šú šá* ^{m}TIN-*su* A ^{m}ZÁLAG-^{d}30
^{md}AG-GI A-*šú šá* ^{m}NÍG.DU A ^{lú}SIPA-ANŠE <KUR.RA>
^{lú}UMBISAG ^{m}*ba-la-ṭu* A-*šú šá* ^{m}ÌR-^{d}AG
Rd A ^{lú}Ì.SUR-GI.NA ^{URU}É-*ú-ka-*<*nu*>
^{iti}NE UD.3.KAM MU.43.KAM
^{d}AG-NÍG.DU-URÙ LUGAL TIN.TIR^{ki}

Übersetzung

Zwei Minen Silber, mit einem Achtel (Legierung), der Kaufpreis von zwanzig Talenten Wolle, Eigentum der Herrin von Uruk und Nanājas, gehen zu Lasten von Bunene-šumu-ukīn/Šulaja/Mandidu. Im Monat Addāru wird er eine Mine Silber geben. Bis zum Tašrītu wird er ⸢x⸣ Kor Gerste und 60 Kor Datteln [anstelle] der (anderen) Mine Silber geben. Ausgenommen sind frühere [Verpflichtungsscheine]. [In Anwesenheit] von Sîn-iddin, dem *qīpu* von Eanna.

Zeugen: Marduk-šumu-iddin/Nabû-balāssu-iqbi/Gimil-Nanāja
Nabû-aḫḫē-iddin/Nadnaja/Išparu
Bēl-uballiṭ/Ea-iddin/Amēl-Ea
Marduk-šumu-līšir/Balāssu/Nūr-Sîn
Nabû-ušallim/ Kudurru/Rē'i-sīsê

Schreiber: Balāṭu/Arad-Nabû/Ṣāḫit-ginê

Bīt-ukān, den 3. Abu des 43. Jahres Nebukadnezars, des Königs von Babylon.

Kommentar

Ein Bunene-šumu-ukīn ist sonst aus dem Archiv nicht bekannt, jedoch ein Šamaš-šumu-ukīn mit derselben Filiation (z.B. BM 114469 (41 Nbk) und NCBT 964 (36 Nbk)). Es könnte sich um seinen Bruder handeln oder dem Schreiber des vorliegenden Textes unterlief ein Fehler. Das Zeichen ist jedenfalls deutlich nicht UTU. Der Ausstellungsort ist vielleicht ^{uru}É-*ú-ka-*[*nu*/*ni*] zu lesen, (Āl)-Bīt-(Am)ukānu, eine Stadt in der Stammesregion Bīt-Amukānu. Vgl. ähnliche Belegstellen mit dem Determinativ URU, YOS 7, 84; TCL 12, 90.

138. PTS 2116

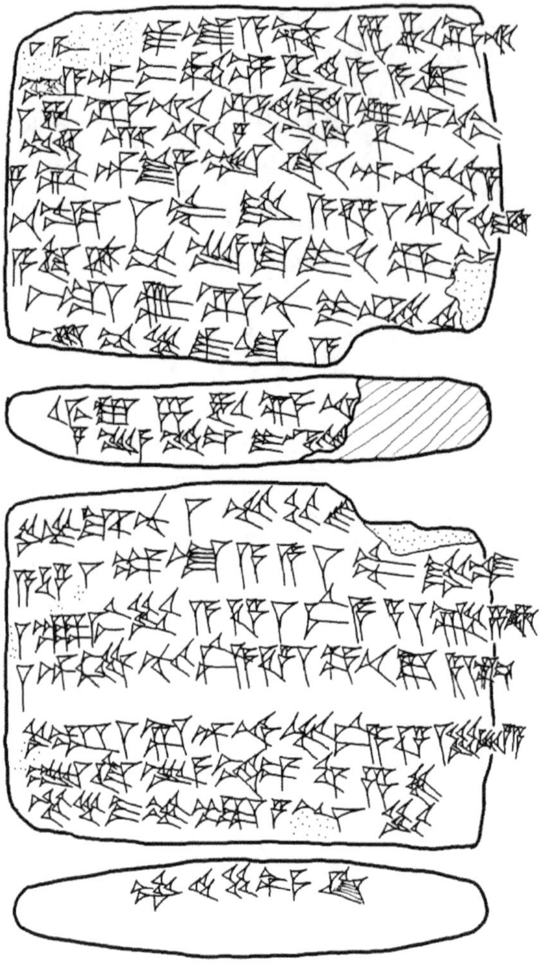

Vs 1 ME ⸢x⸣[169] *áš-la-a-ta* 16 *ḫa-líp-ti*
ŠÁM 2 GUN SÍK$^{ḫi.a}$ *a-di*
1 *ḫa-líp-ti re-ḫi-it ú-ìl-tì*
maḫ-ri-ti šá UGU-*šú*
NÍG.GA ^{d}GAŠAN *šá* UNUG^{ki} *u* ^{d}*na-na-a*
ina UGU ^{m}*ár-rab* A-*šú šá* ^{md}UTU-TIN-*iṭ*
a-di lìb-bi ^{iti}DU$_6$ *i-gam-mar-*⸢*ma*⸣
ina URU *ú-dan-nu i-*⸢*nam*⸣*-*⸢*din*⸣
ina lìb-bi 50 *áš-la-a-*[*ta* ....]
uRd *ù* 5 *ḫa-líp-t*[*i* ....]
šá ^{iti}NE *i-na*[*m-din* ....]

169 Die Spuren weisen auf eine Zahl zwischen 5 und 8.

Rs ^{lú}*mu-kin-nu* ^{m}*mu-še-zib*-[^{d}EN]
A-*šú šá* ^{m}*ap-la-a* A ^{m}*ár-rab-tu*$_{4}$
^{md}AG-DÙ-ŠEŠ A-*šú šá* ^{m}DÙ-*a* A ^{m}*é-kur-za-kir*
^{md}AMAR.UTU-NUMUN-DÙ A-*šú šá* ^{m}*e-tel-lu* A ^{m}*e-gì-bi*
^{lú}UMBISAG ^{m}É.AN.NA-MU-DÙ A-*šú šá* ^{m}ŠEŠ^{meš}-*šá-a*
UNUG^{ki} ^{iti}NE UD.5.KAM
MU.43.KAM ^{d}AG-NÍG.DU-URÙ
oRd LUGAL TIN.TIR^{ki}

Übersetzung

100+[5 bis 8] Seile, 16 *ḫaliptu*, Kaufpreis von zwei Talenten Wolle, inklusive ein *ḫaliptu*, Rest eines früheren Verpflichtungsscheines zu seinen Lasten, Eigentum der Herrin von Uruk und der Nanāja, sind zu Lasten von Arrab/Šamaš-uballiṭ. Bis in den Monat Tašrītu wird er sie vollständig in der Stadt Udannu geben.
Darunter befinden sich 50 Seile und fünf *ḫaliptu* [...], die er im Monat Abu geben wird.

Zeugen: Mušēzib-[Bēl]/Aplaja/Arrabtu
Nabû-bān-aḫi/Ibnaja/Ekur-zākir
Marduk-zēru-ibni/Etellu/Egibi
Schreiber: Ajakku-šumu-ibni/Aḫḫēšaja
Uruk, 5. Abu des 43. Jahres Nebukadnezars, des Königs von Babylon.

Kommentar

Der Tempel kaufte hier Seile für ein Bauprojekt in der Uruk untergeordneten Ortschaft Udannu und bezahlt mit Wolle. Es ist unklar, was *ḫaliptu* bezeichnet, vgl. AHw 312 „ein Gegenstand", CAD H: 42b „mng. unkn.", „h.-cover". Da *ḫaliptu*s meist zusammen mit *ašlu* „Seilen" genannt werden, müssen die beiden Gegenstände eine praktische Beziehung zueinander haben, oder aber, es handelt sich bei *ḫaliptu* um Seile aus einem anderen Material.
Z. 12f.: Die Ergänzung des Personennamens erfolgte aufgrund der Nennung dieses Mannes als Zeuge z.B. in YOS 17, 33, 38 und GC 1, 231.

139. BM 114431

Vs ⸢40⸣ MA.NA ⸢KÙ.BABBAR⸣ 1 LIM 9 ME ⸢GUR ŠE.BAR ŠÁM⸣ ⸢x+40+[(x)]⸣
⸢GUN⸣ SÍK$^{ḫi.a}$
NÍG.GA ^{d}⸢GAŠAN *šá* UNUG⸣^{ki} *u* ^{d}*na-na-a ina* UGU
^{m}NUMUN-*ia* A-*šú šá* ^{m}*nad-na-a u* ^{m}⸢*ṣil-la*⸣-*a* A-*šú šá* $^{m⸢d}$x⸣-KAR$^{?}$
a-di-i qí-it šá ^{iti}ZÍZ KÙ.BABBAR *šá ina* 1 GÍN *bit-qa*
⸢*i-nam*⸣-*di-nu ù* 1 LIM 6 ME ⸢50$^{?}$⸣ ⸢GUR⸣ ŠE.BAR
ina ma-ši-ḫu šá ^{md}⸢AG-ŠEŠ^{meš}-*bul-luṭ*⸣
A-*šú šá* ^{m}A-*a a-na* ^{md}AG-ŠEŠ^{meš}-*bul-luṭ* ^{lú}TIN.TIR^{ki}
⸢*i-nam-di-nu ù* 1 ME 50$^{?}$ GUR ŠE.BAR⸣ *ina muḫ-ḫi*

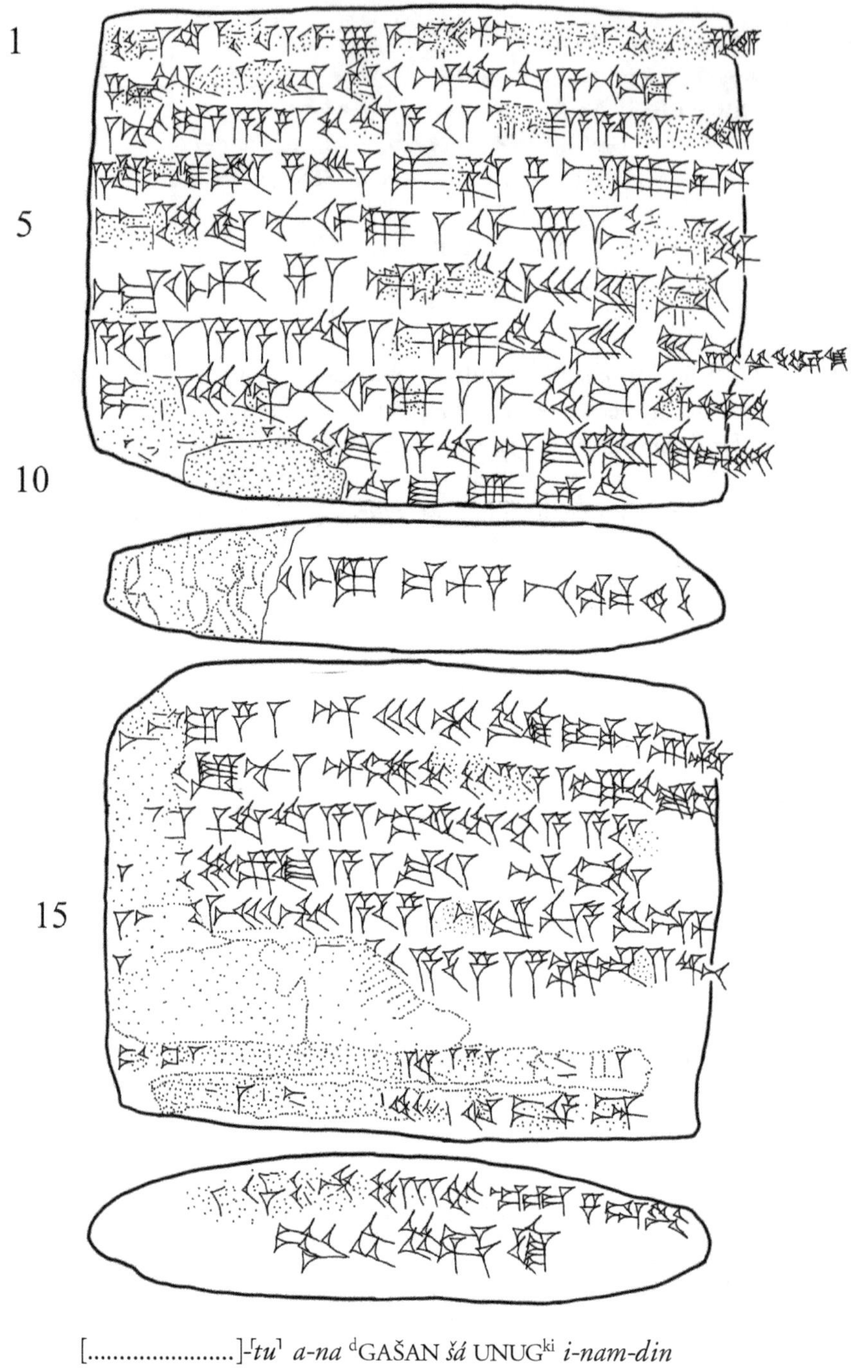

[........................]-⌜*tu*⌝ *a-na* ^{d}GAŠAN *šá* UNUG^{ki} *i-nam-din*

[1-*en pu-ut* 2-*i*] *na-šu-ú e-lat*

uRd [...........] *ù* ^{giš}BÁN *šá ina muḫ-ḫi-šú-*[*nu*?]

Rs ⌜*ina* GUB⌝-*zu šá* ^{md}30-MU ^{lú}*qí-i-pi šá* É.AN.NA

⌜^{lú}*mu*⌝-*kin-nu* ^{md}AMAR.UTU-MU-MU A-*šú šá* ^{md}AG-TIN-*su*-E

[A ^{m}ŠU]-⸢^{d}⸣*na-na-a* ^{md}EN-*na-din*-A A-*šú* ⸢*šá*⸣
[^{m}NUMUN]-⸢TIN⸣.TIR^{ki} A ^{m}DA-^{d}AMAR.UTU
[^{md}AG-ŠEŠ]^{meš}-MU A-*šú šá* ^{md}U.GUR-PAP A ^{lú}UŠ.BAR
[........................]⸢x⸣ A-*šú šá* ^{m}*šá*-KA-^{d}⸢EN⸣ ⸢A⸣ ^{md}IDIM-[x]
⸢x x⸣ [..........................] ⸢*a-šú šá*⸣ ^{m}⸢x⸣-[....................]
[..................................] ⸢TIN.TIR^{ki} ^{iti}BÁRA⸣
oRd ⸢UD.14.KAM MU.43$^{?}$.KAM ^{d}AG-NÍG.DU-URÙ⸣
LUGAL TIN.TIR^{ki}

Übersetzung

40 Minen Silber, 1900 Kor Gerste, der Kaufpreis von [xxx] Talenten Wolle, Eigentum der Herrin von Uruk und Nanājas, gehen zu Lasten von Zēria/Nadnaja und Ṣillaja/⸢GN⸣-ēṭir$^{?}$. Bis Ende des Monats Šabāṭu werden sie das Silber, das ein Achtel (Legierung aufweist), geben und 1650 Kor Gerste im *mašīḫu*-Maß des Nabû-aḫḫē-bulluṭ/Aplaja an Nabû-aḫḫē-bulluṭ, den Babylonier geben. Und 150 Kor Gerste zu Lasten von [x x x] wird er an die Herrin von Uruk geben.
Einer bürgt für den anderen. Nicht betroffen sind [früheres Guthaben (des Tempels)] und die *sūtu*-Pacht zu ihren Lasten.
In Anwesenheit des Sîn-iddin, des *qīpu* von Eanna.
Zeugen: Marduk-šumu-iddin/Nabû-balāssu-iqbi/Gimil-Nanāja
Bēl-nādin-apli/Zēr-Bābili/Ile'i-Marduk
[Nabû-aḫḫ]ē-iddin/Nergal-nāṣir/Išparu
[x x x]/Ša-pî-Bēl/Ea-[x x]
[PN]/[PN]
Babylon, den 14. Nisānu des 43. Jahres Nebukadnezars, des Königs von Babylon.

Kommentar

Zwei Personen kauften eine sehr große Menge Wolle. Für 40 Minen Silber bekam man in dieser Zeit zwischen 320 und 400 Talente Wolle. Dazu kommt noch der Wert der Gerste, der sicher mehr als 250 Talente Wolle betrug. Das Silber sollte an den Tempel gezahlt werden, der Großteil der Gerste jedoch an Nabû-aḫḫē-bulluṭ, einen Mann aus Babylon. Dahinter steht wahrscheinlich ein Gerstedarlehen von 1650 Kor des Nabû-aḫḫē-bulluṭ an Eanna. Die verhandelte Menge Wolle gleicht den Mengen, die der Palast von Eanna kaufte,[170] aber eine Palastverbindung ist in diesem Fall nicht nachweisbar. Zēria/Nadnaja kommt mehrfach im Archiv vor: er zahlt eine große Menge an Dilmun-Datteln als Zehnt (NCBT 64) und der Tempel gab einmal Silber an ihn aus, um Öl zu kaufen (NCBT 253). Laut PTS 3185 hat er mit der Versorgung von Leuten, die Arbeiten den Königskanal verrichten zu tun. In NCBT 1004 ist er zusammen mit Ṣillaja (wohl derselbe Mann wie in diesem Dokument) Schuldner von 500 Kor Gerste. Die beiden mussten außerdem die Miete für Boote, Häuser und Verpflegung zahlen. Das Profil passt zu einem Beamten einer anderen

170 Kleber 2008: 237f.; 2010: 605ff.

Institution, die zusammen mit dem Eanna-Tempel Frondienste organisiert. Möglicherweise waren Zēria und Ṣillaja Beamte der Meerlandadministration. In dem Falle wäre der Wollkauf wohl in den Wollhandel mit dem Palast in Madakalšu (oder einer anderen Institutionen des Meerlandes) einzuordnen.

140. BM 114519

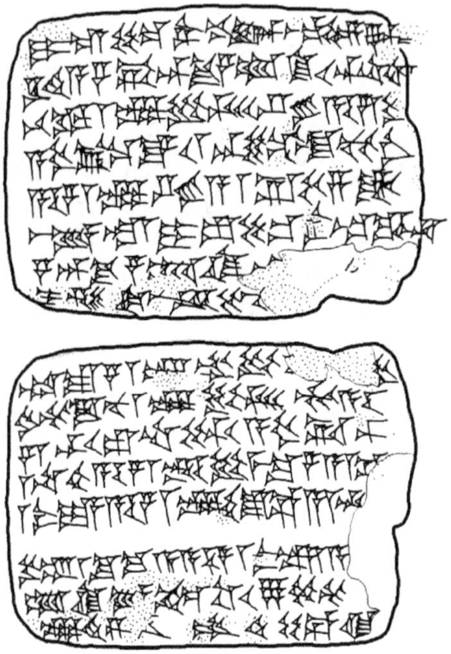

Vs 5 GUR ŠE.GIŠ.Ì ŠÁM 1 GUN 7 ½ M[A.NA]
SÍK$^{ḫi.a}$ NÍG.GA ^{d}GAŠAN *šá* UNUG^{ki} *u* ^{d}*na-na-a*
ina UGU ^{md}AG-ŠEŠ^{meš}-GI A-*šú šá* ^{m}ŠE[Š-xx]
A ^{m}BÁḪAR *u* ^{md}*in-nin*-NUMUN-DÙ
A-*šú šá* ^{md}AG-GI A ^{m}*é-kur-za-kir*
ina ^{iti}APIN 5 GUR ŠE.GIŠ.Ì *ina* ^{giš}*ma-ši-ḫu*
šá ^{d}GAŠAN ŠÁ UNUG^{ki} *ina* [É.AN.NA]
i-nam-di-nu 1-*en pu-u*[*t* 2-*i na-ši*]
Rs *ina* GUB-*zu šá* ^{md}⸢AG⸣-LUGAL-URÙ ⸢^{lú}⸣[SAG LUGAL] $^{\{lú\}}$
^{lú}*mu-kin-nu* ^{md}AG-ŠEŠ^{meš}-MU A-*šú*
šá ^{md}U.GUR-*na-ṣir* A ^{lú}UŠ.BAR
^{m}*na-din* A-*šú šá* ^{md}EN-ŠEŠ^{me}-BA-*šá* A ^{m}*e*-[*gì-bi*]
^{m}DÙ-*ia* A-*šú šá* ^{md}AG-TIN-*su*-E A ^{md}[30-TI-ÉR]
^{lú}UMBISAG ^{m}*šu-ma-a* A-*šú šá* ^{m}DÙ-^{d}INNIN A [^{lú}AZLAG]
UNUG^{ki} ^{iti}NE UD.18.KAM MU.[x.KAM]
^{d}AG-NÍ.⸢TUK⸣ LUGAL TIN.TIR^{ki}

Übersetzung

Fünf Kor Sesam, der Kaufpreis von einem Talent, 7½ Minen Wolle, Eigentum der Herrin von Uruk und Nanājas, gehen zu Lasten von Nabû-aḫḫē-šullim/Ahu[......]/ Pahāru und Innin-zēru-ibni/Nabû-ušallim/Ekur-zākir. Im Monat Arahšamnu werden sie fünf Kor Sesam im *mašīḫu*-Maß der Herrin von Uruk in Eanna geben. Einer bürgt für den anderen.

In Anwesenheit von Nabû-šarru-uṣur, des [königlichen Höflings].

Zeugen: Nabû-aḫḫē-iddin/Nergal-nāṣir/Išparu
Nādin/Bēl-aḫḫē-iqīša/Egibi
Bānia/Nabû-balāssu-iqbi/Sîn-lēqi-unninni

Schreiber: Šumaja/Ibni-Ištar/Ašlāku

Uruk, den 18. Abu des [x]. Jahres Nabonids, des Königs von Babylon.

141. PTS 3319

Vs 26½ GUN 6½ MA.⸢NA SÍK⸣ [$^{\text{ḫi.a}}$]
TA ⸢NÍG.GA⸣
5 [GU]N 23½ MA.NA SÍK$^{\text{⸢ḫi.a⸣}}$
ina SÍK$^{\text{ḫi.a}}$ *šá* ^{m}*ki-rib-tú* A ^{m}⸢x⸣ [.........]
PAP 32 GUN SÍK$^{\text{ḫi.a}}$
⸢*a*⸣-*na* ^{md}INNIN-ŠEŠ-URÙ ^{lú}A.[KIN]
uRd *šá* ^{md}AG-LUGAL-⸢URÙ A-*šú šá*⸣
^{m}*ḫa-at*-⸢x⸣-[..................] ⸢x⸣
na-ad-⸢*na*⸣
Rs *ina* GUB-*zu šá* ^{md}EN-*ka-šid-a*-[*a-bi*]
^{lú}⸢SAG.LUGAL⸣ ^{md}AG-ŠEŠ^{me}-MU [A-*šú šá*]
^{md}⸢U⸣.GUR-PAP A ^{lú}UŠ.BAR
^{md}AG-SUR-ZI^{me} A-*šú šá* ^{md}EN-BA-*šá*-⸢*a*⸣
^{iti}APIN UD.8.KAM MU.1.KAM
LÚ-^{d}AMAR.UTU LUGAL TIN.TIR^{ki}

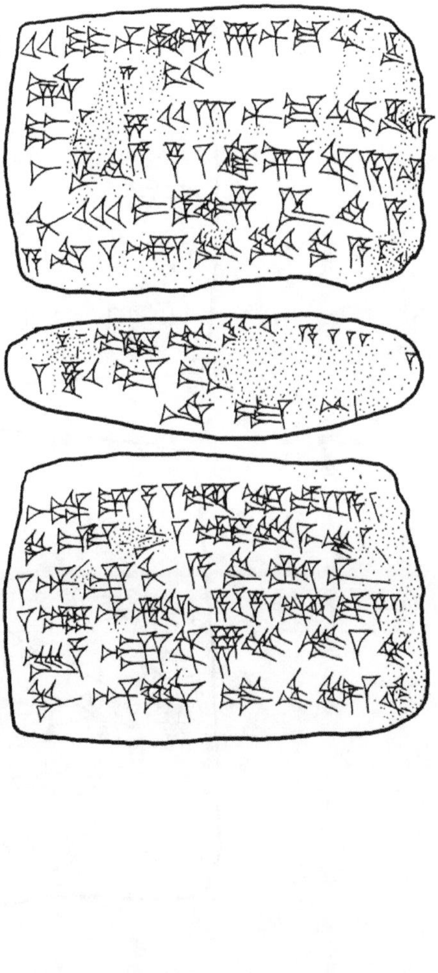

Übersetzung

26½ Talente (und) 6½ Minen Wolle aus Tempelbesitz, fünf Talente (und) 23½ Minen Wolle von der Wolle von Kiribtu/[....], insgesamt sind 32 Talente Wolle an Ištar-aḫu-uṣur, den Boten von Nabû-šarru-uṣur/Ḫat[...........], gegeben.

In Anwesenheit von Bēl-kāšid-a[jjābi], dem Höfling
Nabû-aḫḫē-iddin/Nergal-nāṣir/Išparu
Nabû-ēṭir-napšāti/Bēl-iqīša.
8. Arahšamnu des 1. Jahres des Amēl-Marduk, des Königs von Babylon.

Kommentar

Dieses Dokument verzeichnet die Ausgabe von 32 Talenten Wolle aus Eanna an einen Boten, wohl eines Beamten oder Händlers. Es wird kein Preis genannt. Es wird sich trotzdem um einen Verkauf handeln: möglicherweise wird hier die Ausgabe von Wolle aus einem Pränumerando-Verkauf quittiert. In diesen Fällen bezahlte der Händler die Wolle erst und ließ sie später durch Boten bei Eanna abholen. Die Anwesenheit des Höflings könnte aber auch dafür sprechen, dass es um ein Geschäft mit dem Königspalast ging.

142. PTS 2502

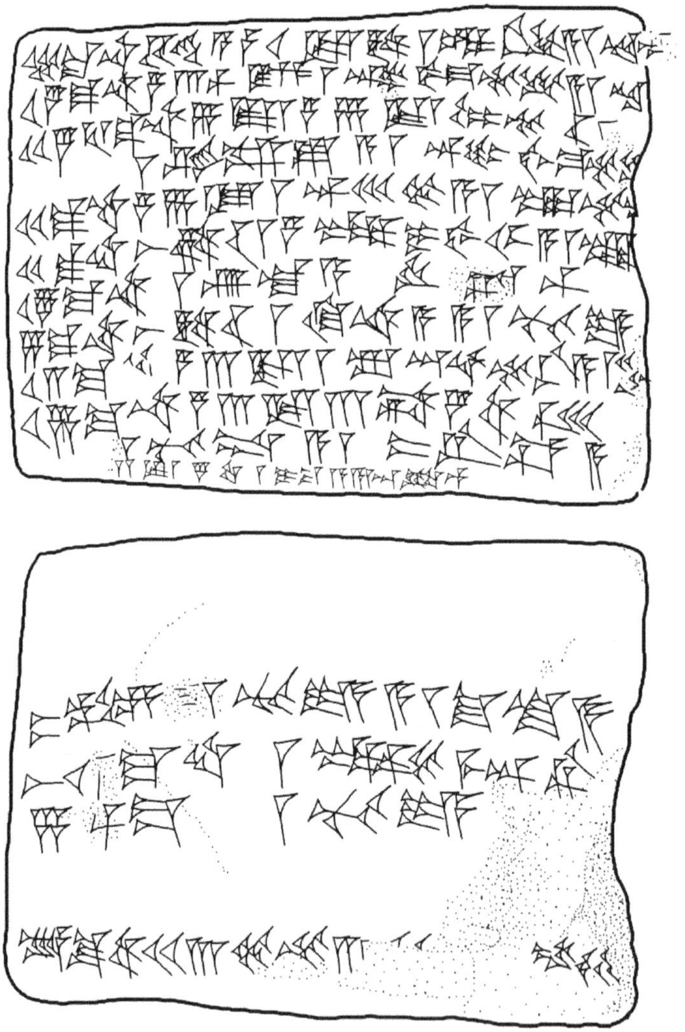

Vs 50 MA.NA SÍK$^{\text{ḫi.a}}$ *šá* 10 GÍN KÙ.BABBAR ^{md}AG-DÙ-ŠEŠ A ^{m}ÌR-⌜^{d}AG$^{?}$⌝
14 MA.NA *šá* 3 ½ GÍN ^{md}*in-nin*-MU-URÙ A ^{m}ÌR-[xx]
24 1/3 MA.NA 5 GÍN *šá* 6 GÍN *ḫum-mu-šú* {DIŠ}
^{m}*gi-mil-lu* A ^{md}*in-nin*-MU-U[RÙ]
20 MA.NA *šá* 6 GÍN ^{md}30-KAM A ^{md}AG-MU-[GIŠ$^{?}$]
20 MA.NA *ina* KÙ.BABBAR-*šú* ^{m}*šá*-^{d}AG-*i-šal-lim* A ^{md}AG-[x]
17 MA.NA ^{m}*ṣil-la-a* ^{lú}UŠ.BAR
5 MA.NA *ina* KÙ.BABBAR-*šú* ^{m}*ki-na-a* A ^{m}NUMUN-*ia*
12 MA.NA *šá* 3 GÍN ^{m}É.AN.NA-MU-DÙ A ^{m}ŠEŠ-[*šá-a*]
15 MA.NA *šá* 3 GÍN 3-*ta* 4-*ut*^{meš}
^{m}NUMUN-GIN A ^{m}*tab-né-e-a*
2$^{?}$ GÍN 4-*ut* ^{m}*i-ba-a* A ^{md}AMAR.UTU-SUR
Rs 2 GUN {x} ^{m}NUMUN-*ia* A ^{m}*šu-la-a*
1 (GUN) 11 MA.NA ^{md}AG-*še-me-an-ni*
5 ½ MA.<NA> ^{m}NUMUN-*ia*
^{iti}ŠU UD.23.KAM MU.⌜3⌝.[KAM ...] LUGAL TIN.TIR^{ki}

Übersetzung

50 Minen Wolle für zehn Sekel Silber: Nabû-bān-aḫi/Arad-[Nabû$^{?}$]
14 Minen für 3½ Sekel: Innin-šumu-uṣur/Arad-[...]
24 ⅓ Minen, fünf Sekel für 6 ⅕ Sekel: Gimillu/Innin-šumu-uṣur
Zwanzig Minen für sechs Sekel: Sîn-ēreš/Nabû-šumu-[līšir?]
Zwanzig Minen von seinem Silber: Ša-Nabû-išallim/Nabû-[...]
17 Minen: Ṣillaja, der Weber
Fünf Minen von seinem Silber: Kīnaja/Zēria
Zwölf Minen für drei Sekel: Ajakku-šumu-ibni/Aḫḫē[šāja]
15 Minen für 3¾ Sekel: Zēru-ukīn/Tabnea
2¼ Sekel: Ibaja/Marduk-ēṭir

Zwei Talente: Zēria/Šulaja
Ein (Talent), elf Minen: Nabû-šeme'anni
5½ Minen: Zēria
23. Dûzu, des ⌜3⌝. Regierungsjahres des [...], des Königs von Babylon.

Kommentar

Die einzelnen Einträge dieser Liste bestehen jeweils aus der Menge der verkauften Wolle, dem bezahlten (oder noch zu zahlenden) Preis und dem Namen des Käufers. Die Angabe *ina kaspišu* „von seinem Silber" bezieht sich auf ein Silberguthaben, das der Käufer noch beim Tempel hatte, welches mit dem Kaufpreis verrechnet wird. Die Wollkurse sind sichtlich nicht mehr standardisiert, sondern schwanken zwischen 3⅓ Minen und fünf Minen pro Sekel Silber.

Z.1: Bei diesem Käufer könnte es sich um Nabû-bān-aḫi/Arad-Nabû/Ṣāḫit-ginê handeln, der im Eanna-Archiv gut bezeugt ist (z.B. AUWE 5, 109; BIN 1, 124).

Z. 9: Die Ergänzung des Vatersnamens erfolgte nach zahlreichen Belegstellen, z.B. GC 1, 231 und Kleber 2008, Nr. 24.
Z. 16: Der Text muss in die Zeit der neubabylonischen Dynastie datieren, da kein Platz für LUGAL KUR.KUR ist. Am wahrscheinlichsten sind Neriglissar oder Nabonid, da einige der hier vorkommenden Personen häufiger in der späteren Regierungszeit Nebukadnezars belegt sind.

143. BM 114510

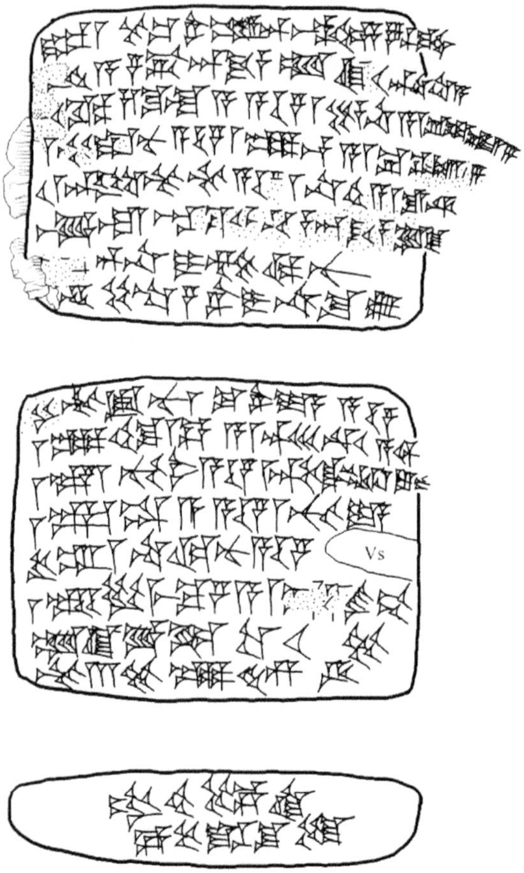

Vs 5 GUR ŠE.GIŠ.Ì ŠÁM 1 GUN 7 ½ MA.NA
SÍK$^{\text{ḫi.a}}$ NÍG.GA ^{d}GAŠAN *šá* UNUG^{ki} *u* ^{d}*na-na-a*
ina UGU *šá* ^{m}*šu-la-a* A-*šú šá* ^{m}SUM.NA A ^{m}*é-sag-gíl-iá*
^{m}*mu-ra-nu* A-*šú šá* ^{md}AG-SUR A ^{m}*é-sag-*⸢*gíl*⸣!*-iá*
u ^{md}AMAR.UTU-MU-MU A-*šú šá* ^{m}*na-din* A ^{m}*su-ti-*<*ia*>
ina ^{iti}APIN *ina* ^{giš}*ma-ši-ḫu šá* ^{d}GAŠAN *šá* UNUG^{ki}
[*ina*] ⸢É⸣.AN.NA *i-nam-di-nu*
[1]-*en pu-ut šá-ni-i na-šu-ú*

Rs ^{lú}*mu-kin-nu* ^{m}*ba-ni-ia* A-*šú šá*
^{md}AG-TIN-*su*-E A ^{md}30-TI-ÉR
^{md}INNIN-NUMUN-DÙ A-*šú šá* ^{md}KUR.GAL-*il-tam-lu-*⸢*ú*⸣
^{md}INNIN-GIN-A A-*šú šá* ^{m}NUMUN-*ia*
^{lú}UMBISAG ^{m}*na-di-nu* A-*šú šá*
^{md}EN-ŠEŠ^{me}-BA-*šá* A ^{m}*e-gi-bi*
UNUG^{ki} ^{iti}NE UD.10.KAM
MU.3.KAM ^{d}AG-NÍ.TUK

oRd LUGAL TIN.TIR^{ki}
e-lat ra-šu-tu

Übersetzung

Fünf Kor Sesam, der Kaufpreis von einem Talent, 7 ½ Minen Wolle, Eigentum der Herrin von Uruk und Nanājas, gehen zu Lasten von Šulaja/Iddinaja/Saggilaja, Mūrānu/Nabû-ēṭir/Saggilaja und Marduk-šumu-iddin/Nādin/Sūtia. Im Monat Araḫšamnu werden sie (den Sesam) im *mašīḫu*-Maß der Herrin von Uruk in Eanna geben. Einer bürgt für den anderen.

Zeugen: Bānia/Nabû-balāssu-iqbi/Sîn-lēqi-unninni
Ištar-zēru-ibni/Amurru-*il-tam-lu-u*
Ištar-mukīn-apli/Zēria

Schreiber: Nādin/Bēl-aḫḫē-iqīša/Egibi

Uruk, den 10. Abu des 3. Jahres Nabonids, des Königs von Babylon.
Nicht betroffen sind (andere) Guthaben (des Tempels).

Kommentar

Der Tempel verkaufte Wolle und verlangt anstelle des üblichen Silbers Sesam. Eanna produzierte nicht ausreichend Sesam und musste diese Ölfrucht oft zukaufen.

Z. 11: Der Zeuge Innin-zēru-ibni kommt auch in GC 1, 277 vor. Dort ist sein Vatersname genauso geschrieben: ^{md}KUR.GAL-*il*-UD-*lu-ú*. Könnte es sich um *Amurru-ištamrū* „Sie preisen Amurru" mit einem Lautwandel von r zu l handeln?

144. PTS 3040

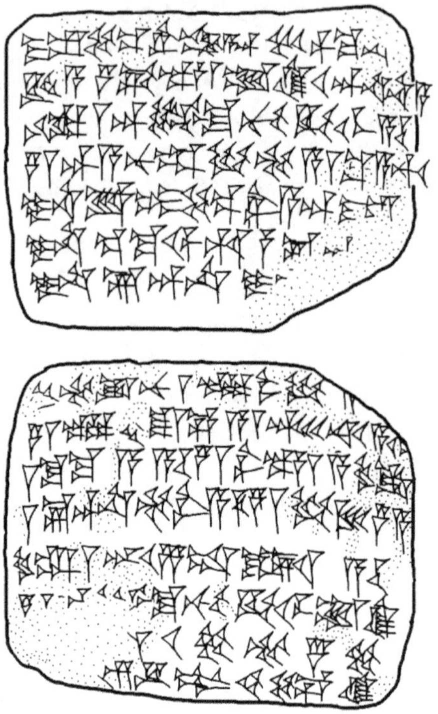

Vs 3 GUR ŠE.GIŠ.Ì ŠÁM 40 ½ MA.N[A]
SÍK$^{hi.a}$ NÍG.GA ^{d}INNIN UNUG^{ki} *u* ^{d}*na-na-a*
ina UGU ^{md}*in-nin*-NUMUN-GÁL-*ši* A-*šú*
šá ^{md}*a-nu-um*-ŠEŠ-MU A ^{m}*šu-a-ti*
i-na ^{iti}GAN ŠE.GIŠ.Ì *a*$_4$ 3 GUR
i-na ^{giš}*ma-ši-ḫu* *šá* É.A[N.NA]
i-na É.AN.NA *i*-[*nam-din*]
Rs ^{lú}*mu-kin-nu* ^{md}AG-DÙ-ŠEŠ ⸢A⸣-[*šú*]
šá ^{md}AG-TIN-*su*-E A ^{md}30-TI-ÉR
^{m}*šu-ma-a* A-*šú* *šá* ^{m}DÙ-^{d}INNIN A ^{lú}AZLAG
^{m}É.AN.NA-MU-DÙ A-*šú* *šá* ^{m}ŠEŠ^{meš}-*šá-a*
^{lú}UMBISAG ^{md}15-GIN-IBILA A-*šú*
⸢*šá*⸣ [^{md}*in*]-*nin*-NUMUN-GÁL-*ši* UNUG^{ki}
[^{iti}x U]D.10.KAM MU.4.KAM
[^{d}AG-N]Í.TUK LUGAL TIN.TIR^{ki}

Übersetzung

Drei Kor Sesam, Kaufpreis von 40 ½ Minen Wolle, Eigentum der Ištar von Uruk und Nanājas, gehen zu Lasten von Innin-zēru-šubši/Anu-aḫu-iddin/Šu'āti. Im Monat Kislīmu wird er diese drei Kor Sesam im *mašīḫu*-Maß von Eanna in Eanna ge[ben].

Zeugen: Nabû-bān-aḫi/Nabû-balāssu-iqbi/Sîn-lēqi-unninni
Šumaja/Ibni-Ištar/Ašlāku
Ajakku-šumu-ibni/Aḫḫēšaja
Schreiber: Ištar-mukīn-apli/Innin-zēru-šubši
Uruk, den 10.[...]. des 4. Jahres Nabonids, des Königs von Babylon.

Kommentar

Z. 4: Die Familie Šu'āti bzw. Šumāti ist in Uruk selten belegt, kommt aber in der Schreibung MU^{meš} z.B. in Sack CD, 77 vor.

145. BM 114433

Vs 1 GUN 40 MA.NA ^{giš}ḪAB ŠÁM 40 MA.NA
SÍK$^{ḫi.a}$ NÍG.GA ^{d}INNIN UNUG^{ki}
u ^{d}*na-na-a ina muḫ-ḫi* ^{m}*ta-li-mu*
A-*šú šá* ^{md}DÙ-*tu*$_{4}$-ERI$_{4}$-*eš*
ina ^{iti}ŠU *i-nam-di-in*
i-na GUB-*zu šá* ^{md}AG-LUGAL-URÙ
^{lú}SAG LUGAL ^{lú}EN *pi-qit-tu*$_{4}$ É.AN.NA
^{lú}*mu-kin-nu* ^{md}DI.KUD-ŠEŠ^{meš}-MU
uRd ⸢A⸣-*šú šá* ^{m}*gi-mil-lu* A ^{m}*ši-gu-ú-a*
^{md}AG-SUR-ZI$^{!meš}$ A-*šú šá* ^{m}ÌR-^{d}EN A ^{m}SI[PA]
Rs ^{md}AG-DÙ-ŠEŠ A-*šú šá* ^{md}AG-TIN-*su-iq-bi*
A ^{md}30-TI-ÉR

^{lú}UMBISAG ^{m}*na-di-nu* A-*šú šá* ^{md}EN-ŠEŠ^{meš}-BA-*šá*
^{uzu}(R*asur*)^{uzu} A ^{m}*e-gi-bi*
UNUG^{ki} ^{iti}ZÍZ UD.23.KAM MU.4.⸢KAM⸣
^{d}AG-NÍ.TUK LUGAL TIN.TIR$^{⸢ki⸣}$

Übersetzung

Ein Talent, 40 Minen Sumach, der Kaufpreis von 40 Minen Wolle, Eigentum der Ištar von Uruk und Nanājas, gehen zu Lasten von Talīmu/Banītu-ēreš. Im Monat Dûzu wird er (es) geben.

In Anwesenheit von Nabû-šarru-uṣur, *ša rēš šarri bēl piqitti ajakki* (königlicher Höfling, Beauftragter von Eanna).

Zeugen: Madānu-aḫḫē-iddin/Gimillu/Šigûʾa
Nabû-ēṭir-napšāti/Arad-Bēl/Rēʾu
Nabû-bān-aḫi/Nabû-balāssu-iqbi/Sîn-lēqi-unninni

Schreiber: Nādin/Bēl-aḫḫē-iqīša/Egibi

Uruk, den 23. Šabāṭu des 4. Jahres Nabonids, des Königs von Babylon.

Kommentar

Wir haben hier einen der wenigen Verpflichtungscheine für Wolle aus der Regierungszeit Nabonids. Es wird aber keine Bezahlung in Silber erwartet, sondern die Lieferung von Sumach (^{giš}*urātu*).

146. PTS 2592

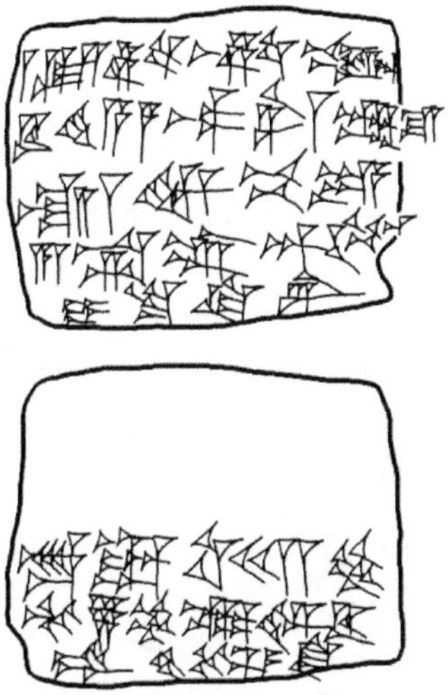

Vs 1 GÍN KÙ.BABBAR *ina* KÙ.BABBAR ŠÁM
SÍK$^{\text{ḫi.a}}$ *šá ina pa-ni* ^{md}AG-SU
ina ŠU^{II} ^{m}*im-bi-ia*
A ^{m}*ta-qiš-*^{d}*gu-*⸢*la*⸣
i-te-ṭe-er
Rs ^{iti}BÁRA UD.22.KAM
MU.8.KAM ^{d}AG-NÍ.TUK
LUGAL TIN.TIR^{ki}

Übersetzung

Ein Sekel Silber von dem Silber, dem Kaufpreis der Wolle, das (noch) bei Nabû-erība war, hat er (nun) via Imbia/Taqīš-Gula gezahlt.
22. Nisānu des 8. Jahres Nabonids, des Königs von Babylon.

Kommentar

Nabû-erība hatte zu einem früheren Zeitpunkt Wolle vom Tempel gekauft, war aber einen Teil des Kaufpreises schuldig geblieben. Er sandte Imbia, um einen Sekel dieses kreditierten Kaufpreises zu begleichen. Der Empfang dieses Geldes wurde auf dieser Urkunde verbucht.

147. BM 114615

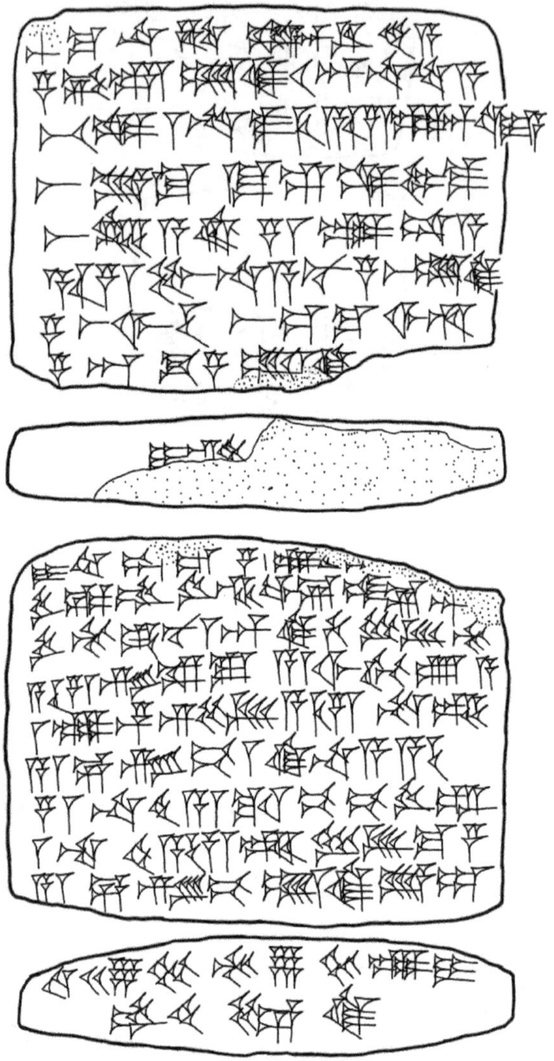

Vs ½ MA.NA KÙ.BABBAR ŠÁM SÍK$^{\text{ḫi.a}}$
NÍG.GA ^{d}INNIN UNUG^{ki} *u* ^{d}*na-na-a*
ina UGU ^{m}ÌR-*áš-šú* A-*šú šá* ^{md}AG-^{d}UTU-*ia*
ina ^{iti}DU$_{6}$ 60 GUR ZÚ.LUM.MA
ina BURU$_{14}$ A.ŠÀ *šá* ^{md}AG-GIN-A
A-*šú šá* ^{m}*bu-na-a-nu šá ina* UNUG^{ki}
šá ina IGI-*šú ina* ^{giš}*ma-ši-ḫu*
šá ^{d}GAŠAN *šá* UNUG^{ki}
i-nam-[*din*]
Rs *i-na* ⌜GUB-*zu*⌝ *šá* ^{md}AG-[ŠEŠ-MU]
^{lú}SAG LUGAL ^{lú}EN *pi-qit-tu*$_{4}$ É.AN.[NA]
^{lú}*mu-kin-nu* ^{md}DI.KUD-ŠEŠ^{meš}-MU
A-*šú šá* ^{m}*gi-mil-lu* A ^{m}*ši-gu-ú-a*
^{md}AG-SUR-ZI^{meš} A-*šú šá* ^{m}ÌR-^{d}EN
A ^{m}*e-gi-bi* ^{m}*ki-na-a* A-*šú*
šá ^{m}*na-din* A ^{m}*da-bi-bi* ^{lú}UMBISAG
^{m}*na-din* A-*šú šá* ^{md}EN-ŠEŠ^{meš}-BA-*šá*
A ^{m}*e-gi-bi* UNUG^{ki} ^{iti}AB
UD.28.KAM MU.9.KAM ^{d}AG-I
LUGAL TIN.TIR^{ki}

Übersetzung

Eine halbe Mine Silber, Kaufpreis von Wolle, Eigentum der Ištar von Uruk und Nanājas, gehen zu Lasten von Ardaššu/Nabû-šamšia. Im Monat Tašrītu wird er 60 Kor Datteln von der Ernte des Feldes von Nabû-mukīn-apli/Būnānu, das in Uruk ist und zu seiner Verfügung steht, im *mašīḫu*-Maß der Herrin von Uruk geben.
In Anwesenheit Nabû-[aḫu-iddins], des königlichen Höflings und Beauftragten (*ša rēš šarri bēl piqitti*) von Eanna.
Zeugen: Madānu-aḫḫē-iddin/Gimillu/Šigûʾa
Nabû-ēṭir-napšāti/Arad-Bēl/Egibi
Kīnaja/Nādin/Dābibī.
Schreiber: Nādin/Bēl-aḫḫē-iqīša/Egibi
Uruk, den 28. Ṭebētu des 9. Jahres Nabonids, des Königs von Babylon.

Kommentar

Dieser Verpflichtungsschein ist einer der wenigen aus der Regierungszeit Nabonids. Die Summe der gekauften Wolle wird nicht angegeben, vielleicht handelt es sich um einen neuen Verpflichtungsschein nach der Zahlung eines Teils der Schuld in Silber. Der Wert der Datteln betrug zur Erntezeit diesem Text zufolge zwei Kor pro Sekel Silber, was auch der Kurs der Gerste ist (zwei Kor pro Sekel), die sonst als Ersatzzahlung verlangt wird.

Beachtenswert ist der Wechsel zwischen „Ištar von Uruk" in Zeile 2 und „Herrin von Uruk" in Zeile 8.

148. PTS 2303

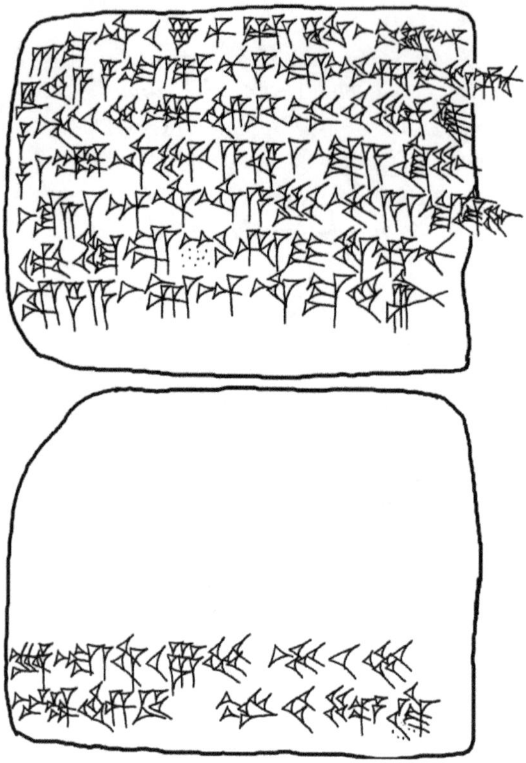

Vs 3 MA.NA 17 ½ GÍN KÙ.BABBAR *ina* ŠÁM
SÍK$^{\text{ḫi.a}}$ *šá ṣe-e-nu šá* ^{uru}*tak-ri-i-te-e-nu*
šá MU.10.KAM ^{d}AG-NÍ.TUK LUGAL TIN.TIR^{ki}
šá ^{md}AG-*na-ṣir* A-*šú šá* ^{m}*la-a-qí-pu*
ina ŠU^{II} ^{md}*na-na-a*-ŠEŠ-MU A ^{m}*la-qí-pu*
ul-tu ^{uru}⌜*tak*⌝-*ri-i-te-e-nu*
iš-šá-a ina É.AN.NA *ma-ḫi-ir*
Rs ^{iti}APIN UD.17.KAM MU.10.KAM
^{d}AG-NÍ-TUK LUGAL TIN.TIR^{ki}

Übersetzung

Drei Minen, 17 ½ Sekel Silber, vom Kaufpreis von der Wolle der Schafe aus Tikrit vom 10. Jahr Nabonids, des Königs von Babylon, die Nabû-nāṣir/Lāqīpu durch Nanāja-aḫu-iddin/Lāqīpu aus Tikrit hergeschickt hat, wurden in Eanna erhalten. 17. Arahšamnu des 10. Jahres Nabonids, des Königs von Babylon.

Kommentar

Der Großteil der Schafherden des Tempels weidete im Osttigrisgebiet. Eine Rückkehr an dem Tempel nach Uruk fand in der Regel einmal jährlich anlässlich der Schur und zur Brandmarkung des Herdennachwuchses statt. Der Viehhalter Nabû-nāṣir betreute eine Tempelherde in der Nähe der Stadt Tagritennu in Nordbabylonien, die mit dem heutigen Tikrit identifiziert werden kann. Er hatte enge Verbindungen zum Königshaus, möglicherweise betreute ein Verwandter Herden des Königssohnes dort.[171] Der Eanna-Tempel unterhielt ebenfalls eine Viehstation in Tagritennu. Offenbar war der Tempel in diesem Fall damit einverstanden, dass die Wolle der Herde unter der Aufsicht Nabû-nāṣirs direkt vor Ort verkauft wurde. Da der Palast der Hauptabnehmer der Wolle war, könnten die Verbindungen zum Königshaus der Grund dafür sein. Dieser Text quittiert den Empfang des Kaufpreises der Wolle durch den Eanna-Tempel in Uruk.

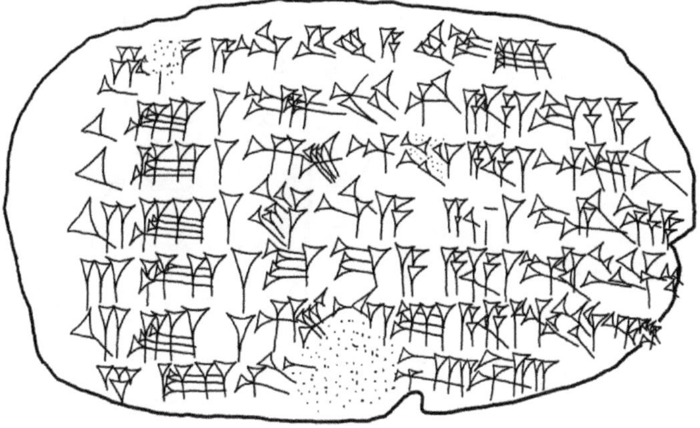

149. NBC 4819

Vs KÙ.BA[BBAR] *šá a-na* SÍK$^{ḫi.a}$ *ḫi-i-ṭu*
10 GÍN ^{md}AG-NUMUN-DÙ A-*šú šá* ^{m}BA-*šá-a*
10 GÍN ^{m}GI-^{d}AMAR.UTU A-⸢*šú šá*⸣ ^{md}URAŠ-PAP
12 GÍN ^{m}SUM-*na-a* A-*šú šá* ^{m}*tab-né-e-a*
3 GÍN ^{m}*šu-ma-a* A-*šú šá* ^{md}EN-ŠEŠ^{me}-M[U]
12 GÍN ^{m}*gi*-⸢*mil*⸣-*lu* A-*šú šá* ^{md}AMAR.UTU-*re-man*-⸢*ni*⸣
4 GÍN $^{[m]}$DÙ-⸢x⸣ [A-*šú šá* ^{m}*bu*]-*sa-sa*

Übersetzung

Silber, das für Wolle abgewogen wurde:
Zehn Sekel: Nabû-zēru-ibni/Iqīšaja
Zehn Sekel: Mušallim-Marduk/Uraš-nāṣir
Zwölf Sekel: Iddinaja/Tabnēa
Drei Sekel: Šumaja/Bēl-aḫḫē-iddin
Zwölf Sekel: Gimillu/Marduk-rēmanni
Vier Sekel Ibni-⸢x⸣/Busasa

171 Weitere Texte, die Nabû-nāṣirs Aktivitäten bezeugen, sind YOS, 233; GC 2, 265; OIP 122, 59; NCBT 560; PTS 2086 und BM 114553.

Kommentar

Im Fokus der undatierten Notiz stehen Silbermengen, die für Wolle bezahlt wurden. Der Kontext des Archivs legt nahe, dass es sich auch hier um den Einzelverkauf von Wolle durch den Tempel handelte. Die Personen können nicht genauer identifiziert werden.

150. PTS 2851

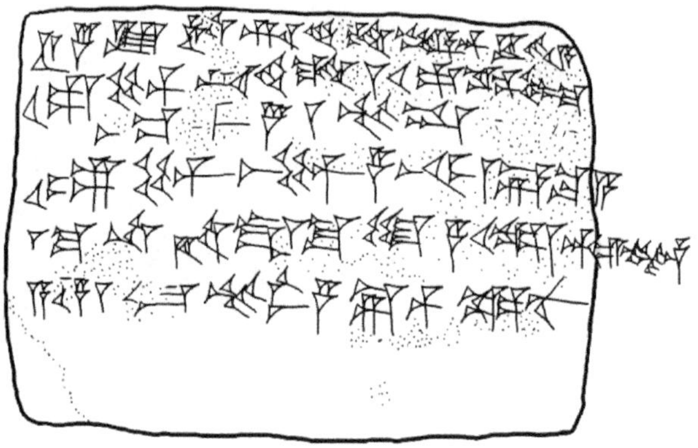

Vs ⅓ 4 GÍN KÙ.BABBAR *re-ḫi-it* ŠÁM SÍK$^{\text{ḫi.a}}$
10 GUR ŠE.BAR *re-ḫi-it* 70 GUR ZÚ.LUM.MA
ina ^{giš}⌜BÁN⌝ *šá* ^{m}MU-GIN
12 GUR ŠE.BAR *ina* ŠE.BAR *šá ina* IGI ^{m}*kal-ba-a*
1 MA.NA ⌜KÙ⌝.BABBAR *ra-šu-tu šá* UGU ^{md}U.GUR-*ina*-SÙḪ-SUR
A-*šú šá* ^{m}[^{d}U].GUR-MU-DÙ *šá* É *maš-ka-nu*

Rückseite unbeschrieben

Übersetzung

24 Sekel Silber, Restbetrag des Kaufpreises der Wolle (und) 10 Kor Gerste, Restbetrag von 70 Kor Datteln vom Pachtgebiet des Šumu-ukīn; zwölf Kor Gerste von der Gerste, die (noch) bei Kalbaja ist: eine Mine Silber, (Tempel)guthaben zu Lasten von Nergal-ina-tēšî-ēṭir/Nergal-šumu-ibni, für das ein Haus Pfand ist.

Kommentar

Es handelt sich um eine undatierte interne Tempelnotiz, eine Aufstellung von ausstehenden Schulden in Höhe von insgesamt einer Mine, die Nergal-ina-tēšî-ēṭir beim Tempel hat. Da es sich um Teilbeträge handelt, ist nicht bestimmbar, wie viel Wolle zu welchem Preis gekauft wurde. 24 Sekel Silber als Teilbetrag weist auf einen Wollkauf mittlerer Größenordnung, die Menge allein reicht weit über den Eigenbedarf einer Familie hinaus. 22 Kor Gerste müssen mit 36 Sekel Silber angesetzt worden sein - ein für diese Zeit hoher Preis, der möglicherweise schon Verzugszinsen enthielt. Zu den Gerstepreisen aus dieser Zeit, siehe Jursa 2010: 445.
Der genannte Šumu-ukīn ist der Generalpächter aus der Familie Basia. Kalbaja war sein Neffe und Mitinhaber der Generalpacht. Daraus lässt sich eine Datierung der Urkunde auf die ersten Regierungsjahre Nabonids ableiten.

151. NCBT 953

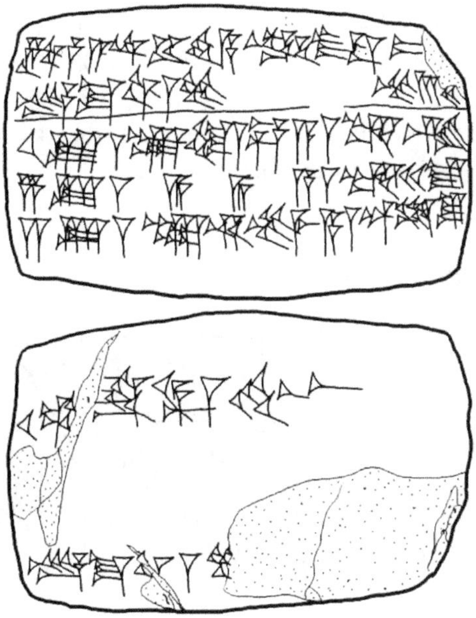

Vs KÙ.BABBAR *šá a-na* SÍK$^{ḫi.a}$ *il-li-a*[*m*?]
^{iti}ŠU UD.1.KAM MU.3.KAM
10 GÍN ^{md}AG-TIN-*su*-E A ^{md}EN-GI
5 GÍN ^{m}A-*a* A ^{md}EN-*man-su*
2 GÍN ^{md}AG-EN-MU^{me} A ^{md}AMAR.UTU-SU

Rs *ul* ⸢*eṭ*⸣*-ru-*ʾ*u*
^{iti}ŠU UD.1.KAM

Übersetzung

Silber, das für Wolle eingenommen werden wird.? 1. Dûzu des 3. Jahres.
Zehn Sekel (von) Nabû-balāssu-iqbi/Bēl-ušallim
Fünf Sekel (von) Aplaja/Bēl-mansu
Zwei Sekel (von) Nabû-bēl-šumāti/Marduk-erība
Es ist noch nicht bezahlt.
1. Dûzu

Kommentar

Das Verb *elû* ‚hochkommen' wird für Transaktionen oder Lieferungen an eine Institution verwendet. Trotzdem ist es im Eanna-Archiv in diesem Kontext selten. Stattdessen wird das Verb *našû* „bringen" verwendet, z.B. in GC 2, 236: KÙ.BABBAR *šá a-na* SÍK$^{ḫi.a}$*na-šá-*ʾ*a* „Silber, das für Wolle hergebracht wurde". Wahrscheinlich hängt die abweichende Formulierung damit zusammen, dass das Silber hier noch nicht eingenommen, sondern nur erwartet wurde.

Nabû-balāssu-iqbi/Bēl-ušallim entstammt der Familie Kurî (z.B. AUWE 8, 91) und war ein Pfründner des Eanna-Tempels (z.B. YOS 17, 183 – Erhalt von Opfermaterial, *maššartu*). Er ist am Ende der Regierungszeit Nabopolassars und am Anfang der Regierungszeit Nebukadnezars bezeugt. Daher kann dieser Text in das 3. Jahr Nebukadnezars datiert werden.

152. PTS 2962

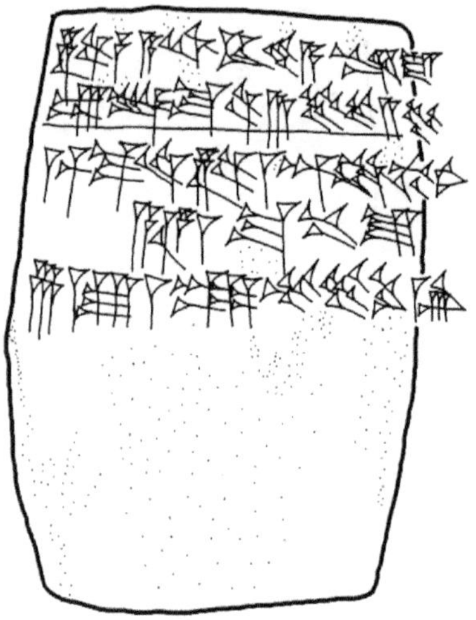

Vs KÙ.BABBAR *šá a-na* SÍK$^{ḫi.a}$ *il-lu*
KA$_9$ ^{iti}ŠU UD.3.KAM MU.2.KAM
1 ½ MA.NA KÙ.BABBAR ^{md}AMAR.UTU-NUMUN-DÙ
A-*šú šá* ^{m}*ba-laṭ-su*
6 GÍN ^{md}AG-MU-KAM ^{lú}AŠGAB

Übersetzung

Silber, das für Wolle eingenommen wurde. Abrechnung vom 3. Dûzu 2. Jahr; 1 ½ Minen Silber (von) Marduk-zēru-ibni/Balāssu. Sechs Sekel (von) Nabû-šumu-ēreš, dem Lederarbeiter.

Kommentar

Der Text ist ein Beispiel für eine Tagesabrechnung über das durch Wollverkäufe eingenommene Silber. Der Inhalt dieser „kleinen Tafeln“ wurde später auf größere Tontafeln oder auf Wachstafeln übertragen.

153. PTS 2899

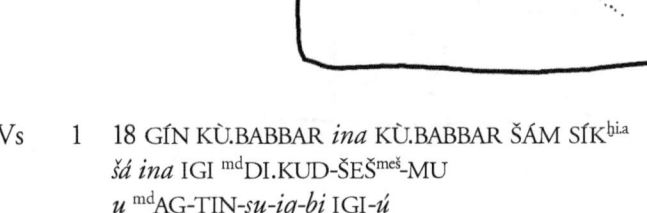

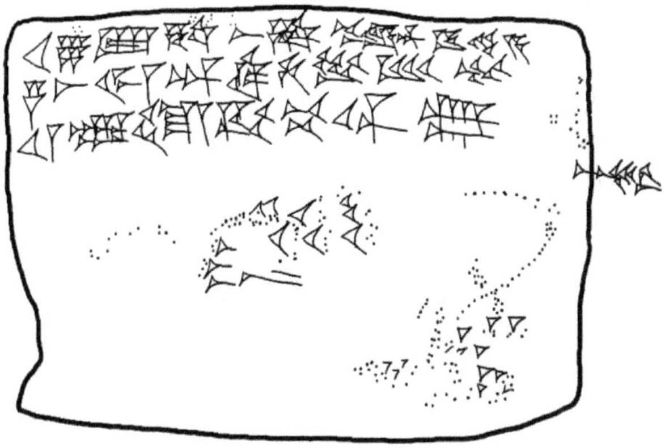

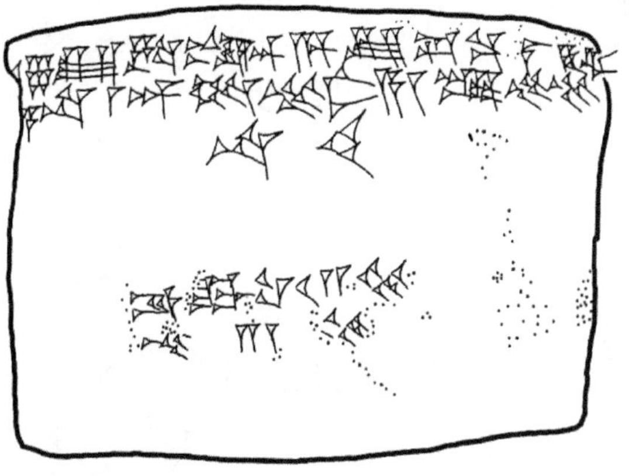

Vs 18 GÍN KÙ.BABBAR *ina* KÙ.BABBAR ŠÁM SÍK$^{hi.a}$
šá ina IGI ^{md}DI.KUD-ŠEŠ^{meš}-MU
u ^{md}AG-TIN-*su-iq-bi* IGI-*ú*

(Griffeleindrücke und Rasuren)

Rs [1]8 GÍN KÙ.BABBAR ŠÁM 2½ GÍN *bit-qa* LÁ KÙ.⌜SIG$_{17}$⌝
a-na ^{md}AMAR.UTU-MU-DÙ A ^{md}AG-MU-MU
na-din
^{iti}BÁRA UD.12.KAM
MU.3.KAM

Übersetzung

18 Sekel Silber vom Silber, dem Kaufpreis der Wolle, die sich bei Madānu-aḫḫē-iddin und Nabû-balāssu-iqbi befindet, hat (der Tempel von ihnen) empfangen. [1]8 Sekel Silber, der Kaufpreis für 2½ Sekel weniger ein Achtel (d.h. 2,375 Sekel) Gold ist an Marduk-šumu-ibni/Nabû-šumu-iddin gegeben.
12. Nisānu des 3. Jahres.

Kommentar

Der Text verbucht den Ein- und Ausgang von 18 Sekeln Silber: zwei Käufer von Wolle auf Kredit hatten den noch ausstehenden Preis bezahlt. Auf der Rückseite steht die Ausgabe dieses Silbers, das zum Ankauf von Gold aufgewendet wurde. Der Goldpreis lag bei 7,58 Sekeln Silber pro Sekel Gold.

Wenn mit Madānu-aḫḫē-iddin der bekannte Priester Madānu-aḫḫē-iddin/Gimillu/Šigû'a gemeint ist, könnte der Text ins dritte Regierungsjahr Nabonids datieren. Das Datum ist nur schwach in den Ton eingedrückt, und steht – ungewöhnlich – nicht am Beginn, sondern in der Mitte der Zeile. Wahrscheinlich wurde es später hinzugefügt, als der Ton bereits trockener war.

154. PTS 2803

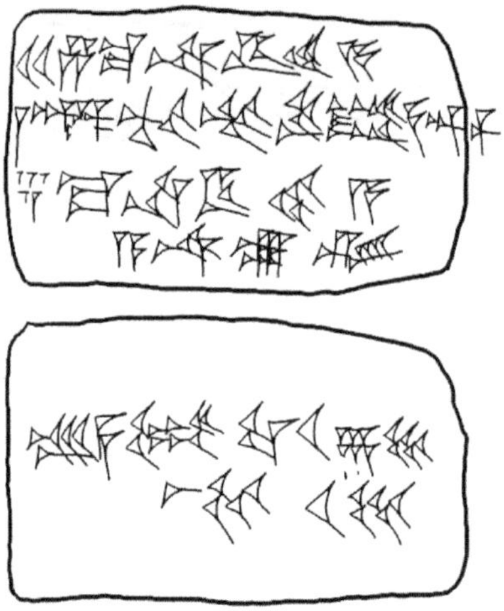

Vs 1 24 MA.NA SÍK$^{ḫi.a}$

^{md}⸢AG⸣-NUMUN-MU ^{lú}SIMUG AN.BAR

⸢5⸣$^{?}$ MA.NA SÍK$^{ḫi.a}$

[...........] *a-na* ^{MD}AG-GI

Rs

^{iti}SIG_4 UD.16.KAM

MU.10.KAM

Übersetzung

24 Minen Wolle, Nabû-zēru-iddin, der Schmied.

Fünf Minen Wolle [....] an Nabû-ušallim.

16. Simānu des 10. Jahres.

Kommentar

Der Text verbucht Ausgaben von Wolle. Ob ein Kauf dahinter steht ist allerdings nicht sicher.

155. NBC 4827

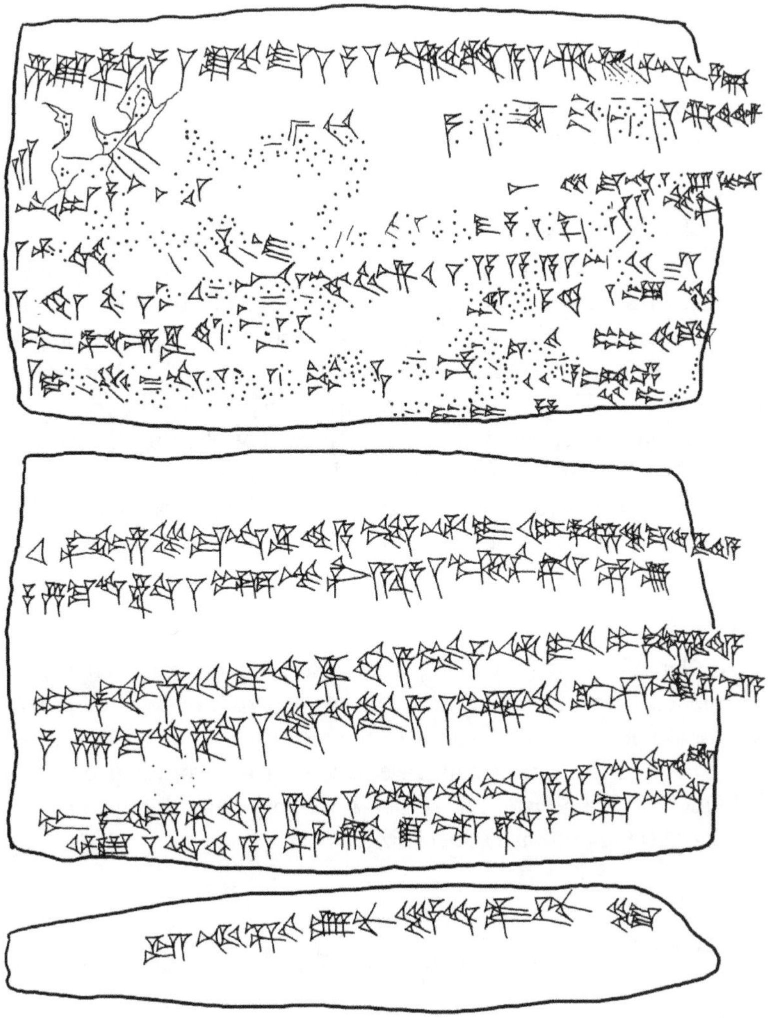

Vs 5 GÍN KÙ.BABBAR *šá* 1 ^{túg}KUR.RA *šá* ^{md}EN-TIN-*iṭ* A ^{m}*re-mut*-DINGIR *ina* NÍG.GA
3 ⌜x x⌝ [.....] ŠÁ ⌜x x x x⌝ ḪI IM
x x x x x [......] *ina* 50 MA.NA ⌜1⌝[+] GÍN ^{m}MU-GIN
$^{m⌜d}$AMAR.UTU⌝-TIN$^{?}$-[*iṭ*$^{?}$] [...] ŠÚ x [......] x x x x MU-DÙ
ana te-[*lit*$^{?}$] x x x x x *u* ^{m}A-*a* A $^{md⌜}$30⌝-SU
4 GUN SÍK$^{ḫi.a}$ x x ^{d}EN-[..]-*a-ḫi* ^{md}AG-⌜NUMUN-DÙ⌝
⌜x x x⌝ MA.NA ⌜x x x x x x x⌝ 8 (GUN) 40 MA.NA
⌜x x⌝ *šá* 2 GUN
⌜x⌝ 8 (GUN) ZA.GÌN KUR$^{!?}$
Rs 10 GUN 50 MA.NA SÍK$^{ḫi.a}$ KÁ-*ti-i* 15 GUN 50 MA.NA SÍK$^{ḫi.a}$

šá 5 MA.NA KÙ.BABBAR ^{md}AG-MU-DÙ A-*šú šá* ^{md}EN-DÙ-*uš e-ṭir*
6 GUN 20 MA.NA SÍK$^{\text{ḫi.a}}$ KÁ-*ti-i* 24 GUN SÍK$^{\text{ḫi.a}}$
šá 8 MA.NA KÙ.BABBAR ^{m}SUM.NA-ŠEŠ A ^{md}AG-MU DUMU *bar-sip*^{ki} *e-ṭir*
3 GUN SÍK$^{\text{ḫi.a}}$ *a-na* ^{md}AG-MU-GIN A-*šú šá* ^{md}U.GUR-TIN-*iṭ*
ù ^{m}*na-din* A ^{m}*mar-duk ku-um* KÙ.BABBAR *šá ina* É.AN.NA
uRd *ip-ti-iq*$^{!}$-*ú-nu* SUM-*na-áš-šú-nu-tu*

Übersetzung

Fünf Sekel Silber für ein KUR.ra-Gewand von Bēl-uballiṭ/Rēmūt-ilī im Tempelbesitz........ für 50 Minen ..... Šumu-ukīn. ...zur Ausgabe... Marduk-⌜uballiṭ⌝? ... ... Aplaja/Sîn-erība. Vier Talente Wolle .... Bēl-.... Nabû-zēru-ibni ..... Minen ..... acht Talente, 40 Minen .... für zwei Talente... acht (Talente) Lapislazuli?
Zehn Talente, 50 Minen Wolle, Rest von 15 Talenten, 50 Minen Wolle für fünf Minen Silber hat Nabû-šumu-ibni/Bēl-īpuš ausbezahlt erhalten. Sechs Talente, zwanzig Minen Wolle, der Rest von 24 Talenten Wolle für acht Minen Silber hat Nādin-aḫi/Nabû-iddin, der Borsippäer ausbezahlt erhalten.
Drei Talente Wolle wurden an Nabû-šumu-ukīn/Nergal-uballiṭ und Nādin/Marduk (als Vergütung) für (die Arbeit am) Silber, das sie in Eanna eingeschmolzen haben, gegeben.

Kommentar

Der auf der Vorderseite leider stark zerstörte Text verzeichnet verschiedene Transaktionen, davon mehrere, die Ausgaben von Wolle betreffen. Der interessanteste Eintrag ist sicher der Verkauf von 24 Talenten Wolle an einen Borsippäer. Die drei Talente, die in Zeilen 15f. genannt werden, zeugen davon, dass der Tempel Wolle als Zahlungsmittel einsetzte. Die beiden Empfänger sind durch einen anderen Text (PTS 3264) als Goldschmiede identifizierbar.

156. PTS 3004

Vs 4 GUN 15 MA.NA SÍK$^{\text{ḫi.a}}$
^{lú}*mu-sa-ḫi-re-e*
1 GUN 18 5/6 MA.NA 5 GÍN
^{m}*im-bi-ia* A-*šú šá*
^{m}*ta-qiš-*^{d}*gu-la*
Rd 14 MA.NA 1/3 GÍN *a-na*
Rs ^{md}*na-na-a*-KAM A-*šú šá*
^{md}AG-A-MU
2 1/2 MA.NA SÍK$^{\text{ḫi.a}}$ ŠUK$^{\text{ḫi.a}}$
šá ^{lú}MAN.DI.DI-*tu a-na* NÍG.GA
30 MA.NA ^{md}INNIN.NA-NUMUN-TIL
A-*šú šá* ^{md}AG-TIN-*su*-E

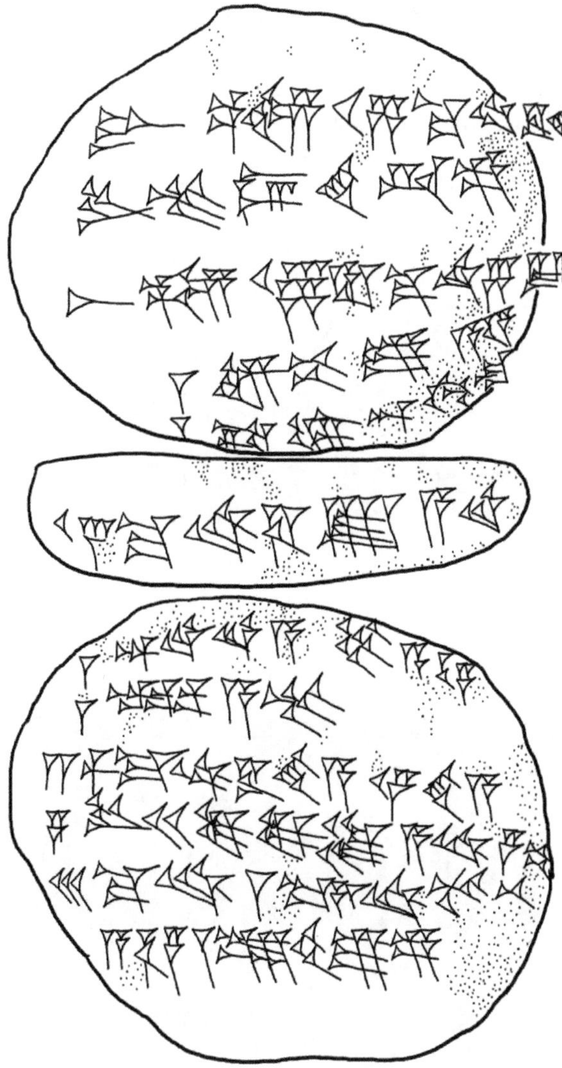

Übersetzung

Vier Talente, 15 Minen Wolle (an) die Kuriere (gegeben). Ein Talent, 18 Minen, 55 Sekel (an) Imbia/Taqīš-Gula. 14 Minen zwanzig Sekel an Nanāja-ēreš/Nabû-apluiddin. 2½ Minen Wolle, die Ration des Vermessungsamtes, an den Tempelbesitz. 30 Minen (an) Innin-zēru-šubši/Nabû-balāssu-iqbi.

Kommentar

In diesem Text werden verschiedene Wollausgaben festgehalten. Es ist zwar nicht direkt von Wollverkäufen die Rede – die Ausgabe als Ration war auf keinen Fall ein Verkauf – doch ist anzunehmen, dass Verkäufe im Hintergrund der anderen beiden

Transaktionen stehen. Die Kuriere (*musaḫḫiru*, siehe Kleber 2008: 223) waren oft Überbringer von Wolle, die von Institutionen wie dem Palast im Meerland eingekauft wurde. Die Tatsache, dass es sich stets um große Mengen handelt, stützt diese Interpretation. Die Paläste waren die Hauptaufkäufer von Eannas Wolle.

8. Kapitel: Miscellanea

8.1. Einleitung

Der letzte Abschnitt enthält Texte mit verschiedenen, nicht typischen Ankäufen durch Eanna sowie einen Briefauftrag zur Ausgabe von Bier an Handwerker (Nr. 162 = PTS 2483). Letztgenannter Text gehört zusammen mit Nr. 159 (NCBT 816) zu den Dossiers, die sich mit der Versorgung von am Tempel tätigen Arbeitern mit verzehrsfertigen Nahrungsmitteln, nämlich vor allem Bier, Brot, Öl und auch Mehl befassen.[172] Diese Nahrungsmittel wurden generell im Tempel selbst hergestellt. Das Öl wurde durch die Ölpresser geliefert – dort war noch keine kultische Trennung nötig. Für Bier und Brot waren jedoch spezielle Bedienstete zuständig, die keine Pfründner waren, sich also nicht mit der Bier- und Brotherstellung für das Opfer befassten. Mit Nr. 159 (NCBT 816) haben wir den außergewöhnlichen Fall, dass der bekannte Brauer Gimillu einen Silberbetrag zum Ankauf von Bier erhielt, was vielleicht einem kurzzeitigen Engpass in der eigenen Herstellung geschuldet ist. Gimillu konnte offenbar in der Stadt in eine Schenke gehen und dort Bier für 1 ¼ Sekel Silber kaufen.

Bei Nr. 157 (YBC 9594) handelt es sich um einen Kauf von *puquttu*, einer Dornpflanze, die in der Medizin und Magie verwendet wurde.

Auch Nr. 163 (NCBT 907) behandelt eine ungewöhnliche Transaktion: die Auszahlung eines Restbetrages an Silber (leider ist der Betrag nicht erhalten) für einen Sklaven. Normalerweise kaufte der Tempel keine Sklaven. Es ist daher zu vermuten, dass eine *datio in solutum* im Hintergrund steht. Der Empfänger hatte wahrscheinlich Schulden beim Tempel, die er nicht bezahlen konnte. Er übergab dem Tempel daher einen Sklaven, der aber wertvoller war als die Schuld. Der Tempel zahlte daraufhin einen – wohl kleinen – Restbetrag an den Schuldner zurück.

Nr. 158 ist ein sehr außergewöhnlicher Text, der bislang keine Parallele im Eanna-Archiv hat. Es ist auch unklar, ob er nicht besser einem Privatarchiv zugeordnet werden sollte. Die Liste notiert Bootsladungen, ihre Verantwortlichen sowie den Inhalt der Boote. Die Tafelform ist wie die Notiz Nr. 17 (NCBT 644), die eine angekommene Lieferung von Fernhandelswaren verzeichnete, oval und im Portraitformat. Ob die Ladungen mit Möbeln, Holztafeln und Brennmaterial eingeschifft wurde (z.B. zur Verbringung auf eine Baustelle) oder ankam, bleibt ebenso unklar.

172 Das Dossier wurde ausführlich in Kleber 2005 behandelt.

8.2. Editionen

157. YBC 9594

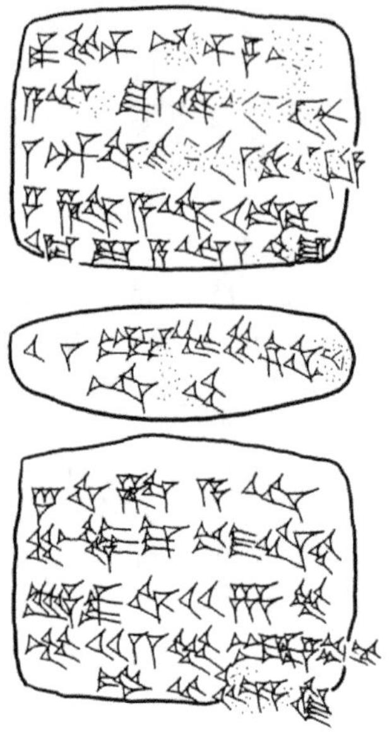

Vs 2 BÁN ŠE.BAR *ina* ⸢ŠE⸣.BAR *šá* ⸢ŠUK⸣$^{?}$
a-na si$^{!}$(Text: *su*)*-di-*⸢*ti*⸣*-šu-nu*
^{md}UTU-⸢...⸣ ^{lú}⸢...⸣
šá KÙ.BABBAR *a-na* UGU
dul-lu a-na ^{m}TIN-*su*
Rd *u* ^{md}AG-*mu-še-tíq-ud-*⸢*da*⸣
na-din
Rs 4-*ut* KÙ.BABBAR *a-na*
pu-uq-qú-tu$_{4}$ *na-din*
^{iti}ZÍZ UD.26.KAM
MU.22.KAM ^{d}AG-NÍG.DU-URÙ
LUGAL TIN.TIR^{ki}

Übersetzung

Zwei *sūtu* Gerste von der Gerste für ⸢Rationen?⸣ als ihr Reiseproviant hat Šamaš-[...], der [...], für Silber für die Arbeit an Balāssu und Nabû-mušētiq-uddê, gegeben. Ein Viertelsekel Silber ist für *puquttu* (eine Dornpflanze) gegeben.
26. Šabāṭu des 22. Jaḫres Nebukadnezars, des Königs von Babylon.

Kommentar

Der Text notiert die Ausgabe von Gerste sowie von Silber als Bezahlung von *puquttu*. *Puquttu* ist eine Dornpflanze, die auch in der Medizin und Magie Anwendung fand (siehe CAD P: 515b). Im Eanna-Arcḫiv ist sie hier meines Wissens zum ersten Mal bezeugt.

158. PTS 2133

Kopie im Maßstab 1:1

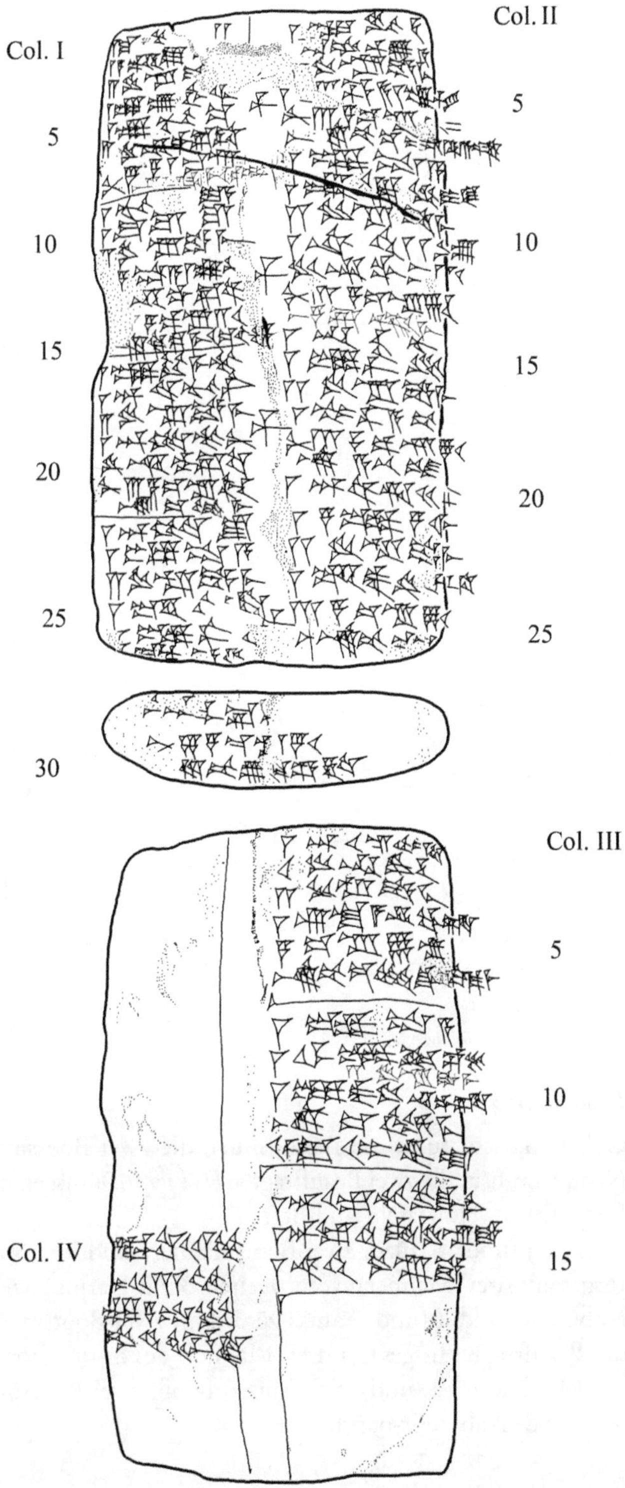

Col. I

^{m}*ba-laṭ-[s]u*
^{m}*šá-*^{d}EN-*lu-[mur*$^{?}$]
2 ^{lú}*má-la[ḫ*$_{4}$]
^{md}AG-*ú-šal-lim*
^{md}AG-NUMUN-GIŠ
2 ^{lú}EN *pi-qit-ta*
PAP 4 *šá* 1 ^{giš}MÁ
ina ⸢ŠÀ⸣ [$^{giš?}$]DA$^{?me}$ *u* ^{giš}NÁ$^{⸢me⸣}$

---

^{m}NUMUN-*ia*
^{m}*ba-zu-zu*
2 ^{lú}*má-laḫ*$_{4}^{me}$
[^{m}]NÍG.DU A ^{M}AG-PAP
[^{lú}]EN *pi-qit-tú*
[PAP 3] *šá* ^{giš}MÁ 2-*u*
ina ŠÀ KI.TUŠ^{me} *u* ^{giš}GU.ZA

---

^{md}AG-ŠEŠ^{me}-MU
^{md}UTU-NUMUN-DÙ
2 ^{lú}*má-laḫ*$_{4}^{me}$
^{md}AMAR.UTU-MU-PAP
^{lú}EN *pi-qit-tú*
PAP 3 *šá* ^{giš}MÁ *šal-šú*
ina ŠÀ ^{giš}NÁ^{me}

---

^{md}AMAR.UTU-SU
^{md}AG-GIN-A
2 ^{lú}*má-laḫ*$_{4}^{me}$
^{md}EN-⸢TIN-*iṭ*⸣
^{md}AG-DÙ
^{md}AG-⸢SUR$^{?}$-NAM$^{?}$⸣ [$^{meš?}$]

Detailansichten im Maßstab 1,4 : 1

Col. I

Übersetzung

Col. I: Balāssu (und) Ša-Bēl-lū[mur], die zwei Bootsmänner, Nabû-ušallim und Nabû-zēru-līšir, die zwei Beauftragten (*bēl piqitti*): Insgesamt vier (Männer) auf einem Boot. Darin: Holztafeln und Betten.

Zēria (und) Bazūzu, zwei Bootsmänner, Kudurru/Nabû-nāṣir, der Beauftragte: Insgesamt drei (Männer)] vom zweiten Boot. Darin: Sitze und (ein) Lehnstuhl. Nabû-aḫḫē-iddin (und) Šamaš-zēru-ibni, zwei Bootsmänner, Marduk-šumu-uṣur, der Beauftragte: Insgesamt drei (Männer) des dritten Bootes. Darin: Betten.

Marduk-erība (und) Nabû-mukīn-apli, zwei Bootsmänner, Bēl-uballiṭ, Nabû-ibni (und) Nabû-ēṭir-napš[āti]$^{?}$,

uRd [3]^{lú}˹EN *pi*˺-*qit*-˹*tú*˺
PAP 5 *šá* ^{giš}MÁ 4-*u*
[*ina*] *lìb-bi ú-de-e* KÙ.BABBAR

Col. II
^{md}AG-URÙ-*šú*
[^{m}]^{d}LUGAL-DINGIR-*ú-a*
[2] ^{lú}*má-laḫ*$_{4}$^{me}
^{m}[PAP$^{?}$-*im*$^{?}$-*m*]*e*$^{?}$-*e* A ^{md}AG-GI
PAP 3 *šá* ^{giš}MÁ ˹5-*ú*˺$^{?}$
ina lìb-bi ^{giš}˹x-DA$^{?}$ RU A RA$^{?}$ x˺
^{md}AG-GIN-A
^{md}AG-*ḫi-ṭu-ul-i-de*
2 ^{lú}*má-laḫ*$_{4}$^{me}
^{m}*na-din* {2 PAP-*ú*}
^{lú}EN *pi*-˹*qit-ti*˺$^{?}$
PAP 3 *šá* ^{giš}MÁ 6-*šú*
ina šá bit x PI/ME
^{m}EN-*šú-nu*
^{md}AG-DÙ-ŠEŠ
2 ^{lú}*má-laḫ*$_{4}$^{me}
^{m}DIM-DÙ.A.BI-[^{d}EN]
PAP 3 *šá* ^{giš}MÁ 7-*u*
ina ŠÀ *a-bat-tu*$_{4}$
^{md}UTU-*re-man-ni*
^{m}*šá*-^{d}AG-*šá-lim*
2 ^{lú}*má-laḫ*$_{4}$^{me}
^{md}EN-KÁD ^{lú}˹EN *pi-qit*˺-*tú*
3 *šá* ^{giš}MÁ 8-*u*
{*ina*} *ina lìb-bi* ^{giš}[x]

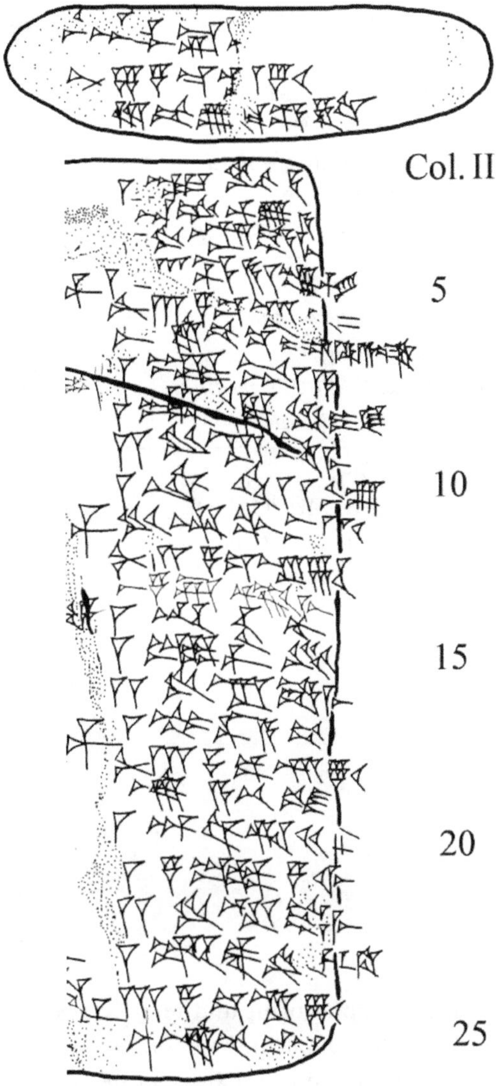

uRd: [die drei] Beauftragten: Insgesamt fünf (Männer) des vierten Bootes. Darin: Geräte aus Silber.

Col.II: Nabû-uṣuršu (und) Šarru-ilūʾa, zwei Bootsmänner, [Aḫu-imm]ê$^{?}$/Nabû-ušallim, insgesamt drei (Männer) des fünften Bootes. Darin: x x x

Nabû-mukīn-apli, Nabû-ḫīṭu-ul-ide, zwei Bootsmänner, Nādin {2 ingesamt}$^{?}$, der Beauftragte: Ingesamt drei (Männer) des sechsten Bootes. Darin: x x x Bēlšunu, Nabû-bān-aḫi, zwei Bootsmänner, Rikis-kalāma-[Bēl]: Insgesamt drei (Männer) des siebenten Bootes. Darin: Reisig (*abattu*).

Šamaš-rēmanni, Ša-Nabû-šalim, zwei Bootsmänner, Bēl-kāṣir, der Beauftragte: Drei (Männer) des achten Bootes. Darin: [x x]

Rs. Col. III

^{md}U.GUR-TIN-*iṭ*
u ^{lú}EN KASKAL-*šú*
2 ^{lú}*má-laḫ*$_4$^{me}
^{m}*ṣil-la-a* EN *pi-qit-tú*
šá ^{giš}MÁ 9-*ú*
ina lìb-bi ^{giš}NÁ GAL-*tú* KI.TUŠ^{me}

---

^{md}AG-GIN-A
^{m}IGI-^{d}AG-*ṭè-e-mu*
2 ^{lú}*má-laḫ*$_4$^{me}
^{md}AG-KÁD ^{lú}EN *pi-qit-tú*
ina ŠÀ ^{giš}GU.ZA^{me}

ù mi-iḫ-ṣi
^{md}U.GUR-MU ^{lú}GAL.DÙ
^{md}U.GUR-TIN-*iṭ* ^{lú}*má-laḫ*$_4$
^{m}*na-din* ^{lú}*má-laḫ*$_4$

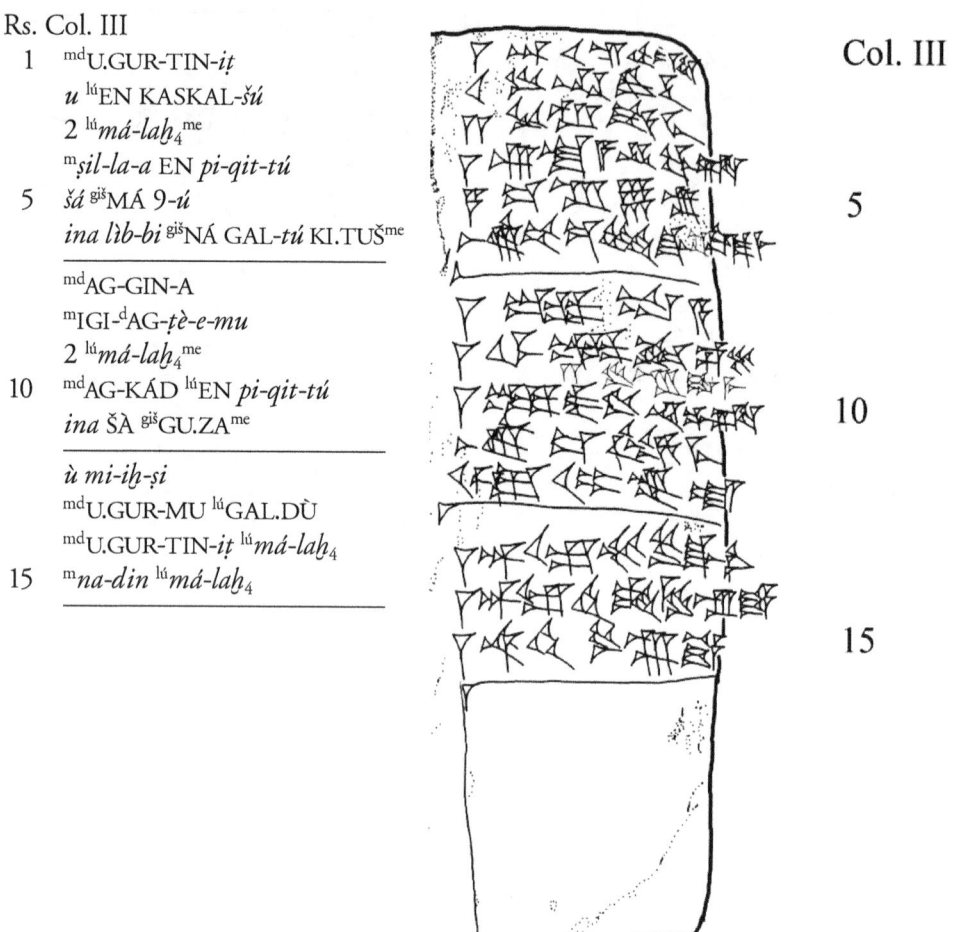

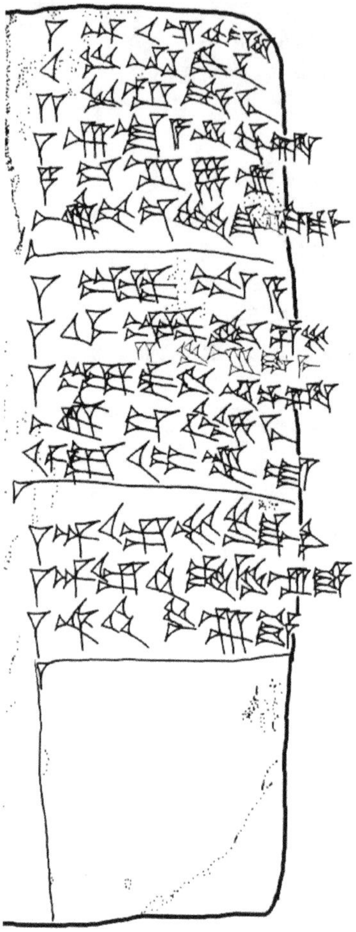

Col. III

Col. III: Nabû-uballiṭ und sein Karawanenführer, zwei Bootsmänner, Ṣillaja, der Beauftragte, vom neunten Boot. Darin: große Betten und Sitze.

Nabû-mukīn-apli, Pān-Nabû-ṭēmu, zwei Bootsmänner, Nabû-kāṣir, der Beauftragte. Darin: Lehnstühle und Gewebtes.

Nergal-iddin, der *rab banê*, Nergal-uballiṭ, der Bootsmann, Nādin, der Bootsmann.

Col. IV
1 [IT]I.BÁRA UD.21.KAM
[M]U.23.KAM
^{d}AG-NÍG.DU-URÙ
LUGAL TIN.TIR^{ki}

Col. IV

Col. IV: 21. Nisānu des 23. Jahres Nebukadnezars, des Königs von Babylon.

Kommentar

Diese Liste von Booten mit Besatzung und Ladung ist einzigartig. Die Tafelform – oval und hochformatig – ist zum Beipiel auch bei Text Nr. 17 (NCBT 644) bezeugt, der zu einem Fernhandelsdossier gehört und möglicherweise im Stadthafen geschrieben wurde. Der vorliegende Text stammt jedenfalls aus einer Dokumentation im Bereich des Hafens, da er die Zusammenstellung einer Karawane von zehn Booten notiert. Die Boote wurden mit jeweils zwei Bootsmännern sowie ein bis drei ‚Beauftragten' (*bēl piqittis*) – für die Ladung verantwortlich zeichnende Männer – besetzt. Es ist nicht ganz sicher, wie der in Col. III genannte „Reiseführers" (*bēl ḫarrāni*) zu interpretieren ist. Aber wenn der Text zum Eanna-Archiv gehört, ist eine Handelsunternehmung wenig wahrscheinlich. Die Boote tragen vor allem Möbelstücke: Betten, Hocker und Lehnstühle, Silbergeräte und Textilien, aber auch Reisig (*abattu*) als Brennmaterial. Die Namen der Bootsmänner und Verantwortlichen sind meist babylonisch. Da keine Angaben gemacht werden, woher die Boote kommen, und auch sonst keine typischen Fernhandelsgüter genannt werden, wird es sich um den Transport von lokal hergestellten Möbelstücken handeln. Man könnte an die Ausstattung von Beamten denken, die fern von Uruk ein Bauprojekt auf dem Lande leiteten. Im selben Jahr, dem 23. Jahr Nebukadnezars, ist das langjährige Bauprojekt in Raqqat-Šamaš in der Nähe von Sippar zum ersten Mal bezeugt, das bis ins erste Jahr des Kyros dauerte.[173] Man kann davon ausgehen, dass in Raqqat-Šamaš eine Arbeitersiedlung angelegt wurde, wo auch die Beamten wohnten. Der Bootskonvoi mit Möbelstücken und Brennmaterial gehörte vielleicht in diesen Kontext.

173 Siehe dazu Kleber 2008: 166ff.

159. NCBT 816

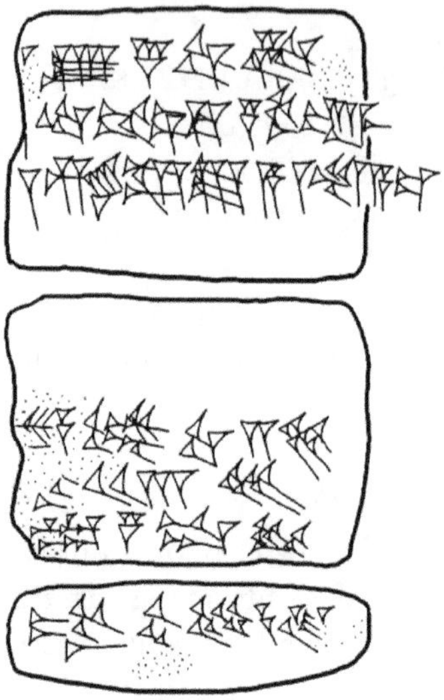

Vs 1 GÍN 4-*ut* KÙ.BABBAR
[*a*]-*na* KAŠ.SAG *šá* ^{lú}UMBISAG^{me}
^{m}*gi-mil-lu* A ^{m}ÌR-*a* GIŠ
Rs
[IT]I.SIG$_4$ UD.2.KAM
[M]U.23.KAM
[^{m}]^{d}AG-NÍG.DU-URÙ
Rd LUGAL TIN.TIR^{ki}

Übersetzung

1 ¼ Sekel Silber für erstklassiges Bier für die Schreiber hat Gimillu/Ardia erhalten.
2. Simānu des 23. Jahres Nebukadnezars, des Königs von Babylon.

Kommentar

Das Bier für den Verbrauch durch das Personal, das am Tempel arbeitet, wurde normalerweise durch Brauer hergestellt, die dem Tempel angehören. Gimillu ist ein solcher Brauer, zu seiner Karriere siehe Kleber 2005: 311–313. Dieser Text zeigt, dass in Ausnahmefällen Bier auch mit Silber gekauft wurde, vielleicht, wenn das Bier aus eigener Herstellung nicht ausgereicht hatte. 1 ¼ Sekel Silber weisen auf einen Ankauf von Mengen, die über den Tagesbedarf einer Gruppe von Schreibern hinausgehen.

160. YBC 4092

Vs 9 GUR 3 PI ŠE.BAR ŠÁM 8 GUR ZÚ.LUM.MA
i-mit-ti šá ^{m}*ki-di-nu* A-*šú šá* ^{m}*ṣil-la-a*
u ^{md}AG-SUR A-*šú šá* ^{m}*ap-kal-lu*$_4$ NÍG.GA
^{d}GAŠAN *šá* UNUG^{ki} *u* ^{d}*na-na-a*
ina UGU ^{md}EN-MU A-*šú šá* ^{m}*ba-la-ṭu* A ^{lú}A.ZU
ina ^{iti}GU$_4$ *ina ma-ši-ḫu šá* ^{d}GAŠAN *šá* UNUG^{ki}
ina É.AN.NA *i-nam-din ki-i*
ina ^{iti}DU$_6$ 4 GÍN KÙ.BABBAR *šá ina* 1 GÍN *su-ud-du-*⌜*u*?⌝
it-tan-na ú-ìl-tì-šú i-nam-ši
Rs ^{lú}*mu-kin-nu* ^{md}AG-MU-GIN A-*šú šá* ^{md}AG-NUMUN-TUK-*ši*
A ^{lú}ŠITIM ^{md}U.GUR-*ú-še-zib* A-*šú šá* ^{md}*šá*-^{d}⌜AG⌝-*šu-ú*
A ^{lú}Ì.DU$_8$ ^{m}*re-mut* A ^{md}U.GUR-MU
u ^{lú}UMBISAG ^{m}É.AN.NA-MU-DÙ A-*šú šá* ^{m}ŠEŠ^{meš}-*šá-a*
UNUG^{ki} ^{iti}KIN UD.10.KAM MU.34.KAM
^{d}AG-NÍG.DU-URÙ LUGAL TIN.TIR^{ki}

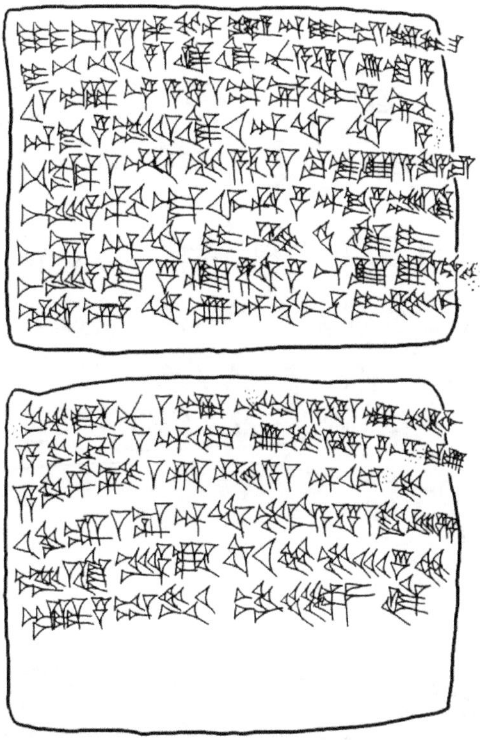

Übersetzung

9;3 Gerste, der Kaufpreis von acht Kor Datteln, die Pachtauflage von Kidinnu/Ṣillaja und Nabû-ēṭir/Apkallu, Eigentum der Herrin von Uruk und Nanājas, gehen zu Lasten von Bēl-iddin/Balāṭu/Asû. Im Monat Ajjāru wird er (die Gerste) im *mašīḫu*-Maß der Herrin von Uruk in Eanna geben. Falls er im Monat Tašrītu vier Sekel Silber mit einem Sechstel (Legierung) gibt, kann er seinen Verpflichtungsschein abholen (lit.: wegtragen).

Zeugen: Nabû-šumu-ukīn/Nabû-zēru-šubši/Itinnu
Nergal-ušēzib/Ša-Nabû-šū/Atû
Rēmūt/Nergal-iddin

und der Schreiber: Ajakku-šumu-ibni/Aḫḫēšaja

Uruk, den 10. Ulūlu des 34. Jahres Nebukadnezars, des Königs von Babylon.

Kommentar

Bēl-iddin kaufte den an den Tempel zu liefernden Anteil der Dattelernte von zwei Gärtnern auf und versprach, dafür entweder im Folgemonat vier Sekel Silber an den Tempel zu bezahlen oder einen höheren Gerstebetrag nach der Gersteernte im folgenden Frühjahr. Der Tempel verkaufte nur selten Datteln oder Gerste. Für das 34. Jahr Nebukadnezars sind einige recht niedrige Preise bezeugt (vgl. die Tabellen in Jursa 2010: 444 und 592), was einen Hinweis auf reichliche Ernte sein könnte. Vielleicht hatte Eanna kurzzeitig einen Ernteüberschuss.

161. PTS 2114

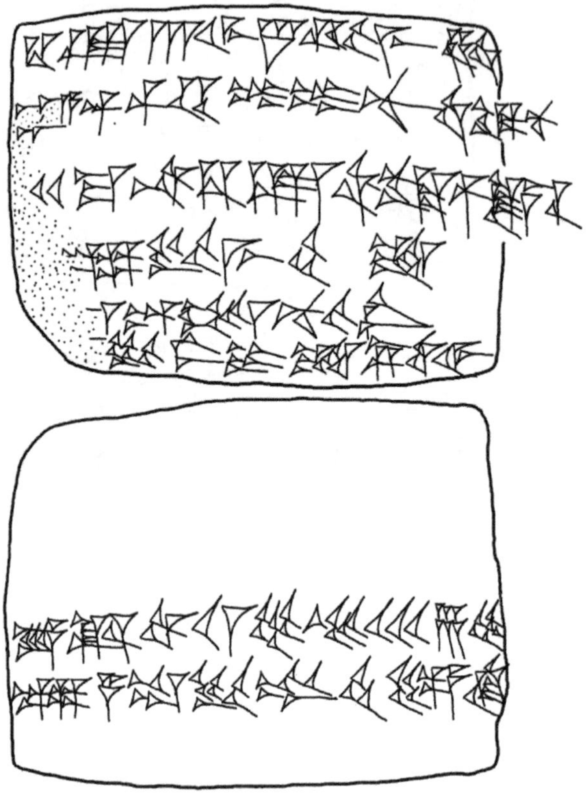

Vs ⅓ GÍN 3.IGI.4.GÁL.ME KÙ.BABBAR
⸢ŠÁM⸣ 1-*en gan-gan-nu* ZABAR!
[(10$^{?}$)+] ⸢20⸣ MA.NA ⅓ GÍN ZABAR KI.LÁ-*šú*
[^{m}]^{d}AG-ŠEŠ^{me}-TIN-*iṭ*
[A-*šú šá*] ^{md}AMAR.UTU-NUMUN-DÙ
[A ^{m}]ŠEŠ-DÙ-*i it-ta-ši*
Rs ^{iti}KIN UD.11.KAM MU.36.KAM
^{d}AG-NÍG.DU-URÙ LUGAL TIN.TIR^{ki}

Übersetzung

⅓ Mine (und) ¾ (Sekel) Silber, Kaufpreis von einem bronzenen Gefäßständer – [x?]+20 ⅓ Minen Bronze ist sein Gewicht – hat Nabû-ahhē-bulliṭ [Sohn des] Marduk-zēru-ibni [Nachkomme des] Aḫu-bani erhalten.
11. Ulūlu des 36. Jahres Nebukadnezars, des Königs von Babylon.

Kommentar

Z. 2: Der *gangannu* ist ein Gefäßständer, der einen Bottich bei der Bierherstellung hält.
Z. 4–6: Die Person ist in YOS 17, 32 als Zeuge belegt.

162. PTS 2483

Vs *ul-tu* UD.⸢3⸣[0$^{?}$.KÁ]M
šá ^{iti}⸢BÁRA⸣
šá u$_{4}$-⸢*mu*⸣ [x] PI KAŠ$^{ḫi.a}$
a-na ^{lú}KAB.SAR^{meš}
ù ^{lú}KÙ.DIM^{me}
i-din
Rs ^{iti}GU$_{4}$ UD.1.KAM
MU.2.KAM ^{d}AG-I
LUGAL TIN.TIR^{ki}

Übersetzung

Gib vom [30$^{?}$. Nis]ānu an täglich [x] *sūtu* Bier an die Juwelliere und Goldschmiede!
1. Ajjāru, 2. Regierungsjahr Nabonids, des Königs von Babylon.

Kommentar

Dieser Briefauftrag erteilte, wahrscheinlich mit um einen Tag rückwirkender Kraft, den Auftrag, Bier an Handwerker auszugeben. Es handelt sich nicht um einen Kauf. Der Adressat war der Bierbrauer von Dattelbier für den Verbrauch durch Arbeiter am Tempel. Zu diesen Brauern und die dezentrale Ausgabe von Nahrungsmitteln an Handwerker, siehe Kleber 2005.

163. NCBT 907

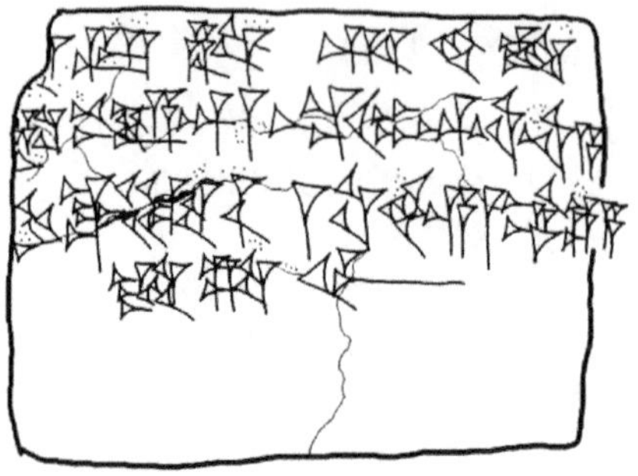

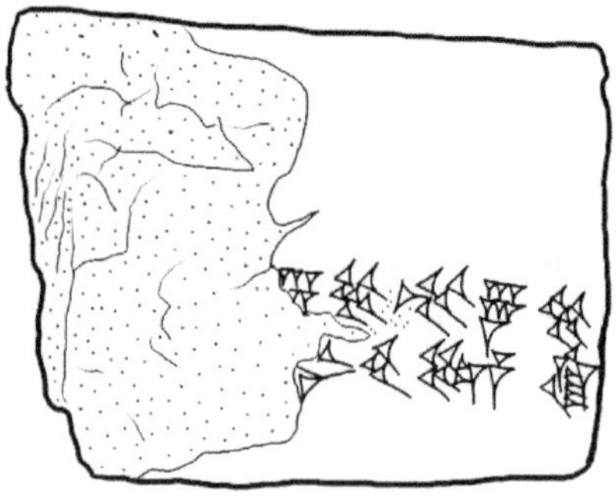

Vs [...] GÍN KÙ.BABBAR *re-ḫi-it*
[K]Ù.BABBAR ŠÁM ^{m}*ina*-GISSU-
^{d}*na-na-a*
^{lú}*qal-li-šú* ^{m}*pir-ʾu* A ^{m}*tab-né-e-a*
it-ta-ši
Rs [.................x+]6.KAM MU.7.KAM
[.............. LU]GAL TIN.TIR^{ki}

Übersetzung

[...] Sekel Silber, der Rest [des Silbers], Kaufpreises von Ina-ṣilli-Nanāja, seines Sklaven, hat Pirʾu/Tabnēa empfangen. [...]+6. des [Monats ...] des 7. Jahres [Nabonids], des Königs von Babylon.

Kommentar

Hier wird die Auszahlung eines Restbetrages vom Ankauf eines Sklaven notiert. Der Tempel hat nur in Ausnahmefällen Sklaven gekauft. Aufgrund von Parallelen ist es möglich, dass hinter diesem Kauf eine *datio in solutum* steht, d.h. dass hier nur der Wert des Sklaven, der die Höhe von Pirʾus Schulden übertraf, ausgezahlt wurde. Pirʾu, Sohn des Tabnēa aus der Familie Bāʾiru ist während der Regierungszeit Nabonids bezeugt (z.B. PTS 2840; AnOr 8, 25), daher wurde der Königsname entsprechend ergänzt.

164. BM 114468

Vs 3 GÍN KÙ.BABBAR ŠÁM GI^{meš}
⌜*šá ul-tu* É⌝.AN.NA ⌜*a-na* KÙ.BABBAR SUM.NA⌝
⌜x⌝ [..........] ⌜*ú ki iš*⌝ [.........]
šá [..........] *ki* [................]
[..........] ⌜x x⌝ [................]
[..........] MEŠ [................]
[..........] KÙ.BABBAR ⌜x⌝ [.........]
⌜x x⌝ ⌜GI^{meš}⌝ [....] ⌜x *ú*⌝
šá ina muḫ-ḫi-šú
Rs *i-na* GUB-*zu šá* ^{md}AG-GIN-⌜IBILA⌝
A-*šú šá* ^{m}*na-di-nu* A ^{m}*da-bi-bi*
^{m}*na-di-nu* A-*šú šá* ^{md}EN-DA A ^{md}30-TI-ÉR
^{m}EN-KAR-^{d}AG ^{lú}SAG LUGAL
^{lú}UMBISAG ^{m}*lu-ṣa-ana*-ZÁLAG-^{d}AMAR.UTU A-*šú*
šá ^{md}AG-ŠEŠ^{meš}-TIN A ^{m}*da-bi-bi*

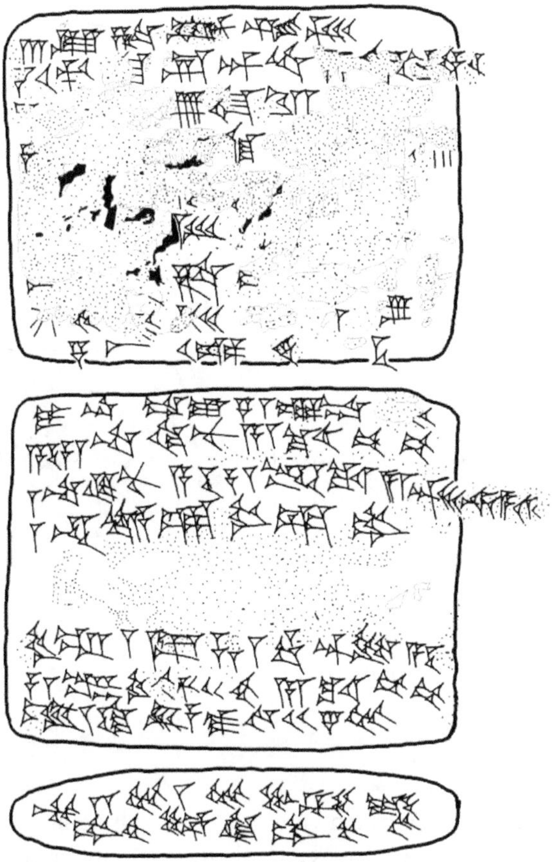

UNUG^{ki} ^{iti}ZÍZ UD.24.KAM
MU.2.KAM ^{m}*kam-bu-zi-ia*
LUGAL TIN.TIR^{ki} LUGAL KUR.KUR

Übersetzung

Drei Sekel Silber, der Kaufpreis von Rohr, das aus Eanna für Silber gegeben wurde. [zerstörter Textteil]… Rohr … das zu seinen Lasten geht.

In Anwesenheit von Nabû-mukīn-apli/Nādin/Dābibī.
Nādin/Bēl-le'i/Sîn-lēqi-unninni
Bēl-eṭēri-Nabû, der Höfling.

Schreiber: Lūṣi-ana-nūr-Marduk/Nabû-aḫḫē-bulliṭ/Dābibi

Uruk, den 24. Šabāṭu des 2. Jahres des Kambyses, des Königs von Babylon, des Königs der Länder.

Kommentar

Der Verkauf von Rohr durch den Tempel ist ungewöhnlich. Nabû-mūkin-apli ist der zu dieser Zeit amtierende *šatammu* des Eanna-Tempels.

165. PTS 2997

Vs 1 5 ½ MA.NA 7 ⸢GÍN⸣ [ZABAR$^{?}$]
ina IGI ^{m}*pir-ʾu* ⸢A-*šú šá*⸣ [PN]
KÙ.BABBAR *u-ki-i* ⸢ZABAR⸣ ⸢x x⸣
a-na É.AN.NA *i-nam-*[*din*]
Rs 6 MA.NA 1/3 5 GÍN ^{GAdA}*ṭu-man*
ina IGI ^{md}*na-na-a-*KAM ^{lú}*pu*$^{!}$*-ṣa-a-a*
2 SÌLA ŠE.GIŠ.Ì ^{m}MU-^{d}AG
^{lú}ÌR-[É.GAL$^{?}$]

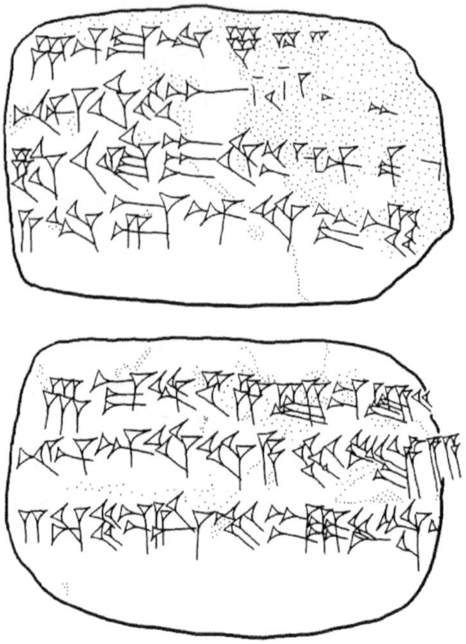

Übersetzung

5 ½ Minen und sieben Sekel [Bronze?] stehen zur Verfügung von Pirʾu /[...]. Silber oder Bronze wird er an Eanna bezahlen. Sechs Minen (und) 25 Sekel Leinenzwirn sind zur Verfügung von Nanāja-ēreš, dem Leinenweber. 2 *qû* Sesam (an) Iddin-Nabû, den Arch[i-tekten$^{?}$].

Kommentar

Es handelt sich hier um eine archivinterne Notiz. Ich nehme an, dass am Ende von Zeile 1 „Bronze" zu ergänzen ist. Wenn die Rückzahlung in Silber erfolgt, wäre dies ein Verkauf von Bronze durch Eanna, was ungewöhnlich wäre. Wahrscheinlicher ist eine Materialausgabe an einen Bronzeschmied. Wegen der Möglichkeit, auch in Silber zu zahlen, liegt eine besondere Situation vor, deren genaue Hintergründe wir aber nicht erfassen können. Die restlichen Einträge sind gewöhnliche Ausgaben an Handwerker.

9. Konkordanzen und Indices

Konkordanz der Museumsnummern zur Publikationsnummer

BM 113479	21
BM 114431	139
BM 114433	145
BM 114461	64
BM 114468	164
BM 114469	71
BM 114478	20
BM 114493	66
BM 114498	41
BM 114503	27
BM 114505	81
BM 114507	110
BM 114510	143
BM 114512	15
BM 114519	140
BM 114522	74
BM 114546	24
BM 114615	147
BM 114622	99
BM 114663	63
BM 114673	14
NBC 4819	149
NBC 4827	155
NBC 4892	42
NCBT 104	29
NCBT 105	114
NCBT 1255	69
NCBT 138	56
NCBT 159	47
NCBT 172	101
NCBT 191	97
NCBT 2339	54
NCBT 253	35
NCBT 257	34
NCBT 360	23
NCBT 388	86
NCBT 480	22
NCBT 481	90
NCBT 626	109
NCBT 644	17
NCBT 756	45
NCBT 802	46
NCBT 816	159
NCBT 859	83
NCBT 890	80
NCBT 907	163
NCBT 91	8
NCBT 939	28
NCBT 953	151
NCBT 98	111
PTS 2048	79
PTS 2085	32
PTS 2098	18
PTS 2100	38
PTS 2105	72
PTS 2112	39
PTS 2114	161
PTS 2116	138
PTS 2133	158
PTS 2141	10
PTS 2143	129
PTS 2144	9
PTS 2171	136
PTS 2213	128
PTS 2244	62
PTS 2245	104
PTS 2267	26
PTS 2277	2
PTS 2287	55
PTS 2289	11
PTS 2303	148
PTS 2324	95
PTS 2383	100
PTS 2384	73
PTS 2387	57
PTS 2400	16
PTS 2405	108
PTS 2409	78
PTS 2413	61
PTS 2424	58
PTS 2427	105
PTS 2432	127
PTS 2439	33
PTS 2448	134
PTS 2456	131
PTS 2476	82
PTS 2483	162
PTS 2500	30
PTS 2502	142
PTS 2510	60
PTS 2529	67
PTS 2530	92
PTS 2535	13
PTS 2592	146
PTS 2604	52
PTS 2625	43
PTS 2627	133
PTS 2630	89
PTS 2635	76
PTS 2655	77
PTS 2659	94
PTS 2679	75
PTS 2697	113
PTS 2699	3
PTS 2736	37

PTS 2738	117	PTS 2966	50	PTS 3439	130
PTS 2739	40	PTS 2969	115	PTS 3463	49
PTS 2746	122	PTS 2981	1	YBC 4092	160
PTS 2755	85	PTS 2984	59	YBC 4120	65
PTS 2785	48	PTS 2986	7	YBC 9053	68
PTS 2797	84	PTS 2997	165	YBC 9077	25
PTS 2803	154	PTS 2999	31	YBC 9137	135
PTS 2843	87	PTS 3004	156	YBC 9146	137
PTS 2849	44	PTS 3010	70	YBC 9149	98
PTS 2851	150	PTS 3015	132	YBC 9171	103
PTS 2858	12	PTS 3040	144	YBC 9176	102
PTS 2859	126	PTS 3055	120	YBC 9211	118
PTS 2873	91	PTS 3065	19	YBC 9215	116
PTS 2896	123	PTS 3082	107	YBC 9217	121
PTS 2898	93	PTS 3092	6	YBC 9217	125
PTS 2899	153	PTS 3116	4	YBC 9253	119
PTS 2905	36	PTS 3164	51	YBC 9316	96
PTS 2932	88	PTS 3174	106	YBC 9320	112
PTS 2947	5	PTS 3176	53	YBC 9530	124
PTS 2962	152	PTS 3319	141	YBC 9594	157

Index der Personennamen

Name Textnummer

⌜...⌝/[...]/Egibi 32
[...]/Nabû-nādin/[...], *ṭupšarru* 73
[GN]-mušēzib 21
[PN]/[PN]/Rēʾu 36
[PN]/Aplaja 7
[PN]/Bānia 42
[PN]/Innin-zēru-šubši/[FamN] 123
[PN]/Nabû$^{?}$-[...] 123
[PN]/Nergal-aplu-⌜uṣur⌝ 123
[PN]/Zēria/[PN] 101
[xxx]/Ša-pî-Bēl/Ea-[x x] 139
⌜x x x⌝/Balāṭu 84
ʾAb-jadaʿ/Aj-jadaʿ 87
Adad-ušēzib/Sāmiku 42
Aḫḫēšaja 86
Aḫḫēšaja/Abu-ul-īde 26
Aḫu-iddin, *širku* 79
[Aḫu-imm]ê?/Nabû-šallim............ 158
Aḫu-lūmur 59
Aḫu-lūmur/Nabû-aḫu-ēreš.............. 26
Aḫušunu/Arad-Ea 98
Ajakku-šumu-ibni/Aḫḫēšaja 44, 72, 112, 113, 115, 116, 122, 138, 142, 144, 160
Ajakku-šumu-ibni/Nabû-aḫu-iddin/Nanāja-ēreš 112
Ajjigāšu 77
Amēl-Nanāja/Bēl-uballiṭ/[...] 72
Amēl-Nanāja/Zākir 121, 125
Amurru-ḫār 78
Amurru-udammiq..............................3
Ana-muḫḫi-Nabû-taklāk..................95

Ana-muḫḫi-Nanāja-taklāk 95
Anu-šumu-ibni/Ibni-Ištar/Ašlāku, *ṭupšarru* 91, 126, 134
Apkallu 74
Apkallu, *išparu* 38
Apkallu/Nabû-ušallim 43
Apkallu/Nadnaja 8
Aplaja 83
Aplaja/Bēl-mansu 151
Aplaja/Marduk-nāṣir/Kidin-Marduk 115
Aplaja/Sîn-erība 155
Aplaja/Šulaja/Arad-Ea 23
Aplaja/Ubar 27
Arad-Bēl/Ṣillaja/Iddin-Papsukkal 24
Arad-Innin 21, 35
Arad-Innin/Amēl-Nabû/Bābilāja 11
Arad-Innin/Kūnaja 86
Arad-Innin/Nabû-le'i 38
Arad-Marduk/Marduk-šumu-iddin/ Bēl-aplu-uṣur, *ṭupšar Ajakki* 23
Arad-Marduk/Zēria/Egibi 23, 24
Arad-Nabû/Nanāja-ēreš 26
Ardaššu/Nabû-šamšia 147
Ardia/Nabû-gamil 106
Arrab 21
Arrab/Šamaš-uballiṭ 138
Balāssu 157
Balāssu, *mallāḫu* 158
Balāssu/Šumaja/Nabaja 63, 64, 93
Balāṭu 5, 41, 42, 86, 91
Balāṭu/Arad-Nabû 70
Balāṭu/Arad-Nabû/Ṣāhit-ginê ... 44, 91, 107, 108 114, 115, 116, 120, 121, 124, 125, 126, 131, 132, 135, 136, 137
Balāṭu/Šumaja/Iddin-Papsukkal 65, 97, 132
Bānia/Kalbaja/Rab-banê 118
Bānia/Nabû-balāssu-iqbi/Sîn-lēqi-unninni 140, 143
Bānia/Tabnēa/Bā'iru (=Ea-bān-zēri) 97
Bānia/Taqīš-Gula 19
Bazūzu, *mallāḫu* 158
Bazūzu/Arad-Innin/Nabû-le'i 38
Bēl-x x x 3, 155
Bēl-aḫḫē-erība, *sasinnu* 50
Bēl-aḫḫē-erība/Šamaš-iddin, *tamkāru*. 6
Bēl-aḫḫē-iqīša/Mušēzib-Marduk/ Egibi 44, 65
Bēl-ēṭir 19
Bēl-eṭēri-Nabû, *ša rēš šarri* 164
Bēl-ēṭir-napšāti, *ša rēš šarri* 127
Bēl-ibni 3
Bēl-ibni, *ša rēši* 79
Bēl-ibni/Bulluṭ/Bā'iru 72, 104
Bēl-ibni/Mukīn-zēri 94
Bēl-ibni/Nādin/Bābūtu 11
Bēl-iddin 84
Bēl-iddin/Ardia 54
Bēl-iddin/Balāṭu/Asû 160
Bēl-iddin/Bēl-aḫḫē-⸢iddin⸣ 56
Bēl-iddin/Munabbitu 26
Bēl-iddin/Nabû-ahu-iddin 41
Bēl-iddin/Nabû-ēṭir 7
Bēl-kāṣir, *bēl piqitti* 158
Bēl-kāšid-a[jjābi], *ša rēš šarri* 141
Bēl-le'i/Šulaja/Rē'i-sīsê 11
Bēl-nādin-[x] 3
Bēl-nādin-apli/Zēr-Bābili/Ile'i-Marduk 71, 72, 113, 119, 120, 121, 122, 124, 125, 126, 128, 129, 131, 133, 135, 136, 139
Bēl-šumu-iškun/Iddinaja 26
Bēlšunu, *mallāḫu* 158
Bēlšunu/Ibni-ilī 89
Bēlšunu/Kudurru 86
Bēlšunu/Nabû-ahhē-iddin/Egibi 91, 99, 101, 102, 105, 106, 115, 117, 120, 124, 128
Bēlšunu/Nabû-ahhē-iddin/Nabû-ušallim 130
Bēlšunu/Šamaš-nāṣir/Egibi 63, 64
Bēl-uballiṭ, *bēl piqitti* 158
Bēl-uballiṭ/Bēl-aḫḫē-erība/Ša-ṭābtišu 97, 109

Bēl-uballiṭ/Ea-iddin/Amēl-Ea 137
Bēl-uballiṭ/Rēmūt-ilī 155
Bēl-uballiṭ/Šumu-ukīn/Kurî 116
Bēl-usāt/Marduk-šumu-līšir/Bēl-uṣur .36
Bu[...], *qallu* von Nabû-šarru-uṣur . 32
Bunene-šumu-ukīn/Šulaja/Mandidu 137
Dajjān-Marduk/Bēl-šumu-iškun/Bēl-aplu-uṣur 99
Dajjān-Marduk/Rēmut/Rab-līmi 63, 64
Dummuq/Bā'iru 2
Dummuqu/Kuzub-ilāni 1
Ea-bān-zēri/Nabû-ibni/Šangû-[Ea] .. 11
Ea-bān-zēri/Tabnēa/Bā'iru (= Bānia) 93, 96
Erība-[...] 42
Saggil-šummaḫu'a, *rab kāṣir* 3
Ezu-pāšir, *mār šipri* 89
Gabbi-ilāni-šarru-uṣur, *qīpu* von Eanna 14
Gilû/Kuzub-ilāni 1
Gimillu 40, 42
Gimillu/Aḫu-lūmur 91
Gimillu/Arad-Innin 42
Gimillu/Ardia 159
Gimillu/Innin-šumu-uṣur 142
Gimillu/Innin-zēru-ibni/Gimil-Nanāja 132
Gimillu/Marduk-ēreš 117
Gimillu/Marduk-rēmanni 149
Gimillu/Nabû-šumu-iddin 76
Gimillu/Šamaš-zēru-ibni, *rab kāri* ... 67
Gimillu/Šulaja/Arad-Ea 23
Gimillu/Zēria 30
Gimillu/Zēria/Šigû'a 53, 63, 64, 70, 97, 98, 99, 104, 106, 110, 117, 119, 128
Gula-zēru-uṣur/Balāssu 109
Guzānu 42
Ibaja/Marduk-ēṭir 142
Ibnaja/Bu-[...] 80
Ibnaja/Tabnēa/Bā'iru 36
Ib[ni-...]/Ištar-rēṣu'a 42
Ibni-⌜x⌝/Busasa 149
Ibni-Ištar 61
Ibni-Ištar/Manna-dāmu 46
Ibni-Ištar/Nabû-iqīša 91
Iddia 40
Iddinaja/Innin-šumu-ibni 41
Iddinaja/Tabnēa 149
Iddin-Nabû, *arad* [*ēkalli*] 165
Iddin-Nabû/Šākin-šumi/Gimil-Nanāja 104
Imbia/Taqīš-Gula 146, 156
Ina-ṣilli-Nanāja 47
Ina-ṣilli-Nanāja, *mušākil alpī* 48
Ina-ṣilli-Nanāja, Sklave (*qallu*) von Pir'u/Tabnēa 163
Ina-ṣilli-Nanāja, *ša rēši* 13
(Ina)-Tēšî-ēṭir/Zēru-kitti-līšir/Nūr-Sîn 63, 64
Innin-ahhē-iddin 42
Innin-šumu-ibni/Nabû-bēlšunu 41
Innin-šumu-uṣur/Arad-[...] 142
Innin-šumu-uṣur/Bēl-ahhē-iddin 15
Innin-šumu-uṣur/Iddin-Nabû 27
Innin-šumu-uṣur/Innin-zēru-šubši/Hunzû 66
Innin-šumu-uṣur/Mār-Bēl-dajjān .. 131
Innin-šumu-uṣur/Mār-bēl-dān 114
Innin-šumu-uṣur/Nanāja-ēreš . 15, 122
Innin-šumu-uṣur/Ṭāb-Uruk 126
Innin-zēru-ibni/[PN], *mār šipri* 89
Innin-zēru-ibni/Nabû-ušallim/Ekur-zākir 140
Innin-zēru-iqīša//Mahhû? 22
Innin-zēru-šubši/[......]/Ṣāhit-ginê....108
Innin-zēru-šubši/Anu-ahu-iddin/Šu'āti 144
Innin-zēru-šubši/Balāssu 14, 65, 70, 71, 81, 99, 101, 106, 110, 114, 115, 117, 118, 122, 128, 130, 131, 133, 134, 135
Innin-zēru-šubši/Balāssu/[Arad?]-Ištar 105
Innin-zēru-šubši/Balāssu/Dā'iqu 91, 124, 126

Innin-zēru-šubši/Nabû-aḫu-iddin 91
Innin-zēru-šubši/Nabû-balāssu-iqbi 156
Iqīšaja/Bēl-ibni 92
Iqīšaja/Iddin-[x], *išparu* 6
Iqīšaja/Nabû-ušallim 1
Ištar-[x x]/Nabû-šumu-ukīn 27
Ištar-aḫḫē-erība/Ištar-ušallim 80
Ištar-aḫu-iddin/Ina-ṣilli-Nanāja 38
Ištar-aḫu-iddin/Nabû-mušētiq-uddê 39
Ištar-aḫu-uṣur, *mār šipri* von Nabû-šarru-uṣur/Hat[...] 141
Ištar-ālik-pāni, *bēl piqitti* von Nabû-šarru-uṣur, *ša rēš šarri* 36
Ištarān-zēru-ibni 57
Ištarān-zēru-ibni/Sîn-iddin 71, 81, 128, 131, 136
Ištar-mukīn-apli/Innin-zēru-šubši 15, 144
Ištar-mukīn-apli/Zēria 121, 124, 125, 129, 143
Ištar-mukīn-apli/Zēru-līšir 70
Ištar-mukīn-apli/Zērūtu 52
[Ištar?]-rēṣu'a, *qallu* von Šamaš-uballiṭ... 77
Ištar-zēru-ibni/Amurru-*il-tam-lu-u*...143
Ištar-zēru-ibni/Nabû-ušallim 48
Ištar-zēru-ibni/Šākin-šumi/Gimil-Nanāja 134
Itti-Ajakki-būdia/Iddin-Marduk, *širku* der Herrin von Uruk 103
Itti-Ištar-⌜gūzu⌝?/Nabû-zēru-[...] 2
Kabtia/Marduk-nāṣir-zēri, *ṣāḫitu* (oder: *atû*) 5
Kalbaja 150
Kalbaja, *musaḫḫiru* 19
Kāṣir/Zēria/Bēl-aplu-uṣur 41
Kidinnu/Ṣillaja 160
Kīnaja/[...] 123
Kīnaja/[...]-ja 73
Kīnaja/Innin-līpi-uṣur 42
Kīnaja/Nabû-zēru-iddin 71
Kīnaja/Nādin/Dābibī 147
Kīnaja/Zēria 142
Kīnēaja/Kīnaja 101
Kiribtu/[...] 141
Kudurru, *šatammu* 2
Kudurru/Nabû-ālu-lūmur 1
Kudurru/Nabû-nāṣir, bēl piqitti 158
Kudurru/Nabû-zēru-iddin 7
Kulbībi 21
Kurbanni-Marduk, *šatammu* von Eanna 21
Kurbanni-Marduk/Šamaš-iddin 5
Libluṭ, *musaḫḫiru* 19
Lūṣi-ana-nūri 21, 55
Lūṣi-ana-nūr-Marduk/Nabû-ahhē-bulliṭ/Dābibi 164
Luttūa, *zābil* ⌜x⌝.............................. 42
Madānu-aḫḫē-iddin 21, 153
Madānu-aḫḫē-iddin/Gimillu/Šigû'a 14, 145, 147
Marduk/Baddia 16
Marduk/Marduk-nāṣir/Gimil-Nanāja 71
Marduk/Rēmūt 1
Marduk-[....] 42
Marduk-[x x]/Zēria/[FamN] 123
Marduk-aplu-uṣur/Kabtia/Šigû'a 23
Marduk-erība, *mallāḫu* 158
Marduk-erība/Bēl-iddin/Šigû'a .100, 107
Marduk-nāṣir//Ṣāḫit-ginê 85
Marduk-nāṣir/Bābia, *šatammu* von Eanna 1
Marduk-nāṣir/Šumaja 80, 83
Marduk-šākin-šumi 78
Marduk-šāpik-zēri, *šatammu* von Eanna 32
Marduk-šāpik-zēri/Marduk-šarrāni/Šangû-Ninurta 53
Marduk-šumu-ibni/Nabû-šumu-iddin 153
Marduk-šumu-iddin/Nabû-aḫḫē-uṣur/Balāṭu 23
Marduk-šumu-iddin/Nabû-balāssu-iqbi/Gimil-Nanāja 44, 81, 91, 110,

111, 112, 113, 114, 115, 116, 117, 118, 119, 120, 121, 122, 125, 133, 135, 136, 137, 139
Marduk-šumu-iddin/Nādin/Sūtia . 143
Marduk-šumu-līšir/Balāssu/Nūr-Sîn ... 11, 137
Marduk-šumu-līšir/Rēmūt/Bēl-usāt ..32
Marduk-šumu-uṣur, *bēl piqitti* 158
Marduk-šumu-uṣur/Bēl-ahhē-erība/Sîn-šadûnu ... 96
Marduk-šumu-uṣur/Zērūtu ... 7
Marduk-⌜uballiṭ⌝? ... 155
Marduk-zēru-ibni/Balāssu ... 152
Marduk-zēru-ibni/Bēl-ahhē-iddin/Adad-šamê ... 93
Marduk-zēru-ibni/Etellu/Egibi 138
Marduk-zēru-ibni/Kalbi ... 7
Marduk-zēru-ibni/Nabû-iddin 34
Marduk-zēru-ibni/Taqīš-Gula 105
Marduk-⌜zēru?-iddin?⌝/Arad-Nabû/Nabūtu ... 129
Mukkēa/Bēlšunu ... 113
Mūrānu, ṭupšarru ... 21
Mūrānu/Nabû-ēṭir/Saggilaja . 103, 143
Mušallim-Marduk/Iddin-Nabû/Šangû-Nabû ... 119
Mušallim-Marduk/Uraš-nāṣir 149
Mušēzib-Bēl/Aplaja/Arrabtu 44, 66, 71, 91, 96, 99, 103, 104, 109, 110, 111, 117, 118, 119, 120, 122, 133, 134, 138
Mušēzib-Bēl/Nabû-ušēzib, Sohn des *rab bābi* ... 77
Mušēzib-Bēl/Suhaja ...41
Mušēzib-Marduk/[GN-mu]šētiq-uddê/[...] ... 32
Mušēzib-Marduk/Zērūtu/Ḫunzû .. 135
Na[din?-...] ... 42
Nabopolassar ... 3
Nabû-aḫḫē-bulliṭ[/]Marduk-zēru-ibni[/]Aḫu-bani ... 161
Nabû-aḫḫē-bulliṭ/Šamaš-zēru-iqīša .. 42
Nabû-aḫḫē-bulluṭ, Bābilaja ... 139
Nabû-aḫḫē-bulluṭ/Aplaja ... 139
Nabû-aḫḫē-iddin ... 90
Nabû-aḫḫē-iddin, *mallāḫu* ... 158
Nabû-aḫḫē-iddin/Nadnaja/Išparu ... 70, 137
Nabû-aḫḫē-iddin/Nergal-nāṣir/Išparu ... 72, 139, 140, 141
Nabû-aḫḫē-iddin/Nergal-ušallim 7
Nabû-aḫḫē-iddin/Ša-Nabû-šū, *šākin ṭēmi* von Uruk ... 96
Nabû-aḫḫē-šullim ... 7
Nabû-aḫḫē-šullim/Aḫu[...]/Paḫāru .140
Nabû-aḫḫē-šullim/Kalum ... 66
Nabû-ahu-ēreš/Bibēa ... 53
Nabû-ahu-iddin, *ša rēš šarri bēl piqitti* von Eanna 23, 24, 147
Nabû-ahu-iddin/Nanāja-ēreš 112
Nabû-aplu-iddin ... 5
Nabû-aplu-iddin/Bēlšunu/Rē'i-sīsê ... 11, 12
Nabû-aplu-iddin/[Bēl-uballiṭ]/Ša-ṭābtišu ... 24
Nabû-balāssu-iqbi ... 153
Nabû-balāssu-iqbi/Bēl-ušallim 151
Nabû-balāssu-iqbi/Mušallim-Marduk/Gimil-Nanāja ... 93
Nabû-balāssu-iqbi/Nabû-ēṭir/Šangû-parakki ... 32, 65, 93
Nabû-balāssu-iqbi/Nabû-ēṭir/Sîn-lēqi-unninni ... 116
Nabû-bān-aḫi ... 42
Nabû-bān-ahi, mallāhu ...158
Nabû-bān-ahi, sartennu ...62
Nabû-bān-ahi/Arad-Bēl/Sāhiṭ-ginê..105
Nabû-bān-ahi/Arad-[Nabû?] ...142
Nabû-bān-ahi/Arad-Nabû/Ṣāhit-ginê 53, 108, 132
Nabû-bān-ahi/Ibnaja/Ekur-zākir91, 98, 100, 102, 114, 138
Nabû-bān-ahi/Nabû-balāssu-iqbi/Sîn-lēqi-unninni71, 93, 109, 118, 144, 145

Nabû-bān-aḫi/Nabû-zēru-iddin 71
Nabû-bēl-šumāti/Marduk-erība 151
Nabû-bēlšunu/Nabû-ušabši 91
Nabû-ēreš/Zabidaja 97
Nabû-erība 146
Nabû-ēṭir/Nabû-aḫḫē-iddin/
Šangû-Ninurta 105
Nabû-ēṭir/Šamaš-udammiq/Arkāt-
ilī 63, 64
Nabû-ēṭir/Apkallu 160
Nabû-ēṭir/Nabû-aḫḫē-iddin/Šangû-
Šamaš 102
Nabû-ēṭir-napš[āti][?], *bēl piqitti* 158
Nabû-ēṭir-napšāti/Arad-Bēl/
Egibi 14, 147
Nabû-ēṭir-napšāti/Arad-Bēl/Rēʾu ... 145
Nabû-ēṭir-napšāti/Bēl-iqīša 141
Nabû-ēṭir-napšāti/Nabû-ʿaqab 133
Nabû-hīṭu-ul-ide, *mallāḫu* 158
Nabû-ibni, *bēl piqitti* 158
Nabû-iddin 90
Nabû-iddina/Imbia 1
Nabû-ikṣur/Nergal-šumu-ibni 77
Nabû-iqīša/Šamaš-zēru-ibni 91
Nabû-kāṣir/Mušēzib-Nabû 14
Nabû-kēšir/Zēru-ibni 127
Nabû-kibsū-šarri-uṣur, *qīpu* von
E[babbar] 32
Nabû-mukīn-apli, *mallāḫu* 158
(zwei verschiedene Männer desselben
Namens und Berufs)
Nabû-mukīn-apli/Ajakku-līpi-uṣur/
Sîn-lēqi-unninni . 98, 101, 102, 103,
105, 119, 128
Nabû-mukīn-apli/Būnānu 147
Nabû-mukīn-apli/Nādin/Dābibī,
šatammu von Eanna 23, 24, 164
Nabû-mukīn-apli/Zēria 14, 15
Nabû-mukīn-zēri/Ea-[ibni] 105
Nabû-mušētiq-uddê 77, 157
Nabû-mušētiq-uddê/Balāssu 44, 69, 136
Nabû-nādin-šumi/Bēl-zēri 55
Nabû-nādin-šumi/Nabû-ilia 41
Nabû-nādin-šumi/Nūr-Adad 31
Nabû-nādin-šumi/Ṣillaja 63, 64
Nabû-nāṣir/Ina-Esangila-zēri/
Šangû-Ea 11
Nabû-nāṣir/Lāqīpu 148
Nabû-nāṣir/Zabidaja 53
Nabû-rēmanni, *qīpu* 1
Nabû-ṣābit-qātī/Jāʾ-iltappu 91
Nabû-šarru-uṣur 32
Nabû-šarru-uṣur, *rab bīti* von
Šamaš-ēreš, *tašlīšu* 36
Nabû-šarru-uṣur, *ša rēš šarri* (*bēl
piqitti ajakki*)..14, 15, 36, 40, 98, 140
Nabû-šarru-uṣur/[...] 42
Nabû-šarru-uṣur/Hat[...] 141
Nabû-šemeʾanni 142
Nabû-šumu-ēreš, *aškāpu* 152
Nabû-šumu-ēreš, *mallāḫu* 51
Nabû-šumu-ibni/Bēl-īpuš 155
Nabû-šumu-ibni/Zabidaja 5
Nabû-šumu-iddin/Rēmūt 26
Nabû-šumu-iddin/Šākin-šumi 4
Nabû-šumu-līšir/Marduk-nāṣir 54
Nabû-šumu-ukīn/Bēl-aḫḫē-erība ... 109
Nabû-šumu-ukīn/Nabû-zēru-šubši/
Itinnu 160
Nabû-šumu-ukīn/Nergal-uballiṭ ... 155
Nabû-šumu-uṣur, *tamkāru* 88
Nabû-tabni-uṣur/Bēl-īpuš/Sîn-tabni. 100
Nabû-tabni-uṣur/Ea-ibni 114
Nabû-tukultī, *bēl piqitti des qīpu* ... 129
Nabû-uballiṭ, *mallāḫu* 158
Nabû-ušallim 154
Nabû-ušallim, *bēl piqitti* 158
Nabû-ušallim/Balāssu/Sîn-tabni 100
Nabû-ušallim/Bēl-ēreš/Sîn-lēqi-
unninni 111
Nabû-ušallim/Kudurru/Rēʾi-sī[sê] . 137
Nabû-ušēzib, *rab bābi* 19
Nabû-ušēzib, *širku* 79
Nabû-uṣuršu, *mallāḫu* 158

Nabû-zēru-ibni 86, 155
Nabû-zēru-ibni/Iqīšaja 149
Nabû-zēru-iddin, *nappāḫu* 154
Nabû-zēru-iqīša/Nanāja-ibni 107
Nabû-zēru-līšir, *bēl piqitti* 158
Nabû-zēru-šubši/Nādin/Kānik-bābi..120
Nabû-zēru-ukīn/Innin-šumu-uṣur/ ⌜Itinnu?⌝ 130
Nabû-zēru-ukīn/Nabû-nāʾid/⌜x x⌝ 98
Nabû-zēru-ukīn/Nanāja-ēreš 29
Nādin 3, 5, 42, 75, 79
Nādin, *bēl piqitti* 158
Nādin, *mallāḫu* 158
Nādin/[PN] 77
Nādin/[PN]/Išparu 102
Nādin/Aplaja/Aḫûtu 81
Nādin/Arad-Bēl/Ṣāḫit-ginê 110
Nādin/Bēl-aḫḫē-iqīša/Egibi, (*ṭupšar ajakki*) 23, 24, 140, 143, 145, 147
Nādin/Bēl-leʾi/Sîn-lēqi-unninni 164
Nādin/[Iddin]-Marduk (vielleicht mit Bēl-nādin/Iddin-Marduk/Nūr-Sîn identisch) 7
Nādin/Marduk 155
Nādin/Nergal-nāṣir/Išparu 66, 94, 96, 106
Nādin/Uraš-šumu-uṣur/Bēl-eṭēri 65
Nādin-aḫi 17, 18
Nādin-aḫi, *nagāru* 5
Nādin-aḫi/Nabû-iddin, *mār Barsip* . 155
Nādin/Zababa-ēreš 42
Nadnaja/Amme[ni-il]? 68
Naʾid-Marduk 61
Namrī-[x]/Šumu-ukīn 91
Nanāja-aḫu-iddin 41
Nanāja-aḫu-iddin/Ištar-rēṣuʾa 42
Nanāja-aḫu-iddin/Lāqīpu 148
Nanāja-ēreš, *pūṣāja* 165
Nanāja-ēreš, *šangû* 2
Nanāja-ēreš/Nabû-aplu-iddin 156
Nanāja-iddin 60
Nanāja-iddin/Nabû-bān-aḫi 38
Nanāja-iddin/Šumu-ukīn, *rab širki* . 26
Nanāja-iddin/Šumu-uṣur 61
Nanāja-uṣalli/Ina-ṣilli-Nanāja 40
Nergal-ēṭir/Nabû-aḫḫē-iddin/ Šangû-Šamaš 104
Nergal-ēṭir/Nabû-erība 26
Nergal-ibni/Nanāja-ibni 100
Nergal-iddin, *rab banê* 158
Nergal-ina-tēšî-ēṭir/Nergal-šumu-ibni 150
Nergal-nāṣir 48
Nergal-nāṣir/Aqara 26
Nergal-nāṣir/Aqara/Bēl-aplu-uṣur 63, 64
Nergal-nāṣir/Bēl-iddin/Bēl-aḫḫē-⌜iddin⌝ 56
Nergal-⌜šumu?⌝-iddin 61
Nergal-šumu-iddin/Ina-tēšî-ēṭir/ Hunzû 124
Nergal-uballiṭ, *mallāḫu* 158
Nergal-ušallim/Bābia, *rab būli* 62
Nergal-ušallim/Šarēdu/[x x] 110
Nergal-ušēzib, *ša šarri* 91
Nergal-ušēzib/Ša-Nabû-šū/ Atû 130, 160
Nidintu/Aḫḫēšu 19, 58
Nimria/Mandâšu 9
Nūrea/[Bu]nene-ibni 75
Nūrea/Ibni-Ištar/Kurû 120
Nūrea/Nanāja-ahu-iddin, *ša kurummat šarri* 81
Pirʾu/[...] 165
Pirʾu/Kūnaja 73
Pirʾu/Tabnēa 163
Qīštia, *širku* 79
Rēmūt, *kutimmu* 5
Rēmūt, sasinnu 57
Rēmūt/Nergal-iddin 160
Rikis-kalāma-[Bēl] 158
Silim-Bēl/[...] 73
Silim-Bēl/Aplaja 112

Silim-ili 42
Silim-ili, *ša rēši ša muḫḫi quppi ša šarri* 23
Silim-ili/Nanāja-ēreš 42
Sîn-ēreš/Nabû-šumu-[līšir?] 142
Sîn-iddin, qīpu von Eanna 77, 112, 137, 139
Ṣillaja 74, 79
Ṣillaja, *bēl piqitti* 158
Ṣillaja, *išparu* 38, 142
Ṣillaja/⌜GN-ēṭir⌝? 139
Ṣillaja/Kūnaja 26
Ṣillaja/Marduk-šarrāni 5
Ṣillaja/Nādin 74
ᶠṢīraja/Marduk 132
Ša-Bēl-lū[mur], *mallāḫu* 158
Ša-Bēl-⌜uddê⌝, *qallu* des *šatammu* 28
Šadunu/Mušēzib-Bēl/Aqar-Sîn 23
Šadûnu/⌜Mušēzib-Bēl⌝/Nūr-Sîn 24
Šadûnu/Nergal-iddin 104
Šamaš-[…] 73, 157
Šamaš-[…]/Bēl-iddin, *mallāḫu* 51
Šamaš-[xx]/Nabû-balāssu-iqbi/ Mandidu 27
Šamaš-bāni 61
Šamaš-ēreš, *tašlīšu* 36
Šamaš-erība, *pūṣāja* 82
Šamaš-ibni, *mār šipri* 62
Šamaš-ibni/Lâbâši-ili, *mallāḫu* 38
Šamaš-iddin, *nāqidu* 55
Šamaš-udammiq/Iqīšaja/Rēʾu 32, 107, 129
Šamaš-mukīn-apli/Madānu-aḫḫē-iddin/Šigûʾa 23
Šamaš-pirʾu-uṣur/Šadûnu/Hunzû 24
Šamaš-rēmanni, *mallāḫu* 158
Šamaš-šarru-uṣur/Bēlšunu 113
Šamaš-šumu-iddin/Nabû-balāssu-iqbi/Sîn-lēqe-unninni 105
Šamaš-šumu-ukīn/Šulaja/Mandidu . 71
Šamaš-tabni-uṣur/Marduk-šāpik-zēri/ Sîn-lēqi-unninni 23
Šamaš-uballiṭ (= vielleicht Šamaš-uballiṭ/Amēl-Nanāja) 55
Šamaš-uballiṭ 61, 77
Šamaš-uballiṭ/Amēl-Nanāja 44, 45
Šamaš-udammiq/Iqīšaja/Rēʾi-(alpi) ..32, 44, 66, 96, 99, 100, 103, 107, 111, 117, 129
Šamaš-zēru-ibni 18
Šamaš-zēru-ibni, *mallāḫu* 158
Šamaš-zēru-ibni/Nabû-uballiṭ 97
Ša-Nabû-išallim/Nabû-[...] 142
Ša-Nabû-šalim, *mallāḫu* 158
Ša-Nabû-šū, šākin ṭēmi von Uruk ... 97
Ša-Nabû-šū/Ardia, *pātiḫu ša eleppi* .. 38
Ša-pī-kalbi 42
Šarru-ilūʾa, *mallāḫu* 158
Širikti/Šumaja 42
Širiktu 55
Šulaja/Iddinaja/Saggilaja 143
Šulaja/Iddinaja/Ileʾi-Marduk 96
Šulaja/Nabû-šumu-iškun 124
Šumaja/Bēl-aḫḫē-iddin 149
Šumaja/Bēlšunu 80
Šumaja/Ibni-Ištar/Ašlāku, *ṭupšarru* ..15, 107, 111, 140, 144
Šumu-ukīn 150, 155
Šumu-ukīn/Aplaja/Itinnu 96
Šumu-ukīn/Bēl-zēri 77
Šumu-ukīn/Nabû-balāssu-iqbi/ Gimil-Nanāja 91
Šūzubu/Nanāja-ēreš 91
Tabnēa/[....]/ Ṣāhit-ginê 108
Talīmu/Banītu-ēreš 145
Talīmu/Ibni-Ištar 42
Talīmu/Marduk-erība 10
Tarību/Bēl-iqīša 36
Tarību/Mukīn-zēri/Sîn-[lēqi-unninni?] 130
Upāqu/Nanāja-ibni 9, 102
Zababa-aḫḫē-uṣur?/Širiktu/Šangû-Bābili 36
Zēria 83, 86, 142

Zēria, *mallāḫu* ... 158
Zēria/Aqaraja/Nappāhu ... 11
Zēria/Bulluṭ/Balāṭu ... 32, 65
Zēria/Ibnaja/Egibi ... 93
Zēria/Marduk-[...] ... 110
Zēria/Nabû-īpuš/Bēlaja ... 93
Zēria/Nadnaja ... 35, 139
Zēria/Nanāja-ahu-iddin ... 38
Zēria/Šulaja ... 142
Zēria/Zabudā ... 73
Zērūtu, *nagāru* ... 58
Zērūtu, *širku* ... 79
Zērutu/[PN]/[Kur]ī? ... 32
Zērūtu/Šamaš-erība ... 35
Zērūtu/Zabīdaja ... 82
Zēru-ukīn/Basia ... 46
Zēru-ukīn/Bēl-ibni/Šangû-[GN] ... 36
Zēru-ukīn/Saggil-zēri ... 46
Zēru-ukīn/Tabnea ... 142

Index der Ortsnamen

In Uruk ausgestellte Texte sowie die Stadt Uruk in Eigennamen wie „Herrin von Uruk“ oder Amtstiteln (*šākin ṭēmi* von Uruk) wurden nicht in diesen Index aufgenommen.

Ortsname Textnummer

ʿAqab ... 36
Ägypten ... 18
Babylon ... 2, 24, 36, 41, 51, 139
Bīt-ukā[n] ... 137
Borsippa ... 155
Dilmun ... 25
Eridu ... 11
Ḫašubāta (oder Ḫašumāta) ... 10
Isin ... 77
Jamānu ... 17, 18
Kurbat ... 100
Larsa ... 91
Libanon ... 17, 18
Maškan-Ili ... 23
Meerland ... 19
Nagītu ... 96
Naḫbutu ... 23
Sīḫu ... 73
Sūḫu ... 10, 16
Teima ... 7
Tikrit ... 148
Til-⸢...⸣ ... 23
Transpotamien ... 15, 24
Udannu ... 138
Upia ... 15
Uruk ... 44, 72, 147

10. Bibliographie

Abkürzungen

AfO (Beih.) = Archiv für Orientforschung (Beiheft)
AOAT = Alter Orient und Altes Testament
AUWE = Ausgrabungen in Uruk-Warka, Endberichte
BBVO = Berliner Beiträge zum Vorderen Orient
BIN = Babylonian Inscriptions in the Collection of James B. Nies
BM = Tafeln am British Museum, Department of the Ancient Near East
CM = Cuneiform Monographs
CT = Cuneiform Texts from Babylonian Tablets in the British Museum
FLP = Tafeln an der Free Library of Philadelphia
GC = R.P. Dougherty, Goucher College Cuneiform Inscriptions (I and II)
JCS = *Journal of Cuneiform Studies*
NABU = Nouvelles Assyriologiques Brèves et Utilitaires
NBC = tablets in the Nies Babylonian Collection (at Yale)
Nbk. = J.N. Strassmaier, Inschriften von Nabuchodonosor, König von Babylon
Nbn. = J.N. Strassmaier, Inschriften von Nabonidus, König von Babylon
NCBT = Newell Collection of Babylonian Tablets (at Yale)
OIP = Oriental Institute Publications
PTS = Tafeln im Princeton Theological Seminary
RA = Revue d'Assyriologie et d'Archéologie Orientale
RGTC = Répertoire Géographique des Textes Cunéiformes
Sack, CD = R.H. Sack, *Cuneiform Documents from the Chaldean and Persian Periods*
TBER = J.-M. Durand, Textes babyloniens d'époque récente
TCL = Textes cunéiformes du Louvre
WZKM = *Wiener Zeitschrift für die Kunde des Morgenlandes*
YBC = Tafeln in der Yale Babylonian collection
YOS = Yale Oriental Series
ZA = *Zeitschrift für Assyriologie und Vorderasiatische Archäologie*

Literaturverzeichnis

Baker, H.D.
2010 Babylonian Shops. *NABU* 2010/88.

Beaulieu, P.-A.
1997 The Fourth Year of Hostilities in the Land. *Bagdader Mitteilungen* 28, 367–394.
2001 Ea-Dayān, Governor of the Sealand, and other Dignitaries of the Neo-Babylonian Empire. *JCS* 54, 99–123.

2002 Eanna = *Ajakkum* in the Basetki Inscription of Narām-Sîn. *NABU* 2002/36.
2003 *The Pantheon of Uruk during the Neo-Babylonian Period* (CM 23). Leiden, Boston.
2005 Eanna's Contribution to the Construction of the North Palace at Babylon. In: H.D. Baker, M. Jursa (Hrsg.), *Approaching the Babylonian Economy. Proceedings of the START Project Symposium Held in Vienna, 1–3 July 2004. Münster*, 45–73.

Cussini, E.
2000 Palaeography of the Aramaic Epigraphs from Tell Neirab. In: S. Graziani (Hrsg.), *Studi sul vicino oriente antico dedicati alla memoria di Luigi Cagni,* vol. III. Napoli, 1459–1479.

Dandamaev, M.
1995 The Neo-Babylonian *tamkārū*. In: Z. Zevit, S. Gitin, M. Sokoloff (Hrsg.), *Solving Riddles and Untying Knots* (Fs. J. C. Greenfield). Winona Lake, Indiana, 523–530.
2006 A Babylonian Trader from Uruk. *Babel und Bibel* 3, 517–521.

van Driel, G.
1993 Neo-Babylonian Sheep and Goats, *Domestic Animals of Mesopotamia, Part I. Bulletin on Sumerian Agriculture* 7, 219–258.
1995 Cattle in the Neo-Babylonian Period. *Domestic Animals of Mesopotamia, Part II. Bulletin on Sumerian Agriculture* 8, 215–240.

Frahm, G.
1997 *Einleitung in die Sanherib-Inschriften* (AfO Bh. 26). Wien.

Frame, G.
1991 Nabonidus, Nabû-šarru-uṣur, and the Eanna-Temple. *ZA* 81, 37–86.

Graslin-(Thomé), L.
2008 Les Produits liés à la mer dans les temples babyloniens au premier millénair av. J.C. : L'apport des sources mésopotamiennes à une étude des activités maritimes en méditerranée orientale. In : J. Napoli (Hrsg.), *Ressources et activitées maritimes dans l'Antiquité.* Boulogne, 1–17.
2009 *Les échanges à longue distance en Mésopotamie au Ier millénaire. Une approche économique* (Orient & Méditerranée 5). Paris.

Graslin, L. und A. Lemaire
2004 Tapsuhu-Thapsaque. *NABU* 2004/55 (S. 55–56).

Good, I.L., J.M. Kenoyer und R.H. Meadow
2009 New Evidence for Early Silk in the Indus Civilization. *Archaeometry* 51, 457–466.

Hackl, J., B. Janković und M. Jursa
2011 Das Briefdossier des Šumu-ukīn. *Kaskal* 8, 177–221.

Hartman, L. F. und A.L. Oppenheim
1950 *On Beer and Brewing Techniques in Ancient Mesopotamia* (Supplement to the Journal of the American Oriental Society 10). Baltimore.

Janković, B.
2005 Von *gugallus*, Überschwemmungen und Kronland. *WZKM* 97 (Fs. H. Hunger), 219–242.
2008 Travel Provisions in Babylonia in the First Millennium BC. In: P. Briant et al. (Hrsg.), *L'archive des Fortifications de Persépolis. État des questions et perspectives de recherches.* Paris, 429–464.

2013 *Aspects of Urukean Agriculture in the First Millennium BC.* Dissertation Universität Wien.

Joannès, F.

1982 *Textes économiques de la Babylonie récente.* Paris.

1999 Structures et opérations commerciales en Babylonie à l'époque néo-babylonienne. In: J.G. Dercksen (Hrsg.), *Trade and Finance in Ancient Mesopotamia* (MOS Studies 1). Istanbul, 175–194.

2006 Traitement des malades et *bīt ḫilṣi* en Babylonie récente. In: L. Battini, P. Villard (Hrsg.), *Médecine et médecins au Proche-Orient ancien* (BAR 1528). Oxford, 73–90.

Jursa, M.

2003 The Babylonian Economy in the First Millennium. In: G. Leick (Hrsg.), *The Babylonian World.* New York, London, 224–235.

2004 Accounting in Neo-Babylonian Institutional Archives: Structure, Usage, Implications. In: M. Hudson, C. Wunsch (Hrsg.), *Creating Economic Order. Record-keeping, Standardization, and the Development of Accounting in the Ancient Near East.* Bethesda, 145–198.

2004a Grundzüge der Wirtschaftsformen Babyloniens im ersten Jahrtausend v. Chr. In: R. Rollinger, Ch. Ulf (Hrsg.), *Commerce and Monetary Systems in the Ancient World: Means of Transmission and Cultural Interaction* (Oriens et Occidens, 6), Marburg, 115–135.

2005 *Neo-Babylonian Legal and Administrative Documents* (GMTR 1). Münster.

2005a Money-based Exchange and Redistribution: The Transformation of the Institutional Economy in First Millennium Babylonia. In: Ph. Clancier et al. (Hrsg.), *Auteur de Polanyi. Vocabulaires, théories et modalités des échange.* Paris, 171–186.

2007 Eine Familie von Königskaufleuten judäischer Herkunft. *NABU* 2007/22.

2007a Die Söhne Kudurrus und die Herkunft der neubabylonischen Dynastie. *RA* 101, 125–136.

2008 The Remuneration of Institutional Labourers in an Urban Context in Babylonia in the First Millennium BC. In: P. Briant et al. (Hrsg.), *L'archive des Fortifications de Persépolis. État des questions et perspectives de recherches.* Paris, 387–427.

2009 Die Kralle des Meeres und andere Aromata. In: W. Arnold et al. (Hrsg.), *Philologisches und Historisches zwischen Anatolien und Sokotra. Analecta Semitica in Memoriam Alexander Sima.* Wiesbaden, 147–180.

2010 *Aspects of the Economic History of Babylonia in the First Millennium BC. With contributions by J. Hackl, B. Janković, K. Kleber, E. Payne, C. Waerzeggers and M. Weszeli* (AOAT 377). Münster.

Jursa, M. und K. Wagensonner

2014 The Estates of Šamaš on the Habur. In: M. Kozuh, W. Henkelman, Ch. Jones, Ch. Woods (Hrsg.), *Extraction and Control. Studies in Honor of Matthew W. Stolper* (SAOC 68). Chicago, 109–130.

Kleber, K.

2005 Von Bierproduzenten und Gefängnisaufsehern: dezentrale Güterverteilung und Buchhaltung in Eanna. In: H.D. Baker, M. Jursa (Hrsg.), *Approaching the Babylonian Economy. Proceedings of the START Project Symposium Held in Vienna, 1–3 July 2004* (AOAT 330). Münster, 289–321.

2008 *Tempel und Palast. Die Beziehungen zwischen dem König und dem Eanna-Tempel im spätbabylonischen Uruk* (AOAT 358). Münster: Ugarit-Verlag, 2008.

2010 The Eanna Archive in the years 14–23 Nbk and 2–11 Nbn. In: Jursa 2010, 540–563.

2010a Eanna's Trade in Wool. In: Jursa 2010, 595–616.

2011 Rezension zu: S. Zawadzki, *Garments of the Gods* (= Zawadzki 2006). *Orientalistische Literaturzeitung* 106, 86–90.

2012 Famine in Babylonia. A Microhistorical Approach to an Agricultural Crisis in 528–626 BC. *ZA* 102, 219–244.

2014 Zu Waffen und Ausrüstung babylonischer Soldaten in der zweiten Hälfte des 1. Jt. v. Chr. In: H. Neumann *et al.* (Hrsg.), *Krieg und Frieden im Alten Vorderasien. 52e Rencontre Assyriologique Internationale Münster, 17.–21. Juli 2006* (AOAT 401). Münster, 429–446.

2016 The Kassite Gold and the Post-Kassite Silver Standards Revisited. In: K. Kleber, R. Pirngruber (Hrsg.), *Studies in Silver, Money and Credit. A tribute to Robartus J. van der Spek on Occasion of his 65th Birthday on 18th September 2014* (PIHANS 128), Leiden (2016), 37–55.

Im Druck *Zur Logistik eines Heiligtums*. CDOG Berlin.

Krauss, S.

1987 *Griechische und lateinische Lehnwörter im Talmud, Midrasch und Targum*. Teil II. Hildesheim, Zürich, New York.

Kozuh, M.

2010 Lamb, Mutton, and Goat in the Babylonian Temple Economy. *Journal of the Economic and Social History of the Orient* 53, 531–578.

2014 *The Sacrificial Economy. Assessors, Contractors, and Thieves in the Management of Sacrificial Sheep at the Eanna Temple of Uruk (ca. 625–520 B.C.)*. Winona Lake, Indiana.

Landsberger, B.

1967 Über Farben im Sumerisch-Akkadischen. JCS 21 (Fs Albrecht Goetze), 139–173.

1967a *The Date Palm and Its By-Products According to Cuneiform Sources* (AfO Bh. 17). Graz.

Leichty, E.

1979 A Collection of Recipes for Dyeing. In: M. A. Powell, R.H. Sack (eds.), *Studies in Honor of Tom B. Jones* (AOAT 203), Neukirchen-Vluyn, 15–20.

MacGinnis, J.

1995 *Letter Orders from Sippar and the Administration of the Ebabbara in the Late-Babylonian Period*. Poznań.

Marzano, A.

2013 *Harvesting the Sea. The Exploitation of Marine Resources in the Roman Mediterranean*. Oxford.

Moorey, P.R.S.

1994 *Ancient Mesopotamian Materials and Industries*. Oxford.

Mrozek, S.

1980 Le Prix de la pourpre à l'histoire romaine. In: *Les «dévaluations» à Rome, époque républicaine et impériale* 2. Rom, 235–243.

Oppenheim, A.L.
1967 Essay on Overland Trade in the First Millennium B.C. JCS 21, 236–254.
1970 Glasses in Mesopotamian Sources. In: A. L. Oppenheim et al. (Hrsg.), *Glass and Glassmaking in Ancient Mesopotamia*. New York, 9–21.

Parpola, S.
1993 *Letters from Assyrian and Babylonian Scholars* (SAA X). Helsinki.

Payne, E.E.
2007 *The Craftsmen of the Neo-Babylonian Period. A Study of the Textile and Metal Workers of the Eanna Temple*. Dissertation Yale University.
2008 New Evidence for the 'Craftsmen's Charter'. *RA* 102, 99–114.

Potts, D.T.
1988 Trans-Arabian Routes of the Pre-Islamic Period. In: J.-F. Salles (Hrsg.), *L'Arabie et ses mers bordères, I: Itinérairies et vogages*. Lyon, 129–162.
2007 Differing Modes of Contact between India and the West: Some Achaemenid and Seleucid Examples. In: H. P. Ray, D. T. Potts (Hrsg.), *Memory as History : The Legacy of Alexander in Asia*. Michigan, 122–130.

Powell, M.A.
1990 Identification of Long Term Price Fluctuations in Babylonia: More on the History of Money in Mesopotamia. AoF 17, 76–99.

Reinhold, M.
1970 *History of Purple as a Status Symbol in Antiquity*. Brussel.

Renfrew, J.M.
1985 Finds of sesame and linseed in Ancient Iraq. *Bulletin on Sumerian Agriculture*, Vol. II, 63–66.

Da Riva, R.
2012 *The Twin Inscriptions of Nebuchadnezzar at Brisa* (*Wadi esh-Sharbin, Lebanon*), (AfO Bh. 32). Wien.

Robbins, E.
1996 Tabular Sacrifice Records and the Cultic Calendar of the Neo-Babylonian Uruk. JCS 48, 61–87.

Roth, M.
1997 *Law Collections from Mesopotamia and Asia Minor* (Second Edition). Atlanta, Georgia.

Sachs, R.H., Hunger, H.
1989 *Astronomical Diaries and Related Texts from Babylonia. Vol. II: Diaries from 261 B.C to 165 B.C.* Wien.

Sandowicz, M. und R. Tarasewicz
2014 Court of Assize at Neo-Babylonian Apšû. *RA* 108, 71–92.

Schaudig, H.
2001 *Die Inschriften Nabonids von Babylon und Kyros' des Großen samt den in ihrem Umfeld entstandenen Tendenzschriften* (AOAT 256). Münster.

Stol, M.
1994 Beer in Neo-Babylonian Times. In: L. Milano (Hrsg.), *Drinking in Ancient Societies.*

History and Culture of Drinks in the Ancient Near East (HANES VI). Padova, 155–183.

Stolper, M.

2004 The Kasr Texts, the Rich Collection, the Bellino Copies and the Grotefend Nachlass. In: J.G. Dercksen (Hrsg.), *Assyria and Beyond. Studies presented to Mogens Trolle Larsen* (PIHANS 100). Istanbul, 511–549.

Vallat, F.

1983 Un fragment de tablette achéménide et la turquoise. *Akkadica* 33, 63–68.

Volk, K.

1999 Imkerei im alten Mesopotamien? In: H. Klengel, J. Renger (Hrsg.), *Landwirtschaft im Alten Orient* (BBVO 18). Berlin, 279–290.

Weidner, E.

1939 Jojachin, König von Juda, in den babylonischen Keilschrifttexten. In: *Mélanges Syriens offerts à M.R. Dussaud*. Paris, 923–935.

Weszeli, M.

1996 Eseleien. WZKM 86 (Fs H. Hirsch), 461–478.

2010 Appendix: The costs of transporting goods. In: M. Jursa 2010, 140–152.

Wunsch, C.

1993 *Die Urkunden des babylonischen Geschäftsmannes Iddin-Marduk. Zum Handel mit Naturalien im 6. Jahrhundert v. Chr.* (Cuneiform Monographs 3). Groningen.

Wunsch, C. und F.R. Magdalene

2012 A Slave is not Supposed to Wear such a Garment! *Kaskal* 9, 99–120.

Zadok, R.

1985 *Geographical Names According to New- and Late-Babylonian Texts. Répertoire Géographique des Textes Cunéiformes* (Beihefte zum Tübinger Atlas des Vorderen Orients, Reihe B, Nr. 7/8). Wiesbaden.

Zawadzki, S.

2006 *Garments of the Gods. Vol. 1: Studies on the Textile Industry and the Pantheon of Sippar according to the Texts from the Ebabbar Archive* (OBO 218). Fribourg, Göttingen.

www.ingramcontent.com/pod-product-compliance
Lightning Source LLC
Chambersburg PA
CBHW060412010526
44107CB00006B/666
* 9 7 8 3 9 8 1 4 8 4 2 6 7 *